普通高等学校应用型教材·金融

保险精算原理与实务

（第六版）

ACTUARIAL PRINCIPLES AND PRACTICES

(6TH EDITION)

主编 王晓军 孟生旺

中国人民大学出版社
·北京·

出版说明

随着金融成为现代经济运行的核心，社会对金融教育和人才培养提出了更高的要求：分层培养人才。既要着力于培养研究型人才，又要着力于培养大批应用型人才，这已是共识。许多非研究型院校师生反映，市场上现有的金融学教材大多重理论轻实践，重国际化轻中国化。根据这些院校的特点和培养目标，他们认为在教材内容上不仅要包含本领域的基本理论问题，让学生对于基本概念、基本原理有完整的掌握，而且要包含本领域的基本实践问题，让学生掌握一定的实务操作方法，以应对未来工作的挑战。本着这一要求，由李小牧教授和李嘉珊教授牵头，中国人民大学出版社组织中国人民大学、西安交通大学、北京第二外国语大学、北京外国语大学、首都经济贸易大学、对外经济贸易大学、北京工商大学等学校以及国家外汇管理局、保险公司、证券公司、商业银行等的专家，设计和推出了这套应用型教材。该套教材突出了以下三点：

第一，所列课程完全根据教育部“高等教育面向21世纪教学内容与课程体系改革计划”编写。

第二，根据应用型人才培养目标，教材强化了各项业务的操作规程和实践做法，通过对案例的分析和点评，让学生对实务操作有一个真切的体验。

第三，压缩了教材的篇幅，学生可以通过网络获取学习资料、练习题等相关内容，减轻了学生负担。

需要说明的是，出于对应用型人才培养的要求，出版社并没有提出过分严格的要求，只是在教材的定位、篇幅、编写体例上提出了一些原则性建议，具体编写工作则实行主编负责制，由各位主编和作者全权处理各教材的编写工作，并对各自的内容负责。

教材的出版凝结了所有参编专家、教授的辛劳和智慧，在此一并表示感谢。

真诚地期待广大教师、学生和其他读者的批评及意见。

中国人民大学出版社

第六版前言

精算学是金融保险和社会保障事业建立及健康运作的数理基础。它以概率论和数理统计为基础，与人口、社会、经济等有关科学相结合，对风险事件进行评价，对各种经济安全方案的未来财务收支和债务水平进行估计，使经济安全方案建立在稳定发展的财务基础上。可见，精算学是一门交叉性和实践性都很强的学科。交叉性主要体现为保险学、数学和统计学等学科在精算学的理论及应用研究中都具有十分重要的作用；实践性主要体现为其本身就是一门应用性学科，离开了实际部门的应用，精算学也就失去了存在的实际价值。精算学的应用主要集中在保险领域，包括商业保险和社会保险。同时，精算学在不断吸收其他领域研究成果的同时，也对其他领域的研究发挥着越来越重要的作用，精算学与金融、投资和企业风险管理等领域的关系日益密切，成为风险度量与风险管理的方法论。

党的二十大报告指出，要“强化金融稳定保障体系，依法将各类金融活动全部纳入监管，守住不发生系统性风险底线”①，要“健全覆盖全民、统筹城乡、公平统一、安全规范、可持续的多层次社会保障体系”②。精算学能够进行金融风险度量与管理，为构建公平、可持续的社会保障体系提供基础研究方法支持。

本书的读者定位是保险学和金融学专业（而非纯粹的精算学专业）的本科生，所以我们在编写过程中遵循了这样一条原则：精简数学推导和证明，力求应用数据、图表和文字等比较直观的方法介绍精算学的理论及方法，力求用中国实例说明精算学在实际中的应用，希望通过这些训练，帮助读者了解保险实践中的精算问题。由于精算学的交叉性和实践性，本书在内容安排上体现了下述几个特点：

第一，强调精算学理论和方法的直观解释，尽量回避了一些比较复杂的数学推导和公式证明，便于读者抓住精算学的本质问题，理解精算学的核心。

第二，在内容安排上强调系统性和逻辑性。精算学通常被区分为寿险精算和非寿险精算两部分，因此本书的内容也是按寿险精算和非寿险精算分别编写的。在寿险精算部分，从利息理论开始，循序渐进地介绍了生命表、精算现值、总保费和准备金评估等精算概念

---

① 习近平著作选读：第1卷．北京：人民出版社，2023：24－25.

② 同①39.

及技术，最后还简要介绍了联合保险的精算问题。在非寿险精算部分，从损失模型开始，逐步介绍了分类费率、经验费率、准备金评估和再保险等问题。这种安排既体现了精算学的内在逻辑关系，也涵盖了精算学的基本内容。

第三，由于精算学的实践性特点，本书使用了许多假设的数据案例来说明问题。案例大多结合中国实际，有些数据案例比较简单，无须使用专门的软件，有些数据案例则需要相关的软件来处理。

由于保险精算这门课程的体系结构相对比较固定，因此在第六版编写过程中，我们保留了第五版的构架体系和主要内容，同时对上一版的错误和遗漏进行了改正及补充。

本书的第一章到第九章由王晓军负责编写，第十章到第十五章由孟生旺负责编写。在本书的编写过程中，中国人民大学出版社的编辑付出了辛勤劳动，我们在此谨表感谢。

虽然本书作者尽了很大的努力，但为保险学和金融学专业的本科生编写一本保险精算学教材，我们还是感觉心有余而力不足，因而不当之处在所难免，欢迎读者批评指正。

目　录

第一章

总　论

精算科学（简称“精算学”）是以概率论和数理统计为基础的应用性学科，在开始学习具体内容前，了解保险精算学的基本原理和精算师的职业发展，有助于从整体上把握保险精算学的基本思想和精算的实际运用，有助于加深对精算公式和模型实际意义的理解。

学习目标

- 了解精算科学的基本原理和主要内容
- 了解精算管理和控制系统的基本思想
- 了解精算师职业及其发展

第一节　保险精算学的基本原理

一、精算科学的发展及其应用

精算科学是以概率论与数理统计为基础的，与经济学、金融学及保险理论相结合的应用与交叉性的学科。在保险和社会保障领域，精算科学通过对风险事件及其损失的预先评估，实现科学的风险管理，为保险和社会保障事业的财务稳健发展提供基本保障。

精算科学是为适应寿险业发展的需要而产生和发展起来的，概率论、利息理论和生命表技术的发展为精算科学的发展奠定了理论基础。17 世纪初发表的复利理论，为研究保险和养老金资产投资奠定了基础。1657 年，荷兰数学家克里斯蒂安·惠更斯（Christian Huygens）发表了关于概率计算的文章，奠定了精算科学的概率基础。1662 年，格朗特（Graunt）运用英国的死亡数据研究了一组人的死亡和生存规律，奠定了生命表的基础。1691 年和 1693 年，威特（Johann de Wit）和哈利（Edmund Halley）分别在新西兰和英国发表了用生命表分析年金问题的文章，开创了精算科学在实际中的运用。

精算科学从最初应用于人寿和年金保险中对人口死亡率的估计，逐步扩展到在非寿险、养老金、社会保障中的运用。在保险领域，精算学主要研究人寿、健康、财产、意外伤害、退休等方面的出险规律、损失的分布规律、保费的厘定、保险产品的设计、准备金的提取、盈余的分配、基金的投资、资产负债管理、偿付能力管理等，以确保保险公司经营的稳健发展。在社会保障事业中，精算科学研究退休、医疗、失业、工伤、生育等保障的成本与债务分配方案以及基金投资方案等，为社会保障事业的经济安全性和财务稳定性提供定量分析依据。

精算学是用于评价风险和制订经济安全方案的方法体系。风险就是不确定性，包括事件是否发生，何时、何地产生何种结果的不确定性。风险的发生既可能带来收益，也可能带来损失。由于人们通常更关心风险造成的损失，因此风险常被定义为未来发生损失的不确定性。在社会经济的各个领域和人们的日常生活中，风险无处不有、无时不在。例如，在社会经济生活中，人们可能由于早逝给家庭造成损失；由于疾病付不起医疗费而丧失治疗机会，给身体和生命带来损失；由于失业影响正常生活；由于老年没有依靠而使老年生活难以维持等。人们也可能由于灾害和意外事故使个人财产遭受损失，由于人们的过失或侵权行为造成他人的财产毁损或人身伤亡等。保险经营的对象正是风险，投保人通过购买保险将风险造成的损失转移给保险人，保险人通过设计合理的风险分担机制和保险产品，将面临相同或类似风险的众多投保者聚集在一起共同分担损失，从而使风险得到管理，避免了被保险人因发生风险而承担的损失。

精算学之所以成为保险经营的科学基础，正是因为保险经营的对象是风险。在工商企业管理中，需要根据不变资本和可变资本的价格核算产品的生产成本，实际的生产成本发生在销售之前。保险经营的成本与一般产品生产成本发生的时间不同，保险通过投保人购买保险公司发行的保单这种特殊产品实现风险转移。保单的价格由它承担风险的强度和风险损失的大小决定，投保人的风险和损失大小只有在风险和损失实际发生后才能确定，它发生在保单销售之后。为应付未来成本收取的保险费，与未来实际发生的现实成本存在时间差，这就需要运用精算学方法预先估计保险成本，并对保险成本依缴费时期长短进行分摊来确定保险费。具体来说，首先，根据过去的保险统计资料，运用统计学方法研究保险事故的出险规律，如人寿保险中的死亡率，医疗保险中各种病因的发病率和分病因死亡率，财产和灾害保险中保险事故的发生率、索赔次数的分布规律等；其次，研究保险事故发生造成损失的分布规律，如财产保险每次损失数额的分布规律；最后，在此基础上估计保险公司承担风险的期望值，在估入保险公司的经营费用后，计算保险产品的预计总成本。保险公司在收取保费后开始履行保险义务，其未完成的赔付责任构成了保险公司对投保人的负债，需要为这一负债提取的准备资金就是保险公司的责任准备金，根据风险和损失科学地计算保险公司的责任准备金对保险公司的正常营运无疑具有重要意义。当保险公司承担的风险增大时会给保险公司的经营带来困境，这需要通过再保险实现风险的转移。在再保险中确定合理的分出量和自留量也是保险精算的重要内容。此外，保险基金需要进行投资营运以增强保险实力，投资风险分析、投资项目选择、收益率计算、投资效益评价等都需要运用精算学的方法。

社会福利事业的建立和发展，需要运用精算学方法对退休、疾病、失业、工伤、生育等风险进行评价，并根据社会、经济、人口的发展状况，科学地评估在各种风险下社会保障的成本和债务，研究合理的债务分摊方法，为建立有效的社会保障制度提供数量分析依据。例如，在养老保险中，需要运用精算学方法估计出在承诺的退休金水平下的养老总成本，并选择最合理有效的成本分摊方法，确定基金模式和缴费模式。在养老保险改革中，需要运用精算学方法评估制度改革的成本，评估制度改革对政府、企业、个人产生的影响，评估满足一定待遇水平需要的经济投入，或者一定的经济资源能够提供的待遇水平，评估不同改革方案可能产生的长期财务影响等。党的二十大报告指出，要“完善基本养老保险全国统筹制度，发展多层次、多支柱养老保险体系。实施渐进式延迟法定退休年龄。扩大社会保险覆盖面，健全基本养老、基本医疗保险筹资和待遇调整机制，推动基本医疗保险、失业保险、工伤保险省级统筹。促进多层次医疗保障有序衔接，完善大病保险和医疗救助制度，落实异地就医结算，建立长期护理保险制度，积极发展商业医疗保险”。落实这些制度改革任务，需要运用精算学方法对改革方案的公平性和可持续性做出评估，通过精算分析，为制度改革提供决策支持。

二、保险精算学的主要内容

精算学是对未来不确定事件可能产生的财务结果进行预先评估的方法体系，包括对未来不确定事件（即风险）发生规律的认识、对风险带来损失的评估、对损失分摊方案的分析等。保险精算学具体研究保险领域的风险分析、产品设计和定价、负债评估、资产与负债管理、偿付能力评价、盈利能力分析、价值评估等问题。精算评估需要借助精算模型，也就是包含各种精算假设的数学模型，这些假设是对未来风险发生规律的预测，精算人员一般依据过去的经验及对假设因素发生、发展规律的研究设定精算假设。对过去经验数据的统计分析是基础性的精算工作。

下面以一个 1 年期定期寿险为例说明保险精算的基本原理。1 年期定期寿险的基本规定包括：从保单生效之日起，如果被保险人在 1 年之内去世，则保险人向保单的受益人给付保单规定的保险金，否则合同在 1 年后自动失效。假定保险公司签发了 10 000 份条件相同的保单，这些保单构成了一个封闭型保单组。条件相同是指保险金额相等，比如都等于 100 000 元；被保险人的投保年龄相同，比如都等于 50 岁；保费采取一次交清方式，也就是趸缴保费方式；而死亡给付假设在保单年度末进行。保单组是一个抽象概念，可以理解为除保单当事人以外，所有其他条件都一样的保单构成的一个整体。从保单组来理解保险业务和相应的精算模型比较容易。

投保和承保是一种金融交易行为，这里要用到三个分析金融交易的基本方法：第一，要从买卖双方的成本和收益来分析整个交易；第二，要把交易过程抽象为交换现金流；第三，在一定意义上可以认为买卖双方在进行等价交换。保险业务的特别之处在于，在保险交易的过程中，购买相同保险的投保人构成了一个利益共同体，对买方的分析要从个别投保人和整个保单组两个角度来进行。

为了描述的方便，我们把保单生效日定为时间起点，即时刻 0，单位时间长度为 1 年。从保险人的角度来看，在时刻 0 要制定一个价格，即保费。与一般企业的定价相似，保险人所制定的价格中包含给付成本和费用以及部分利润，但是保险人面临的不确定性往往高于一般企业。在时刻 1，保险人所收到的保费中有很大一部分返还给若干出险的保单。在时刻 0，投保人需要向保险人缴付保费；在时刻 1，少数出险保单会得到相应的赔付，赔付额往往是所交保费的若干倍。而没有出险的保单得不到任何赔付，在时刻 0 缴付的保费用于对其他出险保单的赔付和补偿保险公司必要的费用支出等。

保险公司在销售保单之前必须厘定保费，保费中有一部分要返还给出险保单的受益人，这部分保费可以称为净保费或者给付保费。假定在 1 年之内的死亡概率为0.004 3，不考虑保费的投资收益和保险人的费用，所有死亡给付都在年末支付。那么，保险人在时刻 0 应该向每个投保人收取多少保费呢？

计算保费需要遵守收支对等原则，对保额为 100 000 元的保单，在 0.004 3 的死亡概率下，每个人的期望损失为 430 元（=100 000×0.004 3）。也就是说，在不考虑保险公司的费用、投资收益、利润的情况下，每个投保人需要缴付的保费为 430 元；如果保险公司在时刻 0 出售了 10 000 张保单，则净保费收入总额为 4 300 000 元（=430×10 000）。如果实际死亡概率与预期的死亡概率相等，那么在一年内死亡的人数为 43 人（=10 000×0.004 3），100 000 元保额的总赔付为 4 300 000 元（=100 000×43），正好与所收取的保费相等。但实际上，保险人的给付支出是一个随机变量，它取决于该年内保单组产生的实际死亡人数。如果在 10 000 张保单中的实际死亡人数超过了预计的 43 人，则保险人预收的保费不能补偿给付支出，这种情况称为对保险人的不利偏差，在死亡率风险上会产生一个损失；反之，如果保险人预收的纯保费超过了给付支出，保险人由此可以获得承保利润。不利偏差是指实际营业过程中的经验数据和预先的假设发生了偏差，并且这种偏差会给保险人带来损失。由此可见，保险人所面临的风险并非保单组带来的死亡索赔，而是发生的索赔数超过了保险人的预期；用概率论语言来描述就是，保险人的风险不是随机变量的期望（即预计的死亡人数），而是随机变量的不利偏差。

从单个投保人来说，他用当前的一个小额确定性支出，即 430 元的净保费，换来一个对未来的高额不确定的保障，即 100 000 元的保额。430 元净保费等于获得给付的可能性乘以给付的金额，这是合乎情理的。1 年以后，所有的不确定性都消失了，投保人可以分成发生索赔和没有发生索赔两类：对于没有发生索赔的保单来说，保单所有人所交的保费没有任何返还；对于发生索赔的保单来说，虽然被保险人去世是不幸的，但是受益人毕竟可以获得一定的经济支持。也就是说，在保单所有人之间发生了转移支付，这种转移支付功能是由保险人来完成的。

从整个保单组的角度来看，由大数定律几乎可以确定，这个保单组在 1 年之内会有若干保单的被保险人去世并获得死亡给付。所以，保单组在时刻 0 交给保险人总额为 4 300 000 元的保费，可以预期的是，大部分保费都会返还给发生保险事故的保单。考虑到保险人的运营成本、可能的退保等，实际收取的保费（即毛保费或营业保费）会高于净保费。与此同时，保险公司在收取保费后，必须为保单承诺的未来赔付责任和其他可能的风险建立预先储备，这就是保险公司必须提留的准备金。准备金与保险公司承担的风险相对应，是对保险公司承担的风险净值的衡量。在保险经营过程中，还需要对保险公司的偿付能力、盈利能力进行评估，对保险公司的利润进行分析和合理分配，对保险公司的价值做出评估，这些过程都需要运用精算平衡和风险测量的方法进行。

第二节 精算师职业

一、精算师及其工作领域

精算师被称为金融、保险、投资和风险管理的工程师，他们通过对风险和损失的预先评估，对风险事件做出预先的财务安排，保证风险经营的财务稳健性。

1775 年，英国公平人寿将运用数学工具为产品定价的专门人员命名为精算师。此后，精算师开始在英国的寿险和养老金业务中涌现。1848 年，世界上第一个精算师协会——英国精算师协会（The Institute and Faculty of Actuaries，IFoA）在伦敦成立。1889 年，美国精算师协会成立，它是北美精算学会（Society of Actuaries，SOA）的前身。伴随欧洲和北美保险业的发展，精算师职业得到迅速成长和发展。1895 年，由比利时、法国、德国、英国、美国 5 国发起的首届国际精算师大会在布鲁塞尔召开，同时成立了国际精算师会议常设委员会，1968 年更名为国际精算师协会。国际精算师协会每 4 年召开一次全球性精算师大会，为推动精算师向不同领域的职业扩展发挥了重要的作用。

最初，精算师只限于在寿险和养老金业务中发挥作用，他们运用数学工具，并结合利息理论和生命表技术，为保险公司的产品定价提供依据。19 世纪中后期，精算师的职业领域开始向非寿险、健康保险、社会保障等方面扩展，其职业角色的重要特征是对各种未来发展方案建立数学模型，预测未来财务状况，并提供中立的专业意见。进入 20 世纪中后期，精算师的职业领域进一步延伸到银行、投资、公司财务、金融工程等方面。伴随精算师职业领域的不断拓宽，精算师的角色也从单纯的价格和准备金计算提升到对产品和制度的设计以及对风险相关领域业务流程的管理和控制，从而在更高的层次上拓展了精算科学的应用领域，提升了精算师的职业地位。按 2001 年的统计，英国精算师就职于保险公司的比例为 40%，就职于与风险评估相关的咨询公司的比例为 45%，就职于其他金融机构的比例为 7%。按精算师的工作领域分，从事寿险精算的精算师占 33%，从事养老金精算的精算师占 38%，从事非寿险精算的精算师占 8%，从事其他金融机构精算工作的占 9%。

在保险公司，精算师主要就职于产品开发部、精算部、财务部等部门，其工作职责主要有经验数据分析、新产品设计和保费定价、负债评估、利润分析等。经验数据分析是对已生效保单的出险、费用、退保等各种状态变化趋势的分析研究，通过收集大量的业务统计数据和财务数据，根据一定的主题对这些数据表现出来的规律性进行分析，比如分析退保率、费用率、分险种索赔情况、代理人的工作能力的变化等。新产品设计和保费定价是精算师的主要工作职责之一，保险公司需要适应市场变化和消费者需求，不断推出新产品。新产品设计是跨部门的工作，精算部的分工是根据产品设计特征，完成产品各个参数的计算，检验产品的盈利能力。负债评估是精算师最传统的工作，无论是否有新产品推出，都需要测算产品应计提的准备金数额和公司的负债水平，并研究公司的资产偿付负债的能力。精算师也需要配合财务部门完成财务报表，提交利源分析报告，并对公司的盈利能力进行分析，对公司的利润分配方案提出意见。要完成上述工作职责，精算师需要了解公司运作的整体状况，需要与销售和市场部门、投资部门、财务部门、管理部门、政府监管机构等建立良好的合作关系。

二、精算管理和控制系统

传统的精算工作领域是产品定价和负债评估。由于各种保险类型的不同特点，在实践中形成了分别用于寿险、非寿险、养老金、投资、社会保障等不同领域的相对独立的精算体系。这些体系的形成和发展对精算技术的专门化具有重要的作用，但它们也对精算工作领域的扩展产生了一定的限制作用。

1985 年，英国精算师协会前主席杰里米·戈福德（Jeremy Goford）在他的一篇关于人寿保险公司财务控制的文章中提出了精算管理和控制的概念，强调了精算在保险公司管理和控制各个环节中的作用及相互联系。随后，在精算教育领域逐步形成了精算管理和控制系统这门高级课程，它建立在精算原理基础之上，综合了精算在各领域运用的普遍特点，概括了精算在持续管理过程中的作用以及各个过程之间的关系。

精算管理和控制系统描述了风险评估、产品设计、产品定价、负债评估、资产评估、资产与负债管理、偿付能力评价、监测和分析经验数据、利润分析，然后再回到风险评估，开始下一轮循环的各具体环节及其相互联系以及法律、社会、经济、人口、税收等环境因素对系统各个环节的影响和精算师职业化问题。图 1－1 给出了精算管理和控制系统。从图中可见，精算工作是一个循环的过程，没有明显的起点和终点。对一个新产品来说，过去的经验分析是开发新产品的基础，从风险评估开始，通过对保险公司的资产风险、保险风险、利率风险、利差风险以及因错误定价、法律诉讼、税法变动、退保、费用增长过快等引起的其他风险的分析，建立产品设计的基础。在产品设计阶段，通过研究公司的产品策略、目标市场定位、竞争对手的情况等，设计符合公司总体发展的新产品。在产品定

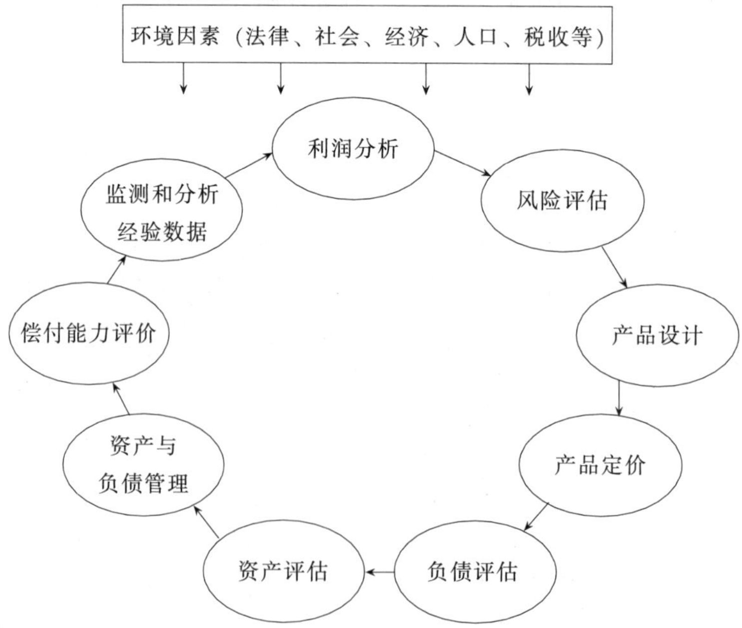

图 1－1　精算管理和控制系统

价过程中，精算师需要运用精算假设，在一个合理的盈利目标下确定可以接受的价格水平。在负债评估阶段，需要定期评估产品的准备金和公司的各项负债水平。与此同时，为了实现对保险公司偿付能力的有效管理，也需要进行资产评估，并通过资产与负债管理实现公司的经营。通过监测和分析过去积累的经验数据，分析公司的利润水平，并对利润分配方案提供意见。然后，在此基础上开始下一轮的新产品设计。在整个精算管理和控制系统中，法律、社会、经济、人口、税收等都影响和制约着该循环系统的各个环节。

三、精算师职业考试

从国际上第一个精算师协会——英国精算师协会于1848年成立算起，精算师职业组织已有170多年的发展历史。经过长期的发展，精算师职业形成了比较成熟的教育体系和职业培训体系。在英国、美国、加拿大、日本等国家，成为精算师必须通过一系列的考试，不论过去的教育背景如何，只要通过规定课程的考试，就可以获得精算师资格。该系列考试课程分为两个阶段：第一阶段的课程包括精算师必须具备的基本知识和基本技能，通过这一阶段的考试可以获得准精算师资格，成为精算师协会的预备会员。在第一层次的基础上，再通过一系列的精算高级考试课程，并有一定的精算工作经验就可以获得精算师资格，成为精算师协会的正式会员。澳大利亚的精算教育以大学教育为主，在精算师初级培训课程上没有专门的考试体系，学生必须通过大学的正规教育或者与大学同等学力的业余培训，才能获得相当于准精算师的资格，而后由精算师协会和大学共同组织精算师资格高级课程的考试。其他国家主要采取学历认可制度，大学精算专业本科毕业相当于准精算师资格，其中一些国家的精算组织也在建立作为大学精算教育后续补充的高级课程教育体系。

随着全球经济和金融一体化的发展，被称为金融和风险管理工程师的精算师，其认可标准和教育标准也将在全球范围内趋于一致。1998年，欧共体精算协会顾问团公布了欧洲精算培训核心大纲，可以看作欧洲国家建立精算师相互资格认可的基础。同年，国际精算师协会通过了一套国际精算教育指南和培训大纲，要求至少2005年以后的正式会员资格符合教育大纲的要求。由于不同国家的保险精算实务差异很大，这一培训大纲实际上只在准精算师层次上适用，其基础课程包括金融数学、概率与数理统计、经济学、会计学、精算模型、统计方法、精算数学、投资与资产管理、精算管理原理、精算师职业化等。在这样的国际环境下，英国精算师协会和北美精算协会也于2000年对其教育大纲进行了改革，特别是北美精算协会的精算师考试，从2000年以来一直在进行改革，一些原来必须通过考试才能认可的课程，改为认可大学的教育学分，增强了对课堂训练的要求。

1995年颁布的《中华人民共和国保险法》第一百一十九条规定："经营人身保险业务的保险公司，必须聘用经金融监督管理部门认可的精算专业人员，建立精算报告制度。"1998年，中国保险监督管理委员会（以下简称"中国保监会"）正式成立，在寿险部下设立了精算处，对保险公司的偿付能力实行监管。1999年10月，为推动精算职业教育的发展，中国保监会举行了首次精算师资格认可考试，产生了43位中国精算师。2000年12月15日，我国开始了正式的中国精算师系列考试。2004年，为了满足保险行业发展对非寿险精算的需求，开始增加了中国精算师——非寿险方向。2007 年，中国精算师协会成立。中国精算师协会的成立进一步促进了中国精算师职业的发展。

第三节 本书的内容和基本结构

本书共分十五章。第一章为总论，包括对保险精算学基本原理和精算师职业的介绍，使学生对保险精算学的基础知识有一个基本的了解。第二章到第九章是寿险精算部分。第十章到第十五章是非寿险精算部分。第二章为利息理论，介绍利息与贴现的基本计量和基本关系、年金和年金的相关计算、债务偿还和债券价值分析等内容。第三章和第四章分别是生命表和多减因表，分别介绍了在只有死亡一个因素下的生命表基本函数和函数间的关系、生命表的编制、多个减因下生命表的函数和生命表的编制等。第五章为人寿保险，介绍了传统人寿保险产品、死亡年年末和死亡时赔付的寿险精算现值的计算以及寿险精算现值的递推公式。第六章为生存年金，介绍了生存年金产品、生存年金精算现值的计算、生存年金与寿险的关系、生存年金精算现值的递推公式等。第七章为保险费，介绍了总保费与净保费的含义以及均衡净保费和总保费的计算。第八章为责任准备金，介绍了准备金的意义和种类、均衡净保费和修正的净保费责任准备金的计算以及责任准备金的递推公式等。第九章为联合保险，介绍了由两个和两个以上的人联合保险构成的联合生存状态和最后生存状态的意义、状态“死亡”和“生存”的概率、联合状态随机变量的均值和精算现值的计算以及条件联合状态的意义和相应的精算计算。第十章为损失模型，介绍了损失模型的基本概念、损失次数模型、损失金额模型和累积损失模型。第十一章为费率厘定的基本原理，介绍了免赔额和赔偿限额对纯保费的影响、毛保费的两种厘定方法以及费率厘定中的数据调整，包括保费调整和最终赔款的预测。第十二章为分类费率，介绍了分类变量的选择、风险分类与其他定价因素的关系以及分类费率厘定的两种基本方法（即单变量分析法和边际总和法）。第十三章为经验费率，介绍了古典信度模型和 Bühlmann 信度模型的基本原理及应用、奖惩系统的含义及其评价以及最优奖惩系统与信度模型的关系。第十四章为非寿险准备金评估，介绍了未到期责任准备金、未决赔款准备金和理赔费用准备金的评估方法。第十四章重点介绍的未决赔款准备金的评估方法，包括链梯法、案均赔款法、准备金进展法和 B-F 法的基本原理及简单应用。第十五章为再保险，介绍了再保险的基本概念、再保险定价的基本方法以及再保险准备金评估的 S-B 方法。

本章小结

保险精算学研究保险经营的风险评估、产品设计、产品定价、负债评估、资产评估、资产与负债管理、偿付能力评价、监测和分析经验数据、利润分析等问题，为保险业的健康发展提供基本保障。精算管理和控制系统把渗透在保险经营各个环节中的精算工作有机地联系起来，拓展了精算师的职业领域，具有重要的意义。

练习题

1.1 什么是精算科学？精算科学的主要应用领域有哪些？

1.2 简述保险公司精算师的主要工作领域。

1.3 描述精算管理和控制系统，说明这一系统在保险公司管理中的作用，分析这一系统对精算职业发展的作用。

第一部分
寿险精算

第二章

利息理论

人们在生命期内都会面临生、老、病、死的风险，需要通过商业保险和社会保险得到经济安全保障。但无论是商业人寿保险和年金保险，还是社会养老保险或者企业年金，都有资金投资和利息问题，因而利息理论成为保险精算学的基础。

学习目标

- 学习利息的基本理论和计算
- 学习确定年金的相关理论
- 掌握累积函数、利率、贴现率、年金现值和终值的相关计算
- 了解年金在债务偿还和债券价格计算中的应用

第一节 利息基本理论

在经济活动中，资金的周转使用会带来价值的增值。资金周转使用时间越长，实现的价值增值就越大。与此同时，由于受通货膨胀的影响，等额的货币在不同时间的实际价值也不同，因此转让货币使用权应得到或放弃与这个使用机会时期长短相应的报酬，利息正是借入资本需要支付的使用代价，或者是出让资本使用权得到的报酬。利息的计算与累积函数的形式、利息的计息次数、投资时期长短等有关。

一、累积函数概述

（一）总额函数

我们把最初投资的滋生利息的款项称为本金，把本金经过一定时期后形成的金额称为

累积额，它是本金与利息之和，又称本利和。以 t 表示本金投资使用的时间长度，以 $A(t)$ 表示 t 时的资金累积额，它是 t 的函数，称为总额函数。当 $t=0$ 时，$A(0)$ 就是本金，这里只讨论 $t\geqslant 0$ 的情况。利息是累积额与本金之差，以 $I(t)$ 表示 t 时的利息，有

$$I(t)=A(t)-A(0) \tag{2.1}$$

或

$$A(t)=A(0)+I(t)$$

如果某年用于投资的本金为 10 000 元，经过两年后增值为 12 000 元，其中增加的 2 000元就是两年投资赚取的利息收入。

（二）累积函数

累积额受本金的影响，本金越大，经过一定时期的累积额越大。为了反映单位本金的增值情况，引入累积函数 $a(t)$。

$$a(t)=\frac{A(t)}{A(0)} \tag{2.2}$$

显然，$a(0)=1$，$A(t)=A(0)\times a(t)$ 。因此，累积函数 $a(t)$ 是单位本金经过 t 时期后的增值额函数。t 可以用不同的单位来度量，如日、月、季、年等，最常用的是年。$a(t)$ 通常为 t 的连续函数，在坐标平面上表现为通过（0，1）点的曲线或直线，如图 2-1 和图 2-2 所示。从理论上说，$a(t)$ 既可以是增函数，也可以是减函数，但我们总希望它是增函数，因为只有这样才能保证总额函数的递增性和存在正的利息。有时，当利息定期结算时，$a(t)$ 也表现为不连续的阶梯函数——在定期内，$a(t)$ 为常数，定期结算后，$a(t)$ 上一个台阶，如图 2-3 所示。

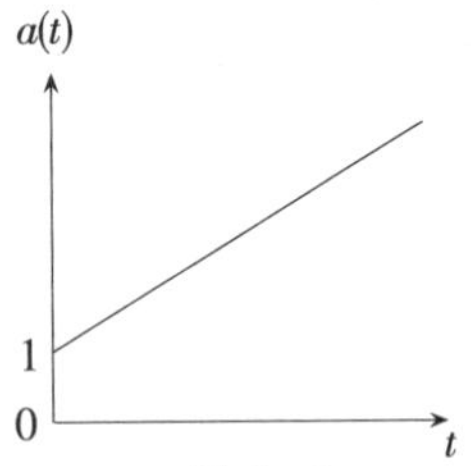

图 2-1

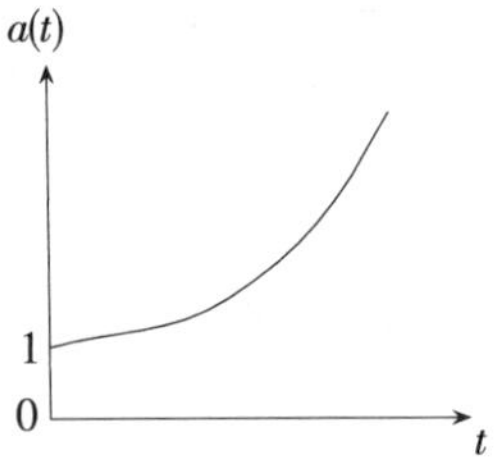

图 2-2

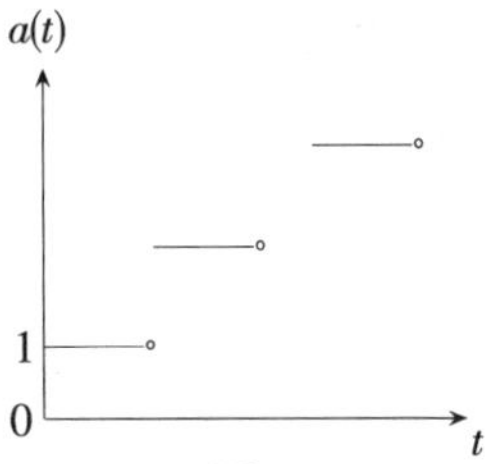

图 2-3

（三）利　率

衡量资金生息水平的指标是利率，它表示单位本金在单位时间内所滋生的利息。如果利息计算时期与基本时间单位相同，此时的利率就是实际利率。以 i_n 表示第 n 个基本计息时间单位的实际利率，有

$$i_n=\frac{A(n)-A(n-1)}{A(n-1)}=\frac{a(n)}{a(n-1)}-1 \tag{2.3}$$

如果单位时间为 1 年，1 年内 1 单位本金的利息就是实际年利率。

$$i_1=\frac{A(1)-A(0)}{A(0)}=\frac{a(1)}{a(0)}-1=a(1)-1 \tag{2.4}$$

二、单利和复利

利息的计算方法有单利和复利两种，单利只在本金上计算利息，而复利是利上生利的计息方式。

在单利下，设第 1 年初的本金为 $A(0)$，第 t 年的实际利率为 i_t，$t=0$，1，2，…。仅在本金上生息的第 1 年末的累积额为：

$$A(1)=A(0)+A(0)i_1=A(0)(1+i_1)$$

第 2 年末的累积额为：

$$A(2)=A(0)(1+i_1)+A(0)i_2=A(0)(1+i_1+i_2)$$

$$\vdots$$

第 n 年末的累积额为：

$$A(n)=A(0)(1+i_1+i_2+\cdots+i_n)$$

当各年利率相等（即 $i_1=i_2=\cdots=i_n=i$）时，有

$$A(t)=A(0)(1+it)\qquad t\geqslant 0 \tag{2.5}$$

累积函数的形式为：

$$a(t)=1+it \tag{2.6}$$

由此可见，单利每年得到的利息均为 $A(0)i$，t 年得到的利息总额为 $A(0)it$。由于每年得到的利息额恒定，在逐渐增大的年初本金下，实际年利率随 t 的增大而下降，这可以通过利率的计算公式得到验证。

$$i_n=\frac{1+in-(1+i(n-1))}{1+i(n-1)}=\frac{i}{1+i(n-1)} \tag{2.7}$$

由此可见，i_n 随着 n 的增大而下降。

在复利下，每年在年初本金和利息基础上计息。此时，第 1 年末的累积额为：

$$A(1)=A(0)+A(0)i_1=A(0)(1+i_1)$$

第 2 年末的累积额为：

$$A(2)=A(0)(1+i_1)+A(0)(1+i_1)i_2=A(0)(1+i_1)(1+i_2)$$

$$\vdots$$

第 n 年末的累积额为：

$$A(n)=A(0)(1+i_1)(1+i_2)\cdots(1+i_n)$$

当各年利率相等时，有

$$A(n)=A(0)(1+i)^n \tag{2.8}$$

累积函数的形式为：

$$a(t)=(1+i)^t \tag{2.9}$$

在复利下，每年的利息不等，第 1 年的利息为 $A(0)i$，第 2 年的利息为 $A(1)i=A(0)(1+i)i$，年利息随着 t 的增大而增大，但年利率不变。

$$i_n=\frac{(1+i)^n-(1+i)^{n-1}}{(1+i)^{n-1}}=i \tag{2.10}$$

由于 $(1+i)^t$ 的二阶导数 $(1+i)^t(\ln(1+i))^2$ 大于 0，故复利累积函数在坐标平面上表现

为下凸曲线，而单利累积函数是一条直线，它们均经过（0，1）和（1，$1+i$）点，并且有

$$(1+i)^t<1+it \qquad 0<t<1$$
$$(1+i)^t>1+it \qquad t>1$$

即当 $t>1$ 时，复利比单利得到的利息更多；当 $0<t<1$ 时，单利比复利得到的利息更多，见图 2-1 和图 2-2。

【例 2-1】某人 2022 年 1 月 1 日借款 1 000 元，假设借款的年利率为 5%，试分别以单利和复利计算：

（1）如果 2024 年 1 月 1 日还款，需要的还款总额为多少？

（2）如果 2022 年 5 月 20 日还款，需要的还款总额为多少？

（3）借款多长时间后需要还款 1 200 元？

【解】（1）2022 年 1 月 1 日到 2024 年 1 月 1 日为 2 年。

在单利下，还款总额为：

$$A(2)=A(0)(1+2i)=1\,000\times(1+2\times5\%)=1\,100(\text{元})$$

在复利下，还款总额为：

$$A(2)=A(0)(1+i)^2=1\,000\times(1+5\%)^2=1\,102.5(\text{元})$$

（2）从 2022 年 1 月 1 日到 2022 年 5 月 20 日为 140 天，计息天数为 139 天。

在单利下，还款总额为：

$$1\,000\times\left(1+\frac{139}{365}\times5\%\right)=1\,019.04(\text{元})$$

在复利下，还款总额为：

$$1\,000\times(1+5\%)^{\frac{139}{365}}=1\,018.75(\text{元})$$

（3）假设借款 t 年后需要还款 1 200 元。

在单利下，有

$$1\,200=1\,000\times(1+0.05t)$$

可得：

$$t=4(\text{年})$$

在复利下，有

$$1\,200=1\,000\times(1+0.05)^t$$

可得：

$$t\approx3.74(\text{年})$$

【例 2-2】以 10 000 元本金进行 5 年投资，前 2 年的利率为 5%，后 3 年的利率为 3%，以单利和复利分别计算 5 年后的累积资金。

【解】在单利下，有

$$A(5)=10\,000\times(1+2\times5\%+3\times3\%)=11\,900(\text{元})$$

在复利下，有

$$A(5)=10\,000\times(1+5\%)^2\times(1+3\%)^3=12\,047.32(\text{元})$$

三、现值和贴现率

1 单位本金经过 t 年后成为 $a(t)$，那么 1 单位累积值在 t 年前的值便为 $1/a(t)$。我

们把现在 1 单位元在 t 年前的值或者未来 t 年 1 单位元在现在的值，称为 t 年的现值，如图 2－4 所示。

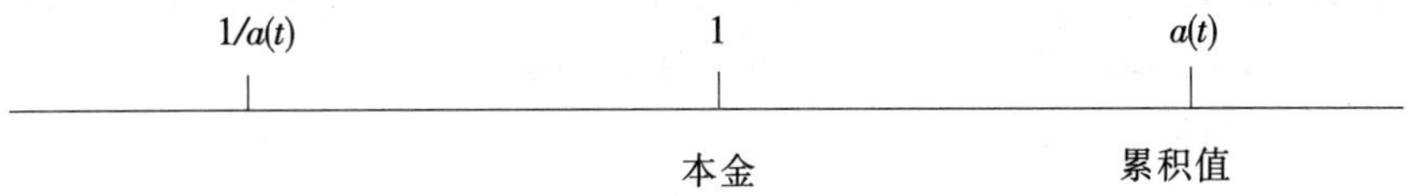

图 2－4　现值和累积值

设第 t 年的利率为 i_t，在单利方式下，1 元 t 年的现值为 $\frac{1}{1+i_1+i_2+\cdots+i_t}$，当年利率相等时，为$\frac{1}{1+it}$。在复利方式下，1 元 t 年的现值为 $\frac{1}{(1+i_1)(1+i_2)\cdots(1+i_t)}$，当年利率相等时，为 $\frac{1}{(1+i)^t}$。1 单位元时期为 1 年在复利下的现值通常用 v 表示，$v=\frac{1}{1+i}$。我们可用坐标表示 1 单位元在单利和复利下 t 年前的现值和 t 年后的累积值，如图 2－5 和图 2－6 所示。

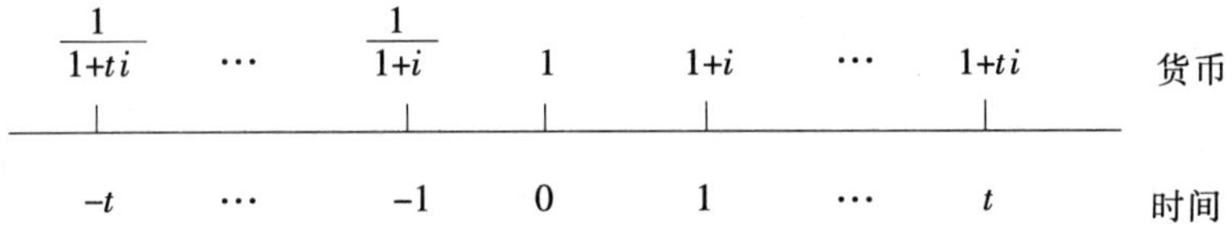

图 2－5　单利下的现值和累积值

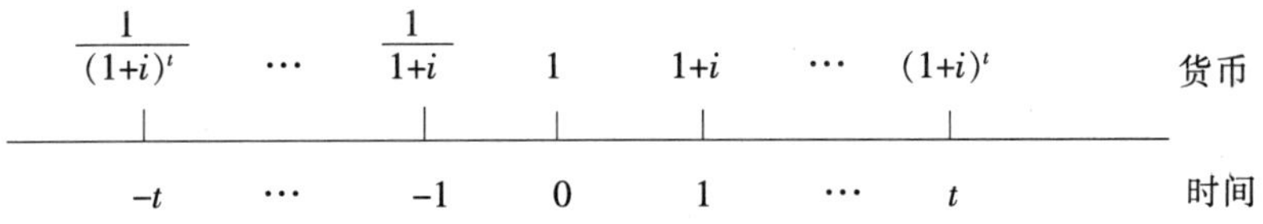

图 2－6　复利下的现值和累积值

如果将应在未来某时期支付的金额提前到现在支付，则支付额中应扣除一部分金额，这个扣除额称为贴现额，它相当于资金投资在期初的预付利息。贴现和利息的区别在于分析的出发点不同，利息是在本金基础上的增加额，贴现则是在累积额基础上的减少额。例如，1 000 元本金经过 1 年投资成为 1 100 元，在1 000元本金基础上增加的 100 元是本金的利息。反过来，在 1 100 元的基础上减少 100 元成为 1 年前的价值 1 000 元，其中减少的 100 元就是贴现额。

贴现水平用贴现率表示，它是单位货币在单位时间内的贴现额，单位时间以年度衡量时，称为实际贴现率。若以 d_n 表示第 n 年的贴现率，有

$$d_n=\frac{A(n)-A(n-1)}{A(n)}=\frac{a(n)-a(n-1)}{a(n)} \tag{2.11}$$

将一年的贴现率简化表示为 d，则

$$d=\frac{A(1)-A(0)}{A(1)}=\frac{a(1)-1}{a(1)}=\frac{1+i-1}{1+i}=\frac{i}{1+i} \tag{2.12}$$

在上例中，利息 100 元与本金 1 000 元的比值 10%就是利率，而贴现额 100 元与累积额 1 100 元的比值 9.1%就是贴现率。

从（2.12）式可见，$d<i$。上式可以变换为 $i=d(1+i)$，这一结论可以直观地解释为：在年末应付的利息是年初可付利息累积到年末的值。

从（2.12）式可以得出：

$$1-d=1-\frac{i}{1+i}=\frac{1}{1+i}=v$$

表明 $1-d$ 在利率 i 下经过一年累积为 1 元，这与 1 元在利率 i 下经过一年累积为 $1+i$ 的过程相同。从（2.12）式也可以得到：

$$i=\frac{d}{1-d} \tag{2.13}$$

引入贴现率后，累积值和现值可以用图 2－7 表示。

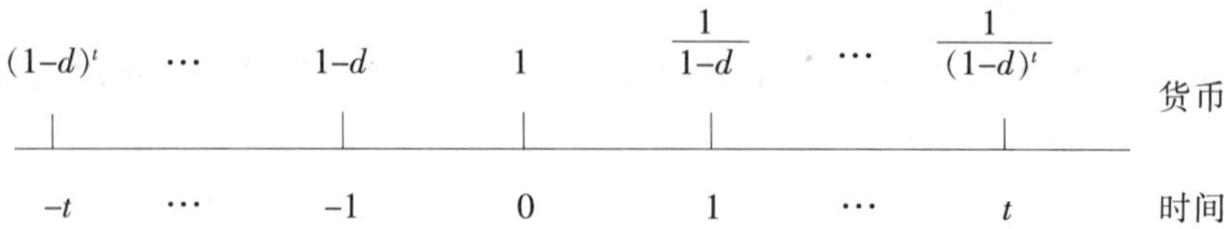

图 2－7　复利下的现值和累积值

在直角坐标上，1 元加上其在一年产生的利息 i 正是累积函数在一年后的值，1 元减去其在一年的预付利息（即贴现值 d）正是累积函数在一年前的值，如图 2－8 所示。

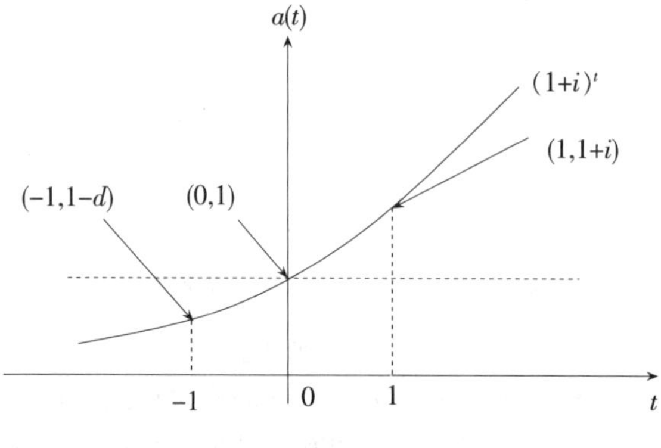

图 2－8　复利累积函数在一年后的累积值和一年前的现值

【例 2－3】 计算 2024 年 1 月 1 日的 1 000 元在复利贴现率 5%下至 2021 年 1 月 1 日的现值及年利率。

【解】（1）2021 年 1 月 1 日的现值为：

$$1\ 000\times(1-0.05)^3=857.38(\text{元})$$

（2）年利率为：

$$i=\frac{d}{1-d}=\frac{0.05}{0.95}=0.053$$

【例 2－4】 2024 年 8 月 1 日某投资资金的价值为 14 000 元，计算：

（1）在年利率为 6%时，以复利计息，这笔资金在 2022 年 8 月 1 日的现值。

（2）在复利贴现率为 6%时，这笔资金在 2022 年 8 月 1 日的现值。

【解】（1）已知利率时，用贴现系数计算现值，14 000 元 2 年前的现值为：

$$14\ 000\times\left(\frac{1}{1.06}\right)^2=12\ 459.95(\text{元})$$

（2）用贴现率计算现值，14 000 元 2 年前的现值为：

$$14\ 000\times(1-0.06)^2=12\ 370.40(\text{元})$$

四、名义利率和名义贴现率

利息既可以按年结算，也可以按半年、季度和月结算。在单利下，计息单位不影响利息额；在复利下，年利率不变，但结算的时间单位不同，也会使实际利息额不同。例如，本金 1 元，利息半年结算一次，规定的年利率为 10%。此时，半年的实际利率为 5%，1 元本金到半年时的累积额为 1.05 元，到年末的累积额为 $1.05^2=1.102\ 5$ 元，1 年的利息额为 0.102 5 元，1 年结算的实际利率为 10.25%。如果每季度结算一次，每次结算的利率为 2.5%，年末的累积额为 $(1+2.5\%)^4=1.103\ 8$元，年实际利率为 10.38%。这样，由于复利计算期与基本的时间单位不一致，就产生了利率的名不副实。我们把原来规定的结算多次的利率称为名义利率，上例中的名义年利率为 10%。

名义利率以 $i^{(m)}$ 表示，m 表示结算次数，每次结算的实际利率为 $\frac{i^{(m)}}{m}$。在复利下，1 年的累积额为 $\left(1+\frac{i^{(m)}}{m}\right)^m$，它是以 1 年实际利率 i 计算的 1 年累积额$1+i$，故

$$1+i-\left(1+\frac{i^{(m)}}{m}\right)^m \tag{2.14a}$$

$$i=\left(1+\frac{i^{(m)}}{m}\right)^m-1 \tag{2.14b}$$

$i^{(m)}$是 m 的递减函数，当 $i=6\%$时，一年不同结算次数的名义利率如表 2-1 所示。

表 2-1　6%年实际利率下一年不同结算次数的名义年利率

m	1	2	3	4	6	12	∞
$i^{(m)}$	0.060 00	0.059 13	0.058 84	0.058 70	0.058 55	0.058 41	0.058 27

名义贴现率与名义利率的意义相似，表示原来规定的 1 年结算多次的贴现率。以 $d^{(m)}$ 表示一年结算 m 次的名义贴现率，有

$$1-d=\left(1-\frac{d^{(m)}}{m}\right)^m$$

$$d=1-\left(1-\frac{d^{(m)}}{m}\right)^m \tag{2.15}$$

又由 $d=\frac{i}{1+i}$，有 $1-d=\frac{1}{1+i}$，故

$$\frac{1}{1-\frac{d^{(m)}}{m}}=1+\frac{i^{(m)}}{m}=(1+i)^{1/m}$$

$$d^{(m)}=m(1-(1+i)^{-1/m}) \tag{2.16}$$

或

$$d^{(m)}=\frac{i^{(m)}}{1+\frac{i^{(m)}}{m}}$$

由此导出

$$\frac{1}{d^{(m)}}=\frac{1}{m}+\frac{1}{i^{(m)}} \tag{2.17}$$

在年利率 6%下，一年不同结算次数对应的名义年贴现率如表 2－2 所示。

表 2－2　6%年实际利率下一年不同结算次数的名义年贴现率

m	1	2	3	4	6	12	∞
$d^{(m)}$	0.056 60	0.057 43	0.057 71	0.057 85	0.057 99	0.058 13	0.058 27

【例 2－5】某人以每月 3%的利率从银行贷款 1 000 元，那么在复利计息下，3 年后他欠银行多少钱?

【解】3%是月结利率，3 年后的累积欠款额可以直接按 36 个月的复利计算本息，有

$$1\,000\times(1.03)^{36}=2\,898.28(\text{元})$$

故三年后他欠银行 2 898.28 元。

【例 2－6】(1) 求每月结算的年利率为 6%的实际利率。

(2) 求每季度结算的年贴现率为 4%的实际贴现率。

(3) 求相当于每月结算的年利率为 6%的半年结算的贴现率。

【解】(1) 实际利率为：

$$\begin{aligned}i&=\left(1+\frac{i^{(m)}}{m}\right)^{m}-1\\&=\left(1+\frac{6\%}{12}\right)^{12}-1\\&=6.17\%\end{aligned}$$

故实际利率为 6.17%。

(2) 实际贴现率为：

$$\begin{aligned}d&=1-\left(1-\frac{d^{(m)}}{m}\right)^{m}\\&=1-\left(1-\frac{4\%}{4}\right)^{4}\\&=3.94\%\end{aligned}$$

故实际贴现率为 3.94%。

(3) 由 $(1+i)^{-1}=1-d$，有

$$\left(1+\frac{i^{(m)}}{m}\right)^{-m}=\left(1-\frac{d^{(n)}}{n}\right)^{n}$$

$$\left(1+\frac{6\%}{12}\right)^{-12}=\left(1-\frac{d^{(2)}}{2}\right)^{2}$$

$$d^{(2)}=2\times\left(1-\left(1+\frac{6\%}{12}\right)^{-6}\right)=5.90\%$$

【例 2－7】 某人从银行借款 4 000 元，这笔借款的利息每年结算 4 次，年利率为 6%。那么，他在借款 21 个月后欠银行多少钱?

【解】 年利率为 6%，每年结算 4 次，也就是每 3 个月结算一次，每次结算的利率为 1.5%(＝6%/4)，21 个月共结算 7 次(＝21/3)。这样，4 000 元本金在结算 7 次后的本利和为：

$$4\ 000\times(1+1.5\%)^7=4\ 439.38(\text{元})$$

需要注意的是，在单利下，由于利率只在本金上计息，故没有名义利率和实际利率的区别。

五、利息力

利息力又称息力，是衡量确切时点上利率水平的指标，对名义利率 $i^{(m)}$，当结算次数 m 趋于无穷大时，可以表示确切时点上的利率水平，定义利息力 δ 为：

$$\delta=\lim_{m\to\infty}i^{(m)}=\lim_{m\to\infty}m((1+i)^{1/m}-1)=\lim_{m\to\infty}\frac{(1+i)^{1/m}-(1+i)^0}{1/m}\tag{2.18}$$

由此可见，δ 是函数 $(1+i)^t$ 在 $t=0$ 处的导数，故有

$$\delta=\ln(1+i)\tag{2.19}$$

或

$$e^{\delta}=1+i\tag{2.20}$$

由于

$$d((1+i)^t)=(1+i)^t\ln(1+i)dt$$

故

$$\delta=\ln(1+i)=\frac{d((1+i)^t)}{(1+i)^t dt}=\frac{d(a(t))}{a(t)dt}\tag{2.21}$$

将上式两边积分，有

$$\int_0^t\delta_r dr=\int_0^t d(\ln(a(r)))dr=\ln(a(r))\Big|_0^t=\ln(a(t))$$

从而

$$a(t)=e^{\int_0^t\delta_r dr}\tag{2.22}$$

【例 2－8】 某人在 2019 年 7 月 22 日贷款 4 000 元，如果利息力是 0.06，在复利下，试求解以下问题：

(1) 贷款额在 2024 年 7 月 22 日的价值。

(2) 年利率 i。

(3) 名义利率 $i^{(12)}$。

【解】 (1) 如果已知年利率 i，4 000 元贷款在 2024 年 7 月 22 日的值为 $4\ 000(1+i)^5$。

由 (2.20) 式，利息力与利率有如下关系：

$$e^{\delta}=1+i$$

从而

$$4\ 000\times(1+i)^5=4\ 000\times e^{0.3}=5\ 399.44(\text{元})$$

(2) 由 $1+i=e^{0.06}$，可得年利率为：

$$i=e^{0.06}-1=0.061\ 837$$

（3）由（2.14a）式和（2.20）式，有

$$\left(1+\frac{i^{(12)}}{12}\right)^{12}=1+i=e^{0.06}$$

$$i^{(12)}=12\times\left(e^{0.06/12}-1\right)=0.060\ 150$$

与利息力相对应，贴现力是当名义贴现率的结算次数趋于无穷大时的值，可以证明贴现力与利息力相等，这里不做专门讨论。在表 2-1 和表 2-2 中，当结算次数趋于无穷大时的名义利率和名义贴现率是利息力和贴现力，它们是相等的。利息力在处理变利率问题以及后面将要介绍到的连续寿险和连续年金问题时非常有用。

六、利息问题求解举例

【例 2-9】某人以每半年结算一次的年利率 6%借款 50 000 元，2 年后他还了 30 000 元，又过了 3 年再还了 20 000 元，计算 7 年后的欠款额为多少？

【解】设他在 7 年后的欠款额为 X，有

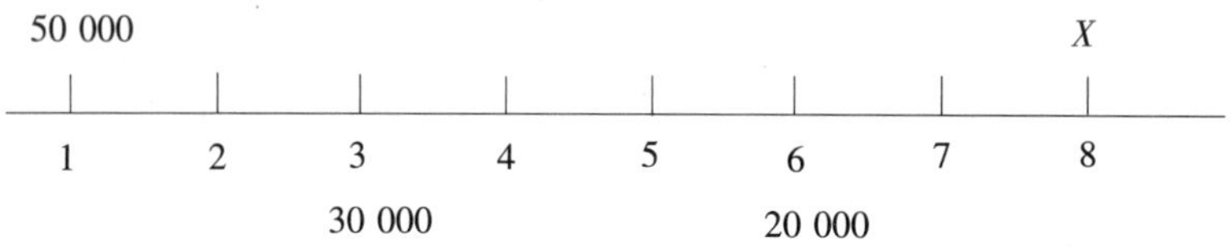

$$X=50\ 000\times1.03^{14}-30\ 000\times1.03^{10}-20\ 000\times1.03^{4}=12\ 801.82(\text{元})$$

【例 2-10】某人在 2015 年 1 月 1 日存入银行 8 000 元，两年后又存入 6 000 元，在 2021 年 1 月 1 日取出 12 000 元。如果利率为 2.5%，计算在 2024 年 1 月 1 日其账户中的余额。

【解】依题意，画出下面的收支图。

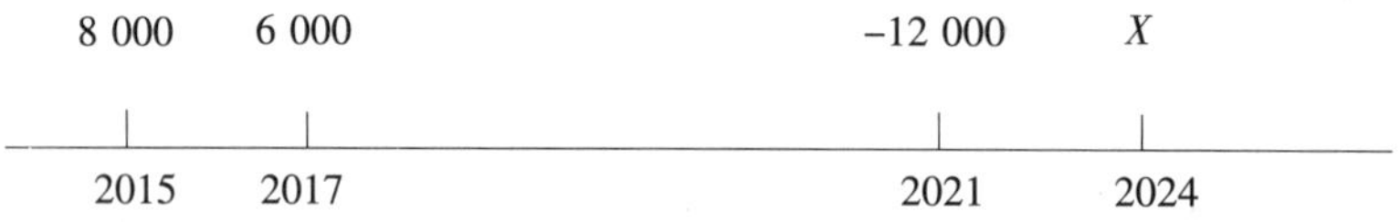

$$X=8\ 000\times1.025^{9}+6\ 000\times1.025^{7}-12\ 000\times1.025^{3}=4\ 200.33(\text{元})$$

【例 2-11】某人在 2017 年 1 月 1 日存款 4 000 元，在 2021 年 1 月 1 日存款 6 000 元，在 2024 年 1 月 1 日存款 5 000 元。如果年利率为 3%，计算在 2023 年 1 月 1 日账户中的存款总额。

【解】依题意，画出下面的收支图。

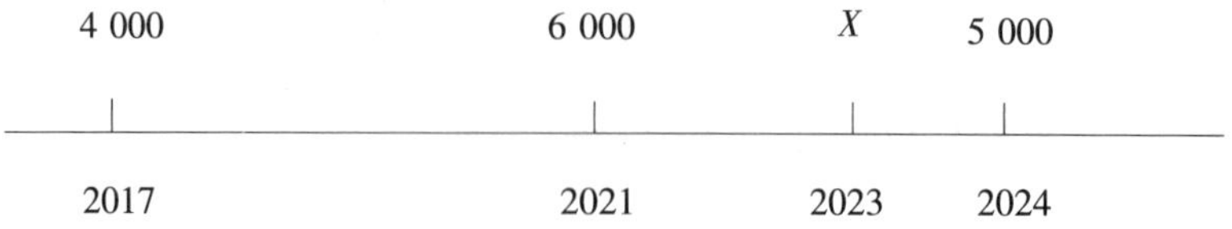

$$X=4\ 000\times1.03^{6}+6\ 000\times1.03^{2}=11\ 141.61(\text{元})$$

故在 2023 年 1 月 1 日，账户中的存款总额为 11 141.61 元。

【例 2-12】某人 2019 年 1 月 1 日在其银行账户中存款 2 000 元，2022 年 1 月 1 日存款

3 000 元，如果之后没有存取款项，2024 年 1 月 1 日的账户余额为7 100 元，计算实际利率。

【解】 依题意，画出下面的收支图。

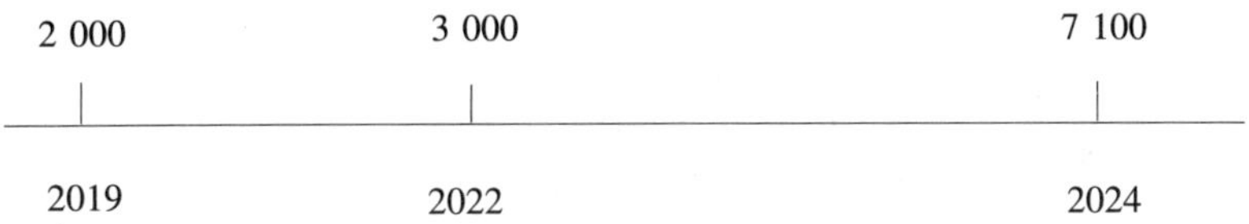

$$2\ 000 \times (1+i)^5 + 3\ 000 \times (1+i)^2 = 7\ 100(\text{元})$$

由

$$f(i) = 2\ 000 \times (1+i)^5 + 3\ 000 \times (1+i)^2 - 7\ 100 = 0(\text{元})$$

利用计算机模拟可以得到结果，也可以利用线性插值法得到结果，其结果为：

$$f(i_1) = f(0.111) = -11.71 < 0$$

$$f(i_2) = f(0.112) = 10.22 > 0$$

$$i = 0.111 + \frac{11.71}{10.22-(-11.71)} \times 0.001 = 0.111\ 53$$

第二节 年　金

一、等额确定年金的现值与终值

年金是收付款的一种方式，它是每隔一个相等时间间隔的一系列固定数额的收付款方式。实际中采用年金方法收付款的例子有很多。例如，购买住房时采取的按揭付款方式，就是向银行一次性贷款后在今后若干年以分期还款的方式逐步偿还；又如，退休者购买或获得养老金领取资格后，会以年金的方式定期领取养老金。

由于货币有时间价值，在年金支付期，不同时点的收付款金额不能通过直接相加来计算年金的总价值，不同时点年金的价值也是不同的，因此在计算年金的价值时，需要确定计算的时点。年金的现值就是一系列收入款在年金支付期首的值，年金的终值就是一系列收入款在年金支付期末的值。

n 年内每年 1 元、期首付的年金现值以 $\ddot{a}_{\overline{n}|}$ 表示，它是一系列 1 元在期首的贴现值之和，如图 2－9 所示。

图 2－9　n 年 1 元期首付年金及其现值

因此，有

$$\ddot{a}_{\overline{n}|} = 1 + v + v^2 + \cdots + v^{n-1} \tag{2.23a}$$

$$= \frac{1 - v^n}{1 - v} \tag{2.23b}$$

$$= \frac{1 - v^n}{d} \tag{2.23c}$$

n 年定期、每年末 1 元年金在第一年初的现值以 $a_{\overline{n}|}$ 表示，利用同样的计算方法，有

$$a_{\overline{n}|} = v + v^2 + \cdots + v^n \tag{2.24a}$$

$$= \frac{1 - v^n}{i} \tag{2.24b}$$

【例 2－13】某人从银行贷款 20 万元用于购买住房，规定的还款期是 30 年。假设贷款利率为 5%，如果从贷款第 2 年开始每年等额还款，求每年需要的还款额。

【解】设每年需要的还款额为 X，根据题意，有

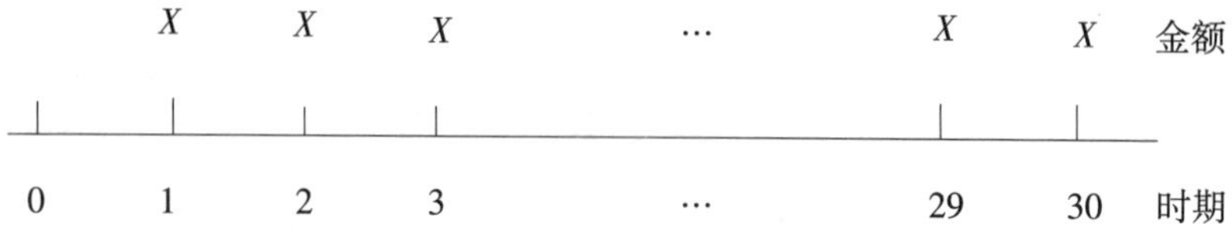

由于贷款和还款在零时刻的现值是相等的，因此有

$$200\ 000 = Xa_{\overline{30}|}$$

$$X = \frac{200\ 000i}{1 - v^{30}} = 13\ 010.29(\text{元})$$

【例 2－14】某人用 2 000 元一次性购买了 15 年确定年金，假设年利率为 3%，第一次年金领取从购买时开始，试计算每年可以领取的数额。

【解】

解法一　设每年可以领取的数额为 X，如下图所示，有

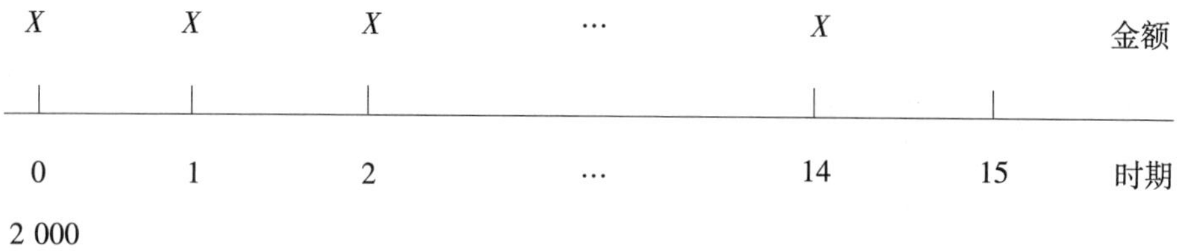

$$X\ddot{a}_{\overline{15}|} = 2\ 000$$

$$X = \frac{2\ 000}{\ddot{a}_{\overline{15}|}} = \frac{2\ 000d}{1 - v^{15}}$$

由于

$$d = \frac{i}{1+i} = \frac{0.03}{1+0.03} = 0.029\ 1$$

故

$$X = 162.65(\text{元})$$

解法二　如果将计算现值的时点向前移一年，也就是以 -1 作为计算时点，此时年金在 -1 时刻的现值和购买额是相等的，即

$$Xa_{\overline{15|}} = 2\,000v$$

$$X = \frac{2\,000 \times \frac{1}{1.03} \times 0.03}{1-\left(\frac{1}{1.03}\right)^{15}} = 162.65(\text{元})$$

即年领取额为 162.65 元。

n 年定期、每年 1 元的期首付年金在 n 年末的终值为：

$$\ddot{s}_{\overline{n|}} = \ddot{a}_{\overline{n|}} \times (1+i)^n \tag{2.25a}$$

$$= \frac{(1+i)^n - 1}{d} \tag{2.25b}$$

n 年定期、每年 1 元的期末付年金在 n 年末的终值为：

$$s_{\overline{n|}} = a_{\overline{n|}} \times (1+i)^n \tag{2.26a}$$

$$= \frac{(1+i)^n - 1}{i} \tag{2.26b}$$

n 年定期、每年 1 元的期首付年金及期末付年金的现值和终值间的关系如图 2－10 所示。

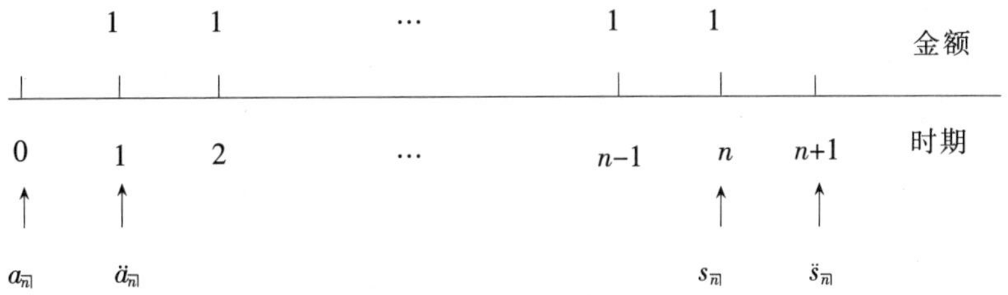

图 2－10　n 年定期、每年 1 元的期首付年金及期末付年金的现值和终值的关系

【例 2－15】某人在 30 岁时计划每年初存入 300 元建立个人账户，假设他在 60 岁退休，而且存款年利率恒定为 3%。

（1）求退休时个人账户的累积额。

（2）如果个人账户累积额在退休后以固定年金的方式在 20 年内每年领取一次，求每年可以领取的数额。

【解】（1）退休时个人账户累积额是 30 年定期的年金终值：

$$300\ddot{s}_{\overline{30|}} = 300 \times \frac{(1+i)^{30} - 1}{d} = 300 \times \frac{1.03^{30} - 1}{0.03/1.03} = 14\,700.80(\text{元})$$

因此，个人账户在退休时的累积额为 14 700.80 元。

（2）在退休时，将来领取的年金现值等于过去个人账户累积额，设每年可以领取到的数额为 X 元，则有

$$300\ddot{s}_{\overline{30|}} = X\ddot{a}_{\overline{20|}}$$

$$\ddot{a}_{\overline{20|}} = \frac{1-v^{20}}{d} = \frac{1-(1/1.03)^{20}}{0.03/1.03} = 15.323\,8$$

$$X = \frac{14\,700.80}{15.323\,8} = 959.34(\text{元})$$

因此，每年可以领取的数额为 959.34 元。

【例 2-16】 在例 2-15 中，如果退休后个人账户累积额以固定年金的方式在 20 年内每月领取一次，求每月可以领取的数额。

【解】 设月利率为 j，有

$$(1+j)^{12}=1.03$$

$$j=0.002\,466$$

设每月可以领取到的数额为 X 元，则有

$$300\ddot{s}_{\overline{30|}}=X\ddot{a}_{\overline{240|}j}$$

$$\ddot{a}_{\overline{240|}}=\frac{1-v^{240}}{d}=\frac{1-(1/1.002\,466)^{240}}{0.002\,466/1.002\,466}=181.423\,0$$

$$X=\frac{14\,700.80}{181.423\,0}=81.03(\text{元})$$

因此，每月可以领取的年金为 81.03 元。

【例 2-17】 某人贷款 50 000 元购买汽车，从贷款后第 9 个月开始在 5 年中每月还款，利率为 6%，求每月的还款额。

【解】 设月利率为 j，有

$$(1+j)^{12}=1.06$$

$$j=0.004\,868$$

在第 8 个月，有

$$Xa_{\overline{60|}}=50\,000\times(1+j)^{8}$$

$$X=\frac{50\,000\times(1+j)^{8}\times j}{1-v^{60}}$$

$$=1\,001.092(\text{元})$$

对于一年多次收付的年金，除了可以依每次收付的实际利率和实际收付次数（如例 2-16 和例 2-17 中的方法）计算外，也可以依下面的公式估计。对于 n 年定期、每年收付 m 次、每次 $1/m$ 元的期首付年金现值，以 $\ddot{a}_{\overline{n|}}^{(m)}$ 表示，可得：

$$\ddot{a}_{\overline{n|}}^{(m)}=\frac{1}{m}+\frac{1}{m}\times v^{1/m}+\frac{1}{m}\times v^{2/m}+\cdots+\frac{1}{m}\times v^{((n-1)+(m-1))/m}$$

$$=\frac{1}{m}\times\frac{1-v^{n}}{1-v^{1/m}}$$

$$=\frac{1-v^{n}}{d^{(m)}} \tag{2.27}$$

每年收付 m 次、每次 $1/m$ 元的期末付年金现值以 $a_{\overline{n|}}^{(m)}$ 表示，可得：

$$a_{\overline{n|}}^{(m)}=\frac{1}{m}\times v^{1/m}+\frac{1}{m}\times v^{2/m}+\cdots+\frac{1}{m}\times v^{n}$$

$$=\frac{1-v^{n}}{i^{(m)}} \tag{2.28}$$

n 年定期年金、每年收付 m 次、每次 $1/m$ 元的期首付年金在 n 年末的终值为：

$$\ddot{s}_{\overline{n|}}^{(m)}=\frac{(1+i)^{n}-1}{d^{(m)}} \tag{2.29}$$

上述年金期末付时，年金终值为：

$$s_{\overline{n}|}^{(m)}=\frac{(1+i)^n-1}{i^{(m)}} \tag{2.30}$$

依上面的公式计算时，例 2－16 可以有下面的解法。设每月可以领取到的数额为 x 元，则有

$$300\ddot{s}_{\overline{30}|}=12x\,\ddot{a}_{\overline{20}|}^{(12)}$$

根据名义贴现率的计算公式，可得：

$$d^{(12)}=12(1-(1+i)^{-1/12})=12(1-(1+0.03)^{-1/12})=0.029\ 522\ 426$$

$$\ddot{a}_{\overline{20}|}^{(12)}=\frac{1-v^{20}}{d^{(12)}}=\frac{1-(1/1.03)^{20}}{0.029\ 522\ 426}=15.118\ 142\ 59$$

$$x=\frac{14\ 700.80}{12\times 15.118\ 142\ 59}=81.03(\text{元})$$

因而每月可以领取的年金为 81.03 元。

【例 2－18】 某年金每年付款 1 次，连续付款 10 年，年利率为 5%，年给付额为：第 1 年末支付 100 元，第 2 年末直至第 9 年末每次支付 200 元，第 10 年末支付 100 元。计算 $t=0$ 时这些付款的现值。

【解】 依题意，有

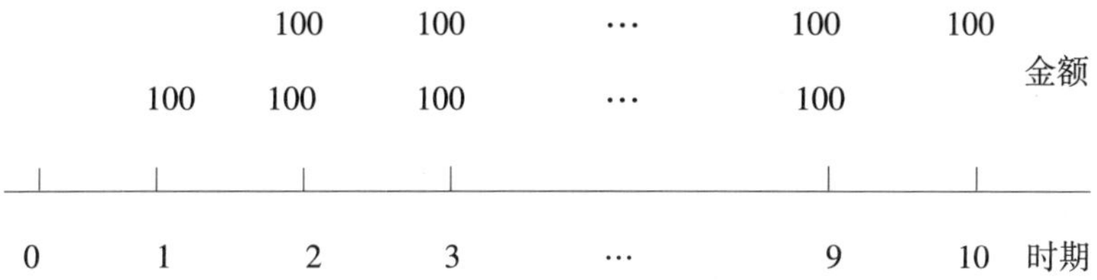

解法一　这一变额年金可以分解为两个确定的固定年金之和。此时，有

$$\begin{aligned}\text{现值}&=100a_{\overline{9}|}+100a_{\overline{9}|}\times v\\&\quad-100a_{\overline{9}|}(1+v)\\&=100\times\frac{1-v^9}{i}\times(1+v)\\&=1\ 387.72(\text{元})\end{aligned}$$

解法二　直接计算。

$$\text{现值}=100v+200va_{\overline{8}|}+100v^{10}=1\ 387.72(\text{元})$$

二、永续年金

永续年金是收付时期没有限制、每隔一个时间间隔永远连续收付的年金，相当于前面定期年金当时期 n 趋于无穷大时的值。每年 1 元、期末付永续年金的现值为：

$$a_{\overline{\infty}|}=\lim_{n\to\infty}a_{\overline{n}|}=\frac{1}{i} \tag{2.31}$$

同理，其他永续年金的现值为：

$$\ddot{a}_{\overline{\infty}|}=\lim_{n\to\infty}\ddot{a}_{\overline{n}|}=\frac{1}{d} \tag{2.32}$$

$$a_{\overline{\infty}|}^{(m)}=\frac{1}{i^{(m)}} \tag{2.33}$$

$$\ddot{a}_{\overline{\infty}|}^{(m)}=\frac{1}{d^{(m)}} \tag{2.34}$$

【例 2-19】 若存入银行 10 万元，建立一项永续奖励基金，从存款一年后开始支取年金，设利率为 4%，求每年可以提取的最大数额。

【解】 设每年可以提取的最大数额为 x，则

$$100\ 000=x\,a_{\overline{\infty}|}=\frac{x}{i}$$

$$x=100\ 000\times 0.04=4\ 000(\text{元})$$

三、变额年金

变额年金是每次收入额不等的年金，实际中有两种常见的变额年金：一种是每次收入额等差递增，另一种是等比递增。如果在 n 年定期内，第一年末收付 1 单位元，第 2 年末收付 2 单位元，以后每次比上一次递增 1 单位元的期末付年金现值以 $(Ia)_{\overline{n}|}$ 表示，如图 2-11 所示。

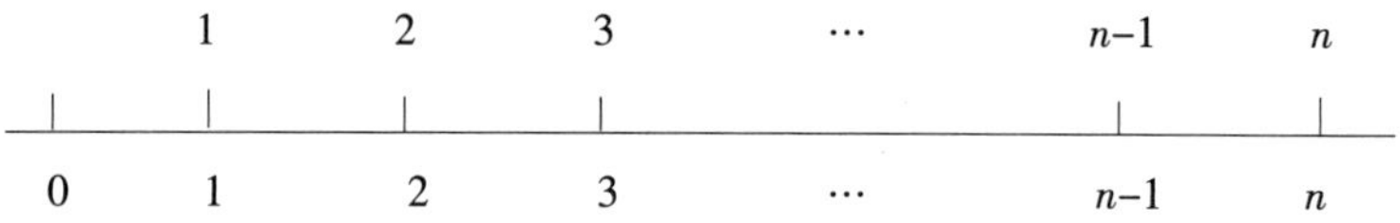

图 2-11　递增变额年金

$$(Ia)_{\overline{n}|}=v+2v^2+3v^3+\cdots+nv^n \tag{2.35}$$

$$(1+i)\times(Ia)_{\overline{n}|}=1+2v+3v^2+\cdots+nv^{n-1}$$

两者相减后得：

$$\begin{aligned}i\times(Ia)_{\overline{n}|}&=1+v+v^2+\cdots+v^{n-1}-nv^n\\&=\ddot{a}_{\overline{n}|}-nv^n\end{aligned}$$

变形可得：

$$(Ia)_{\overline{n}|}=\frac{\ddot{a}_{\overline{n}|}-nv^n}{i} \tag{2.36}$$

上述年金期首付时，年金现值为：

$$(I\ddot{a})_{\overline{n}|}=\frac{\ddot{a}_{\overline{n}|}-nv^n}{d} \tag{2.37}$$

第一年收付 n 元，以后每年收付额比前一年减少 1 单位元的 n 年定期递减的期末付年金为：

$$(Da)_{\overline{n}|}=\frac{n-a_{\overline{n}|}}{i} \tag{2.38}$$

上述定期递减年金在期首付时，为：

$$(D\ddot{a})_{\overline{n}|}=\frac{n(1+i)-\ddot{a}_{\overline{n}|}}{i} \tag{2.39}$$

变额年金的终值是相应年金现值与利率累积系数之积。例如，n 年标准递增的期首付

年金终值以 $(I\ddot{s})_{\overline{n}|}$ 表示，$(I\ddot{s})_{\overline{n}|}=(I\ddot{a})_{\overline{n}|}(1+i)^n$。类似的等差变额年金终值的公式，读者可以自行给出。

【例 2-20】 某年金第 1 年末收付 1 000 元，以后每年的收付额比前一年增加 100 元，共收付 10 年。若年利率为 5%，求第 10 年末的年金终值。

【解】 这一变额年金可以分解为每年 900 元的 10 年定额年金和 100 元的 10 年等差递增年金。因此，第 10 年末的年金终值为：

$$
\begin{aligned}
&900s_{\overline{10}|}+100(Is)_{\overline{10}|}\\
&=900\times\frac{(1+i)^{10}-1}{i}+100\times\frac{\ddot{s}_{\overline{10}|}-10}{i}\\
&=17\ 733.68(\text{元})
\end{aligned}
$$

对于等比递增的年金，如果第 1 年收付 1 单位元，以后每年的收付额比前一年递增 j 比例，n 年定期的年金现值为：

$$PV=1+(1+j)v+(1+j)^2v^2+\cdots+(1+j)^{n-1}v^{n-1}$$

设

$$(1+j)v=v'$$

上式变为：

$$PV=1+v'+v'^2+\cdots+v'^{n-1}=\frac{1-v'^n}{d'}$$

其中

$$d'=1-v'=\frac{i'}{1+i'}$$

$$i'=\frac{i-j}{1+j}$$

【例 2-21】 我国城镇基本养老保险采取社会统筹与个人账户相结合的方式，个人账户以个人缴费工资的 8%计入。假设某职工从 20 岁参加个人账户，当年工资为 6 000 元，工资年增长率为 2%，个人账户的累积利率为 4%。在他 60 岁退休时，计算个人账户的累积额。

【解】 个人账户在 20 岁时的现值为：

$$
\begin{aligned}
&6\ 000\times0.08\times(1+1.02v+1.02^2v^2+\cdots+1.02^{39}v^{39})\\
&=480\times\frac{1-(1.02v)^{40}}{1-1.02v}=480\times\frac{1-(1.02/1.04)^{40}}{1-1.02/1.04}=13\ 480.63(\text{元})
\end{aligned}
$$

在 60 岁时的累积额为：

$$13\ 480.63\times1.04^{40}=64\ 720.78(\text{元})$$

【例 2-22】 在例 2-21 中，如果个人账户累积利率在刚参加个人账户的前 10 年内为 4%，退休前的 10 年内为 2%，中间 20 年为 3%，计算个人账户在退休时的累积额。

【解】 在职工 20～29 岁间，个人账户在 20 岁的现值为：

$$480\times\frac{1-(1.02/1.04)^{10}}{1-1.02/1.04}=4\ 405.216\ 554(\text{元})$$

在职工 30～49 岁间，个人账户在 20 岁的现值为：

$$480\times1.02^{10}\times\frac{1-(1.02/1.03)^{20}}{1-1.02/1.03}\times\left(\frac{1}{1.04}\right)^{10}=7\ 217.296\ 894(\text{元})$$

在职工 50～59 岁间，个人账户在 20 岁的现值为：

$$480\times1.02^{30}\times10\times\left(\frac{1}{1.03}\right)^{20}\times\left(\frac{1}{1.04}\right)^{10}=3\ 252.134\ 534(\text{元})$$

个人账户在 60 岁的累积值为：

$$(4\ 405.216\ 554+7\ 217.296\ 894+3\ 252.134\ 534)\times1.04^{10}\times1.03^{20}\times1.02^{10}$$
$$=48\ 475.95(\text{元})$$

【例 2-23】 一项永续年金，第一年末付 1 000 元，第 2 年末付 2 000 元，以后各年每年增加 1 000 元，直到年付 15 000 元后，支付水平保持在每年 15 000 元的水平上不变，并一直继续下去。在利率水平 2.5%下，计算此年金的现值。

【解】 这一年金可以分解为一个递增确定年金和一个永续年金，年金现值为：

$$\begin{aligned}PV&=1\ 000(Ia)_{\overline{15|}}+\frac{15\ 000}{i}\times v^{15}\\&=\frac{1}{i}\times(1\ 000(\ddot{a}_{\overline{15|}}-15v^{15})+15\ 000v^{15})\\&=1\ 000\times\frac{\ddot{a}_{\overline{15|}}}{i}\\&=507\ 636.4(\text{元})\end{aligned}$$

第三节 债务偿还

借款人对债务的偿还通常采取分期偿还和偿债基金两种基本的方法。分期偿还采取在一定的时期内分期还款的方法，在还款期结束时还清全部的本金和利息。通常在还款期内还款的间隔是相等的，还款的数额可以是等额的也可以是不等额的。在偿债基金方法下，借款人在贷款期间分期偿还借款的利息，同时积累一笔偿债基金，用于贷款到期时一次性清偿贷款本金。

一、分期偿还

借款人按一定的周期分期清偿贷款，每次偿还当期应支付的利息以及部分本金。每次分期偿还的数额可以相等也可以不等，分别称为等额分期偿还和变额分期偿还。我们在此需要计算每次需要偿还的金额、每次偿还金额中包含的本金和利息数额以及一定时期尚未偿还的借款本金余额等。

（一）等额分期偿还

等额分期偿还债务的方法是在规定的还款期内每次偿还相等数额的还款方式。设贷款本金是 B_0，还款期限为 n 年，每年还款一次，并在还款年度末进行，年实际利率为 i，每次偿还金额为 R。这样，n 年分期还款构成一个每次金额为 R 的期末付年金，该年金的现值等于贷款本金 B_0。因此，有

$$Ra_{\overline{n|}i}=B_0$$

因此

$$R=\frac{B_0}{a_{\overline{n}|i}} \tag{2.40}$$

在每期偿还的金额 R 中，既包括当期应偿还的利息，也包括部分本金。偿还的利息等于期初尚未偿还本金余额与当期实际利率的乘积，每期的偿还金额扣减偿还的利息就是偿还的本金部分。未偿还本金余额就是计算日尚未偿还的借款本金。我们用 $B_k(k=1, 2, \cdots, n)$ 表示第 k 期末的未偿还本金余额，也就是第 k 次还款后需要在以后偿还的剩余还款额。这样，借款期初未偿还本金余额为 B_0，经过 n 期偿还，在第 n 期末将还清全部借款，借款余额为 0（即 $B_n=0$）。在中间任何时点，未偿还本金余额可以采取过去法和将来法两种方法计算。

在过去法下，未偿还本金余额等于借款本金扣减过去已偿还本金的差额。设每期期初的本金金额分别为 B_0，B_1，…，B_n，则每期的利息分别为 $i\times B_0$，$i\times B_1$，…，$i\times B_n$，各期偿还的本金额为 $R-i\times B_0$，$R-i\times B_1$，…，$R-i\times B_n$。因此，各期末未偿还本金余额分别为：

第一期末：

$$B_1=B_0-(R-iB_0)=B_0(1+i)-R$$

第二期末：

$$B_2=B_1-(R-iB_1)=B_1(1+i)-R=B_0(1+i)^2-Rs_{\overline{2}|i}$$

依此类推，可得第 k 期末的未偿还本金余额为：

$$B_k=B_0(1+i)^k-Rs_{\overline{k}|i} \tag{2.41}$$

由此可见，第 k 期末的未偿还本金余额等于原始本金在 k 期末的累积值 $B_0(1+i)^k$ 与过去所有已支付的款项 R 在 k 期末的累积值 $Rs_{\overline{k}|i}$ 的差额。

在将来法下，未偿还本金余额是将来需要偿还的总金额在计算时点的现值，即

$$B_k=R\,a_{\overline{n-k}|i} \qquad k=1, 2, \cdots, n \tag{2.42}$$

可以证明，利用这两种方法计算的未偿还本金余额是相等的。

由于

$$B_0=Ra_{\overline{n}|i}$$

则

$$\begin{aligned}
B_k&=B_0(1+i)^k-Rs_{\overline{k}|i}\\
&=R(a_{\overline{n}|i}(1+i)^k-s_{\overline{k}|i})\\
&=R\left(\frac{1-v^n}{i}\times(1+i)^k-\frac{(1+i)^k-1}{i}\right)\\
&=R\times\frac{1-v^{n-k}}{i}\\
&=R\,a_{\overline{n-k}|i}
\end{aligned} \tag{2.43}$$

式中，$k=1, 2, \cdots, n$。

在每期末未偿还本金余额的基础上，很容易计算每期需要支付的利息。令第 k 期应支付的利息为 I_k，则

$$I_k=i\,B_{k-1}=i\,Ra_{\overline{n-k+1}|i}=R(1-v^{n-k+1}) \qquad k=1, 2, \cdots, n \tag{2.44}$$

令第 k 期偿还的本金为 P_k，则

$$P_k = R - I_k = Rv^{n-k+1} = \frac{B_0}{a_{\overline{n}|i}} \times v^{n-k+1} \qquad k=1,\ 2,\ \cdots,\ n \qquad (2.45)$$

我们可以将以上的分析归纳成表 2-3。

表 2-3　等额分期偿还表

时期	付款金额	支付利息	偿还本金	未偿还贷款余额
0	—	—	—	$Ra_{\overline{n}|i}$
1	R	$R(1-v^n)$	Rv^n	$Ra_{\overline{n-1}|i}$
⋮	⋮	⋮	⋮	⋮
k	R	$R(1-v^{n-k+1})$	Rv^{n-k+1}	$Ra_{\overline{n-k}|i}$
⋮	⋮	⋮	⋮	⋮
n	R	$R(1-v)$	Rv	0
总计	nR	$nR-Ra_{\overline{n}|i}$	$Ra_{\overline{n}|i}=B_0$	

从表 2-3 可以看出，每期偿还的本金金额是一个等比递增数列，意味着借款人在初期偿还的本金较少，而在后期偿还的本金较多。相应地，由于每期支付的总金额 R 是固定的，因而借款人支付的利息金额是逐期递减的。与此同时，每期偿还的本金金额之和等于原始本金 B_0。

【例 2-24】 设 A 向 B 借款 20 000 元，期限为 5 年，年实际利率为 6%，A 在每年末以等额分期方式偿还贷款。试计算：

(1) 每年末应偿还的金额。

(2) 各年末的未偿还本金余额。

(3) 每年末偿还金额中的利息和本金金额。

【解】 依 (2.40) 式，有

$$R = \frac{B_0}{a_{\overline{n}|i}} = \frac{20\ 000}{a_{\overline{5}|0.06}} = 4\ 747.93(\text{元})$$

将相关数字代入表 2-3 中的公式，可得等额分期偿还表（如表 2-4 所示）。

表 2-4　例 2-24 中的等额分期偿还表　　单位：元

时期	每年末偿还金额	支付利息	偿还本金	年末未偿还贷款余额
0	—	—	—	20 000.00
1	4 747.93	1 200.00	3 547.93	16 452.07
2	4 747.93	987.12	3 760.80	12 691.27
3	4 747.93	761.48	3 986.45	8 704.82
4	4 747.93	522.29	4 225.64	4 479.18
5	4 747.93	268.75	4 479.18	0.00

例如，第 3 年末的未偿还本金金额为：

$$B_3 = R\,a_{\overline{5-3}|i} = 8\ 704.82(\text{元})$$

第 3 年支付的利息收入为：

$$I_3 = 4\ 747.93 \times (1 - v^{5-3+1}) = 761.48(\text{元})$$

第 3 年偿还的本金额为：

$$P_3 = R - I_3 = 3\ 986.45(\text{元})$$

【例 2-25】 某人用 10 年分期还款的方式偿还一笔 50 000 元的贷款，假设他在 10 年内每半年还款一次，每半年结算的年利率为 6%，从贷款 6 个月后开始第 1 次还款。求第 6 年末尚未还清的贷款余额。

【解】 设未来每次还款额为 P，10 年内每半年一次的还款意味着 20 个半年的还款，半年结算的利率为 3%（=6%/2）。

由于贷款开始时刻的贷款额与还款额的现值相等，有

$$50\ 000 = Pa_{\overline{20}|0.03}$$

所以

$$P = 3\ 360.79(\text{元})$$

第 6 年末尚未还清的贷款余额等于最后 8 个半年内需要定期偿还的贷款的现值，代入表 2-3 中的公式可得：

$$Pa_{\overline{8}|0.03} = 23\ 591.71(\text{元})$$

（二）变额分期偿还

变额分期偿还是指每期偿还金额不等的还款方式。设原始贷款金额为 B_0，第 k 期偿还的金额为 $R_k(k=1, 2, \cdots, n)$，则有 $B_0 = \sum_{k=1}^{n} v^k R_k$。

最常见的一种变额分期偿还方式是每期偿还的本金相等。这样，随着逐期本金的偿还，本金余额递减，使偿还的利息也逐期递减，从而每期偿还的总金额逐期递减。有时，变额分期偿还按规定的模式进行，比如各期偿还额为等差数列或等比数列等。

【例 2-26】 一笔金额为 nR 元的贷款，年利率为 i，期限为 n 年，每年偿还 R 元本金，试构造分期偿还表。

【解】 按照构造等额分期偿还表同样的原理和计算方法，可以得到表 2-5。

表 2-5　例 2-26 中的分期偿还表

时期	付款金额	支付利息	偿还本金	未偿还贷款余额
0	—	—	—	nR
1	$R\ (1+in)$	inR	R	$(n-1)R$
⋮	⋮	⋮	⋮	⋮
k	$R(1+i\ (n-k+1))$	$i(n-k+1)R$	R	$(n-k)R$
⋮	⋮	⋮	⋮	⋮
n	$R\ (1+i)$	iR	R	0
总计	$nR+iR\times\frac{n(n+1)}{2}$	$iR\times\frac{n(n+1)}{2}$	nR	

【例 2-27】 某笔 7 000 元的贷款，用每年末偿还 1 000 元及最后一次偿付剩余不足 1 000 元的方式还款。假定年利率为 5%，第一次付款在贷款一年后。计算第 6 次付款后剩余的本金。

【解】

解法一　如果用未来法计算，需要先计算出还款的期限和最后一次还款的数额。

在 5%利率下，未来 8 年每年 1 000 元的年金现值为：

$$1\ 000a_{\overline{8}|0.05}=6\ 463.213(\text{元})$$

设第 9 次不足 1 000 元的还款额为 x，有

$$7\ 000=6\ 463.213+xv^9$$

$$x=832.733\ 2(\text{元})$$

因此，第 6 次付款后剩余的本金为：

$$1\ 000a_{\overline{2}|0.05}+832.733\ 2v^3=2\ 578.76(\text{元})$$

解法二　如果用过去法，可以不考虑付款期限和最后一笔付款额，只要用贷款本金在第 6 年末的终值减去过去 6 年已付款的终值就可以得到第 6 次付款后剩余的本金。

$$7\ 000\times 1.05^6-1\ 000s_{\overline{6}|0.05}=2\ 578.76(\text{元})$$

【例 2-28】 某人从银行获得一笔贷款，期限为 10 年，贷款利率为 5%。他采用变额分期偿还法偿还贷款，其中每年末的偿还金额分别为 20 000 元，19 000 元，18 000 元，…，11 000 元，试计算：

（1）贷款原始本金。

（2）第 5 年所偿还的本金和利息。

【解】（1）贷款本金等于分期偿还额的现值：

$$B_0=10\ 000\times a_{\overline{10}|0.05}+1\ 000\times(Da)_{\overline{10}|0.05}=122\ 782.65(\text{元})$$

（2）按未来法，第 4 年末的未偿还本金余额为：

$$B_4=10\ 000\times a_{\overline{6}|0.05}+1\ 000\times(Da)_{\overline{6}|0.05}=69\ 243.08(\text{元})$$

第 5 年偿还的利息为：

$$I_5=iB_4=3\ 462(\text{元})$$

第 5 年的偿还额为：

$$R_5=16\ 000(\text{元})$$

故第 5 年偿还的本金额为：

$$P_5=R_5-I_5=12\ 538(\text{元})$$

采取递增变额方式分期偿还贷款，前期可能会出现当期应支付利息大于当期偿还总金额的情况，这种情况可以视为对贷款本金的负偿还，也就是未偿还贷款本金余额的增加。

【例 2-29】 一笔金额为 10 000 元的贷款，年利率为 10%，期限为 8 年，每年末偿还一次，每次的偿还额以 30%的速度递增，试计算前 3 年每年偿还的本金和利息。

【解】 这里的偿还金额按几何级数增长，设第一年的偿还金额为 R_1，则

$$10\ 000=R_1\times\frac{1-\left(\dfrac{1.3}{1.1}\right)^8}{0.1-0.3}=14.027R_1$$

可得：

$$R_1=712.90(\text{元})$$

由

$$I_1=i\,B_0=10\ 000\times 0.1=1\ 000(\text{元})$$

此时，应偿还的利息大于偿还的总金额，偿还金额不足利息支付的部分为：

$$P_1 = R_1 - I_1 = -287.10(\text{元})$$

这样，1 年后的未偿还本金余额增加为：

$$B_1 = B_0 - P_1 = 10\ 287.10(\text{元})$$

第 2 年的各项余额分别为：

$$R_2 = R_1 \times 1.3 = 926.77(\text{元})$$

$$I_2 = iB_1 = 10\ 287.10 \times 0.1 = 1\ 028.71(\text{元})$$

$$P_2 = R_2 - I_2 = -101.94(\text{元})$$

$$B_2 = B_1 - P_2 = 10\ 389.04(\text{元})$$

依此类推，我们可得到如表 2－6 所示的分期偿还表。

表 2－6　例 2－29 中的分期偿还表　　单位：元

时期	付款金额	支付利息	偿还本金	未偿还贷款余额
0	—	—	—	10 000.00
1	712.90	1 000.00	−287.10	10 287.10
2	926.77	1 028.71	−101.94	10 389.04
3	1 204.80	1 038.90	165.90	10 223.14
4	1 566.24	1 022.31	543.93	9 679.21
5	2 036.11	967.92	1 068.19	8 611.02
6	2 646.95	861.10	1 785.84	6 825.18
7	3 441.03	682.52	2 758.51	4 066.67
8	4 473.34	406.67	4 066.67	0.00

从表中可以看出，前两期的本金偿还额都为负值，从而使未偿还本金金额不但没有减少，反而增加了；以后年份，随着本金的逐步偿还，未偿还本金余额逐期下降，到还款期末，余款全部还清。

二、偿债基金

偿债基金的还款方法是借款人在贷款期间分期偿还贷款的利息，同时为了能够在贷款期末一次性偿还贷款的本金，定期向一只“基金”供款，使该“基金”在贷款期末的积累值正好等于贷款本金。这一基金称为偿债基金，其累计的利率与贷款利率可能相等，也可能不等。

由于原始本金是在期末用积累的基金一次性支付的，因而本金在贷款期间保持不变。这样，每期应支付的利息金额为常数。如果贷款利率为 i，每期支付的利息为 I，有 $I=iB_0$。

借款人在每期末除了支付当期利息外，还需要向偿债基金储蓄一定金额。虽然偿债基金名义上归借款人所有，但由于该基金是用于在贷款到期时一次性清偿贷款本金的，实际上由贷款人掌握，借款人不能动用该基金。因此，偿债基金的积累过程本质上就是原始本金的偿还过程，借款人存入的金额及其产生的利息收入可以看作对贷款本金的偿还。从原始贷款金额中减去偿债基金的累积值就是借款人实际未偿还的本金余额，称为贷款净额，相当于分期偿还法中的未偿还本金余额。

相应地，借款人每期向偿债基金的储蓄也是一种支付，其每期的支付总金额为支付的利息金额与储蓄金额之和。按各期支付总金额是否相等，偿债基金法可分为等额偿债基金法和变额偿债基金法。由于每期支付的利息相等，各期支付总金额是否相等取决于每期储蓄金额是否相等。

需要注意的是，尽管偿债基金法下借款人每期支付的利息额相同，但由于借款人所积累的偿债基金每期都要产生利息，所以借款人每期实际支付的利息是每期支付的利息扣除偿债基金累计产生的利息。由于偿债基金所产生的利息随着偿债基金的增大而逐期增加，故借款人实际支付的利息是逐期递减的。这一点在本质上与分期偿还法是相同的。

（一）等额偿债基金

等额偿债基金法下借款人每期向偿债基金储蓄的金额相等，设为 D。如果该偿债基金每期的利率恒为 j，则

$$D=\frac{B_0}{s_{\overline{n}|j}} \tag{2.46}$$

式中，n 为贷款期限。

通常说来，贷款期限是一个整数年数。若每期支付给贷款人的利息为 $I=iB_0$，则借款人每期支付的总金额为：

$$I+D=iB_0+\frac{B_0}{s_{\overline{n}|j}}=B_0\left(i+\frac{1}{s_{\overline{n}|j}}\right) \tag{2.47}$$

式中，I 为支付的当期利息；D 为存入的偿债基金。

借款人每期向偿债基金储蓄的金额相同，都为 D，故第 k 期末偿债基金的累积值为 $D\,s_{\overline{k}|j}$，则第 k 期末的贷款净额为：

$$B_0-D\,s_{\overline{k}|j}=B_0-\frac{B_0}{s_{\overline{n}|j}}\times s_{\overline{k}|j}=B_0\left(1-\frac{s_{\overline{k}|j}}{s_{\overline{n}|j}}\right) \tag{2.48}$$

偿债基金每期产生的利息为上期期末累积值与基金利率的乘积，故偿债基金在第 k 期所产生的利息为 $jDs_{\overline{k-1}|j}$，借款人在第 k 期末实际支付的利息金额应为 $iB_0-jDs_{\overline{k-1}|j}$。

假设偿债基金的利率与贷款利率相等，即 $j=i$，则借款人每期支付的总金额为：

$$I+D=B_0\left(i+\frac{1}{s_{\overline{n}|j}}\right)=B_0\left(i+\frac{1}{s_{\overline{n}|i}}\right)=\frac{B_0}{a_{\overline{n}|i}}=R \tag{2.49}$$

因此，当偿债基金的利率与贷款利率相等时，偿债基金法与分期偿还法下每期末支付的金额相等，两种方法等价。我们也可以证明此时借款人每期实际支付的利息也等于等额分期偿还法下每期支付的利息。

由于 $i=j$，所以借款人实际支付的利息为：

$$\begin{aligned}I-jDs_{\overline{k-1}|j}&=iB_0-j\times\frac{B_0}{s_{\overline{n}|j}}\times s_{\overline{k-1}|j}\\&=iB_0-iB_0\times\frac{s_{\overline{k-1}|i}}{s_{\overline{n}|i}}\end{aligned}$$

$$= iB_0 \times \left(1 - \frac{s_{\overline{k-1}|i}}{s_{\overline{n}|i}}\right)$$

$$= iB_0 \times \frac{(1+i)^n - (1+i)^{k-1}}{(1+i)^n - 1}$$

$$= iB_0 \times \frac{1 - v^{n-k+1}}{1 - v^n}$$

$$= iB_0 \times \frac{a_{\overline{n-k+1}|i}}{a_{\overline{n}|i}}$$

$$= i\,R\,a_{\overline{n-k+1}|i}$$

当偿债基金的利率与贷款利率相等时，偿债基金法下第 k 期末的贷款净额等于分期偿还法下第 k 期末的未偿还本金余额。

因此，贷款净额为：

$$B_0\left(1 - \frac{s_{\overline{k}|j}}{s_{\overline{n}|j}}\right) = B_0\left(1 - \frac{s_{\overline{k}|i}}{s_{\overline{n}|i}}\right)$$

$$= B_0 \times \frac{(1+i)^n - (1+i)^k}{(1+i)^n - 1}$$

$$= B_0 \times \frac{1 - v^{n-k}}{1 - v^n}$$

$$= Ra_{\overline{n}|i} \times \frac{a_{\overline{n-k}|i}}{a_{\overline{n}|i}}$$

$$= Ra_{\overline{n-k}|i}$$

【例 2-30】 在例 2-24 中，假设 A 以等额偿债基金方式偿还贷款，偿债基金的利率也为 6%，其他条件不变，试构造偿债基金表。

【解】 本例中，$i=j=0.06$，A 每期向偿债基金储蓄 D，则

$$D = \frac{B_0}{s_{\overline{n}|j}} = \frac{20\ 000}{s_{\overline{5}|0.06}} = 3\ 547.93(\text{元})$$

此外，A 还要向 B 支付当期利息 I：

$$I = iB_0 = 20\ 000 \times 0.06 = 1\ 200(\text{元})$$

所以每期支付金额合计为：

$$R = D + I = 4\ 747.93(\text{元})$$

根据前面的公式，我们可构造偿债基金表（如表 2-7 所示）。

表 2-7　例 2-30 中的偿债基金表　　单位：元

时期	每年末支付的金额	支付当年利息	向偿债基金储蓄额	偿债基金所得利息	每期实际利息支出	偿债基金余额	贷款净额
0	—	—	—	—	—	0.00	20 000.00
1	4 747.93	1 200.00	3 547.93	0.00	1 200.00	3 547.93	16 452.07
2	4 747.93	1 200.00	3 547.93	212.88	987.12	7 308.73	12 691.27
3	4 747.93	1 200.00	3 547.93	438.52	761.48	11 295.18	8 704.82
4	4 747.93	1 200.00	3 547.93	677.71	522.29	15 520.82	4 479.18
5	4 747.93	1 200.00	3 547.93	931.25	268.75	20 000.00	0.00

将表 2－7 与例 2－24 的结果对比可见，当偿债基金的利率与贷款利率相等时，偿债基金法下借款人每期实际利息支出及贷款净额分别等于等额分期偿还法下的支付利息及年末未偿还贷款余额。若 $j\neq i$，则两者不等。例如，当 $j=0.05$ 时，偿债基金如表 2－8 所示。由此可见，两者是不相等的。

表 2－8　例 2－30 中 $j=0.05$ 的偿债基金表　　单位：元

时期	每年末支付的金额	支付当年利息	向偿债基金储蓄额	偿债基金所得利息	每期实际利息支出	偿债基金余额	贷款净额
0	—	—	—	—	—	0.00	20 000.00
1	4 819.50	1 200.00	3 619.50	0.00	1 200.00	3 619.50	16 380.50
2	4 819.50	1 200.00	3 619.50	180.97	1 019.03	7 419.97	12 580.03
3	4 819.50	1 200.00	3 619.50	371.00	829.00	11 410.46	8 589.54
4	4 819.50	1 200.00	3 619.50	570.52	629.48	15 600.48	4 399.52
5	4 819.50	1 200.00	3 619.50	780.02	419.98	20 000.00	0.00

（二）变额偿债基金

变额偿债基金是指借款人每期向偿债基金储蓄的金额有变化。此时，每期实际偿还的金额、每期偿还的利息、剩余还款余额等都有变化。设原始贷款本金为 B_0，贷款利率为 i，偿债基金利率为 j，借款人在第 k 期末支付的总金额为 R_k $(k=1, 2, \cdots, n)$，则借款人第 k 期末向偿债基金交纳的储蓄额为 R_k-iB_0，偿债基金在第 n 期末的累积值等于原始贷款本金 B_0，即

$$B_0=\sum_{k=1}^{n}(R_k-iB_0)(1+j)^{n-k}=\sum_{k=1}^{n}R_k(1+j)^{n-k}-iB_0 s_{\overline{n}|j} \tag{2.50}$$

将上式变形得：

$$B_0=\frac{\sum_{k=1}^{n}R_k(1+j)^{n-k}}{1+is_{\overline{n}|j}}=\frac{\sum_{k=1}^{n}R_k(1+j)^{-k}}{1+(i-j)a_{\overline{n}|j}} \tag{2.51}$$

当 $i=j$ 时，有

$$B_0=\sum_{k=1}^{n}R_k(1+i)^{-k}=\sum_{k=1}^{n}R_k v^k$$

该结果与变额分期偿还的结果相同。

【例 2－31】 假设例 2－28 中的其他条件不变，贷款利率变为 6%，借款人通过利率为 5%的偿债基金来偿还贷款，求贷款本金总额。

【解】 依（2.51）式，有

$$B_0=\frac{\sum_{k=1}^{n}R_k(1+j)^{-k}}{1+(i-j)a_{\overline{n}|j}}=\frac{10\ 000\times a_{\overline{10}|0.05}+1\ 000\times(Da)_{\overline{10}|0.05}}{1+(0.06-0.05)a_{\overline{10}|0.05}}$$
$$=113\ 982(\text{元})$$

可见，由于贷款利率大于偿债基金利率，借款人较例 2-28 的方案处于不利地位。

【例 2-32】 一笔贷款的期限为 4 年，年实际利率为 12%，借款人用偿债基金法偿还贷款，偿债基金的利率为 8%，借款人每年末支付的总金额（当期支付的利息与向偿债基金储蓄部分之和）依次为 1 000 元、1 000 元、10 000 元、10 000 元，试计算贷款本金为多少。

【解】 令原始贷款本金为 B_0，则每年应支付的利息金额为 $0.12B_0$，故各期向偿债基金储蓄的金额分别为 $1\,000-0.12B_0$、$1\,000-0.12B_0$、$10\,000-0.12B_0$、$10\,000-0.12B_0$。它们在还款期末的累积额正是初始的贷款额：

$$B_0=(1\,000-0.12B_0)s_{\overline{4}|0.08}+9\,000s_{\overline{2}|0.08}=15\,075(\text{元})$$

由于每期应支付的利息为 $0.12B_0(=1\,809$ 元)，故前面两期支付的总金额不足以支付当期应付利息，借款人向偿债基金的储蓄变为负值。需要注意的是，偿债基金的负储蓄相当于借款人从偿债基金中借出资金，这些借款的利息不能以偿债基金利率来计息，而应该将这些负储蓄转换为借款本金的增加，以贷款利率 12%来计息。

设负的储蓄使原始本金变为 B_0'，由过去法可知：

$$B_2=B_0'\times1.12^2-1\,000s_{\overline{2}|0.12}=1.254\,4B_0'-2\,120$$

由未来法可得：

$$B_2=(10\,000-0.12B_2)s_{\overline{2}|0.08}$$

故

$$B_2=16\,645(\text{元})$$

所以

$$B_0'=(16\,645+2\,120)\div1.254\,4=14\,959(\text{元})$$

该值略小于前面计算的 B_0。

第四节 债券价值

债券是政府、企业、金融机构等发行的、保证按约定时间向持有人偿还本金和支付利息的债务凭证。按利息的支付方式，债券可分为零息债券和附息债券两种。零息债券在债券到期前不支付利息，而是在债券到期时随本金一次性支付所累计的利息。零息债券一般以低于面值的贴现方式发行，到期按债券面值偿还，发行价格与面值的差额就是投资者的累计利息。附息债券由发行人在到期日前定期支付利息，投资者可定期获得固定的息票收入。本节将以附息债券为例介绍债券价值的分析方法。

一、债券定价原理

债券的理论价格就是债券未来息票收入的现值和到期偿还值的现值之和。首先，我们给出债券定价中的一些基本符号和概念：

P ——债券的理论价格；

i ——投资者要求的收益率或市场利率；

F ——债券的面值；

C ——债券的偿还值；

r ——债券的息票率；

rF——每期的息票收入；

g ——债券的修正息票率，它是债券的息票收入 rF 与偿还值 C 的比率，$g=rF/C$；

n ——截至到期日，息票的偿还次数；

K ——偿还值按收益率 i 计算的现值，$K=C(1+i)^{-n}=Cv^n$；

G ——债券的基价，基价是按收益率 i 投资时得到的每期利息收入，它等于债券的息票收入，即 $iG=rF$，故有 $G=rF/i$。

由此可见，息票收入可以分别按债券的面值 F、债券的偿还值 C、债券的基价 G 等计算，相应的利率分别是息票率 r、修正息票率 g、收益率 i。三者的关系为 $rF=Cg=iG$。

这里先讨论债券发行日及发行后经过整数息票支付期的价格。常见的债券价格计算公式有以下四种。

（一）基本公式

基本公式由基本原理导出，债券的价格应该等于债券未来收益的现值，即等于按市场利率 i 计算的未来息票收入现值与偿还值的现值之和。

$$\begin{aligned} P &= \sum_{t=1}^{n} \frac{rF}{(1+i)^t} + \frac{C}{(1+i)^n} \\ &= \sum_{t=1}^{n} rFv^t + Cv^n \\ &= rFa_{\overline{n}|} + Cv^n \end{aligned} \tag{2.52}$$

对一定面值的债券，当其偿还值与息票率确定时，债券的价格就是关于市场利率 i 的函数，对该函数分别求一阶、二阶导数可得：

$$\frac{\mathrm{d}P}{\mathrm{d}i} = -\left(\sum_{t=1}^{n} rFtv^{t+1} + Cnv^{n+1}\right) < 0$$

$$\frac{\mathrm{d}^2 P}{\mathrm{d}i^2} = \sum_{t=1}^{n} rFt(t+1)v^{t+2} + Cn(n+1)v^{n+2} > 0$$

一阶导数小于零，说明债券价格 P 是市场利率的减函数，故当市场利率上升时，债券价格降低。二阶导数大于零，说明债券价格 P 是市场利率的下凸函数，即债券价格随市场利率的上升以减速度下降。这种特性有利于降低由利率变动给投资者带来的风险。

（二）溢价公式

对上面的基本公式进行变形，可得：

$$\begin{aligned} P &= rFa_{\overline{n}|} + Cv^n \\ &= rFa_{\overline{n}|} + C(1 - ia_{\overline{n}|}) \\ &= C + (rF - Ci)a_{\overline{n}|} \\ &= C(1 + (g - i)a_{\overline{n}|}) \end{aligned} \tag{2.53}$$

当债券价格 P 超过其偿还值 C 时，我们就称债券按溢价出售：

$$溢价 = P - C = C(g-i)a_{\overline{n}|}$$

若 P 小于 C，称债券按折价发行，实际上可看作负的溢价。

从公式可看出，溢价的正负对应于修正息票率 g 与市场利率 i 的关系。当 $g=i$ 时，溢价为零。

（三）基价公式

债券的基价是投资者为了获得与息票收入 rF 相等的利息收入所必需的投资额，即 $iG=rF$，代入基本公式可得基价公式：

$$\begin{aligned} P &= rFa_{\overline{n}|} + Cv^n \\ &= Gia_{\overline{n}|} + Cv^n \\ &= G(1-v^n) + Cv^n \\ &= G + (C-G)v^n \end{aligned} \tag{2.54}$$

基价公式的含义在于，如果投资者以基价 G 按收益率 i 进行投资，则每期可得与息票收入 $rF(=iG)$ 相等的利息收入，到期时还可以获得金额为 G 的本金额。如果投资者购买了债券，每期得到的息票收入为 rF，同时在债券到期日得到金额为 C 的偿还值，那么投资者购买债券比直接投资在到期日会多获得 $C-G$，其现值为 $(C-G)v^n$。因此，购买债券的价格也比基价 G 多出 $(C-G)v^n$。

（四）梅卡姆公式

由 $rF=Cg$，对基本公式进行变形可得到如下的梅卡姆（Makeham）公式：

$$\begin{aligned} P &= rFa_{\overline{n}|} + Cv^n \\ &= Cg\left(\frac{1-v^n}{i}\right) + Cv^n \\ &= Cv^n + \frac{g}{i}(C - Cv^n) \\ &= K + \frac{g}{i}(C-K) \end{aligned} \tag{2.55}$$

由此可见，债券价格等于未来息票收入的现值和到期偿还值的现值之和，K 是到期偿还值的现值，故 $\frac{g}{i}(C-K)$ 就是未来息票收入的现值。当修正息票率 g 等于收益率 i 时，息票收入的现值就为 $C-K$，债券的价格 P 就等于债券的到期偿还值 C。

【例 2-33】债券的面值为 1 000 元，年息票率为 5%，期限为 6 年，到期按面值偿还，投资者要求的年收益率为 5.5%，试计算债券的购买价格。

【解】依题意，有

$F = C = 1\,000$

$r = g = 0.05$

$i = 0.055$

$P = 50a_{\overline{6}|0.055} + 1\,000/1.055^6 = 1\,000(1 + (g - i)a_{\overline{6}|0.055}) = 975.02$(元)

【例 2-34】 假设两种债券的面值都为 1 000 元，而且期限相同，收益率都为 2%。其中一种债券的价格为 1 136.78 元，年息票率为 2.5%，另一种债券的价格为 P，年息票率为 1.25%，试计算 P。

【解】 由梅卡姆公式，有

$$P_1 = K + \frac{0.025}{0.02} \times (1\,000 - K) = 1\,136.78(\text{元})$$

$$K = 452.88(\text{元})$$

故

$$P = K + \frac{0.012\,5}{0.02} \times (1\,000 - K) = 794.83(\text{元})$$

【例 2-35】 某债券的面值为 1 000 元，名义年息票率为 9%，半年支付一次，期限为 10 年，前 5 年每半年的收益率为 4%，后 5 年每半年的收益率为 5%，计算债券价值。

【解】 依题意，有

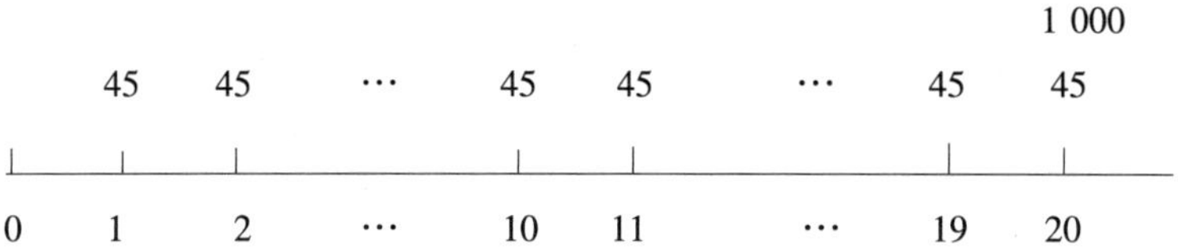

前 5 年的息票在零时刻的现值为：

$$45a_{\overline{10}|0.04} = 364.99(\text{元})$$

零时刻剩余 10 个息票的现值为：

$$45a_{\overline{10}|0.05} \times 1.04^{-10} = 234.74(\text{元})$$

零时刻赎回债券的现值为：

$$1\,000 \times (1.04)^{-10} \times (1.05)^{-10} = 414.73(\text{元})$$

债券价值为以上三者之和，即

$$364.99 + 234.74 + 414.73 = 1\,014.46(\text{元})$$

上面讨论的是在整数息票支付时点上的债券价格，如果计算任意时点上的债券价格，需要在相邻两个整数息票支付时点的债券价格上进行调整。设债券在上一个息票支付日的价格为 P_0，在下一个息票支付日的价格为 P_1，再设两个息票支付日期之间时刻 t 的价格为 P_t（$0<t<1$），市场利率为 i。应用债券定价的原理，P_t 等于债券未来息票收入和偿还值在时刻 t 的现值之和，未来息票收入和偿还值在时刻 0 的现值之和为 P_0，故

$$P_t = P_0(1+i)^t \tag{2.56}$$

或者，未来息票收入在时刻 1 的现值为 $rF+P_1$，故

$$P_1 = \frac{rF + P_0}{(1+i)^{1-t}} \tag{2.57}$$

可以证明，这两种方法是等价的。

二、债券的账面价值

投资者购买债券相当于投资了一笔资金，该投资将以市场利率进行累积。发行人支付息票相当于投资者收回了相应金额的投资，用投资累积值减去息票收入就可得到投资者的投资余额。我们定义投资者在该债券上的投资余额为债券的账面值，期初的账面值就是债券的购买价格 P_0。下面分别讨论在整数息票支付周期和任意时点的债券价格及账面值。

（一）整数息票支付周期的债券价格和账面值

设第 k 期末领取息票收入后的账面值为 B_k，债券价格为 P_k，$k=1, 2, \cdots, n$；初始账面值设为 B_0，它等于投资者在期初的投资额 P_0，每期的息票收入为 $Cg=rF$。

在第 1 期末，初始投资将累积到 $P_0(1+i)$，同时投资者可获得 Cg 的息票收入，故债券在第 1 期末的账面值为：

$$\begin{aligned}B_1 &= P_0(1+i)-Cg\\&= C(1+(g-i)a_{\overline{n}|})(1+i)-Cg\\&= C(1+(g-i)a_{\overline{n-1}|})\end{aligned}$$

第 2 期末的账面值为第 1 期末投资余额在本期末的累积值减去息票收入，即

$$\begin{aligned}B_2 &= B_1(1+i)-Cg\\&= C(1+(g-i)a_{\overline{n-1}|})(1+i)-Cg\\&= C(1+(g-i)a_{\overline{n-2}|})\end{aligned}$$

依此类推，可得第 k 期末的账面值为：

$$B_k = C(1+(g-i)a_{\overline{n-k}|}) \tag{2.58}$$

…………

第 n 期末的账面值为：

$$B_n = C(1+(g-i)a_{\overline{n-n}|}) = C$$

由此可见，某期末的账面值等于上期末的账面值在本期末的累积值减去本期息票收入。例如，第 k 期末的账面值为：

$$B_k = B_{k-1}(1+i)-Cg = B_{k-1}+(B_{k-1}\times i-Cg) \tag{2.59}$$

上式意味着本期末的账面值可由上期末的账面值经调整得到，调整项为 $B_{k-1}\times i-Cg$，它是上期末投资余额在本期产生的利息收入与本期息票收入之差。

当息票收入大于本期应计利息时，相当于偿还部分本金，应调减账面值；反之，当息票收入小于本期应计利息时，应调增账面值，这里是将息票收入小于当期应计利息的情况看成对本金的负偿还。因此，我们可以从初始投资 P_0 出发，将每期的息票收入分解为利息收入和账面值的调整两部分，再经过逐期调整，就可以算出每期末的账面值。

设第 k 期应得利息收入为 I_k，第 k 期对账面值的调整额为 $\widetilde{P}_k$。

第 1 期应得利息收入等于初始账面值与收益率的乘积，故

$$I_1 = B_0 i = P_0 i = iC(1+(g-i)a_{\overline{n}|})$$

设第 1 期对账面值的调整额为：

$$\begin{aligned}\widetilde{P}_1 &= Cg - I_1 \\ &= Cg - iC(1+(g-i)a_{\overline{n}|}) \\ &= C(g-i)(1-ia_{\overline{n}|}) \\ &= C(g-i)v^n\end{aligned}$$

设第 1 期末的账面值为：

$$\begin{aligned}B_1 &= B_0 - \widetilde{P}_1 \\ &= C(1+(g-i)a_{\overline{n}|}) - C(g-i)v^n \\ &= C(1+(g-i)a_{\overline{n-1}|})\end{aligned}$$

第 2 期应得利息收入为：

$$I_2 = B_1 i = iC(1+(g-i)a_{\overline{n-1}|})$$

第 2 期对账面值的调整额为：

$$\begin{aligned}\widetilde{P}_2 &= Cg - I_2 \\ &= Cg - iC(1+(g-i)a_{\overline{n-1}|}) \\ &= C(g-i)(1-ia_{\overline{n-1}|}) \\ &= C(g-i)v^{n-1}\end{aligned}$$

第 2 期末的账面值为：

$$\begin{aligned}B_2 &= B_1 - \widetilde{P}_2 \\ &= C(1+(g-i)a_{\overline{n-1}|}) - C(g-i)v^{n-1} \\ &= C(1+(g-i)a_{\overline{n-2}|})\end{aligned}$$

依此类推，可得：

$$B_k = C(1+(g-i)a_{\overline{n-k}|})$$

各期息票收入的分解值及期末账面值可归纳为表 2－9。

表 2－9　各期息票收入的分解值及期末账面值归纳表

时期	息票收入	利息收入	账面值调整	期末账面值
0	—	—	—	$C(1+(g-i)a_{\overline{n}|})$
1	Cg	$iC(1+(g-i)a_{\overline{n}|})$	$C(g-i)v^n$	$C(1+(g-i)a_{\overline{n-1}|})$
2	Cg	$iC(1+(g-i)a_{\overline{n-1}|})$	$C(g-i)v^{n-1}$	$C(1+(g-i)a_{\overline{n-2}|})$
⋮	⋮	⋮	⋮	⋮
k	Cg	$iC(1+(g-i)a_{\overline{n-k+1}|})$	$C(g-i)v^{n-k+1}$	$C(1+(g-i)a_{\overline{n-k}|})$
⋮	⋮	⋮	⋮	⋮
n	Cg	$iC(1+(g-i)a_{\overline{1}|})$	$C(g-i)v$	C
合计	nCg	$nCg-(P-C)$	$P-C$	—

由上表可见，$B_k = P_k = C(1+(g-i)a_{\overline{n-k}|})$，各期末的账面值等于该时点债券的价格，但债券的价格和账面值并非在任何时点都相等。

【例 2－36】试计算例 2－33 中第三个息票支付期的账面值增加额。

【解】

$$B_3 - B_2 = C(1+(g-i)a_{\overline{3}|i}) - C(1+(g-i)a_{\overline{4}|i})$$

$$=-C(g-i)v^4$$
$$=-1\ 000\times(0.05-0.055)\div 1.055^4$$
$$=4.04(元)$$

【例 2-37】 某 5 年期债券的面值为 1 000 元，名义息票率为 8%，每半年支付一次，每半年结算的名义收益率为 7.5%，计算支付第 6 次息票时账面价值的变化。

【解】

支付第 5 次息票后的账面价值为：

$$B_5=40_{\overline{5}|0.037\ 5}+1\ 000\times(1.037\ 5)^{-5}=1\ 011.21(元)$$

支付第 6 次息票后的账面价值为：

$$B_6=40a_{\overline{4}|0.037\ 5}+1\ 000\times(1.037\ 5)^{-4}=1\ 009.13(元)$$

故支付第 6 次息票时账面价值的变化为：

$$B_5-B_6=1\ 011.21-1\ 009.13=2.08(元)$$

【例 2-38】 3 年期债券的面值为 1 000 元，名义息票率为 6%，每半年支付一次，每半年结算的名义收益率为 8%。

(1) 试计算支付第 2 次息票时，账面价值中包含的利息。

(2) 试计算支付第 3 次息票时，账面价值的改变。

(3) 建立债券分期付款计划表。

【解】

(1) $F=C=1\ 000$

$r=0.03$

$i=0.04$

支付第 2 次息票后的账面价值为：

$$B_2=30a_{\overline{4}|0.04}+1\ 000\times(1.04)^{-4}=963.70(元)$$

利息为：

$$B_2\times 0.04=38.55(元)$$

(2) 账面价值的改变是第 2 次、第 3 次账面价值之差，即

$$B_3-B_2=B_2 i-Fr=38.55-30=8.55(元)$$

(3) 该债券的分期付款计划表，见表 2-10。

表 2-10　例 2-38 中债券的分期付款计划表　　单位：元

时间	息票	利息	本金调整	账面价值
0	—	—	—	947.58
1	30	37.90	7.90	955.48
2	30	38.22	8.22	963.70
3	30	38.59	8.59	972.25
4	30	38.89	8.89	981.14
5	30	39.25	9.25	990.37
6	30	39.62	9.62	1 000.00

（二）任意时点的账面值

由（2.59）式可知，相邻两个息票支付日的账面值有如下关系：

$$B_k = B_{k-1}(1+i) - Cg = B_{k-1}(1+i) - Fr \qquad k=0，1，\cdots，n \tag{2.60}$$

类似地，任意时点的账面值也有类似的递推公式。

设 B_{k-1+t} 是从 $k-1$ 到 k 任意时点的账面值，有

$$B_{k-1+t} = B_{k-1}(1+i)^t - (Fr)_t \qquad t<1$$

$(Fr)_t$ 是从时间 0 到时间 t 的应计息票收入，通常一期的息票收入 Fr 只在期末支付，在一期的中间并没有实际息票支付，因此 $(Fr)_t$ 只能根据估计得到。通常的估计方法有复利和单利两种。

在复利方法下，如果从时间 0 到时间 1 可以产生 Fr 的息票收入，那么在时间 0 的本金应为 Fr/i，这一本金在时间 t 产生的应计利息收入为：

$$(Fr)_t = \frac{Fr}{i} \times ((1+i)^t - 1) \tag{2.61}$$

在单利方法下，有

$$(Fr)_t = \frac{Fr}{i} \times ((1+ti) - 1) = t\,Fr \tag{2.62}$$

实践中，为了简化计算，初始账面价值的累积值和应计息票收入均按单利计算，这种方法又称实践方法。此时，计算公式简化为：

$$B_{k-1+t} = B_{k-1}(1+ti) - tFr \tag{2.63}$$

【例 2-39】 某 5 年期债券的面值为 1 000 元，每半年支付 1 次的息票为 60 元，每半年结算的名义收益率为 8%。如果在购买 2 年 2 个月后，债券以其当时的账面价格卖出，试用理论方法计算账面价格。

【解】

$F=1\ 000$

$n=10$

$Fr=60$

$i=4\%$

$k=4$

$t=\dfrac{1}{3}$

第 2 年末的账面价值是：

$$B_4 = Fra_{\overline{n-k}|i} + Cv^{n-k} = 60a_{\overline{6}|0.04} + 1\ 000 \times (1.04)^{-6} = 1\ 104.84(\text{元})$$

2 年 2 个月后，用理论方法计算账面价值，可得：

$$B_{k-1+t} = B_{k-1}(1+i)^t = 1\ 104.84 \times (1.04)^{1/3} = 1\ 119.38(\text{元})$$

【例 2-40】 设债券面值为 2 000 元，年息票率为 8%，投资者要求的年收益率为 12%，期限为 3 年，到期按面值偿还，试计算债券在各季度末的价格和账面值。

【解】 根据公式，有

$$\begin{aligned} P_0 = B_0 &= C(1+(g-i)a_{\overline{n}|}) = 2\ 000 \times (1+(0.08-0.12)a_{\overline{3}|0.12}) \\ &= 1\ 807.85(\text{元}) \end{aligned}$$

$$P_{0.25} = P_0(1+i)^{0.25} = 1\ 807.85 \times (1+0.12)^{0.25} = 1\ 859.81(元)$$

按理论方法：

$$B_{0.25} = P_0(1+i)^{0.25} - \frac{Fr}{i} \times ((1+i)^{0.25} - 1) = 1\ 821.49(元)$$

按半理论方法：

$$B_{0.25} = P_0(1+i)^{0.25} - 0.25Fr = 1\ 819.81(元)$$

按实践方法：

$$B_{0.25} = P_0(1+0.25i) - 0.25Fr = 1\ 822.09(元)$$

同理，可求得其他季度的账面值，见表 2 - 11。

表 2 - 11　例 2 - 40 中的账面值

单位：元

季度	债券价格	理论方法	半理论方法	实践方法
0	1 807.85	1 807.85	1 807.85	1 807.85
1	1 859.81	1 821.49	1 819.81	1 822.09
2	1 913.25	1 835.52	1 833.25	1 836.32
3	1 968.23	1 849.95	1 848.23	1 850.56
4	1 864.80	1 864.80	1 864.80	1 864.80
5	1 918.39	1 880.07	1 878.39	1 880.74
6	1 973.51	1 895.78	1 893.51	1 896.68
7	2 030.23	1 911.94	1 910.23	1 912.63
8	1 928.57	1 928.57	1 928.57	1 928.57
9	1 983.99	1 945.68	1 943.99	1 946.43
10	2 041.01	1 963.27	1 961.01	1 964.29
11	2 099.66	1 981.38	1 979.66	1 982.14
12	2 000.00	2 000.00	2 000.00	2 000.00

从表中可看出，账面值的变化过程是平稳的，利用三种方法所计算的账面值很接近，而且在年末取得息票收入后，账面值完全等于债券价格。债券的价格呈阶梯形变化，在每个年度内，债券价格呈平稳变化态势，但在年末，当息票收入被支付后，债券价格就会发生一次跳跃变化，从而等于账面值。债券价格与账面值的变化态势可用图 2 - 12 表示。

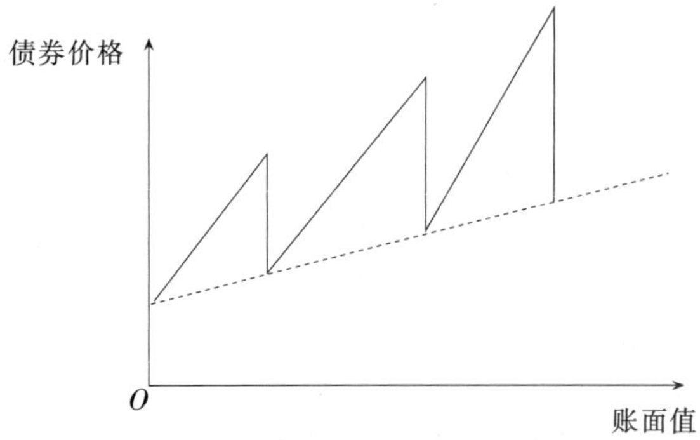

图 2 - 12　债券价格与账面值的变化态势

本章小结

利息是货币资本投资得到的报酬。利息水平由本金、利率、资本投资使用期、计息方式四个因素决定。计息方式有单利和复利两种，单利只在本金上计息，复利在利上有利。复利计息时，一年结算两次和两次以上的年利率是名义年利率，而一年结算一次或一年实际结算的利率是实际利率，名义利率和实际利率可以互相转换。衡量时点上利率水平的指标是利息力，它是名义利率在一年内结算次数趋于无穷大的极限值。与利率的出发点相对立，贴现率是在累积额基础上衡量累积额减少多大比例成为本金的指标。由于货币有时间价值，某时点上的货币额在利率和贴现率下通过累积或贴现成为另一个时点上的货币额，累积或贴现到同一时点的货币价值可以相互比较。

年金是一系列收付款方式，在每个支付周期，利息可能结转一次，也可能结算两次或两次以上。年金现值和终值分别是一系列收付款在开始时点和终止时点的价值。

在债务的偿还上，可以采取分期偿还和偿债基金两种方式。在偿债基金的利率与贷款利率相等时，偿债基金法与分期偿还法是等价的。债券的价格可以按照年金现值来理解，需要注意理解各个变量的含义和它们之间的关系以及四种债券价格公式在应用中的优劣。

练习题

2.1　在某一特定利率下，下面两种付款类型的现值是相等的：

（1）在第 5 年末付款 200，在第 10 年末付款 500。

（2）在第 5 年末付款 400.94。

在相同的利率条件下，现在投资 100，再加上在第 5 年末投资 120，将在第 10 年末累积到 P，计算 P。

2.2　基金 A 以名义的月度转换利率 6%累积，基金 B 以利息力 $t/6$ 累积。在时刻 $t=0$，Z 在两只基金中各存入 1，当两只基金累积到时刻 t 时，其值是相等的，$t>0$，计算 t。

2.3　分别在第 7 年、第 11 年、第 15 年、第 19 年、第 23 年、第 27 年的年末投资 1，计算这一系列投资的现值。

2.4　假设某银行账户在 2020 年 1 月 1 日有 5 000 元存款。试计算：

（1）在每年 4%的单利下，求这笔存款在 2014 年 1 月 1 日的金额。

（2）在每年 2.5%的复利下，求这笔存款在 2024 年 5 月 1 日的金额。

2.5　把 5 000 元存入银行，前 5 年的年利率为 3%，后 5 年的年利率为 2.5%，试求第 10 年末的存款累积额。

2.6　某人 2024 年 1 月 1 日在银行账户上有 10 000 元存款。试计算：

（1）在复利 3%下，2020 年 1 月 1 日的现值。

（2）在 3%的贴现率下，2022 年 1 月 1 日的现值。

2.7 假设 1 000 元在半年后成为 1 200 元，求：

（1）$i^{(2)}$。

（2）i。

（3）$d^{(3)}$。

2.8 一笔金额为 1 000 元的贷款，期限为 20 年，每年末等额偿还，第十三期偿还的本金是第五期偿还本金的 1.5 倍，试求为该贷款支付的总利息。

2.9 某债券的面值为 100 元，期限为 20 年，年息票率为 5%，到期偿还值为 105 元，债券的收益率为 4%，按四种公式求该债券的价格。

第三章

生命表

生命表是研究人口死亡规律的有力工具，它用表格的形式简单清楚地表述了同时出生的一批人以怎样的死亡率陆续死亡的全部过程。

学习目标

- 掌握生命表基本函数及其相互关系
- 掌握生存函数及其相互关系
- 了解三种常用的非整数年龄存活函数的估计方法
- 了解几个死亡时间的解析分布
- 了解生命表的编制方法

第一节 生命表基本函数

生命表是反映在封闭人口的条件下，一批人从出生后陆续死亡的全部过程的一种统计表。封闭人口是指所观察的一批人只有死亡变动，没有出生的新增人口和迁入或迁出人口。

表 3-1 列出了某生命表的一部分。

表 3-1　某生命表节选

年龄 x	l_x	d_x	$1\ 000q_x$
0	1 000 000	867	0.867
1	999 133	614	0.615
2	998 519	444	0.445
3	998 074	338	0.339

表 3-1 有以下生命表基本函数：

(1) l_x。存活到确切整数年龄 x 岁的人口数，$x=0$，1，…，$\omega-1$。

年龄可以用确切年龄和完全年龄来表示，确切年龄是从出生到测算时点存活的时间，完全年龄是从出生到测算时点已存活的整数年数。例如，某人从出生到现在已度过 20 年零 8 个月，他现在的确切年龄为 20.67 岁，而完全年龄为 20 岁。在存活人数中，l_0 是同时出生的一批人数，由于我们关心的是这批人在生命期的死亡规律，即各年龄的死亡规律，因此最初的人口绝对数并不重要，研究中可以取任意值。为方便，通常取 10 的整数幂。比如在表 3-1 中，$l_0=1\ 000\ 000$。ω 是人口生命极限年龄，是生命表的年龄上限，人口存活的最高年龄为 $\omega-1$。

(2) ${}_nd_x$。在 $x\sim x+n$ 岁死亡的人数，当 $n=1$ 时，简记为 d_x。

表 3-1 中，0 岁的人数 $l_0=1\ 000\ 000$ 经过一年后成为 $l_1=999\ 133$，意味着在这一年中死亡的人数是 $d_0=l_0-l_1=867$，即 $l_0-d_0=l_1$。

同理，在 1～2 岁的死亡人数为 d_1，有 $l_1-d_1=l_2$。

一般来说，有

$$l_x - {}_nd_x = l_{x+n} \tag{3.1}$$

由于在生命表最高年龄 ω 上存活的人数为 0，即 $l_\omega=0$，因此 0 岁存活人数等于各个年龄上死亡人数之和。

$$l_0 = \sum_{x=0}^{\omega-1} d_x \tag{3.2}$$

需要注意的是，生命表中的 l_x 和 d_x 都不代表真实的人口数据。

(3) ${}_nq_x$。x 岁的人在 $x\sim x+n$ 岁死亡的概率，当 $n=1$ 时，简记为 q_x。

$$\begin{aligned}{}_nq_x &= \frac{{}_nd_x}{l_x}\\ &= \frac{d_x+d_{x+1}+\cdots+d_{x+n-1}}{l_x}\\ &= q_x+{}_{1|}q_x+{}_{2|}q_x+\cdots+{}_{n-1|}q_x\\ &= \sum_{t=0}^{n-1}{}_{t|}q_x\end{aligned} \tag{3.3}$$

【例 3-1】利用表 3-1，计算：

①一个新生婴儿存活到 3 岁的概率。

②一个新生婴儿在 1～3 岁死亡的概率。

【解】①一个新生婴儿存活到 3 岁的概率为：

$$\frac{l_3}{l_0}=\frac{998\ 074}{1\ 000\ 000}=0.998\ 074$$

②1～3 岁的死亡人数为 l_1-l_3，故死亡概率为：

$$\frac{l_1-l_3}{l_0}=\frac{1\ 059}{1\ 000\ 000}=0.001\ 059$$

在已知 q_x 后，依生命表基数 l_0 可以计算出各年龄的存活人数和死亡人数，生命表正是以分年龄死亡概率为基础编制出来的。

$l_0q_0=d_0$　　　　$l_0-d_0=l_1$

$l_1q_1=d_1$　　　　$l_1-d_1=l_2$

…………

与${}_nq_x$ 相对的一个函数是 $x\sim x+n$ 岁的存活概率，以${}_np_x$ 表示，当 $n=1$ 时，简记为 p_x。

$$ {}_np_x=\frac{l_{x+n}}{l_x} \tag{3.4} $$

显然，有

$$ {}_nq_x+{}_np_x=1 \tag{3.5} $$

例如，在表 3-1 中，可以根据最后一列的数据，利用（3.5）式计算各年龄的 p_x。

【例 3-2】动物学家在研究一种鸟的死亡模型，他们发现这种鸟的死亡概率如下：$q_0=0.4$，$q_1=0.2$，$q_2=0.3$，$q_3=0.7$，$q_4=1$。假设 $l_0=100$，试构造这种鸟的生命表。

【解】

年龄 x	l_x	d_x	q_x
0	100	40	0.4
1	60	12	0.2
2	48	14	0.3
3	34	24	0.7
4	10	10	1.0

【例 3-3】在 25～75 岁死亡的人群中，其中 30%在 50 岁之前死亡。25 岁的人在 50 岁之前死亡的概率为 0.2，计算${}_{25}p_{50}$。

【解】已知

$$ 0.3\times(l_{25}-l_{75})=l_{25}-l_{50} \tag{a} $$

$$ \frac{l_{25}-l_{50}}{l_{25}}=0.2 \tag{b} $$

由（b）式可得：

$$ 0.8l_{25}=l_{50} $$

代入（a）式，可得：

$$ 0.125l_{50}=0.3l_{75} $$

因此

$$ {}_{25}p_{50}=\frac{l_{75}}{l_{50}}=\frac{0.125}{0.3}=0.416\,7 $$

（4）${}_nL_x$。x 岁的人在 $x\sim x+n$ 岁生存的人年数。

人年数是表示人群存活时间的复合单位，1 个人存活了 1 年是 1 人年，2 个人每人存活半年也是 1 人年。在死亡均匀分布的假设下，$x\sim x+n$ 岁的死亡人数${}_nd_x$ 平均来说存活了 $n/2$ 年，而活到 $x+n$ 岁的人 l_{x+n}均存活了 n 年，故

$$ {}_nL_x\approx nl_{x+n}+\frac{n}{2}{}_nd_x=\frac{n}{2}(l_x+l_{x+n}) \tag{3.6} $$

当 $n=1$ 时，有

$$L_x \approx \frac{1}{2}(l_x + l_{x+1}) \tag{3.7}$$

(5) T_x。x 岁人群的未来累积生存人年数。

$$T_x = L_x + L_{x+1} + \cdots + L_{\omega-1} = \sum_{t=0}^{\omega-x-1} L_{x+t} \tag{3.8}$$

在均匀分布的假设下，有

$$T_x = \sum_{i=0}^{\infty} \frac{1}{2}(l_{x+i} + l_{x+i+1}) \tag{3.9}$$

(6) $\mathring{e}_x$。x 岁人群的平均余寿，表明未来平均存活的时间。

$$\mathring{e}_x = \frac{T_x}{l_x} \tag{3.10}$$

当 x 为 0 时，$\mathring{e}_0$ 表示出生时的平均余寿，也就是同一批出生人口从出生到死亡平均每人存活的年数。假设死亡在每个年龄上均匀分布，即 $L_x = \frac{1}{2}(l_x + l_{x+1})$，则有

$$\begin{aligned}
\mathring{e}_0 &= \frac{T_0}{l_0} \\
&= \frac{1}{l_0}(L_0 + L_1 + L_2 + \cdots + L_{\omega-1}) \\
&= \frac{1}{l_0} \times \frac{1}{2}((l_0 + l_1) + (l_1 + l_2) + \cdots + (l_{\omega-1} + l_\omega)) \\
&= \frac{1}{l_0} \times \left(\frac{1}{2}l_0 + l_1 + l_2 + \cdots + l_{\omega-1}\right) \\
&= \frac{1}{l_0} \times \left(\frac{1}{2}\sum_{t=0}^{\omega-1} d_t + \sum_{t=1}^{\omega-1} d_t + \sum_{t=2}^{\omega-1} d_t + \cdots + d_{\omega-1}\right) \\
&= \frac{1}{l_0} \times \left[\frac{1}{2}d_0 + \left(1+\frac{1}{2}\right)d_1 + \left(2+\frac{1}{2}\right)d_2 + \cdots + \left(\omega - 1 + \frac{1}{2}\right)d_{\omega-1}\right] \\
&= \frac{1}{l_0}\sum_{t=0}^{\omega-1}\left(t+\frac{1}{2}\right)d_t
\end{aligned} \tag{3.11}$$

在各年龄死亡均匀分布假设下，$t+\frac{1}{2}$ 是每个年龄死亡者的平均年龄，l_0 是各个年龄死亡人数的总和，因此平均余寿也就是一个以各年龄死亡人数为权重的平均死亡年龄。本书附录[①]列出了中国人身保险业经验生命表（2010—2013），简称 CL 2010—2013。其中，非养老类业务一表两张，非养老类业务二表两张，养老类业务表两张，分别是：

CL1（2010—2013）非养老类业务一表（男）；

CL2（2010—2013）非养老类业务一表（女）；

CL3（2010—2013）非养老类业务二表（男）；

CL4（2010—2013）非养老类业务二表（女）；

CL5（2010—2013）养老类业务表（男）；

---

① 读者可到人大社官网获取。

CL6（2010—2013）养老类业务表（女）。

运用生命表基本函数，可以定义和表述寿险精算中常用的死亡概率，以$_{n|}q_x$表示x岁的人存活n年并在第$n+1$年死亡的概率，或x岁的人在$x+n\sim x+n+1$岁死亡的概率。

$$_{n|}q_x=\frac{d_{x+n}}{l_x}=\frac{l_{x+n}}{l_x}\times\frac{d_{x+n}}{l_{x+n}}={}_np_x\times q_{x+n} \tag{3.12}$$

以$_{n|m}q_x$表示x岁的人在$x+n\sim x+n+m$岁死亡的概率，定义为：

$$_{n|m}q_x=\frac{_md_{x+n}}{l_x}=\frac{l_{x+n}-l_{x+n+m}}{l_x}={}_np_x-{}_{n+m}p_x={}_np_x\times{}_mq_{x+n} \tag{3.13}$$

其中

$$\begin{cases} _{n|m}q_x={}_{n|1}q_x={}_{n|}q_x & m=1 \\ _{n|0}q_x=0 & m=0 \\ _{n|\infty}q_x={}_np_x & m=\infty \end{cases}$$

【例 3-4】 已知$l_x=1\ 000\times\left(1-\frac{x}{120}\right)$，计算$_{20}p_{30}$和$_{20|5}q_{25}$。

【解】

(1) $_{20}p_{30}=\frac{l_{50}}{l_{30}}=\frac{1-\frac{50}{120}}{1-\frac{30}{120}}=77.78\%$

(2) $_{20|5}q_{25}=\frac{l_{45}-l_{50}}{l_{25}}=\frac{\left(1-\frac{45}{120}\right)-\left(1-\frac{50}{120}\right)}{1-\frac{25}{120}}=5.26\%$

第二节 生存分布

一、新生儿的生存函数

生命表描述了人口在整数年龄上存活和死亡的规律。实际上，年龄是人出生后存活时间的度量，它是一个连续随机变量。如果设新生儿未来存活时间或者说新生儿的死亡年龄为X，它是一个连续的随机变量，其分布函数为：

$$F(x)=\Pr(X\leqslant x)\qquad x\geqslant 0 \tag{3.14}$$

它是新生儿在x岁前死亡的概率，以前面概率的方式可表示为$_xq_0$。显然，有

$$F(0)=0$$

若将X的概率密度函数记为$f(x)$，则

$$f(x)=F'(x)\qquad x\geqslant 0$$

设

$$s(x)=1-F(x)=\Pr(X>x)\qquad x\geqslant 0 \tag{3.15}$$

它是新生儿活到x岁的概率，以概率可表示为$_xp_0$，$s(x)$称为生存函数。

新生儿在$x\sim z$岁死亡的概率，以概率的方式可表示为：

$$\Pr(x<X\leqslant z)=F(z)-F(x)=s(x)-s(z) \tag{3.16}$$

由 X 的含义可知，$E(X)$ 表示 X 的期望值，也就是新生儿的平均寿命。

生命表函数中的存活人数 l_x 正是生命表基数 l_0 与 x 岁生存函数之积，$l_x=l_0 s(x)$。研究表明，一般人口的生存函数 $s(x)$ 的曲线形状如图 3-1 所示。

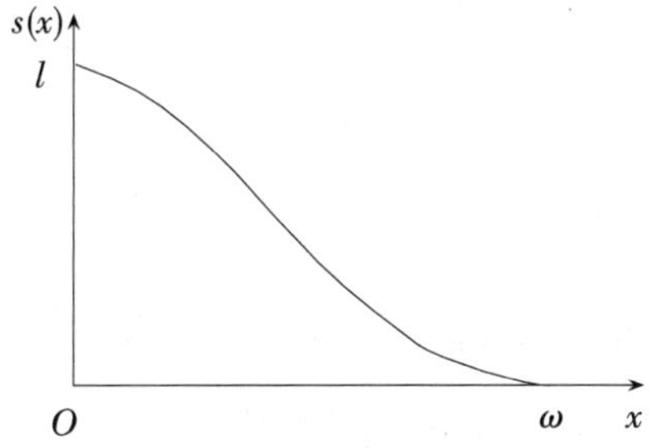

图 3-1 生存函数

二、x 岁余寿的生存函数

以 (x) 表示年龄是 x 岁的人，(x) 的余寿以 $T(x)$ 表示，$T(x)$ 是一个连续随机变量，其概率分布函数 $G(t)$ 为：

$$G(t)=\Pr(T(x)\leqslant t) \qquad t\geqslant 0 \tag{3.17}$$

它正是 x 岁的人在 t 时间内死亡的概率 $_tq_x$。

$T(x)$ 的存活函数为：

$$1-G(t)=\Pr(T(x)>t) \qquad t\geqslant 0 \tag{3.18}$$

它正是 x 岁的人在 t 时间内存活的概率 $_tp_x$。当 $x=0$ 时，$T(0)=X$，正是新生儿未来余寿随机变量。

在考虑 x 岁的人的剩余寿命时，隐含表明这个人已经活到了 x 岁。此时，$_tq_x$ 实际上是一个条件概率。

$$\begin{aligned} {}_tq_x &=\Pr(x<X\leqslant t+x \mid X>x) \\ &=\frac{F(t+x)-F(x)}{1-F(x)} \\ &=\frac{s(x)-s(x+t)}{s(x)} \end{aligned} \tag{3.19}$$

x 岁的人在 $x+t\sim x+t+u$ 的死亡概率 $_{t|u}q_x$，以概率的方式可表示为：

$$\begin{aligned} {}_{t|u}q_x &=\Pr(t<T(x)\leqslant t+u) \\ &={}_{t+u}q_x-{}_tq_x \\ &={}_tp_x-{}_{t+u}p_x \\ &={}_tp_x\times {}_uq_{x+t} \end{aligned} \tag{3.20}$$

在寿险精算中，年龄变量通常取整数，它实际上是上述 $T(x)$ 的整数部分。这里定义 $K(x)$ 为 $T(x)$ 的整数部分，即

$$K(x)=k \qquad k\leqslant T(x)<k+1 \qquad k=0,1,2,\cdots$$

它是 (x) 未来存活的整数年数，称为 (x) 的整值余寿，其概率分布函数为：

$$\Pr(K(x)=k)=\Pr(k\leqslant T(x)<k+1)={}_kp_x\times q_{x+k} \tag{3.21}$$

设 $S(x)$ 为 (x) 在死亡年所活过的不足一年的部分，它是（0，1）上的连续分布，显然有

$$T(x)=K(x)+S(x) \tag{3.22}$$

三、死亡力

死亡力是描述瞬间死亡水平的指标，定义为：

$$\mu_x=\lim_{h\to 0}\frac{s(x)-s(x+h)}{h\times s(x)} \tag{3.23}$$

其中，$\dfrac{s(x)-s(x+h)}{s(x)}$ 是 x 岁的人在 $x\sim x+h$ 区间的死亡概率，$\dfrac{s(x)-s(x+h)}{h\times s(x)}$ 是 $x\sim x+h$ 上的死亡概率密度，表示单位时间的死亡概率。而 $\lim\limits_{h\to 0}\dfrac{s(x+h)-s(x)}{h}$ 正是生存函数 $s(x)$ 的导数，故

$$\mu_x=\lim_{h\to 0}\frac{s(x)-s(x+h)}{h\times s(x)}=-\frac{s'(x)}{s(x)} \tag{3.24}$$

图 3－2 是一条死亡力函数曲线。从图中可见，新生儿的死亡力很高。随着年龄的增加，新生儿的死亡力逐渐减小，在 10 岁左右降至最低；在此之后，死亡力又逐渐上升，随年龄的增加而不断增大。

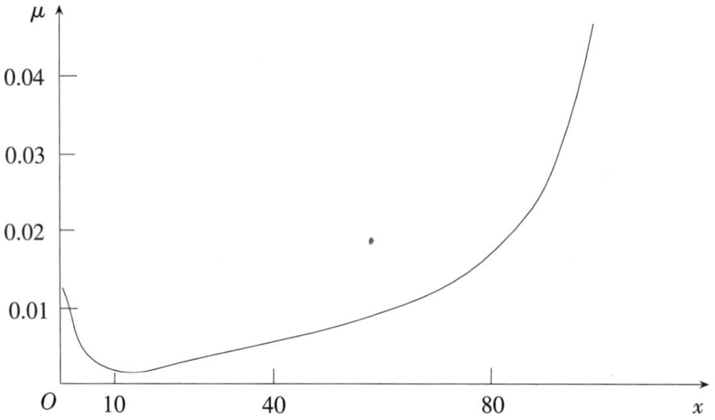

图 3－2　死亡力函数曲线

对（3.24）式两边从 x 到 $x+n$ 积分，有

$$\begin{aligned}\int_x^{x+n}\mu_y\mathrm{d}y&=-\int_x^{x+n}\frac{s'(y)}{s(y)}\mathrm{d}y\\&=-\ln s(y)\Big|_x^{x+n}\\&=-(\ln s(x+n)-\ln s(x))\\&=-\ln\frac{s(x+n)}{s(x)}\\&=-\ln{}_np_x\end{aligned} \tag{3.25}$$

故

$${}_np_x=\mathrm{e}^{-\int_x^{x+n}\mu_y\mathrm{d}y}=\mathrm{e}^{-\int_0^n\mu_{x+s}\mathrm{d}s} \tag{3.26}$$

同样，对于$_tp_x$，有

$$_tp_x = e^{-\int_0^t \mu_{x+s}\mathrm{d}s}$$

引入死亡力函数后，可以推出 $T(x)$ 的概率密度函数，它是 $G(t)$ 的导数，表示为 $g(t)$，即

$$\begin{aligned} g(t) &= G'(t) \\ &= \frac{\mathrm{d}}{\mathrm{d}t}\,{_tq_x} \\ &= \frac{\mathrm{d}}{\mathrm{d}t}\left(1-\frac{s(x+t)}{s(x)}\right) \\ &= -\frac{1}{s(x)}\times s'(x+t) \\ &= \frac{s(x+t)}{s(x)}\times\left(-\frac{s'(x+t)}{s(x+t)}\right) \\ &= {_tp_x}\times\mu_{x+t} \end{aligned} \tag{3.27}$$

其中，$t\geqslant 0$。

显然，有

$$\int_0^\infty {_tp_x}\times\mu_{x+t}\mathrm{d}t=1$$

根据死亡力的定义公式，容易得出：

$$_nq_x = \int_0^n {_tp_x}\times\mu_{x+t}\mathrm{d}t \tag{3.28}$$

$$_{n|m}q_x = \int_n^{n+m} {_tp_x}\times\mu_{x+t}\mathrm{d}t \tag{3.29}$$

【例 3-5】如果当 $20\leqslant x\leqslant 25$ 时，$\mu_x=0.001$，试计算$_{2|2}q_{20}$。

【解】由于在 $20\leqslant x\leqslant 25$ 时，μ_x 为常数 0.001，故

$$\begin{aligned} _{2|2}q_{20} &= \int_2^4 {_tp_{20}}\times\mu_{20+t}\mathrm{d}t \\ &= \int_2^4 e^{-0.001t}\times 0.001\mathrm{d}t \\ &= 0.002 \end{aligned}$$

实际上，生命表 x 岁平均余寿 $\mathring{e}_x$ 正是 $T(x)$ 随机变量的期望值。

$$\mathring{e}_x = E(T(x)) = \int_0^\infty t\times{_tp_x}\times\mu_{x+t}\mathrm{d}t = \int_0^\infty {_tp_x}\mathrm{d}t \tag{3.30}$$

【例 3-6】已知 $F_0(t)=1-e^{-\lambda t}$，$\lambda>0$，计算 μ_x。

【解】已知 $f_0(t)=\lambda e^{-\lambda t}$，故有

$$\mu_x = \frac{s'(x)}{s(x)} = \frac{(1-F_0(x))'}{1-F_0(x)} = \frac{f_0(x)}{1-F_0(x)} = \frac{\lambda e^{-\lambda x}}{e^{-\lambda x}} = \lambda$$

生命表 x 岁死亡人数 d_x 正是生存人数函数 l_{x+t}与死亡力 μ_{x+t}之积在 0～1 上的积分，故

$$d_x = \int_0^1 l_{x+t}\times\mu_{x+t}\mathrm{d}t \tag{3.31}$$

生命表 x 岁生存人年数 L_x 正是生存人数函数 l_{x+t}在 0～1 上的积分，故

$$L_x = \int_0^1 l_{x+t}\mathrm{d}t \tag{3.32}$$

生命表 x 岁累积生存人年数 T_x 正是生存人数函数 l_{x+t} 在 0～∞上的积分，故

$$T_x = \int_0^{\infty} l_{x+t}\mathrm{d}t \tag{3.33}$$

所以

$$\mathring{e}_x = \int_0^{\infty} \frac{l_{x+t}}{l_x}\mathrm{d}t = \int_0^{\infty} {}_tp_x\mathrm{d}t \tag{3.34}$$

用分部积分法，容易证明：

$$\begin{aligned}\int_0^{\infty} t \times {}_tp_x \times \mu_{x+t}\mathrm{d}t &= \int_0^{\infty} \frac{\mathrm{d}(-{}_tp_x)}{\mathrm{d}t} \times t\mathrm{d}t \\ &= -{}_tp_x \times t \mid_0^{\infty} + \int_0^{\infty} {}_tp_x\mathrm{d}t \\ &= \int_0^{\infty} {}_tp_x\mathrm{d}t\end{aligned}$$

四、整值平均余寿与中值余寿

x 岁的整值平均余寿是指 x 岁的人未来平均存活的整数年数，不包括不满 1 年的零数余寿，它是整值余寿随机变量 $K(x)$ 的期望值，以 e_x 表示：

$$e_x = E(K(x)) = \sum_{k=0}^{\infty} k \times {}_kp_x \times q_{x+k} = \sum_{k=0}^{\infty} k \times {}_{k|}q_x \tag{3.35}$$

由于

$$p_x = \sum_{t=1}^{\infty} {}_{t|}q_x$$

$${}_2p_x = \sum_{t=2}^{\infty} {}_{t|}q_x$$

…………

故

$$\begin{aligned}\sum_{k=0}^{\infty} k \times {}_{k|}q_x &= {}_{1|}q_x + {}_{2|}q_x + {}_{3|}q_x + \cdots \\ &\quad + {}_{2|}q_x + {}_{3|}q_x + \cdots \\ &\quad + {}_{3|}q_x + \cdots \\ &= \sum_{k=0}^{\infty} {}_{k+1}p_x\end{aligned} \tag{3.36}$$

由于

$$T(x) = K(x) + S(x)$$

所以

$$E(T(x)) = E(K(x)) + E(S(x))$$

在死亡均匀分布假设下，有

$$E(S(x)) = \frac{1}{2}$$

故

$$\mathring{e}_x \approx e_x + \frac{1}{2} \tag{3.37}$$

【例 3-7】 $l_x = Ae^{-x}$，计算 e_{40} 和近似计算 $\mathring{e}_{40}$。

【解】 $e_{40} = \sum_{t=1}^{\infty} {}_tp_{40} = \sum_{t=1}^{\infty} \frac{l_{40+t}}{l_{40}} = \sum_{t=1}^{\infty} \frac{Ae^{-40-t}}{Ae^{-40}} = \sum_{t=1}^{\infty} e^{-t} = \frac{1}{e-1}$

$$\mathring{e}_{40} \approx \frac{1}{e-1} + \frac{1}{2} = \frac{e+1}{2(e-1)}$$

中值余寿是被保险人 (x) 的余寿 $T(x)$ 的中值，(x) 在这一年龄之前死亡和之后死亡的概率均等于 50%，以 $m(x)$ 表示 x 岁的中值余寿，则

$$\Pr(T(x) \leqslant m(x)) = \Pr(T(x) > m(x)) = 1/2 \tag{3.38}$$

即

$$\frac{s(x+m(x))}{s(x)} = 0.5 \tag{3.39}$$

【例 3-8】 设 $s_0(x) = \frac{1}{1+x}$，求 $T(y)$ 的中值。

【解】 由（3.39）式知：

$$\frac{s_0(y+m(y))}{s_0(y)} = \frac{1}{2}$$

所以

$$m(y) = 1+y$$

根据存活函数，容易得出 $m(x)$。x 岁的平均余寿、整值平均余寿和中值余寿分析是生存分析的重要内容。

【例 3-9】 已知 $s(x) = \frac{\sqrt{100-x}}{10}$，$0 \leqslant x \leqslant 100$，试求 ${}_{15}q_{36}$、μ_{36}、$\mathring{e}_{36}$。

【解】

$${}_{15}q_{36} = \frac{s(36) - s(51)}{s(36)} = \frac{\frac{8}{10} - \frac{7}{10}}{\frac{8}{10}} = \frac{1}{8}$$

$$\mu_x = \frac{s'(x)}{s(x)} = -\frac{(\sqrt{100-x})'}{\sqrt{100-x}} = \frac{1}{2 \times (100-x)}$$

故

$$\mu_{36} = \frac{1}{128}$$

$$\mathring{e}_{36} = \int_0^{\infty} {}_tp_{36}\,dt = \frac{1}{8}\int_0^{\infty} \sqrt{64-t}\,dt = \frac{128}{3}$$

第三节 非整数年龄存活函数的估计

生命表是以整数年龄分组编制的，在保险精算实践中，常常需要非整数年龄存活函数资料。例如，40 岁的人存活半年的概率 ${}_{0.5}p_{40}$，40 岁的人在 3 个月内死亡的概率 ${}_{0.25}q_{40}$ 等，

此时需要在一定假设下利用生命表函数进行估计。常用的几个假设是死亡均匀分布假设、死亡力恒定假设和巴尔杜奇（Balducci）假设。

一、死亡均匀分布假设

假设死亡在整数年龄之间均匀发生，此时存活函数是线性的。

$$\begin{aligned} s(x+t) &\approx (1-t)\times s(x)+t\times s(x+1) \\ &= s(x)+t\times(s(x+1)-s(x)) \end{aligned} \tag{3.40}$$

式中，x 为整数，$0\leqslant t\leqslant 1$。

$$ {}_tq_x=\frac{s(x)-s(x+t)}{s(x)}\approx\frac{t(s(x)-s(x+1))}{s(x)}=tq_x \tag{3.41}$$

$$ {}_tq_{x+y}=\frac{s(x+y)-s(x+y+t)}{s(x+y)}=\frac{tq_x}{1-yq_x}\qquad 0\leqslant t\leqslant 1,\ 0\leqslant y\leqslant 1,\ 0\leqslant t+y\leqslant 1 \tag{3.42}$$

$$\mu_{x+t}=\frac{s'(x+t)}{s(x+t)}\approx\frac{s(x)-s(x+1)}{s(x)-t(s(x)-s(x+1))}=\frac{q_x}{1-tq_x} \tag{3.43}$$

【例 3-10】 根据表 3-1，假设死亡人数在每一年中均匀分布，计算：

（1）${}_{4/3}p_1$。

（2）一个新生儿存活到 1 岁，但在随后 2 个月间死亡的概率。

【解】

（1）利用线性插值法，有

$$ {}_{4/3}p_1=\frac{l_2-\frac{1}{3}d_2}{l_1}=\frac{l_2-\frac{1}{3}(l_2-l_3)}{l_1}=\frac{\frac{2}{3}l_2+\frac{1}{3}l_3}{l_1}=0.999\,237$$

（2）在死亡均匀分布假设下，存活到 1 岁，但在随后 2 个月间死亡的人数近似为 $\frac{1}{6}d_1$。因此，该期间的死亡概率为：

$$\frac{\frac{1}{6}d_1}{l_0}=0.000\,102\,33$$

二、死亡力恒定假设

当假设死亡力在 $x\sim x+1$ 上恒定时，$\mu_{x+t}=\mu$（x 为整数，$0\leqslant t\leqslant 1$），由死亡力的定义：

$$\mu_{x+t}=-\frac{\mathrm{d}}{\mathrm{d}t}\ln {}_tp_x \tag{3.44}$$

$$ {}_tp_x=\mathrm{e}^{-\int_0^t \mu \mathrm{d}s}=\mathrm{e}^{-\mu t} \tag{3.45}$$

$$\begin{aligned} p_x &= \mathrm{e}^{-\int_0^1 \mu_s \mathrm{d}s} \\ &= \mathrm{e}^{-\int_0^1 \mu \mathrm{d}s}=\mathrm{e}^{-\mu} \end{aligned} \tag{3.46}$$

所以

$$ {}_tp_x = e^{-\mu t} = (p_x)^t \tag{3.47} $$

三、巴尔杜奇假设

该假设以意大利精算师巴尔杜奇的名字命名，这一假设是当 x 为整数、$0\leqslant t\leqslant 1$ 时，生存函数的倒数是 t 的线性函数，即

$$ \frac{1}{s(x+t)} = \frac{1-t}{s(x)} + \frac{t}{s(x+1)} \tag{3.48} $$

此时，有

$$ {}_tq_x = \frac{t\,q_x}{1-(1-t)q_x} \tag{3.49} $$

$$ {}_tq_{x+y} = \frac{tq_x}{1-(1-y-t)q_x} \qquad 0\leqslant t\leqslant 1，0\leqslant y\leqslant 1，0\leqslant t+y\leqslant 1 \tag{3.50} $$

$$ {}_{1-t}q_{x+t} = (1-t)q_x \tag{3.51} $$

在三种假设下，非整数年龄的概率函数如表 3 - 2 所示。

表 3 - 2　在三种假设下非整数年龄存活概率

函数	死亡均匀分布假设	死亡力恒定假设	巴尔杜奇假设
${}_tq_x$	tq_x	$1-e^{-\mu t}$	$\dfrac{tq_x}{1-(1-t)q_x}$
${}_tp_x$	$1-tq_x$	$e^{-\mu t}$	$\dfrac{p_x}{1-(1-t)q_x}$
${}_tq_{x+y}$	$\dfrac{tq_x}{1-yq_x}$	$1-e^{-\mu t}$	$\dfrac{tq_x}{1-(1-t-y)q_x}$
μ_{x+t}	$\dfrac{q_x}{1-tq_x}$	μ	$\dfrac{q_x}{1-(1-t)q_x}$
${}_tp_x\mu_{x+t}$	q_x	$\mu e^{-\mu t}$	$\dfrac{p_xq_x}{(1-(1-t)q_x)^2}$

注：表中 x 为整数，$0\leqslant t\leqslant 1$，$0\leqslant y\leqslant 1$，$0\leqslant t+y\leqslant 1$。

【例 3 - 11】 已知 $q_x=0.12$，试在死亡均匀分布假设下求 ${}_{1/3}q_{x+1/2}$，在死亡力恒定假设下求 ${}_{1/2}q_x$，在巴尔杜奇假设下求 ${}_{1/3}q_x$。

【解】 在死亡均匀分布假设下，根据公式可得：

$$ {}_{1/3}q_{x+1/2} = \frac{\frac{1}{3}q_x}{1-\frac{1}{2}q_x} = \frac{0.04}{0.94} = 0.042\,553 $$

在死亡力恒定假设下：

$$ {}_{1/2}q_x = 1-e^{-\frac{1}{2}\mu} = 1-(1-q_x)^{1/2} = 1-0.88^{1/2} = 0.061\,917 $$

在巴尔杜奇假设下：

$$_{1/3}q_x=\frac{\frac{1}{3}q_x}{1-\frac{2}{3}q_x}=\frac{0.04}{0.92}=0.043\ 478$$

【例 3-12】 已知 $l_x=10\ 000\times(1-\frac{x}{100})$，分别在死亡均匀分布假设、死亡力恒定假设和巴尔杜奇假设下计算：(1) $_{0.5}q_{30}$；(2) $_{5.25}q_{50}$；(3) $\mu_{30.5}$。

【解】 (1) $q_{30}=\frac{l_{30}-l_{31}}{l_{30}}=\frac{1}{70}$

$$p_{30}=e^{-\mu}=1-q_{30}=\frac{69}{70}$$

在死亡均匀分布假设下：

$$_{0.5}q_{30}=0.5q_{30}=\frac{1}{140}=0.007\ 143$$

在死亡力恒定假设下：

$$_{0.5}q_{30}=1-e^{-0.5\mu}=1-\sqrt{\frac{69}{70}}=0.007\ 169$$

在巴尔杜奇假设下：

$$_{0.5}q_{30}=\frac{0.5q_{30}}{p_{30}+0.5q_{30}}=\frac{1}{139}=0.007\ 194$$

(2) $_{5.25}q_{50}={}_5q_{50}+{}_5p_{50}\times{}_{0.25}q_{55}$

$_5q_{50}=0.1$

$_5p_{50}=0.9$

$q_{55}=\frac{1}{45}$

在死亡均匀分布假设下：

$$_{5.25}q_{50}=0.1+0.9\times0.25\times\frac{1}{45}=0.105$$

在死亡力恒定假设下：

$$_{5.25}q_{50}=0.1+0.9\times\left[1-\left(\frac{44}{45}\right)^{0.25}\right]=0.105\ 042\ 2$$

在巴尔杜奇假设下：

$$_{5.25}q_{50}=0.1+0.9\times\frac{0.25}{44+0.25}=0.105\ 084\ 7$$

(3) 在死亡均匀分布假设下：

$$\mu_{30.5}=\frac{q_{30}}{1-0.5q_{30}}=\frac{1}{69.5}=0.014\ 388$$

在死亡力恒定假设下：

$$\mu_{30.5}=\mu=-\ln(p_{30})=-\ln(\frac{69}{70})=0.014\ 389$$

在巴尔杜奇假设下：

$$\mu_{30.5}=\frac{q_{30}}{p_{30}+0.5q_{30}}=\frac{1}{69.5}=0.014\ 388$$

第四节 几个死亡时间的解析分布

图 3 - 1 所示的生存函数是包括两个拐点的减函数，它很难用较简单的数学形式准确地表达出来。多年来，研究人员曾提出过不少关于死亡时间的解析规律，这些解析分布可以帮助人们在缺乏数据的情况下研究死亡率的变动规律和编制生命表。下面介绍一些解析分布的例子，它们都是以其提出者的名字命名的。

最早的也是最简单的死亡解析分布是由法国数学家亚伯拉罕·棣美弗（Abraham De Moivre）在 1724 年提出的，其生存函数为一条直线。设 ω 是人们可能生存的极限年龄，有

$$s(x)=1-\frac{x}{\omega} \qquad 0\leqslant x<\omega \tag{3.52}$$

由此可得：

$$\mu_x=-\frac{Ds(x)}{s(x)}=\frac{1}{\omega-x} \tag{3.53}$$

尽管这一解析分布很简单和粗糙，但在当时对年金的计算起到了很大的作用。

1825 年，本杰明·冈珀茨（Benjamin Gompertz）在一篇著名的精算论文中提出死亡力应按指数律增长，即

$$\mu_x=BC^x \qquad B>0,\ C\geqslant 1,\ x>0 \tag{3.54}$$

对（3.54）式两边在 $0\sim x$ 上积分，有

$$\int_0^x \mu_y \mathrm{d}y=\int_0^x BC^y \mathrm{d}y=\frac{BC^x}{\ln C}-\frac{B}{\ln C}$$

设

$$\frac{B}{\ln C}=m$$

则

$$\int_0^x \mu_y \mathrm{d}y=m(C^x-1)$$

故

$$s(x)=\mathrm{e}^{-\int_0^x \mu_y \mathrm{d}y}=\mathrm{e}^{-m(C^x-1)} \tag{3.55}$$

该分布比棣美弗分布更好地反映了寿命过程，并去掉了最大年龄假设。

1860 年，梅卡姆对冈珀茨分布做了推广，假设

$$\mu_x=A+BC^x \qquad A\geqslant -B,\ B>0,\ C\geqslant 1,\ x\geqslant 0 \tag{3.56}$$

显然，当 $A=0$ 时，梅卡姆分布就是冈珀茨分布。类似地，有

$$s(x)=\mathrm{e}^{-Ax-m(C^x-1)} \tag{3.57}$$

1939 年，韦布尔（Weibull）提出，死亡力以 t 的幂的形式增长，而非指数增长，即

$$\mu_x=kx^n \qquad k>0,\ n>0,\ x\geqslant 0 \tag{3.58}$$

$$s(x) = e^{-\mu x^{n+1}} \tag{3.59}$$

式中，$\mu=\dfrac{k}{n+1}$。

上面四个死亡律如表 3-3 所示。

表 3-3 几个死亡律下的死亡和存活函数

发明人	μ_x	$s(x)$	限定条件
棣美弗（1724）	$\mu_x = \dfrac{1}{\omega - x}$	$s(x) = 1 - \dfrac{x}{\omega}$	$0 \leqslant x < \omega$
冈珀茨（1825）	$\mu_x = BC^x$	$s(x) = e^{-m(C^x-1)}$	$B>0$，$C\geqslant 1$，$x>0$
梅卡姆（1860）	$\mu_x = A+BC^x$	$s(x) = e^{-Ax-m(C^x-1)}$	$A\geqslant -B$，$B>0$，$C\geqslant 1$，$x\geqslant 0$
韦布尔（1939）	$\mu_x = kx^n$	$s(x) = e^{-\mu x^{n+1}}$	$k>0$，$n>0$，$x\geqslant 0$

第五节 生命表的编制

一、生命表编制的一般方法

生命表可以依实际同时出生的一批人的资料编制，这种生命表称为实际同批人生命表。编制这种生命表需要纵向跟踪一批人从出生到死亡的全过程，但实际中很难取得完整的原始资料，而且这种生命表只能是历史的追述，不能说明现在某个时期的死亡水平。因此，除特殊研究目的外，现实中一般不采用实际同批人方法编制生命表。通常采用假设同批人方法编制，即把某一时期各个年龄的死亡水平当作同时出生的一批人在一生中经历各个年龄时的死亡水平看待。这样编制的生命表称为时期生命表或假设同批人生命表。时期生命表可以描述某一时期处于不同年龄人群的死亡水平，反映了假定一批人按这一时期各年龄死亡水平度过一生时的生命过程。

前面曾提到，生命表是以死亡概率为基础编制的，但通过某一时期的资料很难直接计算出各年龄的死亡概率，而在已知某时期分年龄的平均人数和各年龄的死亡人数后，可以计算出该时期分年龄中心死亡率。假设某时期 x 岁的死亡人数为 D_x，x 岁的平均人数为 $\bar{P}_x$，$\bar{P}_x$ 是年初 x 岁人数与年末 x 岁人数的平均数，有时也用年中人数代替，则 x 岁的中心死亡率 m'_x 为：

$$m'_x = \frac{D_x}{\bar{P}_x} \tag{3.60}$$

式中，m'_x 为人口统计中的分年龄死亡率。

生命表分年龄中心死亡率定义为生命表分年龄死亡人数在分年龄生存人年数中的比例。若以 m_x 表示生命表 x 岁中心死亡率，则

$$m_x = \frac{d_x}{L_x} \tag{3.61}$$

在死亡均匀分布假设下，有

$$m_x=\frac{d_x}{\frac{1}{2}\times(l_x+l_{x+1})}=\frac{2d_x}{2l_x-d_x}=\frac{2q_x}{2-q_x} \tag{3.62}$$

变换后，得到：

$$q_x=\frac{2m_x}{2+m_x} \tag{3.63}$$

通常 m_x' 与 m_x 非常接近，实际中常用 m_x 近似表示 m_x'。利用上面的关系式，我们可以根据人口统计中的分年龄死亡率编制生命表。有时，我们也根据原始资料按统计方法直接估计分年龄死亡概率 q_x，再编制生命表。由于直接根据原始资料估计的死亡率可能并不平滑，实际中需要运用生命表修匀技术对死亡概率曲线做修匀，并附加一定的安全系数作为经验生命表。

二、选择生命表

在人口分析中，可以按性别、地区、种族等对人口分类，分别编制反映各类人口死亡规律的生命表。在保险精算中反映被保险人死亡规律的经验生命表与人口生命表是不同的，寿险中的被保险人并不是全部人口中的一个随机群体，它是经过选择符合保险条件的人群。由于保险只提供给符合健康标准的人，因此在年龄相等时，有理由认为刚买保险的人比已经买若干年保险的同龄人死亡率更低，保单资料的经验分析也证实了上述结论。因此，在对被保险人依一定的健康标准加以选择后，一组被保险人的死亡率不仅随年龄而变动，而且随已投保年限长短变动。以 $q_{[x]+n}$ 表示 x 岁加入保险，经过 n 年在 $x+n$ 岁的死亡概率，有

$$q_{[x]}<q_{[x-1]+1}<q_{[x-2]+2}<\cdots$$

经验数据表明，$q_{[x-n]+n}-q_{[x-n+1]+n-1}$ 的值随着 n 的增大迅速缩小。一般当 $n>10$ 时，这一差异可以忽略不计。把同一年龄上相邻已投保年数死亡率差异明显的时期称为选择效果明显期或简称选择期，把依据 $q_{[x]+n}$ 编制的生命表称为选择生命表，它表明随年龄和已投保期而变动的死亡规律。当选择效果消失时，死亡率只与年龄有关。如果选择期为 r 年，投保期超过 r 年的同一年龄上的死亡概率相等。此时，死亡概率可以用 q_x 表示，有

$$q_{[x-r]+r}=q_{[x-r-1]+r+1}=q_{[x-r-2]+r+2}=\cdots=q_x$$

依据选择效果消失后的死亡率资料编制的生命表称为终极表。显然，在同一年龄上终极表的死亡概率更高。由于终极表是选择表中选择效果消失后形成的表，通常把它们放在一起，形成选择-终极表。与此相对应，由不分投保年数的死亡率资料编制的生命表称为综合表，综合表的死亡概率比终极表低。表 3-4 是假设选择期为 10 年的一张选择-终极表的一部分。从表中可见，60 岁的人在投保当年的死亡概率为 10.46‰；如果某人在 55 岁投保，经过 5 年后在达到 60 岁时的死亡概率为 15.17‰；如果在 50 岁投保，经过 10 年后在达到 60 岁时的死亡概率为 19.50‰。由此可见，在同一个年龄上，死亡概率随着已投保年数的增加而增加。

表 3-4　某选择-终极表中的死亡概率（‰）

[x]	保单年度											x+10
	0	1	2	3	4	5	6	7	8	9	10+	
50	4.87	5.51	6.15	6.93	7.83	9.30	10.69	12.06	13.40	14.77	19.50	60
51	5.24	5.95	6.69	7.57	8.61	10.29	11.76	13.24	14.75	16.32	21.47	61
52	5.64	6.45	7.29	8.29	9.48	11.37	12.90	14.53	16.23	18.04	23.65	62
53	6.08	6.99	7.96	9.09	10.43	12.53	14.14	15.93	17.85	19.95	26.05	63
54	6.57	7.60	8.70	9.95	11.44	13.79	15.49	17.47	19.65	22.06	28.69	64
55	7.11	8.27	9.50	10.86	12.54	15.17	16.69	19.16	21.62	24.39	31.57	65
56	7.70	8.91	10.20	11.62	13.44	16.20	18.25	20.69	23.33	26.55	34.68	66
57	8.33	9.58	10.95	12.44	14.41	17.33	19.64	22.34	25.16	28.85	38.00	67
58	8.99	10.29	11.75	13.32	15.46	18.55	21.15	24.12	27.10	31.28	41.60	68
59	9.70	11.06	12.62	14.28	16.61	19.87	22.77	26.00	29.12	33.88	45.54	69
60	10.46	11.89	13.57	15.32	17.85	21.28	24.48	27.97	31.28	36.71	49.90	70

图 3-3 是根据表 3-4 中投保年龄分别是 50 岁、55 岁、60 岁在达到 60～70 岁时的死亡概率绘制的。从图中可见，对于 50 岁投保的人，经过 10 年，死亡率的选择效果消失，在达到 60 岁以后，死亡概率都是终极死亡概率。对于 60 岁投保的人，在 60～70 岁的死亡概率都是选择死亡概率。对于 55 岁投保的人，在 60～65 岁的死亡概率是选择死亡概率，在 66 岁以后的死亡概率采取了终极表中的概率。55 岁投保的死亡概率曲线在 65 岁时出现了一个不连续的跳跃，表明实际的选择期比 5 年更长。

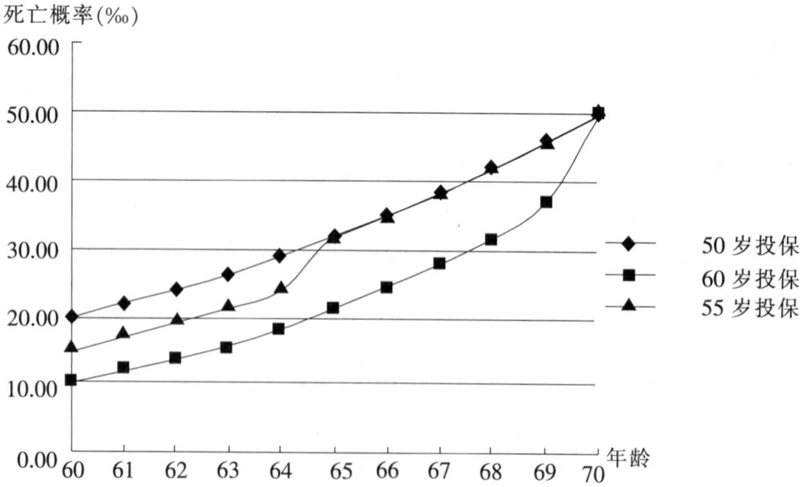

图 3-3　选择和终极死亡概率

选择生命表也包括 $l_{[x]+n}$、$d_{[x]+n}$、$q_{[x]+n}$、$\mathring{e}_{[x]+n}$ 等函数，它们之间的关系与生命表类似。例如：

$$d_{[x]+n}=l_{[x]+n}-l_{[x]+n+1} \tag{3.64}$$

$$q_{[x]+n}=\frac{d_{[x]+n}}{l_{[x]+n}} \tag{3.65}$$

$$p_{[x]+n}=\frac{l_{[x]+n+1}}{l_{[x]+n}} \tag{3.66}$$

$$_{m}q_{[x]+n}=\frac{_{m}d_{[x]+n}}{l_{[x]+n}} \tag{3.67}$$

$$_{m|}q_{[x]+n}=\frac{l_{[x]+n+m}-l_{[x]+n+m+1}}{l_{[x]+n}} \tag{3.68}$$

【例 3-13】假设有下列选择-终极表：

x	$l_{[x]}$	$l_{[x]+1}$	$l_{[x]+2}$	$x+2$
30	1 000	998	995	32
31	996	994	988	33
32	994	990	982	34
33	987	983	970	35

求：$_{2}p_{[31]}$，$_{2}q_{[31]+2}$，$_{1|}q_{[30]+1}$。

【解】

$$_{2}p_{[31]}=\frac{l_{[31]+2}}{l_{[31]}}=\frac{988}{996}=0.991\ 97$$

$$_{2}q_{[31]+2}=\frac{l_{[31]+2}-l_{[31]+4}}{l_{[31]+2}}=\frac{988-970}{988}=0.018\ 219$$

$$_{1|}q_{[30]+1}=\frac{l_{[30]+2}-l_{[30]+3}}{l_{[30]+1}}=\frac{995-988}{998}=0.007\ 014$$

本章小结

表述生存规律的函数是生存函数 $s(x)$，它是年龄 x 的连续函数。生命表是以离散形式表示一批人存活和死亡规律的表格形式，其基本函数关系如下：

$$q_x=\frac{d_x}{l_x}$$

$$l_{x+1}=l_x-d_x$$

$$L_x=\frac{1}{2}(l_x+l_{x+1})$$ 假设死亡在每个年龄上均匀分布

$$T_x=\sum_{t=0}^{\omega-x-1}L_{x+t}$$

$$\mathring{e}=\frac{T_x}{l_x}$$

死亡力是描述确切年龄上瞬间死亡水平的指标，其定义公式为：

$$\mu_x=\frac{Dl_x}{l_x}=-D\ln l_x$$

由此可得出存活概率和死亡概率的连续型表达式，即

$$l_x = l_0 e^{-\int_0^x \mu_y dy}$$

$$_np_x = e^{-\int_0^n \mu_{x+t} dt}$$

$$_nq_x = 1 - e^{-\int_0^n \mu_{x+t} dt} = -\int_0^n {_tp_x} \times \mu_{x+t} dt$$

生命表通常以时期分年龄死亡率资料编制。人寿保险中的生命表需要考虑已投保时期和投保人年龄两个因素，分成包括选择效果的选择表、选择效果消失后的终极表和不考虑选择效果的综合表。

练习题

3.1 已知 $l_x = 1\,000 \times (1 - \frac{x}{120})$，计算下列各值：

（1）l_0，l_{120}，d_{33}，$_{20}p_{30}$，$_{30}q_{20}$。

（2）25 岁的人至少活 20 年、最多活 25 年的概率。

（3）三个 25 岁的人均存活到 80 岁的概率。

3.2 若 $l_x = 100\,000 \times \frac{c - x}{c + x}$，$l_{35} = 44\,000$，求：

（1）c 的值。

（2）生命表最大年龄。

（3）从出生存活到 50 岁的概率。

（4）15 岁的人在 40～50 岁死亡的概率。

3.3 已知 $_{1|}q_{x+1} = 0.095$，$_{2|}q_{x+1} = 0.171$，$q_{x+3} = 0.2$，计算 $q_{x+1} + q_{x+2}$。

3.4 已知 $s(x) = (1 - \frac{x}{100})^2$，$0 \leqslant x \leqslant 100$，试求 $F(75)$、$f(75)$ 和 $\mu(75)$。

3.5 已知 $l_0 = 10\,000$，$\mu(x) = \frac{1}{50 - 0.5x}$，试求 l_x、$f_K(40)$ 和 $\mathring{e}_0$ 的表达式。

3.6 已知 $l_{65} = 100$，$l_{66} = 80$，试分别在死亡均匀分布假设、死亡力恒定假设和巴尔杜奇假设下计算 $l_{65.5}$。

3.7 假设有下面三个生命表：表 A 是选择-终极表，表 B 是由表 A 的终极栏组成的终极表，表 C 是由构造表 A 的资料编制的综合表。在这三个表下，试找出下列函数的关系：

（1）表 A 中的 $_np_{[x]}$ 与表 B 中的 $_np_x$。

（2）表 A 中的 $q_{[x]}$ 与表 B、表 C 中的 q_x。

（3）三个表中的 u_x。

第四章

多减因表

在保险精算分析中，常常要研究一批人受多个因素影响而陆续减少的规律。例如，研究在职劳动力人数受职工死亡、伤残、离职、退休等因素影响而逐步减少的规律，它是编制养老金计划的重要基础；研究各种死因使一批被保险人陆续减少的规律是健康保险精算的基础；研究一批人受死亡和伤残两个因素影响的规律是伤残保险精算的基础；对寿险来说，引起合同终止的原因有死亡和退保两个因素。研究同批人受两个或两个以上减因影响陆续减少的数学模型就是多减因模型。与生命表一样，多减因模型通常用多减因表的形式表示。第三章研究的生命表实际上是只有死亡一个减因的单减因表。

学习目标

- 掌握多减因表的基本函数及其相互关系
- 了解减因力和中心减率的意义
- 了解联合单减因表与单减因表的关系
- 了解联合单减因函数的估计方法

第一节 多减因表基本函数

与生命表一样，多减因表也建立在封闭人口的基础之上，研究一批人受减因作用影响的减少过程，不考虑新加入和重新加入的人群。例如，在养老金计划多减因表中，不包括新加入的职工和离职后重新加入的职工；在死亡和伤残多减因表中，不包括新加入和由伤残恢复正常的人群。多减因表的基本函数包括：

（1）$l_x^{(T)}$。确切年龄 x 岁时，受（1），（2），…，（m）等 m 个减因影响的人数。或者说，x 岁暴露于 m 个减因下的人数。

（2）${}_nd_x^{(k)}$。$x \sim x+n$ 岁由（k）减因减少的人数，$k=1, 2, \cdots, m$，当 $n=1$ 时，记

为 $d_x^{(k)}$。

(3) ${}_nd_x^{(T)}$。$x \sim x+n$ 岁由所有减因减少的总人数，当 $n=1$ 时，记为 $d_x^{(T)}$，可见

$$ {}_nd_x^{(T)} = \sum_{k=1}^{m} {}_nd_x^{(k)} \tag{4.1} $$

$$ l_x^{(T)} - {}_nd_x^{(T)} = l_{x+n}^{(T)} \tag{4.2} $$

$$ l_x^{(T)} = \sum_{y=x}^{\infty} d_y^{(T)} \tag{4.3} $$

(4) ${}_nq_x^{(k)}$。$x \sim x+n$ 岁由 (k) 减因产生的减少概率，也就是 (k) 减因使 (x) 离开 $l_x^{(T)}$ 的概率，当 $n=1$ 时，记为 $q_x^{(k)}$。

$$ {}_nq_x^{(k)} = \frac{{}_nd_x^{(k)}}{l_x^{(T)}} \tag{4.4a} $$

$$ {}_nd_x^{(k)} = l_x^{(T)} \times {}_nq_x^{(k)} \tag{4.4b} $$

(5) ${}_nq_x^{(T)}$。x 岁的人在 $x \sim x+n$ 岁由所有减因导致的减少概率。

$$ {}_nq_x^{(T)} = \frac{{}_nd_x^{(T)}}{l_x^{(T)}} \tag{4.5} $$

$$ {}_nq_x^{(T)} = \sum_{k=1}^{m} {}_nq_x^{(k)} \tag{4.6} $$

(6) ${}_np_x^{(T)}$。x 岁的人在 $x \sim x+n$ 岁保留在原群体中的概率。

$$ {}_np_x^{(T)} = 1 - {}_nq_x^{(T)} = \frac{l_{x+n}^{(T)}}{l_x^{(T)}} \tag{4.7} $$

表 4-1 是某两减因表的一部分。从表中数据可以看出，各年龄人数 $l_x^{(T)}$ 在两个减因作用下，随年龄 x 的增大而逐步减少。其中，第一个减因的减少概率 $q_x^{(1)}$ 远大于第二个减因的减少概率 $q_x^{(2)}$，从而由第一个减因减少的人数 $d_x^{(1)}$ 远大于由第二个减因减少的人数 $d_x^{(2)}$。

表 4-1　某两减因表的一部分

x	$q_x^{(T)}$ (‰)	$q_x^{(1)}$ (‰)	$q_x^{(2)}$ (‰)	$l_x^{(T)}$	$d_x^{(1)}$	$d_x^{(2)}$
20	202.285	200.95	1.335	76 983	15 470	103
21	207.027	205.69	1.337	61 410	12 631	82
22	332.538	331.20	1.338	48 697	16 128	65
23	416.110	414.77	1.340	32 504	13 482	44
24	448.932	447.59	1.342	18 978	8 494	25
25	522.425	520.95	1.475	10 459	5 449	15

利用表 4-1 中的数据可以证实上面的关系式，如

$$ l_{20}^{(T)} \times q_{20}^{(1)} = 76\ 983 \times 200.95‰ = 15\ 470 = d_{20}^{(1)} $$

$$ l_{20}^{(T)} \times q_{20}^{(2)} = 76\ 983 \times 1.335‰ = 103 = d_{20}^{(2)} $$

$$ q_{21}^{(1)} + q_{21}^{(2)} = 205.69‰ + 1.337‰ = 207.027‰ = q_{21}^{(T)} $$

$$ l_{20}^{(T)} - d_{20}^{(1)} - d_{20}^{(2)} = 76\ 983 - 15\ 470 - 103 = 61\ 410 = l_{21}^{(T)} $$

利用表 4-1 的资料还可以计算出所需的其他概率，如

$$ {}_3p_{20}^{(T)} = \frac{l_{23}^{(T)}}{l_{20}^{(T)}} = \frac{32\ 504}{76\ 983} = 422.22‰ $$

$$_2q_{22}^{(2)}=\frac{d_{22}^{(2)}+d_{23}^{(2)}}{l_{22}^{(T)}}=\frac{65+44}{48\ 697}=2.24‰$$

$$_{2|}q_{23}^{(1)}=\frac{d_{25}^{(1)}}{l_{23}^{(T)}}=\frac{5\ 449}{32\ 504}=167.64‰$$

第二节 减因力和中心减率

一、减因力

与生命表死亡力类似，在多减因下也有减因力，$x+t$ 时的总减因力可定义为：

$$\mu_{x+t}^{(T)}=\lim_{h\to 0}\frac{_hq_{x+1}^{(T)}}{h}$$
$$=-\frac{\mathrm{d}(\ln {_tp_x^{(T)}})}{\mathrm{d}t} \tag{4.8}$$

因此

$$_tp_x^{(T)}=\mathrm{e}^{-\int_0^t\mu_{x+s}^{(T)}\mathrm{d}s} \tag{4.9}$$

为了定义分原因的减因力，首先需要定义函数 $l_x^{(k)}$，设

$$l_x^{(k)}=\sum_{y=x}^{\infty}d_y^{(k)}\quad k=1,2,\cdots,m \tag{4.10}$$

这相当于把暴露于 m 个减因下的总人数 $l_x^{(T)}$ 分成 $l_x^{(1)}$，$l_x^{(2)}$，…，$l_x^{(m)}$ 共计 m 组，每组人数只受相应减因的作用而减少。

$$l_x^{(T)}=\sum_{k=1}^{m}l_x^{(k)} \tag{4.11}$$

第 k 个减因的减因力可定义为：

$$\mu_x^{(k)}=\lim\frac{l_x^{(k)}-l_{x+h}^{(k)}}{hl_x^{(T)}} \tag{4.12a}$$

$$=-\frac{1}{l_x^{(T)}}\times\frac{\mathrm{d}l_x^{(k)}}{\mathrm{d}x} \tag{4.12b}$$

由此可见，有

$$\mu_x^{(T)}=\sum_{k=1}^{m}\mu_x^{(k)} \tag{4.13}$$

变换多减因力的定义式（4.12b），有

$$-\mathrm{d}l_y^{(k)}=l_y^{(T)}\mu_y^{(k)}\mathrm{d}y$$

上式两边对 y 在 $x\sim x+1$ 上积分，有

$$\int_x^{x+1}-\mathrm{d}l_y^{(k)}=\int_x^{x+1}l_y^{(T)}\mu_y^{(k)}\mathrm{d}y$$

因此，有

$$d_x^{(k)}=\int_x^{x+1}l_y^{(T)}\mu_y^{(k)}\mathrm{d}y \tag{4.14}$$

上式两边同除以 $l_x^{(T)}$，有

$$q_x^{(k)} = \int_x^{x+1} {}_{y-x}p_x^{(T)}\mu_y^{(k)}\mathrm{d}y$$
$$= \int_0^1 {}_tp_x^{(T)}\mu_{x+t}^{(k)}\mathrm{d}t \tag{4.15}$$

依分减因减少人数与总减少人数的关系，可得：

$$d_x^{(T)} = \int_x^{x+1} l_y^{(T)}\mu_y^{(T)}\mathrm{d}y$$
$$= \int_0^1 l_{x+t}^{(T)}\mu_{x+t}^{(T)}\mathrm{d}t \tag{4.16}$$

因此，有

$$q_x^{(T)} = \int_0^1 {}_tp_x^{(T)}\mu_{x+t}^{(T)}\mathrm{d}t \tag{4.17}$$

减因力与减因概率的一个重要区别是各减因力之间相互独立，而各减因概率之间却相互依赖。由于减因概率是某区间内由减因引起的减少概率，在这一区间内，所有减因都在起作用，由某减因引起的减少人数越多，由其他减因引起的减少人数越少。各减因概率之间相互依赖，我们在数学上可以证明这一点。而减因力是对瞬间死亡水平的衡量，它不依赖于某一特定的区间，因此各减因力之间相互独立。

二、中心减率

与中心死亡率的概念类似，在多减因分析中也有总中心减率和分减因中心减率。若以 $m_x^{(T)}$ 表示总中心减率，可定义为：

$$m_x^{(T)} = \frac{d_x^{(T)}}{L_x^{(T)}} \tag{4.18}$$

$L_x^{(T)}$ 是在 $x \sim x+1$ 岁受全部减因作用的平均人数。(4.18) 式以积分式可表示为：

$$m_x^{(T)} = \frac{\int_0^1 l_{x+t}^{(T)}\mu_{x+t}^{(T)}\mathrm{d}t}{\int_0^1 l_{x+t}^{(T)}\mathrm{d}t} = \frac{\int_0^1 {}_tp_x^{(T)}\mu_{x+t}^{(T)}\mathrm{d}t}{\int_0^1 {}_tp_x^{(T)}\mathrm{d}t} \qquad 0 \leqslant t < 1 \tag{4.19}$$

k 减因中心减率定义为：

$$m_x^{(k)} = \frac{d_x^{(k)}}{L_x^{(T)}} \tag{4.20}$$

其积分表达式为：

$$m_x^{(k)} = \frac{\int_0^1 {}_tp_x^{(T)}\mu_{x+t}^{(k)}\mathrm{d}t}{\int_0^1 {}_tp_x^{(T)}\mathrm{d}t} \qquad 0 \leqslant t < 1 \tag{4.21}$$

显然，有

$$m_x^{(T)} = \sum_{k=1}^{m} m_x^{(k)} \tag{4.22}$$

正如编制生命表通常先根据实际资料计算出中心死亡率，再由中心死亡率与死亡概率

的关系估计死亡概率一样，多减因表也可以通过中心减率与减因概率的关系估计减因概率。

多减因表上的中心减率通常是在假设每个年龄的总减少人数在年内均匀分布下计算的，此时有

$$l_{x+t}^{(T)}=l_x^{(T)}-td_x^{(T)} \qquad 0<t<1 \tag{4.23}$$

$$\begin{aligned}L_x^{(T)}&=\int_0^1 l_{x+t}^{(T)}\mathrm{d}t\\&=\int_0^1(l_x^{(T)}-td_x^{(T)})\mathrm{d}t\\&=l_x^{(T)}-\frac{1}{2}d_x^{(T)}\end{aligned} \tag{4.24}$$

因此，有

$$\begin{aligned}m_x^{(k)}&=\frac{d_x^{(k)}}{L_x^{(T)}}\\&=\frac{d_x^{(k)}}{l_x^{(T)}-\frac{1}{2}d_x^{(T)}}\\&=\frac{q_x^{(k)}}{1-\frac{1}{2}q_x^{(T)}}\end{aligned} \tag{4.25}$$

反过来，由

$$l_x^{(T)}\approx L_x^{(T)}+\frac{1}{2}d_x^{(T)}$$

可得：

$$q_x^{(k)}=\frac{m_x^{(k)}}{1+\frac{1}{2}m_x^{(T)}} \tag{4.26}$$

类似地，有

$$q_x^{(T)}=\frac{m_x^{(T)}}{1+\frac{1}{2}m_x^{(T)}} \tag{4.27}$$

在已知中心死亡率时，可依据它们与死亡概率的关系估计死亡概率，进而编制多减因表。

第三节 联合单减因表

一、联合单减因函数

构成多减因表的各个减因都可以依各自独立的死亡力构成单减因表，把由多减因表的各个减因构成的单减因表称为联合单减因表，它是单独考虑各个减因时生成的生命表。设联合单减因表的存活函数为${}_tp'^{(k)}_x$。

$$
\begin{aligned}
{}_tq'^{(k)}_x &= 1-\mathrm{e}^{-\int_0^t \mu_{x+s}^{(k)}\mathrm{d}s} \\
&= \int_0^t {}_sp'^{(k)}_x \mu_{x+s}^{(k)}\mathrm{d}s
\end{aligned} \tag{4.28}
$$

在这里，${}_tq'^{(k)}_x$ 称为k 减因绝对减率，以区别于以概率表述的k 减因的减少概率${}_tq_x^{(k)}$，k 减因绝对减率与其他减因力无关，又称独立减率。

二、联合单减因函数与多减因函数的基本关系

因为

$$
\begin{aligned}
{}_tp_x^{(T)} &= \mathrm{e}^{-\int_0^t \mu_{x+s}^{(T)}\mathrm{d}s} \\
&= \exp\left(-\int_0^t (\mu_{x+s}^{(1)}+\mu_{x+s}^{(2)}+\cdots+\mu_{x+s}^{(m)})\mathrm{d}s\right)
\end{aligned} \tag{4.29}
$$

所以

$$
{}_tp_x^{(T)} = \prod_{k=1}^{m} {}_tp'^{(k)}_x \tag{4.30}
$$

显然，有

$$
{}_tp_x^{(T)} \leqslant {}_tp'^{(k)}_x
$$

$$
{}_tq'^{(k)}_x \geqslant {}_tq_x^{(k)}
$$

三、各减因力恒定假设下的估计

假设各减因力恒定，即

$$
\mu_{x+t}^{(k)} = \mu_x^{(k)} \qquad 0\leqslant t<1
$$

此时，有

$$
\begin{aligned}
q_x^{(k)} &= \int_0^1 {}_tp_x^{(T)}\mu_{x+t}^{(k)}\mathrm{d}t \\
&= \int_0^1 {}_tp_x^{(T)}\mu_x^{(k)}\mathrm{d}t \\
&= \frac{\mu_x^{(k)}}{\mu_x^{(T)}}\int_0^1 {}_tp_x^{(T)}\mu_x^{(T)}\mathrm{d}t \\
&= \frac{\mu_x^{(k)}}{\mu_x^{(T)}}\times q_x^{(T)}
\end{aligned} \tag{4.31}
$$

与此同时，在死亡力恒定假设下，有

$$
p_x^{(T)} = \mathrm{e}^{-\int_0^1 \mu_{x+t}^{(T)}\mathrm{d}t} = \mathrm{e}^{-\mu_x^{(T)}}
$$

$$
\mu_x^{(T)} = -\ln p_x^{(T)}
$$

同理，有

$$
\mu_x^{(k)} = -\ln p'^{(k)}_x
$$

此时，有

$$
q_x^{(k)} = \frac{\ln p'^{(k)}_x}{\ln p_x^{(T)}}\times q_x^{(T)}
$$

因此

$$q'^{(k)}_x=1-(1-q^{(T)}_x)^{\frac{q^{(k)}_x}{q^{(T)}_x}} \tag{4.32}$$

上式可用于由多减因概率估计绝对减率。

四、各减因均匀分布假设下的估计

假设多减因模型的各减因在每个年龄上均匀分布，即

$${}_tq^{(k)}_x=t\times q^{(k)}_x \qquad k=1,\ 2,\ \cdots,\ m,\ 0\leqslant t<1$$

加总所有减因概率，有

$${}_tq^{(T)}_x=t\times q^{(T)}_x \qquad 0\leqslant t<1$$

在减因均匀分布假设下，有

$${}_tp^{(T)}_x\mu^{(k)}_{x+t}=q^{(k)}_x$$

$$\mu^{(k)}_{x+t}=\frac{q^{(k)}_x}{{}_tp^{(T)}_x}=\frac{q^{(k)}_x}{1-tq^{(T)}_x}$$

因此

$$\begin{aligned} q'^{(k)}_x &= 1-\exp\left\{-\int_0^1\mu^{(k)}_{x+t}\,\mathrm{d}t\right\} \\ &= 1-\exp\left\{-\int_0^1\frac{q^{(k)}_x}{1-tq^{(T)}_x}\mathrm{d}t\right\} \\ &= 1-\exp\left\{\frac{q^{(k)}_x}{q^{(T)}_x}\ln(1-q^{(T)}_x)\right\} \\ &= 1-(1-q^{(T)}_x)^{\frac{q^{(k)}_x}{q^{(T)}_x}} \end{aligned} \tag{4.33}$$

由此可见，在减因力恒定和减因均匀分布假设下的 $q'^{(k)}_x$ 相等。

五、联合单减因表的各减因均匀分布假设下的估计

在联合单减因表的各减因均匀分布假设下，有

$${}_tq'^{(k)}_x=t\times q'^{(k)}_x \qquad k=1,\ 2,\ 3,\ \cdots,\ m,\ 0\leqslant t<1$$

$${}_tp'^{(k)}_x\mu^{(k)}_{x+t}=q'^{(k)}_x$$

因此，有

$$\begin{aligned} q^{(k)}_x &= \int_0^1 {}_tp^{(T)}_x\mu^{(k)}_{x+t}\,\mathrm{d}t \\ &= \int_0^1 {}_tp'^{(1)}_x\ {}_tp'^{(2)}_x\cdots{}_tp'^{(m)}_x\mu^{(k)}_{x+t}\,\mathrm{d}t \end{aligned} \tag{4.34}$$

当 $m=2$ 时，有

$$\begin{aligned} q^{(1)}_x &= \int_0^1 {}_tp'^{(1)}_x\mu^{(1)}_{x+t}\ {}_tp'^{(2)}_x\,\mathrm{d}t \\ &= q'^{(1)}_x\int_0^1(1-t\times q'^{(2)}_x)\,\mathrm{d}t \end{aligned}$$

$$= q'^{(1)}_x\left(1-\frac{q'^{(2)}_x}{2}\right) \tag{4.35a}$$

$$q^{(2)}_x = q'^{(2)}_x\left(1-\frac{q'^{(1)}_x}{2}\right) \tag{4.35b}$$

当 $m=3$ 时，有

$$q^{(1)}_x = \int_0^1 {}_tp'^{(1)}_x \mu^{(1)}_{x+t}\,{}_tp'^{(2)}_x\ {}_tp'^{(3)}_x\,\mathrm{d}t$$

$$= q'^{(1)}_x\int_0^1(1-t\,q'^{(2)}_x)(1-t\,q'^{(3)}_x)\,\mathrm{d}t$$

$$= q'^{(1)}_x\left(1-\frac{1}{2}(q'^{(2)}_x+q'^{(3)}_x)+\frac{1}{3}q'^{(2)}_x q'^{(3)}_x\right) \tag{4.36a}$$

同理，有

$$q^{(2)}_x = q'^{(2)}_x\left(1-\frac{1}{2}(q'^{(1)}_x+q'^{(3)}_x)+\frac{1}{3}q'^{(1)}_x q'^{(3)}_x\right) \tag{4.36b}$$

$$q^{(3)}_x = q'^{(3)}_x\left(1-\frac{1}{2}(q'^{(1)}_x+q'^{(2)}_x)+\frac{1}{3}q'^{(1)}_x q'^{(2)}_x\right) \tag{4.36c}$$

对 $m>3$ 的情形，同学们也可以用类似的方法得到。

如果具备直接计算多减因表中每个减因概率的数据资料，就可以直接编制多减因表。在直接编制多减因表所需的资料缺乏时，可以通过联合单减因表，用上面给出的关系式，求出多减因表中的减因概率。

【例 4-1】假设某联合单减因表的各个减因绝对减率如表 4-2 所示，并且第 3 个减因是退休减因，发生在 65～70 岁，70 岁为强制退休年龄。

表 4-2　某联合单减因表的各个减因绝对减率

x	$q'^{(1)}_x$	$q'^{(2)}_x$	$q'^{(3)}_x$
65	0.020	0.02	0.04
66	0.025	0.02	0.06
67	0.030	0.02	0.08
68	0.035	0.02	0.10
69	0.040	0.02	0.12

试在减因力恒定假设和联合单减因表各减因均匀分布假设下，估计多减因表的减因概率。

【解】由

$${}_tp^{(T)}_x = \prod_{k=1}^{m} {}_tp'^{(k)}_x$$

在本例中，有

$$q^{(T)}_x = 1-\prod_{k=1}^{3}(1-q'^{(k)}_x)$$

这样就可以估计出 $q^{(T)}_x$。

在减因力恒定假设下，根据 $p'^{(k)}_x = p_x^{(T)\frac{q^{(k)}_x}{q^{(T)}_x}}$，可以估计出 $q^{(k)}_x$，如表 4-3 所示。

表 4-3　$q_x^{(k)}$ 的估计值

x	$q_x^{(T)}$	$q_x^{(1)}$	$q_x^{(2)}$	$q_x^{(3)}$
65	0.078 02	0.019 40	0.019 40	0.039 21
66	0.101 83	0.024 01	0.019 16	0.058 67
67	0.125 45	0.028 51	0.018 91	0.078 03
68	0.148 87	0.032 90	0.018 66	0.097 31
69	0.172 10	0.037 20	0.018 41	0.116 49
70	1.000 00	0.000 00	0.000 00	1.000 00

在联合单减因表各减因均匀分布假设下的估计结果如表 4-4 所示。

表 4-4　联合单减因表各减因均匀分布假设下的估计结果

x	$q_x^{(T)}$	$q_x^{(1)}$	$q_x^{(2)}$	$q_x^{(3)}$
65	0.078 02	0.019 41	0.019 41	0.039 21
66	0.101 83	0.024 01	0.019 16	0.058 66
67	0.125 45	0.028 52	0.018 92	0.078 02
68	0.148 87	0.032 92	0.018 67	0.097 27
69	0.172 10	0.037 23	0.018 43	0.116 43
70	1.000 00	0.000 00	0.000 00	1.000 00

由此可见，两种假设下的估计结果非常接近。

本章小结

本章介绍了研究一批人受多个减因作用陆续减少的多减因表。与生命表一样，多减因表也建立在封闭人口的基础之上。多减因表可以通过联合单减因表编制。

多减因表函数：$l_x^{(T)}$，${}_nd_x^{(k)}$，${}_nd_x^{(T)}$，${}_nq_x^{(k)}$，${}_nq_x^{(T)}$，${}_np_x^{(T)}$

减因力和中心减率函数：$\mu_x^{(k)}$，$\mu_x^{(T)}$，$m_x^{(k)}$，$m_x^{(T)}$

联合单减因函数：${}_tp'^{(k)}_x$，${}_tq'^{(k)}_x$

联合单减因函数与多减因函数的基本关系：${}_tp_x^{(T)}=\prod\limits_{m=1}^{k}{}_tp'^{(k)}_x$

重要的函数关系如表 4-5 所示。

表 4-5　重要的函数关系

	$q_x^{(k)}$	$\mu_x^{(T)}$	$m_x^{(T)}$
$q_x^{(T)}$	${}_tq_x^{(T)}=\sum\limits_{k=1}^{m}{}_tq_x^{(k)}$	$1-{}_tq_x^{(T)}=\mathrm{e}^{-\int_0^1\mu_{x+s}^{(T)}\mathrm{d}s}$	$q_x^{(T)}=\dfrac{m_x^{(T)}}{1+\dfrac{1}{2}m_x^{(T)}}$（总减少人数年内均匀分布）
$\mu_x^{(k)}$	$q_x^{(k)}=\int_0^1{}_tp_x^{(T)}\mu_{x+t}^{(k)}\mathrm{d}t$	$\mu_x^{(T)}=\sum\limits_{k=1}^{m}\mu_x^{(k)}$	

续表

	$q_x^{(k)}$	$\mu_x^{(T)}$	$m_x^{(T)}$
$m_x^{(k)}$	$q_x^{(k)}=\dfrac{m_x^{(k)}}{1+\frac{1}{2}m_x^{(T)}}$ （总减少人数年内均匀分布）		$m_x^{(T)}=\sum_{k=1}^{m}m_x^{(k)}$

练习题

4.1　由表 4-1 的资料，试计算：

（1）22 岁的人在 24 岁时由减因（1）减少的概率。

（2）20 岁的人暴露于两减因下两年，并在随后的三年内由减因（2）减少的概率。

（3）24 岁减因（1）、（2）的中心减率。

4.2　假设 $\mu_x^{(1)}=(a-x)^{-1}$，$0\leqslant x<a$，$\mu_x^{(2)}=1$，设 $l_0^{(T)}=a$，试给出 $l_x^{(T)}$、$d_x^{(1)}$ 和 $d_x^{(2)}$ 的代数表达式。

4.3　比较 $q'^{(k)}_x$、$q_x^{(k)}$ 和 $m'^{(k)}_x$ 的大小，并说明理由。

4.4　假设联合两减因表的 $q'^{(1)}_{40}=0.02$，$q'^{(2)}_{40}=0.04$，试计算 $q_{40}^{(T)}$。

4.5　已知某两减因表的以下条件：

（1）$q'^{(2)}_x=2q'^{(1)}_x$。

（2）$q'^{(1)}_x+q'^{(2)}_x=q_x^{(T)}+0.18$。

试计算 $q'^{(2)}_x$。

4.6　假设已知 $m_{40}^{(T)}=0.2$，$q'^{(1)}_{40}=0.1$，在下列假设下计算 $q'^{(2)}_{40}$：

（1）多减因模型的减因均匀分布。

（2）联合单减因模型的减因均匀分布。

4.7　假设某两减因表如下：

x	$l_x^{(T)}$	$d_x^{(1)}$	$d_x^{(2)}$
65	100	—	—
66	—	3	13
67	—	1	3

已知 $q'^{(1)}_{40}=0.1$，$q'^{(2)}_{40}=0.6$，该表满足各减因力恒定假设，试求 $q'^{(1)}_{67}$。

4.8　假设 $q'^{(1)}_x=0.15$，$q'^{(2)}_x=0.03$。如果减因（1）的联合单减因表满足均匀分布假设，而减因（2）集中发生在每个年龄的中间，试计算：

（1）${}_tp_x^{(T)}$，$0\leqslant t\leqslant 1$。

（2）$q_x^{(1)}$，$q_x^{(2)}$。

4.9　已知某三减因表的各减因在各年龄上满足均匀分布假设，$q_x^{(1)}=0.48$，$q_x^{(2)}=0.32$，$q_x^{(3)}=0.16$，试计算 $q'^{(1)}_x$。

4.10　已知某三减因表各减因的联合单减因表在各年龄上满足均匀分布假设，且 $q'^{(1)}_x=0.1$，$q'^{(2)}_x=0.04$，$q'^{(3)}_x=0.062\ 5$，试计算 $1\ 000q_x^{(1)}$。

第五章

人寿保险

广义的人寿保险是指以人的生存和死亡为保险事故的保险，被保险人在保险期内死亡或生存到一定年龄，保险人按照契约给付保险金。狭义的人寿保险是指以被保险人在保险期内死亡为保险金赔付条件的保险，其主要目的是降低因死亡带来的家庭收入损失。本章讨论狭义的人寿保险。

学习目标

- 了解传统个人寿险产品及其特点
- 掌握定期寿险、终身寿险、两全保险精算现值的计算
- 能够利用寿险精算现值递推公式解决相关问题

第一节 传统人寿保险产品

传统个人寿险产品的被保险人是单个人，以被保险人在保险期内死亡或生存为保险赔付或给付条件，保险单预先约定保险金额的水平及其给付方式，并根据经验生命表和预定利率等预先确定保费水平和保单退保现金价值。这种产品在美国和加拿大被称为预定产品（pre-scheduled products），在澳大利亚被称为捆绑产品（bundled products）。这些产品的保费、给付、退保现金价值等是预先根据精算确定的，很难从保费中清楚地区分用于保险成本补偿、费用补偿、投资收益等不同的部分。在实践中，传统个人寿险产品又分为定期寿险、终身寿险、两全保险等。

一、定期寿险

定期寿险是以被保险人在保单约定的保险期内死亡为保险金赔付条件的保险，通常保险金额在保单上载明。如果被保险人在保险期内没有死亡，则没有赔付，保单终止。通常

保险期为 10 年、20 年、30 年等固定期限，或者从投保起到某一特定年龄，如 65 岁或 70 岁等。定期寿险通常只有很低的或者没有现金价值。对于没有现金价值的保单，如果在缴费期内投保人因故停缴保费，则保单自然中止，没有任何退保金。由于这种保单没有现金价值或只有很少的现金价值，因而成本较低、价格便宜。

通常说来，定期寿险的保费可以采取均衡保费和递增保费两种方式：在采取均衡保费方式时，称为均衡保费定期寿险；在采取递增保费方式时，称为递增保费定期寿险。

（一）均衡保费定期寿险

均衡保费定期寿险，通常由投保人选择保险金额和保险期限。如果被保险人在保险期内死亡，保险人以保险合同为依据赔付规定的保险金额，保险费在约定的缴费期内均衡缴付，通常缴费期与保险期相同。在美国的保险市场上，均衡保费定期寿险正在逐步被递增保费定期寿险所取代。

（二）递增保费定期寿险

递增保费定期寿险的保险费在缴费期内递增，在实践中常见的递增保费定期寿险是每年更新定期寿险。在这种缴费方式下，保险人每年根据死亡风险重新确定保费水平，并通知投保人续保，直到被保险人死亡，或者投保人不愿意续保，或者被保险人已达到保单所规定的最高续保年龄为止。对于每月缴付一次保费的情形，通常在一年内每月缴付的保费相同，一年后依据被保险人的死亡率重新确定保费。与每年重新投保的一年定期寿险不同的是，这种保险仅在开始出售保单时核保，以后投保人根据自己的意愿选择是否续保，续保时的费率标准必须保持与开始时制定的一致。如果预期将来的死亡率提高，为了避免损失，保险人通常也保留提高保费的权利。

由于死亡率随着年龄的增加而提高，使依据分年龄死亡率计算的每年更新保费呈阶梯上升趋势，这使老年被保险人的缴费负担加重、续保概率下降。但由于人们在年轻时有更多的子女抚养责任和分期支付住房贷款的负担，他们更需要死亡保险在他们死亡后提供保险金，承担他们未尽的责任。在人们进入退休年龄后，对以养老为目的的生存保险的需求增加，对死亡保险的需求降低。因此，这种保险在实践中仍有一定的市场。在实践中，每年更新的定期寿险的保额可能恒定，也可能与某消费价格指数挂钩，还可能采取保费恒定但每年根据保费水平和死亡率水平重新调整保额等不同的形式。

（三）保额递减定期寿险

保额递减定期寿险的死亡赔付金额随着已投保时期的延长而降低，保险费通常采取均衡方式。实践中最常见的保额递减定期寿险是以抵押贷款余额为死亡赔付额、以还款期为保险期的定期保险。例如，被保险人为购买住房或其他商品向银行贷款，并采取在一定时期内每年或每月等额还款的方式还款，其未付贷款余额随着逐期的还款而减少。如果以未付贷款余额为保险金额，在被保险人死亡时，保险公司赔付的金额正好用于偿还贷款余额，这种保额递减定期寿险又称抵押保护。在实践中，由于不同贷款的利率不同、剩余的还款期不同，因此保险公司很难通过提供一种固定抵押贷款模式的保险产品满足不同的需要。通常说来，保险公司只提供几种有代表性的抵押贷款模式的保险产品，也有的保险公司提供根据不同投保人实行不同抵押贷款模式的保险产品。由于保险金额随着剩余还款期的缩短而减少，在保险期的最后几年，死亡给付可能小于均衡保费。为了避免这一问题，有些保险公司在保单到期前的几年，将保单变成缴清保费保单，即一次性缴清剩余的保费；或者规定最小的保险金额。例如，规定赔付金额不能低于最初死亡赔付额的20%等。

二、终身寿险

终身寿险为被保险人提供从投保开始到死亡为止的死亡保险，保险金额通常为恒定的数额，有时终身寿险也采取递增保险金额的设计，称为增额终身寿险。保险费可以采取趸缴、在一定时期内缴付、终身均衡缴付等不同的形式。从表面上看，终身寿险相当于保险期延长至生命极限年龄的定期寿险，但与定期寿险相比，终身寿险具有显著的现金价值，一个定期到100岁的定期寿险比终身寿险的保费和现金价值都低很多。终身寿险也有分红终身寿险和非分红终身寿险两种形式，分红终身寿险的特点与分红两全保险类似，这里不再赘述。

三、两全保险

两全保险是定期寿险和纯生存保险的合险。纯生存保险是以被保险人在保险满期存活为给付条件的生存保险。如果被保险人在保险满期前死亡，则没有赔付，保险费通常采取均衡保费方式。在实践中，纯生存保险一般不单独出售，通常附带小额的寿险。例如，附加以一定利率累计退还已缴保费的寿险，或者与定期寿险组合成两全保险出售。两全保险是指这样一种保险产品：在规定的保险期内，如果被保险人死亡，保险人赔付死亡保险金；如果被保险人在保险满期存活，保险人给付生存保险金。两全保险具有较高的现金价值，现金价值可以看成累积保费减去死亡成本和费用后的累积。由于第一年的费用较高，现金价值可能没有或者很低，而后现金价值迅速增加，到满期时现金价值与生存保险金额相等。在保险期内，如果投保人退保，可以得到退保现金价值。在实践中，两全保险又分为分红两全保险和非分红两全保险两种形式。非分红两全保险的投保人不分享公司的利润，保险金额通常固定不变。分红两全保险的投保人以红利方式分享公司的一部分利润。

（一）非分红两全保险

非分红两全保险根据精算假设和规定的保险金额确定保费及现金价值，投保人不分享公司红利。为了保证保险费足以满足在死亡率、退保率、费率、利率等变动下的保险给付和费用支出并获得利润，定价采用的精算假设必然是保守的。如果实际经验比精算假设对保险人更有利，保险公司将获得更多的利润，这些利润不能通过红利的方式返还给投保人。在国外，非分红两全保险通常由股份保险公司发售。出于竞争的目的，有些股份保险公司也发售一些分红产品。目前，大多数股份保险公司发售与投资相关的产品。

（二）分红两全保险

分红两全保险的投保人每年以红利方式分享公司利润的一部分，实际上相当于增加了保险金额，或者在规定的保险金额下减少了保险费。红利从本质上看正是因采用保守精算假设多收取保费的返还，或者说是实际的死亡率、利率、退保率、费用、税金等比假设的水平更有利，并将由此产生的利润通过红利对投保人的再分配。从历史上看，分红产品多由相互制保险公司发售，其目的是以成本价提供保险产品。由于分红产品通过调整红利处理不同的风险，而非分红产品则只能通过在保费中的固定附加处理这些风险，因此在保险市场上，分红产品比非分红产品更具吸引力。

在过去，分红产品的保险费在净保费的基础上附加费用计算，净保费依据保守精算假设计算，红利正是实际死亡率、利率、费用率与计算保费时对这些费率的精算假设的差距所产生利润的一部分。随着精算技术的发展和高速、高性能计算机的普遍使用，保险费更多地依据包括红利在内的定价模型计算，并采用更现实的精算假设。保险公司预先确定红利的水平，并把它作为产品定价的一个因素，保险费是足以满足赔付金、退保金、费用、红利等支出并获得合理利润的数额。这样，保费水平和红利水平相互影响，并构成一个循环。高红利意味着高保费，低保费则可能是低红利，保费和红利的相对水平由市场竞争、公司发展战略和营销方式等决定。

分红两全保险通常对红利提供几种不同的选择权。例如，可以定期以现金方式提取红利；可以把红利留存在保险公司，并获得利息收入，在被保险人死亡或退保时一次性提取；可以用定期红利冲抵定期保费；可以用红利缴清寿险，即把红利视为一次性缴费购买相应的寿险，通常这种寿险具有自己的现金价值和红利，也可以退保；红利也可用于购买一年定期保险，但这种定期保险通常没有现金价值，也不再产生红利。在一般情况下，保险公司对某种分红产品提供上面的一种或两种选择权，也可能把几种选择权合并，比如红利可以留存在保险公司以一定利率累积，然后用于减少未来的保费。

第二节 死亡年年末赔付的寿险精算现值

寿险精算现值是保险赔付在投保时的期望现值，对某一具体的保单，在保险期内是否赔付、何时赔付是不确定的，保险人根据对被保险人出险规律的研究，并在预定利率假设下，可以估计出保险赔付价值在投保时的期望值，这一期望值就是保单的精算现值。在保险实践中，保险赔付发生在保险事故发生、投保人向保险公司报告、保险公司对事故进行调查核实之后。从理论上说，当保险事故发生时，投保人就有权向保险人要求索赔。因此，精算上通常假设寿险赔付发生在死亡事件发生时，但死亡时赔付的寿险精算现值不能直接由生命表和预定利率等精算假设估计出来，而需要借助在死亡年年末赔付寿险现值的计算结果。这里先讨论在死亡年年末赔付的情形。

一、定期寿险

这里用一个例子引出定期寿险精算现值的意义和计算。假设有 100 个 40 岁的人投保了 1 000 元 5 年期定期寿险，死亡赔付在死亡年年末进行。如果预定年利率为 3%，各年预计的死亡人数分别为 1、2、3、4、5 人。此时，每年的赔付支出及其贴现值如表 5-1 所示。

表 5-1 引例中死亡赔付现值计算表

年份 (1)	年内死亡人数 (2)	赔付支出（元） (3)=1 000×(2)	贴现因子 (4)	赔付支出现值（元） (5)=(3)×(4)
1	1	1 000	1.03^{-1}	970.87
2	2	2 000	1.03^{-2}	1 885.19
3	3	3 000	1.03^{-3}	2 745.43
4	4	4 000	1.03^{-4}	3 553.95
5	5	5 000	1.03^{-5}	4 313.04

将各年的赔付现值加总，可以得到发行 100 张保单的未来赔付支出总现值：

$$1\,000\times1.03^{-1}+2\,000\times1.03^{-2}+3\,000\times1.03^{-3}+4\,000\times1.03^{-4}+5\,000\times1.03^{-5}$$
$$\approx 13\,468.48(\text{元})$$

那么，平均每张保单的未来赔付现值为 134.68 元，这一现值就是这张保单的精算现值。

一般来说，以 (x) 表示 x 岁开始投保的被保险人。对 (x) 的 1 单位元死亡年年末赔付的 n 年定期寿险，其精算现值以 $A^{1}_{x:\overline{n}|}$ 表示。若 (x) 在 $x+k\sim x+k+1$ 岁死亡，年末 $x+k+1$ 岁上的 1 单位元赔付在利率 i 下贴现到投保时的现值为 v^{k+1}，被保险人 (x) 在 $x+k\sim x+k+1$ 岁死亡的概率为 ${}_{k|}q_x$，从而死亡赔付期望现值为 $v^{k+1}\times{}_{k|}q_x$。由于被保险人 (x) 可能在 $k=0, 1, 2, \cdots, n-1$ 上死亡，因而加总各年的死亡赔付期望现值，就得到定期寿险在投保时的精算现值。由此可见，定期寿险精算现值 $A^{1}_{x:\overline{n}|}$ 正是 (x) 在 n 年内各年死亡赔付期望现值之和。

$$A^{1}_{x:\overline{n}|}=v\times q_x+v^2\times{}_{1|}q_x+\cdots+v^n\times{}_{n-1|}q_x=\sum_{k=0}^{n-1}v^{k+1}\times{}_{k|}q_x \tag{5.1}$$

换个角度看，如果我们预先知道被保险人 (x) 从投保时起将来能够存活的年数，那么在预定利率下，就能很容易地计算出保单规定的赔付额的现值。例如，某被保险人 (x) 将来存活的整数年为 k，在死亡年年末对其 1 单位元的赔付，在保单发行时的现值为 v^{k+1}。但实际上，被保险人 (x) 从投保时起能够存活的年数是未知的，这一未知数正是 (x) 的整值余寿随机变量 $K(x)$。为方便起见，这里简记为 K。因此，赔付现值是余寿随机变量 K 的函数。如果以 Z 表示 1 单位元赔付现值随机变量，则 $Z=v^{K+1}$。更一般地，如果赔付额也依赖于余寿 K，以 b_{K+1} 表示赔付额函数，则 $Z=b_{K+1}v^{K+1}$，赔付现值随机变量 Z 的期望值正是这一保单的精算现值。

对 (x) 的 1 单位元年末赔付的 n 年定期寿险，其现值随机变量为：

$$b_{K+1}=1 \quad k=0, 1, 2, \cdots, n-1$$

$$Z=\begin{cases}v^{K+1} & k=0, 1, 2, \cdots, n-1\\ 0 & k=n, n+1, \cdots\end{cases}$$

此外，K 的概率分布函数为：

$$\Pr(K=k)={}_kp_x\times q_{x+k}={}_{k|}q_x$$

故赔付现值的期望值为：

$$A_{x:\overline{n}|}^{1}=E(Z)=\sum_{k=0}^{n-1}v^{k+1}\times{}_{k|}q_x$$

这正是（5.1）式给出的保单精算现值。

保单精算现值表示保单承诺的赔付在投保时的价值，它需要由投保人缴付的保费补偿，这部分保费正是净保费。在投保时一次性缴清的净保费称为趸缴净保费。由此可见，保单发行时的精算现值也正是保单的趸缴净保费。

在上式中，两边同乘以生命表 x 岁的存活人数函数 l_x，有

$$l_xA_{x:\overline{n}|}^{1}=\sum_{k=0}^{n-1}v^{k+1}\times d_{x+k}$$

这一等式可以直观地解释为，假设有 l_x 个 x 岁的人投保 n 年定期寿险，他们缴付的趸缴净保费总额正好满足按生命表从 x 岁起到 $x+n-1$ 岁每年死亡人数 1 单位元的赔付支出。

【例 5-1】某男性在 40 岁时投保了 3 年期 10 000 元定期寿险，保险金在死亡年年末赔付。根据中国人身保险业经验生命表（2010—2013）非养老类业务一表（男）和预定利率 2.5%，计算趸缴净保费。

【解】趸缴净保费为：

$$\begin{aligned}10\,000A_{40:\overline{3}|}^{1}&=10\,000\times(v\times q_{40}+v^2\times p_{40}\times q_{41}+v^3\times{}_2p_{40}\times q_{42})\\&=10\,000\times\Big(\frac{0.001\,651}{1.025}+\frac{(1-0.001\,651)\times0.001\,804}{1.025^2}\\&\quad+\frac{(1-0.001\,651)\times(1-0.001\,804)\times0.001\,978}{1.025^3}\Big)\\&=51.55(\text{元})\end{aligned}$$

【例 5-2】张某在 50 岁时投保了一份保额为 100 000 元的 30 年定期寿险。假设 $l_x=1\,000\times\left(1-\frac{x}{105}\right)$，预定利率为 3%，求该保单的趸缴净保费。

【解】该生命表的最大年龄是 105 岁，所以 t 的取值范围是 0～54。所求的赔付现值是：

$$100\,000A_{50:\overline{30}|}^{1}=100\,000\sum_{t=0}^{29}1.03^{-(t+1)}\times{}_tp_{50}\times q_{50+t}$$

其中

$${}_tp_{50}=\frac{l_{50+t}}{l_{50}}=\frac{105-50-t}{105-50}=\frac{55-t}{55}$$

$$q_{50+t}=1-p_{50+t}=1-\frac{105-(50+t)-1}{105-(50+t)}=\frac{55-t-(54-t)}{55-t}=\frac{1}{55-t}$$

故该保单的趸缴净保费是：

$$\begin{aligned}100\,000A_{50:\overline{30}|}^{1}&=100\,000\sum_{t=0}^{29}1.03^{-(t+1)}\times\frac{55-t}{55}\times\frac{1}{55-t}\\&=\frac{100\,000}{55}\times\frac{1}{1.03}\times\frac{1-\left(\frac{1}{1.03}\right)^{30}}{1-\frac{1}{1.03}}\\&=35\,637.17(\text{元})\end{aligned}$$

二、终身寿险

对（x）的 1 单位元死亡年年末赔付的终身寿险，其精算现值以 A_x 表示。由于被保险人（x）可能在 $k=0$，1，2，…上死亡，因此终身寿险精算现值 A_x 正是（x）在各年死亡赔付期望现值之和。

$$A_x = \sum_{k=0}^{\infty} v^{k+1} \times {}_{k|}q_x \tag{5.2}$$

上式的求和上限实际为 $\omega - x - 1$。其中，ω 是生命表极限年龄，$\omega-1$ 是按生命表能够存活的最大年龄。

用赔付现值随机变量的期望值表示时，有

$$b_{K+1}=1 \qquad k=0,1,2,\cdots$$

$$Z=v^{K+1} \qquad k=0,1,2,\cdots$$

而 K 的概率分布函数为：

$$\Pr(K=k) = {}_kp_x \times q_{x+k} = {}_{k|}q_x$$

故赔付现值的期望值为：

$$A_x = E(Z) = \sum_{k=0}^{\infty} v^{k+1} \times {}_kp_x \times q_{x+k} = \sum_{k=0}^{\infty} v^{k+1} \times {}_{k|}q_x$$

【例 5－3】假设例 5－2 中的张某在 50 岁时购买的是保额为 100 000 元的终身寿险。已知 $l_x = 1\,000 \times (1-\frac{x}{105})$，预定利率为 3%，求该保单的趸缴净保费。

【解】

$$\begin{aligned}100\,000A_{50} &= 100\,000\sum_{t=0}^{54} 1.03^{-(t+1)} \times {}_tp_{50} \times q_{50+t} \\ &= 100\,000\sum_{t=0}^{54} 1.03^{-(t+1)} \times \frac{55-t}{55} \times \frac{1}{55-t} \\ &= \frac{100\,000}{55} \times \frac{1}{1.03} \times \frac{1-\left(\frac{1}{1.03}\right)^{55}}{1-\frac{1}{1.03}} \\ &= 48\,680.78(\text{元})\end{aligned}$$

【例 5－4】某人在 40 岁时买了保额为 20 000 元的终身寿险，假设他的生存函数可以表示为 $s(x)=1-\frac{x}{105}$，死亡赔付在死亡年年末，$i=3\%$，求这一保单的精算现值。

【解】由

$$s(x) = 1-\frac{x}{105}$$

有

$${}_tp_{40} = \frac{s(40+t)}{s(40)} = \frac{1-\frac{40+t}{105}}{1-\frac{40}{105}} = \frac{65-t}{65}$$

$$q_{40+t}=1-p_{40+t}=1-\frac{s(41+t)}{s(40+t)}=1-\frac{1-\frac{41+t}{105}}{1-\frac{40+t}{105}}=\frac{1}{65-t}$$

保单精算现值为：

$$20\ 000A_{40}=20\ 000\sum_{t=0}^{\infty}v^{t+1}\times{}_{t}p_{x}\times q_{x+t}$$

由生存函数可以看出：

$${}_{t}p_{40}=0 \quad t\geqslant 65$$

因此

$$\begin{aligned}20\ 000A_{40}&=20\ 000\sum_{t=0}^{64}\left(\frac{1}{1.03}\right)^{t+1}\times\frac{65-t}{65}\times\frac{1}{65-t}\\&=\frac{20\ 000}{65}\sum_{t=0}^{64}\left(\frac{1}{1.03}\right)^{t+1}\\&=\frac{20\ 000}{65\times1.03}\times\frac{1-\left(\frac{1}{1.03}\right)^{65}}{1-\frac{1}{1.03}}\\&=8\ 754.74(\text{元})\end{aligned}$$

三、两全保险

两全保险是定期寿险与纯生存保险的合险。对（x）的1单位元 n 年两全保险，可以看成对（x）的 n 年定期寿险和 n 年纯生存保险的合险。后者是以 n 年满期被保险人仍然存活为给付条件的生存保险，其现值随机变量为：

$$Z=\begin{cases}v^{n} & k=n,\ n+1,\ \cdots\\0 & k=0,\ 1,\ 2,\ \cdots,\ n-1\end{cases}$$

其精算现值以 $A_{x:\overset{1}{\overline{n|}}}$ 表示：

$$A_{x:\overset{1}{\overline{n|}}}=E(Z)=\sum_{k=n}^{\infty}v^{n}\times{}_{k|}q_{x}=v^{n}\times{}_{n}p_{x} \tag{5.3}$$

把 n 年定期寿险与 n 年纯生存保险组合在一起，两全保险的现值随机变量为：

$$Z=\begin{cases}v^{K+1} & k=0,\ 1,\ 2,\ \cdots,\ n-1\\v^{n} & k=n,\ n+1,\ \cdots\end{cases}$$

其精算现值以 $A_{x:\overline{n|}}$ 表示：

$$A_{x:\overline{n|}}=A^{1}_{x:\overline{n|}}+A_{x:\overset{1}{\overline{n|}}}=\sum_{k=0}^{n-1}v^{k+1}\times{}_{k|}q_{x}+v^{n}\times{}_{n}p_{x} \tag{5.4}$$

【例5-5】假设例5-2中的张某在50岁时购买的是一份30年的两全保险，在死亡年年末给付，保额为100 000元，求该保单的趸缴净保费。

【解】

$$\begin{aligned}100\ 000A_{50:\overline{30|}}&=100\ 000A^{1}_{50:\overline{30|}}+100\ 000A_{50:\overset{1}{\overline{30|}}}\\&=35\ 637.17+100\ 000\times(1.03)^{-30}\times{}_{30}p_{50}\end{aligned}$$

$$=35\ 637.17+100\ 000\times(1.03)^{-30}\times\frac{25}{55}$$

$$=54\ 363.84\text{（元）}$$

由例 5－2、例 5－3 和例 5－5 可以看出：

$$A^{1}_{x:\overline{n|}}<A_x<A_{x:\overline{n|}}$$

为方便计算，传统的寿险精算学引入了转换函数，转换函数本身并没有直观的实际意义。在此，设 $D_x=v^x l_x$，它是生命表 x 岁存活人数每人 1 单位元在 0 岁的现值；$C_x=v^{x+1}\times d_x$，它是生命表 $x\sim x+1$ 岁死亡人数每人 1 单位元赔付在 0 岁的现值；$M_x-\sum_{k=0}^{\infty}C_{x+k}$，它是从 x 岁起到生命表最大年龄 $\omega-1$ 岁每人 1 单位元赔付在 0 岁的总现值。

对于死亡年年末给付的终身寿险，有

$$A_x=\sum_{k=0}^{\infty}{}_kp_x\times q_{x+k}\times v^{k+1}=\sum_{k=0}^{\infty}\frac{l_{x+k}}{l_x}\times\frac{d_{x+k}}{l_{x+k}}\times\frac{v^{x+k+1}}{v^x}=\sum_{k=0}^{\infty}\frac{C_{x+k}}{D_x}=\frac{M_x}{D_x}\qquad(5.5)$$

对于死亡年年末给付的定期寿险，有

$$A^{1}_{x:\overline{n|}}=\sum_{t=0}^{n-1}\frac{C_{x+t}}{D_x}=\frac{M_x-M_{x+n}}{D_x}\qquad(5.6)$$

对于 n 年纯生存保险，有

$$A_{x:\overline{n|}}^{\ \ 1}=v^n\times{}_np_x=v^n\times\frac{l_{x+n}}{l_x}\times\frac{v^x}{v^x}=\frac{D_{x+n}}{D_x}\qquad(5.7)$$

对于两全保险，有

$$A_{x:\overline{n|}}=A^{1}_{x:\overline{n|}}+A_{x:\overline{n|}}^{\ \ 1}=\frac{M_x-M_{x+n}+D_{x+n}}{D_x}\qquad(5.8)$$

本书附录列出了依据中国人身保险业经验生命表（2010—2013）及预定利率 2.5%计算的转换函数值。引入转换函数，使手工直接计算精算现值变得简单，但在计算机已经普及运用的今天，实际上已经不再需要用转换函数做简化计算了。

四、延期 *m* 年终身寿险

对（x）的 1 单位元延期 m 年终身寿险，是从 $x+m$ 岁起到被保险人死亡为止的 1 单位元寿险，其现值随机变量为：

$$Z=\begin{cases}0 & k=0,1,2,\cdots,m-1\\ v^{K+1} & k=m,m+1,\cdots\end{cases}$$

其精算现值以 ${}_{m|}A_x$ 表示：

$${}_{m|}A_x=\sum_{k=m}^{\infty}v^{k+1}\times{}_{k|}q_x\qquad(5.9)$$

用转换函数可表示为：

$${}_{m|}A_x=\sum_{k=m}^{\infty}v^{k+1}\times{}_{k|}q_x=\sum_{k=0}^{\infty}v^{m+k+1}\times\frac{d_{x+m+k}}{l_x}\times\frac{v^x}{v^x}=\sum_{k=0}^{\infty}\frac{C_{x+m+k}}{D_x}=\frac{M_{x+m}}{D_x}$$

显然，终身寿险可以看成由一个 n 年定期寿险与一个延期 n 年的终身寿险的组合。

$$A_x=A^{1}_{x:\overline{n|}}+{}_{n|}A_x\qquad(5.10)$$

五、延期 *m* 年的 *n* 年定期寿险

对（x）的 1 单位元延期 m 年的 n 年定期寿险，是从 $x+m$ 岁起到 $x+m+n$ 岁的定期寿险，其现值随机变量为：

$$Z=\begin{cases}0 & k=0,\ 1,\ 2,\ \cdots,\ m-1\\ v^{K+1} & k=m,\ m+1,\ \cdots,\ m+n-1\end{cases}$$

其精算现值以 ${}_{m|n}A_x$ 表示：

$$ {}_{m|n}A_x=\sum_{k=m}^{m+n-1} v^{k+1}\times{}_{k|}q_x \tag{5.11}$$

$$=A^{1}_{x:\overline{m+n|}}-A^{1}_{x:\overline{m|}} \tag{5.12}$$

用转换函数可表示为：

$$ {}_{m|n}A_x=\sum_{k=m}^{m+n-1} v^{k+1}\times{}_{k|}q_x=\frac{M_{x+m}-M_{x+m+n}}{D_x} \tag{5.13}$$

【例 5－6】 某人在 40 岁时投保了一份寿险保单，于死亡年年末赔付。如果他在 40～65 岁死亡，保险公司赔付 50 000 元；如果在 65～75 岁死亡，受益人可领取100 000元的保险金；如果在 75 岁及之后死亡，保险金为 30 000 元。利用转换函数写出保单精算现值的表达式。

【解】 这份保单可以分解成一份 50 000 元的 25 年定期寿险、一份 100 000 元延期 25 年的 10 年定期寿险与一份 30 000 元延期 35 年的终身寿险的组合。这样，这份保单的精算现值可以表示为：

$$\frac{50\ 000\times(M_{40}-M_{65})+100\ 000\times(M_{65}-M_{75})+30\ 000M_{75}}{D_{40}}$$

化简得：

$$\frac{50\ 000M_{40}+50\ 000M_{65}-70\ 000M_{75}}{D_{40}}$$

我们还可以把这份保单分解成一份 30 000 元的终身寿险、一份 20 000 元的 35 年定期寿险与一份 50 000 元延期 25 年的 10 年定期寿险的组合，即

$$\frac{30\ 000M_{40}+20\ 000\times(M_{40}-M_{75})+50\ 000\times(M_{65}-M_{75})}{D_{40}}$$

化简后可得到相同的表达式。

六、变额寿险

（一）标准变额寿险

如果保险契约规定的赔付额随着死亡时间的变动而不同，此时的寿险称为变额寿险。如果赔付额 $b_{K+1}=k+1$，k 是从投保开始到死亡时存活的整数年数，此时的变额寿险称为标准递增的变额寿险。

对于标准递增的终身寿险，其精算现值以（IA）$_x$ 表示，其现值随机变量为：

$$Z=(K+1)\ v^{K+1}\qquad k=0,\ 1,\ 2,\ \cdots$$

$$(\mathrm{IA})_x=E(Z)=\sum_{k=0}^{\infty}(k+1)\times v^{k+1}\times{}_{k|}q_x \tag{5.14}$$

$$= \sum_{k=0}^{\infty} {}_{k|}A_x \tag{5.15}$$

对于标准递增的 n 年定期寿险，若精算现值以 $(IA)^1_{x:\overline{n}|}$ 表示，则

$$(IA)^1_{x:\overline{n}|} = \sum_{k=0}^{n-1} (k+1) \times v^{k+1} \times {}_{k|}q_x \tag{5.16}$$

$$= \sum_{k=0}^{n-1} {}_{k|n-k}A_x \tag{5.17}$$

从标准递增定期寿险的意义出发，可以得出另外两个不同的公式：

$$(IA)^1_{x:\overline{n}|} = \sum_{k=0}^{n-1} {}_{k|}A_x - n \times {}_{n|}A_x \tag{5.18}$$

$$(IA)^1_{x:\overline{n}|} = n \times A^1_{x:\overline{n}|} - \sum_{k=1}^{n-1} A^1_{x:\overline{n-k}|} \tag{5.19}$$

对 n 年标准递增的两全保险，其精算现值以 $(IA)_{x:\overline{n}|}$ 表示，它是 n 年定期递增寿险精算现值与 n 年 n 单位元纯生存保险现值之和。

$$(IA)_{x:\overline{n}|} = (IA)^1_{x:\overline{n}|} + n \times A_{x:\overline{n}|}^{\ \ 1} \tag{5.20}$$

当 $b_{K+1} = n-k$ 时，变额寿险称为标准递减的定期寿险。若以 $(DA)^1_{x:\overline{n}|}$ 表示其精算现值，则

$$(DA)^1_{x:\overline{n}|} = \sum_{k=0}^{n-1} (n-k) \times v^{k+1} \times {}_{k|}q_x \tag{5.21}$$

$$= \sum_{k=0}^{n-1} A^1_{x:\overline{n-k}|} \tag{5.22}$$

（二）一般变额寿险

一般变额寿险的现值随机变量为：

$Z = b_{K+1} \times v^{K+1} \quad k=0，1，2，\cdots$

对于终身寿险，其精算现值为：

$$E(Z) = \sum_{k=0}^{\infty} b_{k+1} \times v^{k+1} \times {}_{k|}q_x \tag{5.23}$$

它可以表示为一系列固定保额的延期人寿保险的组合：

$$E(Z) = b_1 \times A_x + (b_2 - b_1) \times {}_{1|}A_x + (b_3 - b_2) \times {}_{2|}A_x + \cdots \tag{5.24}$$

对于 n 年定期寿险，有

$$E(Z) = \sum_{k=0}^{n-1} b_{k+1} \times v^{k+1} \times {}_{k|}q_x \tag{5.25}$$

$$E(Z) = b_n \times A^1_{x:\overline{n}|} + (b_{n-1} - b_n) \times A^1_{x:\overline{n-1}|} + (b_{n-2} - b_{n-1}) \times A^1_{x:\overline{n-2}|} + \cdots \tag{5.26}$$

【例 5-7】 对 (x) 的一份 3 年期变额寿险，各年的死亡赔付额和死亡概率如表 5-2 所示。

表 5-2 各年的死亡赔付额和死亡概率

k	b_{k+1}（元）	q_{k+1}
0	300 000	0.02
1	350 000	0.04
2	400 000	0.06

假设预定利率为 2.5%，计算这一保单的精算现值。

【解】 依题意，这一保单的精算现值为：

$$300\ 000v\times q_x+350\ 000v^2\times p_x\times q_{x+1}+400\ 000v^3\times {}_2p_x\times q_{x+2}$$

$$=10\ 000\times\left(\frac{30\times0.02}{1.025}+\frac{35\times0.98\times0.04}{1.025^2}+\frac{40\times0.98\times0.96\times0.06}{1.025^3}\right)$$

$$=39\ 880(\text{元})$$

第三节 死亡时赔付的寿险精算现值

一、定期寿险

寿险一般是在被保险人死亡时赔付，这使赔付时间与被保险人的余寿 T 相联系。设死亡时的赔付额函数为 b_t，则赔付的现值函数为 b_tv^t，对 1 单位元死亡时赔付的 n 年定期寿险，其赔付现值随机变量为：

$$Z=\begin{cases}v^T & 0<t\leqslant n\\0 & t<0\end{cases}$$

T 的概率密度为${}_tp_x\times\mu_{x+t}$，且精算现值以 $\bar{A}^1_{x:\overline{n}|}$ 表示，则有

$$\bar{A}^1_{x:\overline{n}|}=E(Z)=\int_0^n v^t\times{}_tp_x\times\mu_{x+t}\mathrm{d}t \tag{5.27}$$

二、终身寿险

对 1 单位元终身寿险，赔付现值随机变量为：

$$Z=v^t\qquad t>0$$

若精算现值以 $\bar{A}_x$ 表示，则

$$\bar{A}_x=E(Z)=\int_0^\infty v^t\times{}_tp_x\times\mu_{x+t}\mathrm{d}t \tag{5.28}$$

【例 5-8】 某人在 30 岁时投保，假设生存函数在 [0，100] 上均匀分布，Z 为死亡赔付现值随机变量，已知利息力为 0.05，求 $\bar{A}^1_{30:\overline{10}|}$ 和 $\bar{A}_{30}$。

【解】 由于生存函数在 [0，100] 上均匀分布，当 $x=30$ 时，剩余寿命在 [0，70] 上均匀分布，概率密度 $f(t)=\frac{1}{70}$，故

$$\bar{A}^1_{30:\overline{10}|}=E(Z)=\int_0^{10}\mathrm{e}^{-0.05t}\times\frac{1}{70}\mathrm{d}t=\frac{-\mathrm{e}^{-0.05t}}{0.05\times70}\Bigg|_0^{10}=\frac{1-\mathrm{e}^{-0.5}}{0.05\times70}=0.112\ 4$$

$$\bar{A}_{30}=E(Z)=\int_0^{70}\mathrm{e}^{-0.05t}\times\frac{1}{70}\mathrm{d}t=\frac{-\mathrm{e}^{-0.05t}}{0.05\times70}\Bigg|_0^{70}=\frac{1-\mathrm{e}^{-0.05\times70}}{0.05\times70}=0.277\ 1$$

死亡时赔付的寿险精算现值若以积分的形式表示，则在已知被保险人存活函数时才能直接估计出来。但实际中，通常只有生命表提供的整数年龄上的死亡概率，因此需要对上面的积分式进行变换。

$$\begin{aligned}\bar{A}_x &= \int_0^{\infty} v^t \times {}_tp_x \times \mu_{x+t}\mathrm{d}t \\ &= \sum_{k=0}^{\infty}\int_k^{k+1} v^t \times {}_tp_x \times \mu_{x+t}\mathrm{d}t \\ &= \sum_{k=0}^{\infty}\int_0^{1} v^{k+s} \times {}_{k+s}p_x \times \mu_{x+k+s}\mathrm{d}s \\ &= \sum_{k=0}^{\infty} v^{k+1} \times {}_kp_x \int_0^1 v^{s-1} \times {}_sp_{x+k} \times \mu_{x+k+s}\mathrm{d}s\end{aligned}$$

在死亡均匀分布假设下，有

$${}_sp_{x+k} \times \mu_{x+k+s} \approx q_{x+k} \qquad 0 \leqslant s \leqslant 1$$

因此

$$\bar{A}_x \approx \sum_{k=0}^{\infty} v^{k+1} \times {}_kp_x \times q_{x+k} \times \int_0^1 v^{s-1}\mathrm{d}s$$

又因为

$$\int_0^1 v^{s-1}\mathrm{d}s = -\int_0^1 (1+i)^{1-s}\mathrm{d}(1-s) = -\frac{(1+i)^{1-s}}{\ln(1+i)}\bigg|_0^1 = \frac{i}{\delta}$$

故

$$\bar{A}_x \approx \frac{i}{\delta} A_x \tag{5.29}$$

由此可见，在死亡均匀分布假设下，死亡时赔付的寿险现值等于死亡年年末赔付的寿险现值与$\frac{i}{\delta}$的积。由于 $i>\delta$，所以$\frac{i}{\delta}$总是大于 1，这很容易做直观的解释。由于死亡时赔付可能发生在一年的任何时点，平均来说，它比在死亡年年末赔付更早，所以精算现值更大。

另一种近似计算方法是假设死亡集中发生在每个年龄的中间，这时死亡时赔付平均来说比死亡年年末赔付早半年。也就是说，1 单位元的死亡时赔付平均来说等于死亡年年末赔付的 $(1+i)^{\frac{1}{2}}$。因此，有

$$\bar{A}^1_{x:\overline{1}|} \approx (1+i)^{\frac{1}{2}} A^1_{x:\overline{n}|}$$

$$\begin{aligned}\bar{A}_x &= \sum_{t=0}^{\infty} v^t \times {}_tP_x \times \bar{A}^{\;1}_{x+t:\overline{1}|} \\ &\approx (1+i)^{\frac{1}{2}} A_x\end{aligned}$$

当一年内利息以单利计算时，有

$$\bar{A}^1_{x:\overline{1}|} \approx \left(1+\frac{i}{2}\right) A^1_{x:\overline{1}|}$$

$$\begin{aligned}\bar{A}_x &= \sum_{t=0}^{\infty} v^t \times {}_tp_x \times \bar{A}^{\;1}_{x+t:\overline{1}|} \\ &\approx \left(1+\frac{i}{2}\right) A_x\end{aligned}$$

$\frac{i}{\delta}$、$(1+i)^{\frac{1}{2}}$ 和 $1+\frac{i}{2}$ 在通常的利率水平下相差很小。例如，当 $i=3\%$ 时，$\frac{i}{\delta}=1.014\,926\,1$，$(1+i)^{\frac{1}{2}}=1.014\,889\,2$，$1+\frac{i}{2}=1.015$。

三、两全保险

以 $\bar{A}_{x:\overline{n}|}$ 表示 1 单位元死亡时赔付两全保险的精算现值，有

$$\bar{A}_{x:\overline{n}|}=\bar{A}^{1}_{x:\overline{n}|}+A_{x:\overline{n}|}^{\ \ 1} \tag{5.30}$$

在死亡均匀分布假设下，有

$$\begin{aligned}\bar{A}_{x:\overline{n}|}&\approx\frac{i}{\delta}\times A^{1}_{x:\overline{n}|}+A_{x:\overline{n}|}^{\ \ 1}\\&=A_{x:\overline{n}|}+\left(\frac{i}{\delta}-1\right)A^{1}_{x:\overline{n}|}\end{aligned}$$

【例 5－9】 某女士在 30 岁时投保了 50 000 元 30 年两全保险，死亡即刻赔付。设预定利率为 2.5%，根据中国人身保险业经验生命表（2010—2013）非养老类业务二表(女)，求这一保单的趸缴净保费。

【解】 在死亡均匀分布假设下，趸缴净保费为：

$$\begin{aligned}50\,000\bar{A}_{30:\overline{30}|}&\approx50\,000\times\frac{i}{\delta}\times A^{1}_{30:\overline{30}|}+50\,000\times A_{30:\overline{30}|}^{\ \ \ 1}\\&=50\,000\times\frac{0.025}{\ln1.025}\times\frac{M_{30}-M_{60}}{D_{30}}+50\,000\times\frac{D_{60}}{D_{30}}\\&=50\,000\times\frac{0.025}{\ln1.025}\times\frac{123\,192.43-114\,232.88}{474\,295.42}\\&\quad+50\,000\times\frac{219\,013.94}{474\,295.42}\\&=24\,044.62(\text{元})\end{aligned}$$

四、变额寿险

对于死亡时赔付的寿险，如果 (x) 在投保当年死亡赔付 1 单位元，在第二年死亡赔付 2 单位元，在第 $k+1$ 年死亡赔付 $k+1$ 单位元，则这种寿险是标准递增的变额寿险。此时，赔付额 $b_t=[t+1]$，t 为死亡时间，方括号表示最大整数函数，死亡时赔付的终身递增寿险精算现值为：

$$(I\bar{A})_x=\int_0^{\infty}[t+1]\times v^t\times{}_tp_x\times\mu_{x+t}\mathrm{d}t \tag{5.31}$$

n 年定期的死亡时赔付标准递增寿险，其精算现值为：

$$(I\bar{A})^{1}_{x:\overline{n}|}=\int_0^{n}[t+1]\times v^t\times{}_tp_x\times\mu_{x+t}\mathrm{d}t \tag{5.32}$$

n 年标准递减的死亡时赔付寿险，其精算现值为：

$$(D\bar{A})^{1}_{x:\overline{n}|}=\int_0^{n}(n-[t])\times v^t\times{}_tp_x\times\mu_{x+t}\mathrm{d}t \tag{5.33}$$

在死亡均匀分布假设下，标准变额寿险也有类似的公式，可以证明：

$$(I\bar{A})_x\approx\frac{i}{\delta}\times(IA)_x$$

$$(I\bar{A})^1_{x:\overline{n}|} \approx \frac{i}{\delta} \times (IA)^1_{x:\overline{n}|}$$

$$(D\bar{A})^1_{x:\overline{n}|} \approx \frac{i}{\delta} \times (DA)^1_{x:\overline{n}|}$$

如果赔付额连续递增，此时的赔付现值随机变量为：

$$Z = Tv^T \qquad T>0$$

其精算现值表示为 $(\overline{I}\overline{A})_x$：

$$(\overline{I}\overline{A})_x = \int_0^{\infty} t \times v^t \times {}_t p_x \times \mu_{x+t} \mathrm{d}t \tag{5.34}$$

$$= \int_0^{\infty} {}_{s|}\bar{A}_x \mathrm{d}s \tag{5.35}$$

【例 5－10】 在例 5－9 中，如果契约规定在投保的前 10 年死亡赔付 50 000 元，在后 20 年死亡赔付 30 000 元，满期存活给付 20 000 元，求这一保单的趸缴净保费。

【解】 这是一个变额保险，可以分解为三部分，趸缴净保费为：

$$50\,000\bar{A}^1_{30:\overline{10}|} + 30\,000\bar{A}^1_{40:\overline{20}|} \times {}_{10}E_{30} + 20\,000 \times {}_{30}E_{30}$$

$$= \frac{0.025}{\ln 1.025} \times \frac{50\,000 \times (M_{30} - M_{40}) + 30\,000 \times (M_{40} - M_{60})}{D_{30}} + \frac{20\,000 D_{60}}{D_{30}}$$

$$= \frac{0.025}{\ln 1.025} \times \frac{50\,000 \times 123\,192.43 - 20\,000 \times 121\,773.61 - 30\,000 \times 114\,232.88}{474\,295.42}$$

$$+ \frac{20\,000 \times 219\,013.94}{474\,295.42}$$

$$= 9\,869.67(\text{元})$$

五、关于 $A_x^{(m)}$ 的计算

死亡时给付的寿险相当于把死亡发生年划分成 m 个相等的部分，在死亡发生的那个部分的期末给付，并对 m 趋于无穷大取极限。若以 $A_x^{(m)}$ 表示在死亡发生的那个 m 部分末给付 1 单位元的终身寿险现值，则

$$\bar{A}_x = \lim_{m \to \infty} A_x^{(m)} \tag{5.36}$$

对于 $A_x^{(m)}$，其现值随机变量可设为：

$$Z = v^{K+S^{(m)}}$$

又因为

$$K + S^{(m)} = (K+1) - (1 - S^{(m)})$$

由 K 和 $S^{(m)}$ 相互独立，并假设 $S^{(m)}$ 均匀分布，有

$$v^{K+S^{(m)}} = v^{K+1} \times v^{-(1-S^{(m)})} = v^{K+1} \times (1+i)^{1-S^{(m)}}$$

$$E((1+i)^{1-S^{(m)}}) = s_{\overline{1}|}^{(m)} = \frac{i}{i^{(m)}}$$

故

$$A_x^{(m)} = E(Z) = E(v^{K+S^{(m)}}) \tag{5.37}$$

$$= E(v^{K+1})\ E(1+i)^{1-S^{(m)}}$$

$$=\frac{i}{i^{(m)}}\times A_x \tag{5.38}$$

【例 5-11】 已知 $A_0=0.866\ 3$，$i=0.06$，求 $A_0^{(12)}$。

【解】 由

$$\left(1+\frac{i^{(12)}}{12}\right)^{12}=1+i=1.06$$

可得：

$$i^{(12)}=0.058\ 411$$

再由（5.38）式，得：

$$A_0^{(12)}=\frac{i}{i^{(12)}}\times A_0=\frac{0.06}{0.058\ 411}\times 0.866\ 3=0.889\ 9$$

由于 $i^{(m)}<i$，所以把死亡年分成 m 期，在死亡期末赔付的终身寿险的精算现值大于年末赔付终身寿险的精算现值。因为对于同样 1 单位元的死亡赔付，给付越及时，精算现值就越大。

第四节 寿险现值的递推公式

寿险现值的递推公式给出了相邻年龄上寿险现值的关系，为寿险现值的计算提供了一种工具，也有利于深入理解寿险现值的意义。

对死亡年年末赔付 1 单位元的终身寿险，有

$$A_x=vq_x+vp_x A_{x+1} \tag{5.39}$$

证明：

$$\begin{aligned}A_x &= \sum_{k=0}^{\infty} v^{k+1}\times {}_{k|}q_x \\ &=v\times q_x+\sum_{k=1}^{\infty} v^{k+1}\times {}_kp_x\times q_{x+k} \\ &=v\times q_x+v\times p_x\times\sum_{k=1}^{\infty} v^{k}\times {}_{k-1}p_{x+1}\times q_{x+k} \\ &=v\times q_x+v\times p_x\times\sum_{k=0}^{\infty} v^{k+1}\times {}_kp_{x+1}\times q_{x+k+1} \\ &=v\times q_x+v\times p_x\times A_{x+1}\end{aligned}$$

由于生命表最大年龄上的寿险现值 $A_\omega=0$，故

$$A_{\omega-1}=vq_{\omega-1}+vp_{\omega-1}A_\omega=vq_{\omega-1}$$

$$A_{\omega-2}=vq_{\omega-2}+vp_{\omega-2}A_{\omega-1}$$

....

利用上面的递推公式，可以从最大年龄出发，递推得到各个年龄上的寿险现值。

这一公式的直观解释为：年龄为 x 岁的趸缴净保费 A_x 可以分解为在一年内死亡的赔付现值和一年后存活趸缴净保费之和。

将 $p_x=1-q_x$ 代入（5.39）式，可以得到：

$$A_x=vA_{x+1}+(1-A_{x+1})vq_x \tag{5.40}$$

上式表明，x 岁的趸缴净保费可以分解为 $x+1$ 岁上的趸缴净保费在 x 岁上的现值及保额 1 与 $x+1$ 岁上趸缴净保费之差在死亡率下的现值之和。其直观意义为：A_x 可以分解为在 $x+1$ 岁上为在 x 岁上投保的人准备 A_{x+1} 的现值和为在 $x \sim x+1$ 岁上死亡的被保险人准备另外的 $1-A_{x+1}$ 的现值之和。

上式两边同乘以（$1+i$），有

$$(1+i)A_x=q_x+(1-q_x)A_{x+1}$$

整理后，有

$$iA_x=(A_{x+1}-A_x)+q_x(1-A_{x+1}) \tag{5.41}$$

上式表明，趸缴净保费 A_x 在一年赚取的利息可以分解为两部分：一部分是从年龄 x 到年龄 $x+1$ 趸缴净保费的增加，另一部分是保额为 $1-A_{x+1}$ 的一年定期保险的成本。

【例 5-12】 假设某人在 41 岁时投保了 1 单位元的终身寿险，死亡年年末赔付。已知 $i=0.05$，$p_{40}=0.997\ 2$，$A_{41}-A_{40}=0.008\ 22$，求 A_{41}。

【解】 $v=\dfrac{1}{1+i}=0.952\ 38$

$v^2=0.907\ 03$

$q_{40}=1-p_{40}=0.002\ 8$

由公式

$$A_x=vq_x+vp_xA_{x+1}$$

有

$$A_{41}-A_{40}=A_{41}-(vq_{40}+vp_{40}A_{41})=A_{41}(1-vp_{40})-vq_{40}=0.008\ 22$$

$$A_{41}(1-0.949\ 71)-0.002\ 67=0.008\ 22$$

$$A_{41}=0.216\ 54$$

本章小结

传统的个人寿险产品分为定期寿险、终身寿险、两全保险三种基本类型。在这三种类型下，依保费的缴付方式、保额的变动以及是否分红又分为不同的类型。寿险精算现值又称趸缴净保费，是寿险赔付额在考虑赔付概率下贴现到投保时的期望现值。按死亡赔付的时点，寿险可分为在死亡年年末赔付和在死亡时赔付两种情形。

（1）定期寿险是以被保险人在保单约定的保险期内死亡为保险金赔付条件的保险，如果被保险人在保险期内没有死亡，则没有赔付。

死亡年年末赔付的 1 单位元 n 年定期寿险精算现值为：

$$A^1_{x:\overline{n}|}=\sum_{k=0}^{n-1}v^{k+1}\times {}_kp_x\times q_{x+k}=\sum_{k=0}^{n-1}v^{k+1}\times {}_{k|}q_x$$

死亡时赔付的 1 单位元 n 年定期寿险精算现值为：

$$\bar{A}^1_{x:\overline{n}|}=\int_0^n v^t\times {}_tp_x\times\mu_{x+t}\mathrm{d}t\approx\frac{i}{\delta}\times A^1_{x:\overline{n}|}$$

（2）终身寿险为被保险人提供从投保开始到死亡为止的死亡保险，保险金额通常为恒定的数额。

死亡年年末赔付的 1 单位元终身寿险精算现值为：

$$A_x=\sum_{k=0}^{\infty}v^{k+1}\times {}_kp_x\times q_{x+k}=\sum_{k=0}^{\infty}v^{k+1}\times {}_{k|}q_x$$

死亡时赔付的 1 单位元终身寿险精算现值为：

$$\bar{A}_x=\int_0^{\infty}v^t\times {}_tp_x\times\mu_{x+t}\mathrm{d}t\approx\frac{i}{\delta}\times A_x$$

（3）两全保险是指在规定的保险期内，如果被保险人死亡，则保险人赔付死亡保险金；如果被保险人在保险满期存活，则保险人给付生存保险金的保险产品。因此，两全保险可以看成定期寿险和纯生存保险的合险。

死亡年年末赔付的 1 单位元 n 年两全保险的精算现值为：

$$A_{x:\overline{n}|}=A^1_{x:\overline{n}|}+A_{x:\overline{n}|}^{\ \ 1}=\sum_{k=0}^{n-1}v^{k+1}\times {}_{k|}q_x+v^n\times {}_np_x$$

死亡年年末赔付的 1 单位元 n 年两全保险的精算现值为：

$$\bar{A}_{x:\overline{n}|}=\bar{A}^1_{x:\overline{n}|}+\bar{A}_{x:\overline{n}|}^{\ \ 1}\approx\frac{i}{\delta}\bar{A}^1_{x:\overline{n}|}+\bar{A}_{x:\overline{n}|}^{\ \ 1}$$

（4）寿险现值的递推公式给出了相邻年龄上寿险现值的关系，为寿险现值的计算提供了一种工具，也有利于深入理解寿险现值的意义。

对死亡年年末赔付的 1 单位元终身寿险，有

$$A_x=vq_x+vp_xA_{x+1}$$

练习题

5.1　假设 $l_x=1\,000\times(1-\frac{x}{115})$，$i=0.03$，求 50 岁的人投保 100 000 元终身寿险的精算现值。

5.2　某保单规定，若被保险人在投保后 20 年内死亡，则在第 20 年末给付 1 单位元保险金；若被保险人在投保 20 年以后死亡，则在死亡年年末给付 1 单位元保险金。写出对（x）的保单精算现值的表达式。

5.3　王先生在 30 岁时投保了 10 万元延期 25 年的 20 年定期寿险，死亡赔付在死亡年年末。根据中国人身保险业经验生命表（2010—2013）非养老类业务一表（男），计算这一保单的精算现值。

5.4　已知 $A_{76}=0.8$，$vp_{76}=0.9$，$i=0.03$，试计算 A_{77}。

5.5　设存活函数为 $l_x=100-x$，$0\leqslant x\leqslant 100$，利息力 $\delta=0.05$，试计算 $\bar{A}^1_{40:\overline{25}|}$。

5.6　已知（x）的余寿在［0，2］上均匀分布，$\delta=0.05$，求 $(D\bar{A})^1_{x:\overline{2}|}$。

5.7　设有一份 1 000 元的终身寿险，死亡时赔付。已知：

$$\delta_t=\begin{cases}0.04 & 0<t\leqslant 10\\ 0.05 & 10<t\end{cases}$$

$$\mu_x(t)=\begin{cases}0.06 & 0<t\leqslant 10\\ 0.07 & 10<t\end{cases}$$

计算趸缴净保费。

5.8　假设某人从 30 岁开始投保终身寿险，若投保第一年死亡给付 10 000 元，以后每多活一年后死亡，赔付额增加 3 000 元，达到 16 000 元时，又以每多活一年给付额减少 4 000元递减，减少至 4 000 元时保持不变，写出这一保单精算现值的表达式。

第六章

生存年金

生存年金是人寿保险中的一种基本产品形态，是以被保险人在年金期内生存为领取条件的年金。与此同时，人寿保险的保费缴付也多采取生存年金的方式，以被保险人在保费缴付期内生存为条件定期缴付。

学习目标

- 了解生存年金的基本产品类型
- 掌握各类生存年金精算现值的计算方法
- 掌握生存年金的递推公式及其应用

第一节 生存年金产品

生存年金是以年金方式在被保险人生存期内的一系列给付，保险费通常采取在投保时一次性缴付的趸缴方式或者在一定时期内的均衡缴付方式。实践中常见的生存年金是投保人在退休时从企业或职业养老金计划中获得一笔养老基金，用于购买保险公司的终身生存年金以避免长寿风险，并获得在有生之年的定期生活保障，这种年金被称为即期年金（immediate annuities），通常在趸缴保费后的一个月进行第一次给付。有时，投保人可以在年轻时通过定期缴费或一次性缴费购买年金，并在退休时得到生存年金，这种年金被称为延期年金（deferred annuities）。实践中，某些寿险、伤残保险、老年长期护理的给付也采取在受益人生存期内给付的年金方式。除了即期年金和延期年金外，生存年金还有下面几种特殊形式。

一、定期确定的生存年金

定期确定的生存年金是在一定时期内给付确定年金，即在这个时期内无论被保险人是否死亡都按期给付，而在规定的时期结束后，会以被保险人存活为条件给付，直到被保险人死亡为止才结束给付。这种年金是定期确定年金与生存年金的组合。由于在一定时期内确定给付，保证了投保人在进入年金领取期后最低的领取总额，其价格显然比单纯的生存年金高。定期确定年金的领取时期和数额有时规定为至少退还保单的购买价格或者在被保险人死亡时至少得到等于最初购买价格的赔付。有些年金产品在被保险人死亡后，也采取把剩余期间的年金现值一次性给付受益人的方式。

二、指数化年金

为了避免通货膨胀对固定数额年金领取者生活的影响，有的年金采取指数化方法定期调整给付数额。通常有两种调整方法：一种是每年以固定比例调整，比如每年的给付额在上年的水平上提高 3%；另一种是每年按消费价格指数调整给付额。

三、联合生存年金

联合生存年金是在一张保单上同时承保两个或两个以上有相互联系的年金领取人的生存年金。实践中常见的联合生存年金是两人联合生存年金，这两个人通常是夫妻关系。联合生存年金为两个人的同时存活期提供生存年金，如果其中一个人死亡，年金给付额通常降低到原来的 2/3 或 3/4，直到两个人都死亡为止。

为满足消费者的需求，保险市场上的年金产品常常是上面几种基本年金形式的组合。例如，延期 30 年的 10 年定期确定的联合生存年金，并且年金给付依通货膨胀指数进行调整等。

第二节 纯生存保险

生存保险是以被保险人生存为给付条件的保险，纯生存保险是在约定的保险期满时，如果被保险人存活将得到规定的保险金额的保险。下面以一个例子来说明。

【例 6-1】 李先生今年 20 岁，如果他能活到 60 岁，他将能从保险公司得到 1 000 元的一次性给付。设年利率为 2.5%，试计算这笔给付在李先生 20 岁时的现值。

【解】 李先生从 20 岁活到 60 岁的概率是 ${}_{40}p_{20}$，从 20 岁到 60 岁死亡的概率为 $(1-{}_{40}p_{20})$。如果活到 60 岁，他可以获得 1 000 元给付，若死亡则没有给付。因此，他获得给付的期望值为：

$$1\,000\times{}_{40}p_{20}+0\times(1-{}_{40}p_{20})=1\,000\times{}_{40}p_{20}$$

这笔给付在李先生 20 岁时的现值可通过利率贴现得到：

$$1\,000\times{}_{40}p_{20}\times1.025^{-40}$$

如果给出计算 ${}_{40}p_{20}$ 的方法，就可以得到这笔给付现值的数字结果。在这里，我们选用附表中国人身保险业经验生命表（2010—2013）养老类业务表(男）的资料，以取得存活概率。表中，$l_{20}=995\,780$，$l_{60}=943\,460$，可以得到：

$${}_{40}p_{20}=\frac{943\,460}{995\,780}=0.947\,46$$

因此，这笔给付的现值是：

$$1\,000\times0.947\,46\times1.025^{-40}=352.86(\text{元})$$

一般来说，假设某人在 x 岁时开始投保［为了简化，本书后面章节对 x 岁开始投保的人均记为（x）］，经过 n 年后，如果（x）仍然存活，将得到 k 单位元的保险金，(x)存活 n 年的概率为${}_np_x$，得到给付金的期望现值为：

$$k\times{}_np_x\times v^n+0\times{}_nq_x\times v^n$$

这里以${}_nE_x$ 表示 1 单位元 n 年纯生存保险的现值。在第五章中，为了与寿险精算现值的符号一致，${}_nE_x$ 用 $A_{x:\frac{1}{n|}}$ 表示。

$${}_nE_x=1\times v^n\times{}_np_x+0\times v^n\times{}_nq_x=v^n\times{}_np_x \tag{6.1}$$

变换（6.1）式可以得到：

$$l_x\times{}_nE_x\times(1+i)^n=l_{x+n}$$

上式表明，现在 x 岁的人有 l_x 个，如果每人存入${}_nE_x$ 元，到 n 年末在利率 i 的作用下，形成的资金正好满足当时存活的人每人 1 元的给付需要；或者说，为保证 n 年末每个存活的人得到 1 元给付，在 x 岁投保时，每人必须缴付的保费为${}_nE_x$。因此，${}_nE_x$ 又称 1 单位元 n 年纯生存保险的趸缴净保费。

在例 6－1 中，如果生命表中 20 岁的人数（l_{20}）为 995 780，每人缴付 352.86 元，在利率的作用下，在 40 年后形成的资金额为 943 460 000 元，正好满足在 60 岁存活的人每人 1 000 元的给付。在 20～59 岁死亡的人数为 52 320 人，在满期时没有给付，其当时的缴费由生存者分享，这种由生存者分享死亡者利益的情况称为生存者利益或简称生者利。

与在复利下的现值系数 v^t 和累积系数 $(1+i)^t$ 的作用类似，${}_nE_x$ 是在利率和生者利下 n 年的贴现系数，$\frac{1}{{}_nE_x}$是在利率和生者利下 n 年的累积系数。

$$\frac{1}{{}_nE_x}=\frac{1}{v^n}\times\frac{1}{{}_np_x}=(1+i)^n\times\frac{l_x}{l_{x+n}}$$

它是利率累积因子 $(1+i)^n$ 与生存累积因子$\frac{1}{{}_np_x}\left(=\frac{l_x}{l_{x+n}}\right)$ 之积。

【例 6－2】 设 $n>t$，证明并解释下面两个式子：

（1）${}_nE_x={}_tE_x\times{}_{n-t}E_{x+t}$。

（2）$\frac{{}_tE_x}{{}_nE_x}=\frac{1}{{}_{n-t}E_{x+t}}$。

证明：（1）${}_nE_x=v^n\times{}_np_x=v^t\times{}_tp_x\times v^{n-t}\times{}_{n-t}p_{x+t}={}_tE_x\times{}_{n-t}E_{x+t}$。

上式表明，对（x）在利率和生者利下 n 年的贴现系数${}_nE_x$，等于对（$x+t$）在$n-t$年的贴现系数与对（x）的 t 年贴现系数之积；或者说，对（x）的 n 年贴现系数可以分为两步完成，即先贴现到 $x+t$ 岁，再贴现到 x 岁。

（2）将

$${}_nE_x={}_tE_x\times{}_{n-t}E_{x+t}$$

两边同乘以$\frac{1}{{}_nE_x\times{}_{n-t}E_{x+t}}$，可得：

$$\frac{{}_tE_x}{{}_nE_x}=\frac{1}{{}_{n-t}E_{x+t}}$$

上式表明，在利率和生者利下，先从 $x+t$ 岁贴现到 x 岁，再累积到 $x+n$ 岁，等于从

$x+t$ 岁直接累积到 $x+n$ 岁。

第三节 年付一次生存年金的精算现值

生存年金是以生存为条件发生给付的年金。如果被保险人在规定的时期内存活，则发生年金的收付；否则，停止收付。对于年金保险，保险期内年金的发放以被保险人存活为条件。终身寿险和定期寿险的缴费通常也采取生存年金的方式，在被保险人生存期内缴付保费，若被保险人死亡，则停止缴费。

生存年金有终身生存年金、定期生存年金、延期生存年金等基本类型，依首次支付的起点不同分为期首付年金和期末付年金。

一、终身生存年金

终身生存年金的支付期没有限制，只要被保险人存活，每隔一定时期就会发生一次给付。生存年金的精算现值又称生存年金的趸缴净保费，是未来给付支出在投保时的现值，取决于保险金额、领取每次给付的概率和利率。

【例 6-3】 张先生今年 30 岁，从今年起，只要他存活，就可以在每年年初获得1 000 元的生存给付，假设年利率为 2%。计算这一年金的精算现值。

【解】 依题意，有下面的示意图：

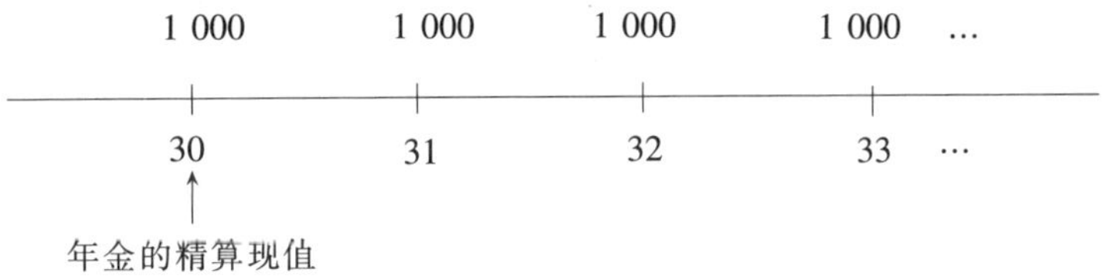

由此可见，这是一个每年给付 1 000 元的终身生存年金，每一次给付经过贴现后在 30 岁时的价值总和就是这笔年金在 30 岁时的精算现值。因此，给付的现值是：

$$1\,000+1\,000\times p_{30}\times 1.02^{-1}+1\,000\times {}_2p_{30}\times 1.02^{-2}+\cdots$$

$$=1\,000\sum_{k=0}^{\infty}{}_kp_{30}\times 1.02^{-k}$$

代入相应的存活概率和利率，就可以计算出这一年金的精算现值。

一般来说，对（x）的每年 1 单位元期首付终身生存年金，其精算现值以 $\ddot{a}_x$ 表示，它是一系列保险期逐步延长的纯生存保险之和，如图 6-1 所示。

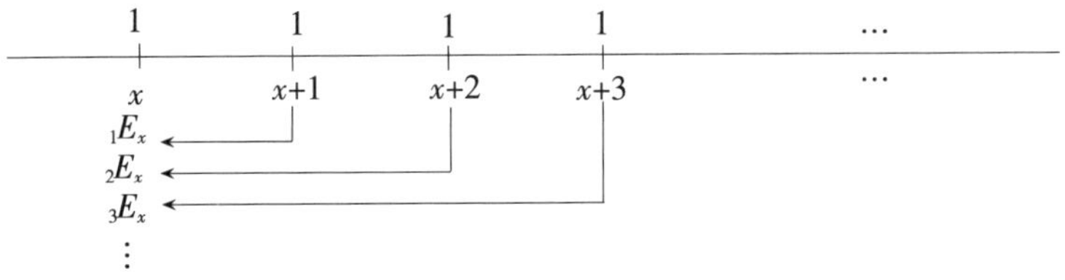

图 6-1 期首付终身生存年金

因此，有

$$\ddot{a}_x = 1 + {}_1E_x + {}_2E_x + \cdots = \sum_{k=0}^{\infty} {}_kE_x = \sum_{k=0}^{\infty} v^k \times {}_kp_x \tag{6.2}$$

其中，${}_0E_x=1$，求和上限实际是 $\omega-x-1$，为方便通常写成∞。

从另一角度看，每年一次的生存年金是在被保险人整值余寿期间定期确定的年金，生存年金的精算现值正是依赖于被保险人整值余寿的期望值。设（x）的整值余寿为 K，它是离散随机变量，期首付终身生存年金正是在 $K+1$ 年内定期确定年金 $\ddot{a}_{\overline{K+1}|}$ 的期望值。也就是说，如果一个 x 岁的人活过 k 年，且在第 $x+k$ 年死亡，则他可获得现值为$\ddot{a}_{\overline{k+1}|}$ 的年金。另外，获得这一年金的概率为${}_{k|}q_x$，因此这笔年金的期望现值是：

$$\ddot{a}_x = E(\ddot{a}_{\overline{K+1}|}) = \sum_{k=0}^{\infty} \ddot{a}_{\overline{k+1}|} \times {}_{k|}q_x \tag{6.3}$$

可以证明，(6.2) 式和 (6.3) 式是相等的。

$$\begin{aligned}\sum_{k=0}^{\infty} \ddot{a}_{\overline{k+1}|} \times {}_{k|}q_x &= \sum_{k=0}^{\infty} \ddot{a}_{\overline{k+1}|} \times ({}_kp_x - {}_{k+1}p_x) \\ &= \sum_{k=0}^{\infty} \ddot{a}_{\overline{k+1}|} \times {}_kp_x - \sum_{k=0}^{\infty} \ddot{a}_{\overline{k+1}|} \times {}_{k+1}p_x \\ &= 1 + (\ddot{a}_{\overline{2}|} - \ddot{a}_{\overline{1}|})p_x + (\ddot{a}_{\overline{3}|} - \ddot{a}_{\overline{2}|})_2p_x + \cdots \\ &\quad + (\ddot{a}_{\overline{\omega-x}|} - \ddot{a}_{\overline{\omega-x-1}|})_{\omega-x-1}p_x \\ &= 1 + v \times p_x + v^2 \times {}_2p_x + \cdots + v^{\omega-x} \times {}_{\omega-x-1}p_x \\ &= \sum_{k=0}^{\omega-x-1} v^k \times {}_kp_x\end{aligned}$$

对（x）的每年 1 单位元期末付终身生存年金，如图 6－2 所示。

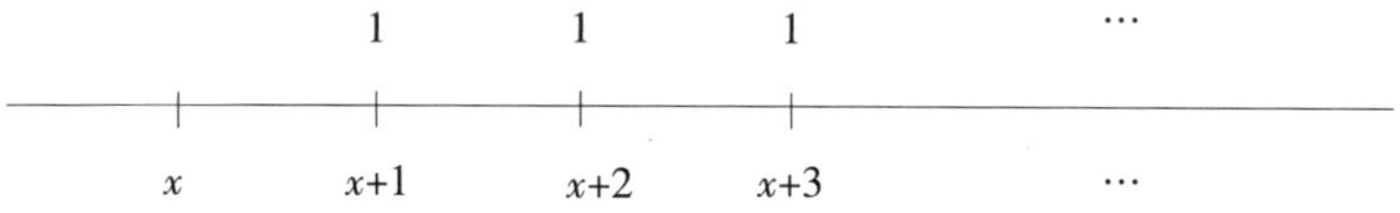

图 6－2　期末付终身生存年金

其精算现值以 a_x 表示：

$$a_x = \sum_{k=1}^{\infty} {}_kE_x \tag{6.4}$$

另一种定义为：

$$a_x = E(a_{\overline{K}|}) = \sum_{k=1}^{\infty} a_{\overline{k}|} \times {}_{k|}q_x \tag{6.5}$$

同理，可以证明 (6.4) 式和 (6.5) 式是相等的，读者可以自行完成。

引入转换函数，设 $N_x = \sum_{k=0}^{\infty} D_{x+k}$，它是从 x 岁起到生命表最大年龄 $\omega-1$ 岁上每人 1 单位元在 0 岁的现值总和，因而有

$$\ddot{a}_x = \sum_{k=0}^{\infty} {}_kE_x = \sum_{k=0}^{\infty} \frac{D_{x+k}}{D_x} = \frac{\sum_{k=0}^{\infty} D_{x+k}}{D_x} = \frac{N_x}{D_x} \tag{6.6}$$

$$a_x = \sum_{k=1}^{\infty} {}_kE_x = \frac{N_{x+1}}{D_x} \tag{6.7}$$

【例 6-4】 王先生今年 45 岁，花费 10 000 元购买了一份年金产品，保单承诺从下一年开始，每年可以领到等额的给付。已知利率 $i=2.5\%$。依据本书附录中国人身保险业经验生命表（2010—2013）养老类业务表(男）的资料，试计算王先生每次可以领取的金额。

【解】 这是一个期末付终身生存年金的例子，题目中已经给出了这份年金购买时的现值，要求计算年金每次的给付额。设每次的给付额为 P，则这份年金的给付如下图所示：

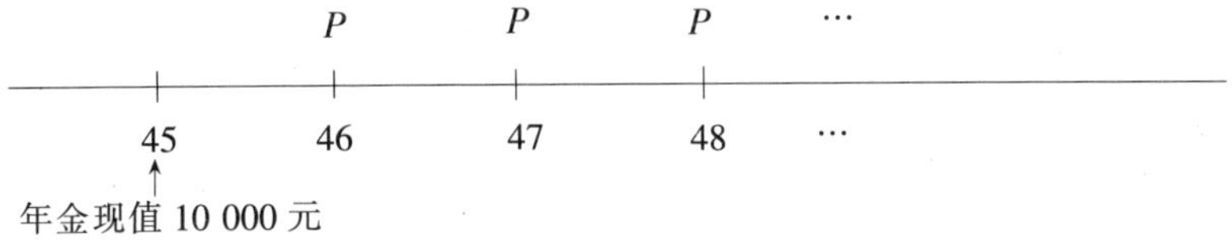

有

$$P \times a_{45} = 10\ 000$$

而

$$a_{45} = \ddot{a}_{45} - 1 = 23.987$$

故

$$P = \frac{10\ 000}{23.987} = 416.89(\text{元})$$

由此可见，王先生每年能获得 416.89 元的年金给付。

二、定期生存年金

终身生存年金的给付没有预先规定的期限，只要被保险人存活，就可以获得年金的给付。定期生存年金是在确定时期内以被保险人生存为给付条件的年金。

对（x）的每年 1 单位元 n 年定期期首付生存年金，精算现值以 $\ddot{a}_{x:\overline{n}|}$ 表示：

$$\ddot{a}_{x:\overline{n}|} = \sum_{k=0}^{n-1} {}_kE_x = \frac{N_x - N_{x+n}}{D_x} \tag{6.8}$$

类似地，对（x）的每年 1 单位元 n 年定期期末付生存年金的精算现值为：

$$a_{x:\overline{n}|} = \sum_{k=1}^{n} {}_kE_x = \frac{N_{x+1} - N_{x+n+1}}{D_x} \tag{6.9}$$

以现值的期望值定义时，设给付现值为 Y，则

$$Y = \begin{cases} \ddot{a}_{\overline{k+1}|} & 0 \leqslant k < n \\ \ddot{a}_{\overline{n}|} & k \geqslant n \end{cases}$$

$$\begin{aligned} \ddot{a}_{x:\overline{n}|} = E(Y) &= \sum_{k=0}^{n-1} \ddot{a}_{\overline{k+1}|} \times {}_{k|}q_x + \sum_{k=n}^{\infty} \ddot{a}_{\overline{n}|} \times {}_{k|}q_x \\ &= \sum_{k=0}^{n-1} \ddot{a}_{\overline{k+1}|} \times {}_{k|}q_x + \ddot{a}_{\overline{n}|} \times {}_np_x \end{aligned} \tag{6.10}$$

类似地，对（x）的每年 1 单位元 n 年定期期末付生存年金的精算现值为：

$$a_{x:\overline{n}|} = \sum_{k=1}^{n} {}_kE_x \tag{6.11}$$

其给付现值 Y 定义为：

$$Y=\begin{cases} a_{\overline{k}|} & 0\leqslant k<n \\ a_{\overline{n}|} & k\geqslant n \end{cases}$$

$$E(Y)=\sum_{k=0}^{n-1} a_{\overline{k}|}\times {}_{k|}q_x+a_{\overline{n}|}\times {}_np_x \tag{6.12}$$

【例 6-5】 王先生在 40 岁时购买了一个年金产品，承诺在未来 20 年内，如果他存活，就可以在每年年初领取 1 000 元的给付；一旦他死亡，则给付立即停止。20 年满期，保单自动终止，无论王先生在 20 年后是否存活，不再继续给付。根据本书附录中国人身保险业经验生命表（2010—2013）养老类业务表（男）的资料，假设预定利率 $i=2.5\%$，试计算这份年金的精算现值。

【解】 这是一个 20 年定期的期首付年金产品，其支付流程如下图所示：

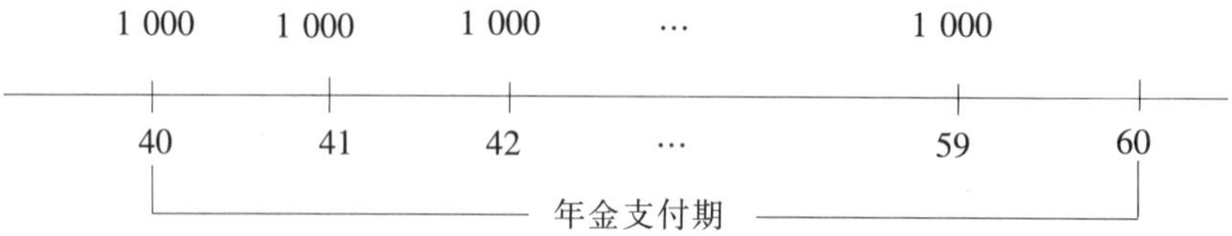

其精算现值为：

$$1\,000\ddot{a}_{40:\overline{20}|}=1\,000\times\frac{N_{40}-N_{60}}{D_{40}}$$

$$=1\,000\times\frac{9\,822\,626.4-4\,028\,714.3}{367\,589.9}=15\,761.89(\text{元})$$

三、延期生存年金

n 年延期生存年金是从计算时点起延迟 n 年再开始收付的生存年金，如图 6-3 所示。

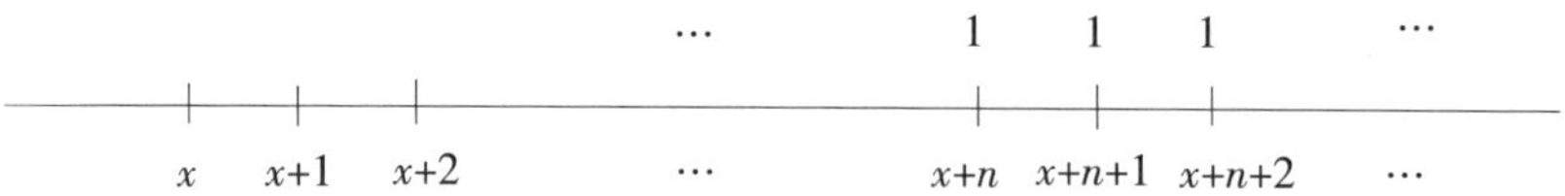

图 6-3　n 年延期期首付终身生存年金

对（x）的 n 年延期每年 1 单位元期首付年金的精算现值以 ${}_{n|}\ddot{a}_x$ 表示。根据定义，有

$${}_{n|}\ddot{a}_x=\sum_{k=n}^{\infty}{}_kE_x=\frac{\sum\limits_{k=n}^{\infty}D_{x+k}}{D_x}=\frac{N_{x+n}}{D_x} \tag{6.13}$$

或者

$$Y=\begin{cases} 0 & 0\leqslant k<n \\ \ddot{a}_{\overline{k+1}|}-\ddot{a}_{\overline{n}|} & k\geqslant n \end{cases}$$

$${}_{n|}\ddot{a}_x=E(Y)=\sum_{k=n}^{\infty}(\ddot{a}_{\overline{k+1}|}-\ddot{a}_{\overline{n}|})\,{}_{k|}q_x \tag{6.14}$$

显然，有

$$\ddot{a}_x = \ddot{a}_{x:\overline{n}|} + {}_{n|}\ddot{a}_x \tag{6.15}$$

$$ {}_{n|}\ddot{a}_x = {}_nE_x \times \ddot{a}_{x+n} \tag{6.16}$$

类似地，n 年延期的期末付终身生存年金的现值为：

$$ {}_{n|}a_x = \sum_{k=n+1}^{\infty} {}_kE_x = \frac{\sum\limits_{k=n+1}^{\infty} D_{x+k}}{D_x} = \frac{N_{x+n+1}}{D_x} \tag{6.17}$$

其给付现值 Y 定义为：

$$Y = \begin{cases} 0 & 0 \leqslant k < n \\ a_{\overline{k}|} - a_{\overline{n}|} & k \geqslant n \end{cases}$$

$$ {}_{n|}a_x = E(Y) = \sum_{k=n}^{\infty} (a_{\overline{k+1}|} - a_{\overline{k}|})\, {}_{k|}q_x \tag{6.18}$$

同样地，有

$$a_x = a_{x:\overline{n}|} + {}_{n|}a_x \tag{6.19}$$

$$ {}_{n|}a_x = {}_nE_x \times a_{x+n} \tag{6.20}$$

【例 6－6】 某人在 30 岁时购买了一份年金，约定的给付为：从 51 岁起，如果被保险人生存，每年可以得到 5 000 元的给付，直到被保险人死亡为止。设年利率为 2.5%，存活函数 $l_x = l_0\left(1 - \frac{x}{100}\right)$，试计算这份年金在购买时的精算现值。

【解】 这是一个延期 20 年的期末付终身年金产品，从生命表函数可以看出，此人最多可以活到 100 岁，该份年金的支付情况如下图所示：

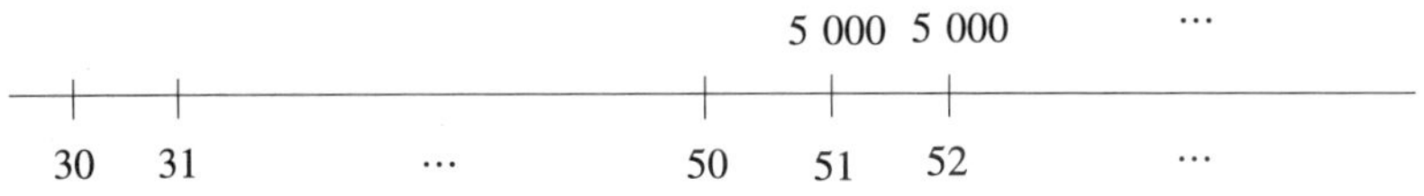

由存活函数可得生存概率：

$$ {}_kp_{30} = \frac{l_{30+k}}{l_{30}} = \frac{70-k}{70}$$

又因为

$$ {}_{20|}a_{30} = \sum_{k=21}^{\infty} {}_kE_{30} = \sum_{k=21}^{\infty} v^k \times {}_kp_{30}$$

因而这份年金的精算现值为：

$$\begin{aligned} 5\,000\,{}_{20|}a_{30} &= 5\,000 \sum_{k=21}^{\infty} v^k \times {}_kp_{30} \\ &= 5\,000 \sum_{k=21}^{70} 1.025^{-k} \times \frac{70-k}{70} \\ &= 5\,000 \sum_{k=21}^{70} 1.025^{-k} - \frac{5\,000}{70} \sum_{k=21}^{70} 1.025^{-k} \times k \\ &= 36\,491.81(\text{元}) \end{aligned}$$

【例 6－7】 对于（30）的从 60 岁起每年年初 6 000 元的生存年金，预定利率为 2.5%，根据中国人身保险业经验生命表（2010—2013）养老类业务表（男）的资料，求保单的趸缴净保费。

【解】由（6.13）式，保单的趸缴净保费为：

$$6\,000\times{}_{30|}\ddot{a}_{30}=6\,000\times\frac{4\,028\,714.28}{473\,307.79}$$

$$=51\,070.97(元)$$

四、延期定期生存年金

延期定期生存年金是延期生存年金和定期生存年金的一种组合形式，对（x）的 n 年延期 m 年定期每年 1 单位元期首付生存年金，是从 $x+n$ 年起到 $x+n+m-1$ 年的生存年金。其精算现值以${}_{n|m}\ddot{a}_x$ 或${}_{n|}\ddot{a}_{x:\overline{m}|}$ 表示。根据定义，有

$$_{n|m}\ddot{a}_x=\sum_{k=n}^{n+m-1}{}_kE_x=\frac{N_{x+n}-N_{x+n+m}}{D_x} \tag{6.21}$$

其支付情况如图 6－4 所示：

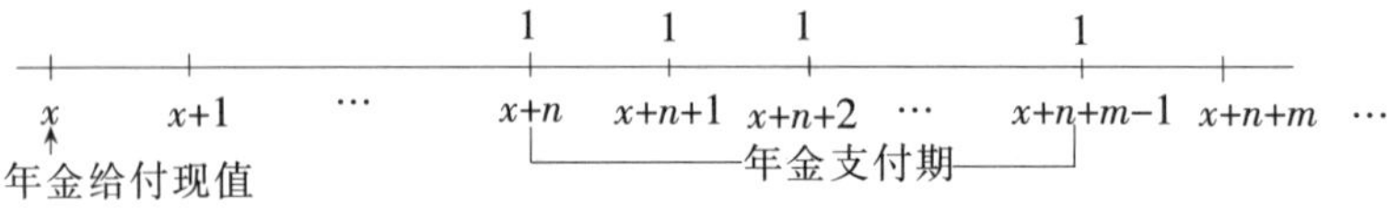

图 6－4　*n* 年延期 *m* 年定期期首付生存年金

其给付现值定义为：

$$Y=\begin{cases}0 & 0\leqslant k<n\\ \ddot{a}_{\overline{k+1}|}-\ddot{a}_{\overline{n}|} & n\leqslant k\leqslant m+n-1\\ \ddot{a}_{\overline{m+n}|}-\ddot{a}_{\overline{n}|} & k\geqslant m+n\end{cases}$$

$$_{n|m}\ddot{a}_x=E(Y)=\sum_{k=n}^{n+m-1}(\ddot{a}_{\overline{k+1}|}-\ddot{a}_{\overline{n}|})\times{}_{k|}q_x+(\ddot{a}_{\overline{m+n}|}-\ddot{a}_{\overline{n}|})\times{}_{m+n}p_x \tag{6.22}$$

对（x）的 n 年延期 m 年定期每年 1 单位元期末付生存年金，是从 $x+n+1$ 年起到 $x+n+m$ 年的生存年金。其精算现值以${}_{n|m}a_x$ 或${}_{n|}a_{x:\overline{m}|}$ 表示，根据定义：

$$_{n|m}a_x=\sum_{k=n+1}^{n+m}{}_kE_x=\frac{N_{x+n+1}-N_{x+n+m+1}}{D_x} \tag{6.23}$$

根据期首付年金和期末付年金精算现值的定义公式，容易得出它们存在如下关系式：

$$\ddot{a}_x=a_x+1 \tag{6.24}$$

$$\ddot{a}_{x:\overline{n}|}=1+a_{x:\overline{n}|}-{}_nE_x \tag{6.25}$$

$$\ddot{a}_{x:\overline{n}|}=1+a_{x:\overline{n-1}|} \tag{6.26}$$

$$_{n|}\ddot{a}_x={}_{n|}a_x+{}_nE_x \tag{6.27}$$

$$_{n|}\ddot{a}_x={}_{n-1|}a_x \tag{6.28}$$

$$_{n|m}\ddot{a}_x={}_{n-1|m}a_x \tag{6.29}$$

【例 6－8】李女士在 35 岁时购买了一份年金产品，这份年金将从她 60 岁退休起的 25 年内，每年年初给付 5 000 元生存年金。给定利率为 2.5%，根据中国人身保险业经验生命表（2010—2013）养老类业务表（女），计算这一年金的精算现值。

【解】这是一个延期 25 年的定期期首付年金产品，其精算现值为：

$$5\,000\times{}_{25|}\ddot{a}_{35:\overline{25|}}=5\,000\times\frac{N_{60}-N_{85}}{D_{35}}$$

$$=5\,000\times\frac{4\,602\,407.37-700\,553.93}{419\,319.60}$$

$$=46\,526(\text{元})$$

【例 6-9】 某 30 岁的男性投保养老年金保险，保险契约规定：如果被保险人存活到 60 岁，则确定给付 10 年年金；若被保险人在 60～69 岁死亡，由其指定的受益人继续领取，直到领满 10 年为止；如果被保险人在 70 岁仍然存活，则从 70 岁起以生存为条件得到年金。如果年金每年年初支付一次，一次支付6 000元，预定利率为 2.5%，根据中国人身保险业经验生命表（2010—2013）养老类业务表（男）的资料，计算保单趸缴净保费。

【解】 这是一个定期确定的生存年金，即在一定时期内年金的给付是确定的，不论被保险人是否生存，在这一时期以后的年金给付以被保险人生存为条件，具体的支付如下图所示：

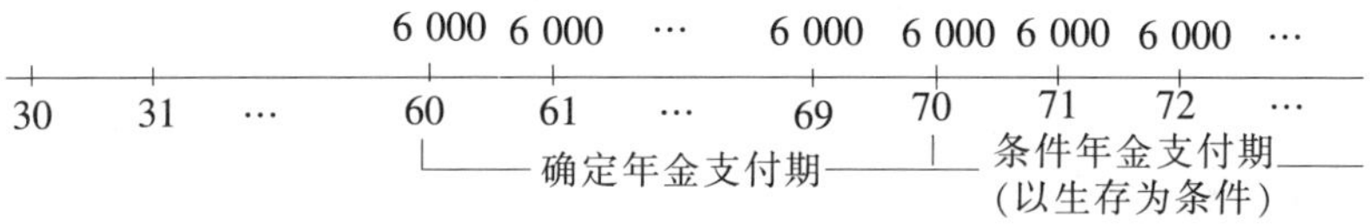

趸缴净保费为：

$$6\,000\times(\ddot{a}_{\overline{10|}}+{}_{10|}\ddot{a}_{60})\times{}_{30}E_{30}$$

$$=6\,000\times\left(\frac{1-v^{10}}{i}+\frac{N_{70}}{D_{60}}\right)\times\frac{D_{60}}{D_{30}}$$

$$=6\,000\times\left(\frac{1-1.025^{-10}}{0.025/1.025}+\frac{2\,152\,566.71}{214\,432.87}\right)\times\frac{214\,432.87}{473\,307.79}$$

$$=51\,673.12(\text{元})$$

第四节 连续生存年金

连续生存年金是以生存为条件连续支付的年金，实际中的年金都是隔一定时期支付的离散年金，年金支付的间隔可长可短，当支付间隔足够短时，可以用连续年金近似。连续生存年金的精算现值依赖于被保险人的余寿和保单规定的保险期。在保险期内，如果被保险人存活，则连续给付年金。

一、终身连续生存年金

对（x）的 1 单位元终身连续生存年金，其现值随机变量 $Y=\bar{a}_{\overline{T|}}$，$T$ 为（x）的余寿随机变量，年金精算现值以 $\bar{a}_x$ 表示，显然有

$$\bar{a}_x=\int_0^{\infty}\bar{a}_{\overline{t|}}\times{}_tp_x\times\mu_{x+t}\mathrm{d}t \tag{6.30}$$

$$=\int_0^{\infty}\frac{1-v^t}{\delta}\times{}_tp_x\times\mu_{x+t}\mathrm{d}t$$

$$=\int_0^{\infty}\frac{1-v^t}{\delta}\times\frac{\mathrm{d}(1-{}_tp_x)}{\mathrm{d}t}\mathrm{d}t$$

$$=\int_0^{\infty}\frac{1-v^t}{\delta}\times\mathrm{d}(-{}_tp_x)$$

$$=-\frac{1}{\delta}\int_0^{\infty}{}_tp_x\mathrm{d}v^t$$

$$=-\frac{1}{\delta}\int_0^{\infty}{}_tp_x\mathrm{d}e^{-t\delta}$$

$$=\int_0^{\infty}v^t\times{}_tp_x\mathrm{d}t \tag{6.31}$$

需要注意的是，常有人把对（x）的 1 单位元终身连续生存年金的精算现值 $\bar{a}_x$ 与以 x 岁的余寿为时期的 1 单位元连续确定年金的精算现值 $\bar{a}_{\overline{\mathring{e}_x}|}$ 混淆，因为它们看起来都是在（x）生存期内的给付，但实际上存在下面的不等式，$\bar{a}_x<\bar{a}_{\overline{\mathring{e}_x}|}$。这是詹森不等式的直接推论。

二、定期连续生存年金

以 $\bar{a}_{x:\overline{n}|}$ 表示 1 单位元 n 年定期支付连续生存年金的现值，则给付现值随机变量为：

$$Y=\begin{cases}\bar{a}_{\overline{T}|} & 0\leqslant T<n\\ \bar{a}_{\overline{n}|} & T\geqslant n\end{cases}$$

$$\bar{a}_{x:\overline{n}|}=\int_0^{n}\bar{a}_{\overline{t}|}\times{}_tp_x\times\mu_{x+t}\mathrm{d}t+{}_np_x\times\bar{a}_{\overline{n}|} \tag{6.32}$$

$$=\int_0^{n}\frac{\mathrm{d}(1-{}_tp_x)}{\mathrm{d}t}\times\frac{1-v^t}{\delta}\mathrm{d}t+{}_np_x\times\bar{a}_{\overline{n}|}$$

$$=-\frac{1}{\delta}\int_0^{n}{}_tp_x\mathrm{d}v^t=\int_0^{n}v^t\times{}_tp_x\mathrm{d}t \tag{6.33}$$

三、延期连续生存年金

以 ${}_{n|}\bar{a}_x$ 表示对（x）的 n 年延期每年 1 单位元连续年金的精算现值，则

$$Y=\begin{cases}0 & 0\leqslant T<n\\ \bar{a}_{\overline{T}|}-\bar{a}_{\overline{n}|} & T\geqslant n\end{cases}$$

$${}_{n|}\bar{a}_x=\int_n^{\infty}(\bar{a}_{\overline{t}|}-\bar{a}_{\overline{n}|})\times{}_tp_x\times\mu_{x+t}\mathrm{d}t \tag{6.34}$$

$$=\int_n^{\infty}{}_tp_x\times\mu_{x+t}\times\frac{1-v^{t-n}}{\delta}\times v^n\mathrm{d}t$$

$$=\int_0^{\infty}{}_{n+s}p_x\times\mu_{x+n+s}\times\frac{1-v^s}{\delta}\times v^n\mathrm{d}t$$

$$=\int_0^{\infty}{}_np_x\times{}_sp_{x+n}\times\mu_{x+n+s}\times\frac{1-v^s}{\delta}\times v^n\mathrm{d}t$$

$$=_{n}p_{x}\times v^{n}\int_{0}^{\infty}{}_{s}p_{x+n}\times\mu_{x+n+s}\times\frac{1-v^{s}}{\delta}\mathrm{d}s$$
$$=_{n}p_{x}\times v^{n}\times\bar{a}_{x+n}$$
$$=_{n}E_{x}\times\bar{a}_{x+n} \quad (6.35)$$

显然，有

$$\bar{a}_{x}={}_{n|}\bar{a}_{x}+\bar{a}_{x:\overline{n}|} \quad (6.36)$$

四、延期定期连续生存年金

对（x）的 n 年延期 m 年定期每年 1 单位元的连续生存年金，其精算现值以 ${}_{n|m}\bar{a}_{x}$ 表示。根据定义，其给付现值定义为：

$$Y=\begin{cases}0 & 0\leqslant T<n\\ \bar{a}_{\overline{T}|}-\bar{a}_{\overline{n}|} & n\leqslant T\leqslant m+n-1\\ \bar{a}_{\overline{m+n}|}-\bar{a}_{\overline{n}|} & T\geqslant m+n\end{cases}$$

可以证明：

$${}_{n|m}\bar{a}_{x}=E(Y)={}_{n}E_{x}\times\bar{a}_{x+n:\overline{m}|} \quad (6.37)$$
$${}_{n|m}\bar{a}_{x}=\bar{a}_{x:\overline{n+m}|}-\bar{a}_{x:\overline{n}|} \quad (6.38)$$

连续年金在实际支付中一般不会出现，但对于精算数理计算具有重要的作用。下面用两个例子来说明连续年金的应用。

【例 6-10】 如果一个 x 岁的人获得了一份每年 1 单位元的连续年金，试用随机变量 Y 表示给付变量的现值。

（1）用（x）的余寿随机变量 T 的函数表示 Y。

（2）利用 Y 是 T 的函数这一条件计算年金的精算现值 $\bar{a}_{x}$。

（3）死亡给付 1 单位元终身寿险的精算现值的随机变量是 Z，给出 Y 与 Z 之间的关系。

（4）利用（3）中的关系，用 $\bar{A}_{x}$ 表示 $\bar{a}_{x}$。

【解】（1）$Y=\bar{a}_{\overline{T}|}=\dfrac{1-v^{T}}{\delta}$

（2）$\bar{a}_{x}=E(Y)=E\left(\dfrac{1-v^{T}}{\delta}\right)$

由于随机变量 T 的密度函数 $f(t)={}_{t}p_{x}\times\mu_{x+t}$，其期望值等于：

$$\bar{a}_{x}=E\left(\frac{1-v^{T}}{\delta}\right)=\int_{0}^{\infty}\frac{1-v^{t}}{\delta}\times f(t)\mathrm{d}t=\int_{0}^{\infty}\frac{1-v^{t}}{\delta}\times{}_{t}p_{x}\times\mu_{x+t}\mathrm{d}t$$

（3）因为

$$Y=\frac{1-v^{T}}{\delta}$$
$$Z=v^{T}$$

所以

$$Y=\frac{1-Z}{\delta}$$

(4) $\bar{a}_x=E(Y)=\dfrac{1-E(Z)}{\delta}=\dfrac{1-\bar{A}_x}{\delta}$。

【例 6-11】 已知某人的生命具有常数死亡力 $\mu=0.04$，设利息力 $\delta=0.02$，试计算：

(1) $\bar{a}_x$。

(2) $\bar{a}_{\overline{T|}}$ 超过 $\bar{a}_x$ 的概率。

【解】 (1) 已知死亡力，则

$$ {}_tp_x = \mathrm{e}^{-\int_0^t \mu_{x+s}\mathrm{d}s} = \mathrm{e}^{-\int_0^t \mu\mathrm{d}s} = \mathrm{e}^{-\mu t} $$

$$ \bar{a}_x=\int_0^{\infty} v^t \times {}_tp_x\mathrm{d}t=\int_0^{\infty}\mathrm{e}^{-\delta t}\times\mathrm{e}^{-\mu t}\mathrm{d}t=\frac{1}{\mu+\delta}=16.67 $$

(2)
$$ \begin{aligned}\Pr(\bar{a}_{\overline{T|}}>\bar{a}_x)&=\Pr\left(\frac{1-\mathrm{e}^{-0.02T}}{0.02}>16.67\right)\\ &=\Pr\left(T>-\frac{\ln 0.667}{0.02}\right)\\ &=\int_{-\frac{\ln 0.667}{0.02}}^{\infty} f_T(t)\mathrm{d}t\\ &=\int_{-\frac{\ln 0.667}{0.02}}^{\infty} \mathrm{e}^{-\mu t}\mu\mathrm{d}t\\ &=\int_{-\frac{\ln 0.667}{0.02}}^{\infty} \mathrm{e}^{-0.04t}\times 0.04\mathrm{d}t\\ &=0.44\end{aligned} $$

第五节 生存年金与寿险的关系

寿险与年金是两种不同的保险，但它们的精算现值都依赖于被保险人的死亡年龄，从而使寿险与年金精算现值间存在某种关系。对这种关系的认识，有助于进一步的精算估计。

对终身年金和终身寿险来说，由于

$$ \ddot{a}_x=E(\ddot{a}_{\overline{K+1|}}) $$

$$ A_x=E(v^{K+1}) $$

又因为

$$ \ddot{a}_{\overline{K+1|}}=\frac{1-v^{K+1}}{d} $$

故

$$ \ddot{a}_x=E\left(\frac{1-v^{K+1}}{d}\right)=\frac{1-A_x}{d} $$

即

$$ 1=d\ddot{a}_x+A_x \tag{6.39} $$

(6.39) 式的直观解释是：(x) 投保时的 1 单位元等于在 (x) 存活期每年初的 1 单位元的预付利息 d 和在 (x) 死亡年年末的 1 单位元给付之和。

(6.39) 式可以变换为：

$$A_x=1-d\ddot{a}_x \tag{6.40}$$

(6.40)式可以解释为：在(x)死亡年年末1单位元的支付。如果在投保后立即支付，应扣除从投保到被保险人死亡年每年的贴现值d。

由

$$a_x=E(a_{\overline{K}|})=E\left(\frac{1-v^K}{i}\right)$$

及

$$A_x=E(Z)=E(v^{K+1})$$

有

$$a_x=E\left(\frac{1-(1+i)\times v^{K+1}}{i}\right)$$
$$=\frac{1-(1+i)A_x}{i}$$

故

$$1=ia_x+iA_x+A_x \tag{6.41}$$

上式表明，在x岁上的1单位元等于(x)死亡年年末的1单位元现值A_x，加上(x)存活期每年i元的利息现值ia_x和死亡年年末i元利息的现值iA_x。

由于

$$\ddot{a}_{x:\overline{n}|}=E(\ddot{a}_{\overline{K+1}|})=E\left(\frac{1-v^{K+1}}{d}\right)=\frac{1-A_{x:\overline{n}|}}{d}$$

即

$$1=\mathrm{d}\ddot{a}_{x:\overline{n}|}+A_{x:\overline{n}|} \tag{6.42}$$

类似地，对连续年金和死亡时赔付的寿险，有

$$1=\delta\bar{a}_x+\bar{A}_x \tag{6.43}$$

$$1=\delta\bar{a}_{x:\overline{n}|}+\bar{A}_{x:\overline{n}|} \tag{6.44}$$

利用寿险和年金精算现值的定义，还可以推导出它们之间的其他关系式，如

$$A_x=E(v^{K+1})$$
$$=E(a_{\overline{K+1}|}-a_{\overline{K}|})$$
$$=E(v\ddot{a}_{\overline{K+1}|}-a_{\overline{K}|})$$
$$=v\ddot{a}_x-a_x \tag{6.45}$$

与上式类似，对定期保险，有

$$A^1_{x:\overline{n}|}=v\ddot{a}_{x:\overline{n}|}-a_{x:\overline{n}|} \tag{6.46}$$

第六节 年付多次生存年金的精算现值

实践中，年金常常是每半年、一季度或一个月支付一次，这种年金称为年付多次生存年金，其精算现值的计算方法与前面讨论的每年一次生存年金类似，但由于生命表不直接提供非整数年龄的存活概率和死亡概率，因此必须在一定的假设下做近似计算。

对（x）的每年给付 1 元、一年给付 m 次的期首付终身生存年金，其精算现值以 $\ddot{a}_x^{(m)}$ 表示，这一年金在每个 $x+k/m$，$k=0$，1，2，…上收付 $1/m$，直到被保险人死亡为止。

$$\ddot{a}_x^{(m)}=\frac{1}{m}\sum_{k=0}^{\infty}{}_{\frac{k}{m}}E_x=\frac{1}{m}\sum_{k=0}^{\infty}v^{\frac{k}{m}}\times{}_{\frac{k}{m}}p_x \tag{6.47}$$

上式不能直接计算，需要利用 $\ddot{a}_x^{(m)}$ 与 $\ddot{a}_x$ 的关系做近似计算。

与 $1=d\ddot{a}_x+A_x$ 类似，有下面的关系：

$$1=d^{(m)}\ddot{a}_x^{(m)}+A_x^{(m)} \tag{6.48}$$

因此

$$\ddot{a}_x^{(m)}=\frac{1-A_x^{(m)}}{d^{(m)}}$$

在死亡均匀分布假设下，有

$$A_x^{(m)}=\frac{i}{i^{(m)}}A_x$$

故

$$\begin{aligned}\ddot{a}_x^{(m)}&=\frac{1-\frac{i}{i^{(m)}}A_x}{d^{(m)}}\\&=\frac{i^{(m)}-iA_x}{i^{(m)}d^{(m)}}\\&=\frac{i^{(m)}-i(1-d\ddot{a}_x)}{i^{(m)}d^{(m)}}\\&=\frac{i^{(m)}-i+di\ddot{a}_x}{i^{(m)}d^{(m)}}\end{aligned}$$

令

$$\alpha(m)=\frac{di}{i^{(m)}d^{(m)}}$$

$$\beta(m)=\frac{i-i^{(m)}}{i^{(m)}d^{(m)}}$$

则

$$\ddot{a}_x^{(m)}=\alpha(m)\ddot{a}_x-\beta(m) \tag{6.49}$$

实际中，常用 $\alpha(m)$ 和 $\beta(m)$ 的近似值，取为 $\alpha(m)\approx1$，$\beta(m)\approx\frac{m-1}{2m}$。这一近似值是由两个系数在 $\delta=0$ 附近的泰勒展开得到的，即

$$\alpha(m)=1+\frac{m^2-1}{12m^2}\times\delta^2+\cdots$$

$$\beta(m)=\frac{m-1}{2m}+\frac{m^2-1}{6m^2}\times\delta^2+\cdots$$

显然，这两个近似式仅当利息力 δ 很小时才适用。

因此

$$\ddot{a}_x^{(m)}\approx\ddot{a}_x-\frac{m-1}{2m} \tag{6.50}$$

同样，对（x）的每年 1 单位元、每次 $1/m$ 的期末付终身生存年金，由

$$a_x^{(m)}=\ddot{a}_x^{(m)}-\frac{1}{m}$$

得到：

$$a_x^{(m)}\approx a_x+\frac{m-1}{2m} \tag{6.51}$$

对（x）的 n 年延期每年 1 单位元、一年 m 次支付的期末付生存年金，其精算现值为：

$$_{n|}a_x^{(m)}\approx {}_{n|}a_x+\frac{m-1}{2m}\times {}_nE_x \tag{6.52}$$

上面的年金期首付时，精算现值为：

$$_{n|}\ddot{a}_x^{(m)}\approx {}_{n|}\ddot{a}_x-\frac{m-1}{2m}\times {}_nE_x \tag{6.53}$$

对（x）的 n 年定期一年 m 次期末付年金，其精算现值为：

$$a_{x:\overline{n}|}^{(m)}=a_{x:\overline{n}|}+\frac{m-1}{2m}\times(1-{}_nE_x) \tag{6.54}$$

上面的年金期首付时，精算现值为：

$$\ddot{a}_{x:\overline{n}|}^{(m)}=\ddot{a}_{x:\overline{n}|}-\frac{m-1}{2m}\times(1-{}_nE_x) \tag{6.55}$$

【例 6-12】在例 6-7 中，若年金每月支付一次，求趸缴净保费。

【解】趸缴净保费为：

$$6\,000\times {}_{30|}\ddot{a}_{30}^{(12)}\approx 6\,000\times\left({}_{30|}\ddot{a}_{30}-\frac{11}{24}\times {}_{30}E_{30}\right)$$

$$=6\,000\times\frac{N_{60}-\frac{11}{24}\times D_{60}}{D_{30}}$$

$$=6\,000\times\left(\frac{4\,028\,714.28}{473\,307.79}-\frac{11}{24}\times\frac{214\,432.87}{473\,307.79}\right)$$

$$=49\,825.07(\text{元})$$

【例 6-13】某保单提供从 60 岁起每月 500 元的生存年金，如果被保险人在 60 岁前死亡，则在死亡年末给付 10 000 元。设预定利率为 2.5%，如果某男性在 30 岁时购买了这种保单，根据中国人身保险业经验生命表（2010—2013）养老类业务表（男）的资料，求这一年金的精算现值。

【解】这一保单包括年金与寿险两种保险形式，其精算现值是两种保险精算现值之和，其中年金精算现值与例 6-12 相同。

$$10\,000A_{30:\overline{30}|}^{1}+6\,000\times {}_{30|}\ddot{a}_{30}^{(12)}$$

$$=10\,000\times\frac{M_{30}-M_{60}}{D_{30}}+49\,825.07$$

$$=\frac{10\,000\times(130\,393.90-116\,171.55)}{473\,307.79}+49\,825.07$$

$$=300.49+49\,825.07$$

$$=50\,125.56(\text{元})$$

第七节 变额生存年金

一、一般变额生存年金

如果年金收付的数额随给付时期的不同而变动，这种年金是变额年金。变额年金的精算现值是一系列收付款在利率和生者利下的现值之和。如果对（x）的 n 年定期生存年金，给付额在年龄 x，$x+1$，…，$x+n-1$ 上分别为 b_x，b_{x+1}，…，b_{x+n-1}，则精算现值（actuarial present value，APV）为：

$$(\text{APV})_x=\sum_{y=x}^{x+n-1} b_y\times v^{y-x}\times {}_{y-x}p_x \tag{6.56}$$

当 $n=\omega-x$ 时，上面的年金称为终身变额年金。

如果一年给付 m 次，在期首付时，有

$$(\text{APV})_x=\sum_{y=x}^{x+n-1} b_y\times \ddot{a}^{(m)}_{y:\overline{1}|}\times v^{y-x}\times {}_{y-x}p_x \tag{6.57}$$

如果一年给付 m 次，在期末付时，有

$$(\text{APV})_x=\sum_{y=x}^{x+n-1} b_y\times a^{(m)}_{y:\overline{1}|}\times v^{y-x}\times {}_{y-x}p_x \tag{6.58}$$

【例 6-14】若某男性在 30 岁时购买从 60 岁起支付的生存年金，契约规定：在被保险人60～69 岁时，每年的给付额为 6 000 元，70～79 岁时每年的给付额为 7 000 元，80～89 岁时每年的给付额为 8 000 元。在预定利率 2.5%下，根据中国人身保险业经验生命表（2010—2013）养老类业务表（男）的资料，计算保单的趸缴净保费。

【解】这是一个变额年金，其趸缴净保费为：

$$6\ 000\times {}_{30}E_{30}\times \ddot{a}_{60:\overline{10}|}+7\ 000\times {}_{40}E_{30}\times \ddot{a}_{70:\overline{10}|}+8\ 000\times {}_{50}E_{30}\times \ddot{a}_{80:\overline{10}|}$$

$$=\frac{6\ 000N_{60}+1\ 000N_{70}+1\ 000N_{80}-8\ 000N_{90}}{D_{30}}$$

$$=\frac{6\ 000\times 4\ 028\ 714.28+1\ 000\times 2\ 152\ 566.71+1\ 000\times 841\ 136.63-8\ 000\times 161\ 154.40}{473\ 307.79}$$

$$=54\ 672.15(\text{元})$$

二、等差递增生存年金

如果变额年金收付额 b_y 系列为 1，2，3，…等差递增数列，这一年金称为标准等差递增年金，对期首付标准终身递增年金，其精算现值用 $(I\ddot{a})_x$ 表示：

$$(I\ddot{a})_x=\sum_{k=0}^{\infty}(k+1)\times v^k\times {}_kp_x \tag{6.59}$$

引入转换函数，设

$$S_x = \sum_{t=0}^{\infty} N_{x+1}$$

$$\begin{aligned}(I\ddot{a})_x &= \sum_{t=0}^{\infty} (t+1) \times v^t \times {}_tp_x \\ &= \sum_{t=0}^{\infty} v^t \times {}_tp_x + \sum_{t=1}^{\infty} v^t \times {}_tp_x + \sum_{t=2}^{\infty} v^t \times {}_tp_x + \cdots \\ &= \ddot{a}_x + {}_{1|}\ddot{a}_x + {}_{2|}\ddot{a}_x + \cdots \\ &= \sum_{k=0}^{\infty} {}_{k|}\ddot{a}_x \\ &= \sum_{k=0}^{\infty} \frac{N_{x+k}}{D_x} \\ &= \frac{S_x}{D_x} \end{aligned} \quad (6.60)$$

若以 $(Ia)_x$ 表示期末付标准终身递增年金精算现值，则

$$(Ia)_x = \sum_{k=1}^{\infty} k \times v^k \times {}_kp_x \quad (6.61)$$

对于期首付 n 年标准定期等差递增年金，若其精算现值以 $(I\ddot{a})_{x:\overline{n|}}$ 表示，则

$$(I\ddot{a})_{x:\overline{n|}} = \sum_{k=0}^{n-1} (k+1) \times v^k \times {}_kp_x \quad (6.62)$$

对于期末付 n 年标准定期等差递增年金，若其精算现值以 $(Ia)_{x:\overline{n|}}$ 表示，则

$$(Ia)_{x:\overline{n|}} = \sum_{k=1}^{n} k \times v^k \times {}_kp_x \quad (6.63)$$

【例 6－15】某人在 50 岁时购买了一份终身生存年金，给付从 51 岁开始，每年一次，给付额在第一年为 5 000 元，在第二年为 5 500 元，在第三年为 6 000 年，即给付额每年增长 500 元。计算这份年金的精算现值。

【解】依题意，支付额示意图如下：

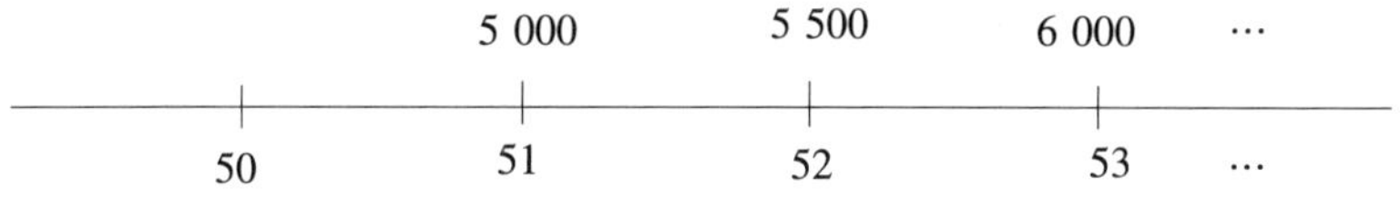

我们可以把这份年金看作一份每年支付 4 500 元的等额年金加上一份以 500 元开始每年增长 500 元的等差递增年金。其精算现值为：

$$APV = 4\ 500a_{50} + 500(Ia)_{50}$$

如果已知

$$S_{51} = 5\ 000$$

$$N_{51} = 450$$

$$D_{50} = 60$$

则

$$APV = 4\ 500a_{50} + 500(Ia)_{50} = 4\ 500 \times \frac{N_{51}}{D_{50}} + 500 \times \frac{S_{51}}{D_{50}} = 75\ 416.67(\text{元})$$

三、等差递减生存年金

当变额年金收付额 b_y 系列为 n，$n-1$，…，1 等差递减数列时，此时期首付的年金现值以 $(D\ddot{a})_{x:\overline{n}|}$ 表示，如图 6-5 所示。

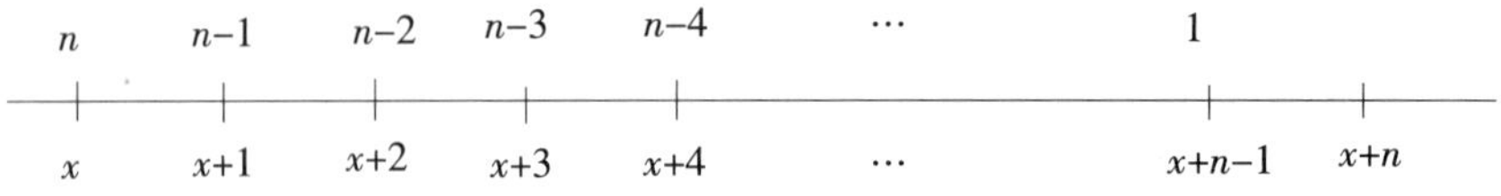

图 6-5　标准等差递减生存年金

$$(D\ddot{a})_{x:\overline{n}|}=\sum_{k=0}^{n-1}(n-k)\times v^k\times {}_kp_x \tag{6.64}$$

期末付的年金现值若以 $(Da)_{x:\overline{n}|}$ 表示，有

$$(Da)_{x:\overline{n}|}=\sum_{k=1}^{n}(n-k)\times v^k\times {}_kp_x \tag{6.65}$$

【例 6-16】某男性在 40 岁时购买了一份 10 年期变额年金，从 41 岁起，每年的给付额依次为 10 000、8 000、6 000、4 000、2 000、2 000、4 000、6 000、8 000、10 000 元。假设预定利率为 2.5%，根据中国人身保险业经验生命表（2010—2013）养老类业务表（男）的资料，计算这一年金的精算现值。

【解】这是一份等差递增年金和一份等差递减年金的组合，前 5 年是递减年金，后 5 年是递增年金，其精算现值为：

$$APV=2\ 000((Da)_{40:\overline{5}|}+{}_5E_{40}\times(Ia)_{45:\overline{5}|})$$

运用转换函数：

$$(Ia)_{x:\overline{n}|}=\frac{S_{x+1}-S_{x+n+1}-n\times N_{x+n+1}}{D_x}$$

$$(Da)_{x:\overline{n}|}=\frac{((n+1)N_{x+1}-N_{x+n+1})-(S_{x+1}-S_{x+n+1})}{D_x}$$

则

$$(Ia)_{45:\overline{5}|}=\frac{S_{46}-S_{51}-5\times N_{51}}{D_{45}}$$

$$=\frac{134\ 656\ 323.11-98\ 963\ 288.34-5\times 6\ 257\ 610.31}{323\ 191.52}=13.63$$

$$(Da)_{40:\overline{5}|}=\frac{(6\times N_{41}-N_{46})-(S_{41}-S_{46})}{D_{40}}$$

$$=\frac{(6\times 9\ 455\ 036.50-7\ 752\ 251.22)-(178\ 438\ 147.13-134\ 656\ 323.11)}{367\ 589.92}$$

$$=14.14$$

$${}_5E_{40}=\frac{D_{45}}{D_{40}}=\frac{323\ 191.52}{367\ 589.92}=0.88$$

所以

$$APV=2\ 000\times(14.14+0.88\times 13.63)=52\ 268.80(\text{元})$$

四、等比例变额生存年金

等比例变额生存年金是实践中常见的一种变额年金，其收付额等比例递增。比如某些给付确定型养老金计划和社会养老保险，其给付额在一个基础水平上按一个规定的比例增长，这个规定的比例有时是消费价格指数或社会平均工资增长指数。这种等比例递增的年金精算现值有一个简化计算公式。

如果对（x）的 n 年定期期首付生存年金，给付额在年龄 x，$x+1$，…，$x+n-1$ 上分别为 b，$b(1+g)$，$b(1+g)^2$，…，$b(1+g)^{n-1}$，其精算现值为：

$$(\mathrm{APV})_x=\sum_{y=x}^{x+n-1} b(1+g)^{y-x}\times v^{y-x}\times {}_{y-x}p_x$$

设

$$(1+g)v=v'=\frac{1}{1+j}$$

即

$$j=\frac{i-g}{1+g}$$

上式变成：

$$(\mathrm{APV})_x=b\sum_{y=x}^{x+n-1}(v')^{y-x}\times {}_{y-x}p_x=b\ddot{a}_{x:\overline{n|}\,j} \tag{6.66}$$

这是一份以利率 j 计算的给付额为 b 的确定年金的精算现值。

【例 6-17】 某男性在 30 岁时购买了从 60 岁起领取的生存年金，60 岁的领取额为10 000元，以后每年的领取额在上年的基础上增加 2.5%。在利率 2.5%下，根据中国人身保险业经验生命表（2010—2013）养老类业务表（男）的资料，计算这一年金的精算现值。

【解】 这一年金在被保险人 60 岁时的精算现值为：

$$\begin{aligned}&10\ 000\times(1+1.025\times v\times p_{60}+(1.025\times v)^2\times {}_2p_{60}+\cdots)\\&=10\ 000\times(1+\mathring{e}_{60})\\&=10\ 000\times(25.34+1)\\&=263\ 400(\text{元})\end{aligned}$$

年金在被保险人 30 岁时的现值为：

$$\begin{aligned}263\ 400\times v^{30}\times {}_{30}p_{30}&=263\ 400\times\frac{l_{60}}{l_{30}}\times 1.025^{-30}\\&=263\ 400\times\frac{943\ 459.55}{992\ 795.07}\times 1.025^{-30}\\&=119\ 333.80(\text{元})\end{aligned}$$

第八节 生存年金的递推公式

由

$$\ddot{a}_x=\sum_{k=0}^{\infty} v^k\times {}_kp_x=1+\sum_{k=1}^{\infty} v^k\times {}_kp_x$$

以 $p_x \times {}_{k-1}p_{x+1} = {}_kp_x$ 代入，得到：

$$\ddot{a}_x = 1 + vp_x\ddot{a}_{x+1} \tag{6.67}$$

利用上式，$\ddot{a}_x$ 可以从最高的可能年龄开始，依次递推计算。

与此等价的另一个表达式为：

$$\ddot{a}_x = 1 + v\ddot{a}_{x+1} - v\ddot{a}_{x+1}q_x \tag{6.68}$$

（6.68）式可以直观地解释为：对（x）的终身生存年金趸缴净保费等于在 x 岁上规定的 1 单位元给付加上 $x+1$ 岁上的趸缴净保费在 x 岁上的值，再减去在x～$x+1$岁因死亡不能得到的 $\ddot{a}_{x+1}$的将来部分。

对年龄 $x+k$，上式可以写成：

$$\ddot{a}_{x+k} - v\ddot{a}_{x+k+1} = 1 - v \times \ddot{a}_{x+k+1} \times q_{x+k}$$

两端乘以 v^k并对 k 求和，得到：

$$\ddot{a}_x = \ddot{a}_{\overline{\infty}|} - \sum_{k=0}^{\infty} v^{k+1} \times \ddot{a}_{x+k+1} \times q_{x+k} \tag{6.69}$$

由此可见，对（x）的终身生存年金的趸缴净保费，等于永续年金与一系列逐年因死亡不能得到的将来年金部分之差。

本章小结

生存年金是以生存为给付条件的年金，在实践中有定期确定的生存年金、指数化年金和联合生存年金等几种产品形式。从理论上说，按照年金的时期，年金可以分为定期年金和终身年金；按照年金的起付点与购买日的关系，年金可以分为即期年金和延期年金；按照年金起付点与计算精算现值时点的关系，年金可以分为期首付年金和期末付年金；按照年金给付额是否变动，年金可以分为等额年金和变额年金；按照年金在一年内支付的次数，年金可以分为年付一次年金、年付多次年金和连续年金等。不同类型的年金与寿险的组合会产生不同类型的产品。另外，年金和寿险精算现值存在某种关系，掌握这种关系对精算计算很有帮助。

表 6－1 列出了各类年金精算现值的计算公式。

表 6－1　各类年金精算现值的计算公式

险种	期首支付	期末支付
终身生存年金	$\ddot{a}_x = \dfrac{N_x}{D_x}$	$a_x = \dfrac{N_{x+1}}{D_x}$
定期生存年金	$\ddot{a}_{x:\overline{n}|} = \dfrac{N_x - N_{x+n}}{D_x}$	$a_{x:\overline{n}|} = \dfrac{N_{x+1} - N_{x+n+1}}{D_x}$
延期生存年金	${}_{n\mid}\ddot{a}_x = \dfrac{N_{x+n}}{D_x}$	${}_{n\mid}a_x = \dfrac{N_{x+n+1}}{D_x}$
延期定期生存年金	${}_{m\mid}\ddot{a}_{x:\overline{n}|} = \dfrac{N_{x+m} - N_{x+n+m}}{D_x}$	${}_{m\mid}a_{x:\overline{n}|} = \dfrac{N_{x+m+1} - N_{x+n+m+1}}{D_x}$
标准终身递增年金	$(I\ddot{a})_x = \dfrac{S_x}{D_x}$	$(Ia)_x = \dfrac{S_{x+1}}{D_x}$
标准定期递增年金	$(I\ddot{a})_{x:\overline{n}|} = \dfrac{S_x - S_{x+n} - n \times N_{x+n}}{D_x}$	$(Ia)_{x:\overline{n}|} = \dfrac{S_{x+1} - S_{x+n+1} - n \times N_{x+n+1}}{D_x}$

练习题

6.1 假设 $l_x=1\ 000\times(1-\frac{x}{115})$，$i=2\%$。一个 40 岁的人投保，如果他能够存活到 70 岁，将会获得 100 000 元的给付，求这份纯生存保险的精算现值。

6.2 已知 $\ddot{a}_{76}=7.8$，$vq_{76}=0.06$，$i=3\%$，试计算 $\ddot{a}_{77}$。

6.3 某男性在 25 岁时购买了下列各种生存年金，如果他在 55.7 岁时死亡，试写出下列每种年金支付额的精算现值表达式：

(1) 年支付额为 1 000 元的期首付终身生存年金。

(2) 年支付额为 1 000 元的连续终身生存年金。

(3) 年支付额为 1 000 元的 20 年定期期首付终身生存年金。

(4) 20 年延期每年支付 1 000 元的期首付终身生存年金。

6.4 证明下列关系式成立，并解释其意义。

(1) $\ddot{a}_{x:\overline{n}|}=a_{x:\overline{n}|}+(1-{}_nE_x)$。

(2) $p_{x-1}\times\ddot{a}_x=(1+i)a_{x-1}$。

6.5 已知：

k	$\ddot{a}_{\overline{k}|}$	${}_{k-1\mid}q_x$
1	1.00	0.33
2	1.93	0.24
3	2.80	0.16
4	3.62	0.11

试计算 $\ddot{a}_{x:\overline{4}|}$。

6.6 假设对所有 x，均有 $p'_x=(1+r)p_x$。试证明，以利率 i 和 p'_x 为基础计算的终身年金现值与以 $i'=\frac{i-r}{1+r}$ 和 p_x 为基础计算的终身年金现值相等。

6.7 某男性在 45 岁时投保了从 60 岁起支付的延期生存年金，年金金额为每月 2 000 元。假设 $i=2.5\%$，保险费一次性缴清，根据中国人身保险业经验生命表（2010—2013）养老类业务表（男）计算趸缴净保费。

6.8 某年金保险从被保险人达到 60 岁起每月支付 1 000 元，直到被保险人死亡为止。如果被保险人在 60 岁前死亡，则一次性给付 10 000 元，利率为 2.5%。如果某男性从 25 岁开始投保，根据中国人身保险业经验生命表（2010—2013）养老类业务表（男）计算趸缴净保费。

第七章

保险费

保险费简称保费，是投保人购买保险产品所支付的价格。保险公司通过销售保险产品获得保费收入，用于补偿保单承诺的保险赔付和费用支出，同时获取利润。保费水平取决于保险产品的成本、预定的利润目标以及市场竞争因素，保费通常采取分期等额的方式支付。

学习目标

- 理解总保费与净保费的意义
- 掌握寿险及年金均衡净保费的计算原理和计算方法
- 了解保险费的计算原理和计算方法

第一节 总保费与净保费

一、总保费与净保费的意义

保险公司新业务的拓展需要开发新产品，新产品的出售需要制定价格，产品的价格应该能够弥补保单所承诺的赔付或给付、退保金、费用、税金、红利等各项支出，同时保险公司还要获取合理的利润。保险产品的出售价格就是购买保险必须缴付的总保费。从理论上说，保险产品的总保费可以分为性质不同的两部分：一部分是作为保险金给付来源的保费，称为净保费或纯保费，这部分保费应该与保单所承诺的赔付或给付支出相等。也就是说，净保费等于保单承诺的赔付或给付支出在投保时的现值。按照保险的性质，可以将净保费分为风险保费和储蓄保费两种。风险保费是为满足保险公司承担的风险事故赔付而收取的净保费，针对风险类产品；储蓄保费是为满足保险公司对储蓄类产品的给付而收取的净保费，针对储蓄类产品。另一部分是作为保险公司补偿费用与支出并获得一定利润的保费，称为附加保费。附加保费包含了除净保费外，为保证保险公司正常运营并获取利润需要收取的其他保费部分。在保险经营中，产品的价格是根据过去的经验及对未来的判断，由预定的死亡率、费用率、利率等计算的。如果在实际运营中，寿险赔付的死亡率高于预定死亡率，实际费用率高于预定费用率，实际利率低于预定利率，那么按预定率确定的保费就可能无法满足赔付和费用与支出，或者即使能够满足赔付和费用与支出，也不能实现预定的利润目标。这种实际经验与预先设定水平的偏差对保险公司不利，被称为不利偏差。例如，对于某种寿险产品，保险公司预先确定的 30 岁死亡率为 2‰，而实际经验是 3‰，实际经验高于预定率的 1‰就是不利偏差。为了应对这种不利偏差给保险公司带来的不利影响，在附加保费中需要增加意外准备部分，因而附加保费可以分为附加费用和意外准备两部分。附加费用是为补偿保险公司在开发、维护和管理保险产品中的花费而收取的费用。意外准备是为应对死亡率、费用率、利率等的不利偏差变动而收取的附加保费部分。在附加费用中，支付给代理人的佣金常常单独列出，扣除佣金的附加费用部分称为管理费用。这样，总保费的构成可以用图 7－1 表示。

- 总保费
  - 净保费
    - 风险保费
    - 储蓄保费
  - 附加保费
    - 意外准备
    - 附加费用
      - 管理费用
      - 佣金

图 7－1　总保费结构图

二、费用分析

（一）费用类别和细分

费用分析是确定附加保费的依据。保险公司从出售保单到完成赔付或给付，一般要经历核保、出单、保单维持、理赔等环节，每一环节都需要消耗费用。这些费用由保险人承担，但来源于保险公司从投保人那里收取的保费和保险公司累积资产的投资收益。下面从保险公司的业务流程和保险公司的成本出发，分析保险公司在定价中需要考虑的费用因素。

保险公司的职能部门有很多，与顾客有大量直接接触的部门包括核保部、客户服务部、理赔部和市场部，与顾客很少直接接触的部门包括精算部、会计部、法律部、信息部和投资部等。从个人消费者来看，购买一份保险的基本流程包括代理人和准客户的接触与推销、填写投保单、核保、出单、提供后续服务、交续期保费、发生保险事故后的索赔和理赔、保单终止或失效等。这个基本流程为我们提供了一个理解保险公司费用分析的基本框架。

费用分析由保险公司的会计部门完成，会计部门在记录和确认各项费用数据的基础上，对经营活动的各主要费用项目进行分类。需要注意的是，不同国家以及同一国家的不同公司，或者在不同时期，费用的分类标准和分类方法都可能存在差异。表 7 - 1 给出了费用类别和细分的一个例子。

表 7 - 1　费用类别和细分

费用类别	细分
投资	投资分析
	买入、卖出及服务成本
保险	销售费用（包括代理人佣金和广告费）
	核保，包括体检费用
	制备新保单及相关记录
维持费用	保费收缴
	保单变更及给付选择权
	与保户保持联络
营业费用	市场研究
	精算与一般法律服务
	一般会计
	税金、许可证等费用
理赔费用	理赔调查及辩护费
	赔付或给付、支付费用

（二）附加保费的分类

费用分析对保单经营运作中实际发生的费用进行归类整理，形成不同类别和不同时间分布的费用，这些费用需要从保费中补偿，表现为附加保费。附加保费应该尽量匹配未来的费用分布，但附加保费的分类并不与费用分类完全相同。保险公司采用的不同定价方法，决定了附加保费以怎样的方式附加，最简单的情形是附加保费不分类，直接按总保费的一定比例附加，表现为总保费的某规定百分比。

对附加保费最简单的分类是按发生的时间分为初年费用和续年费用。初年费用是在新契约成立第一年发生的费用，续年费用是第二年以后发生的费用。由于初年要开展大量的广告宣传、印制保单、核保以及支付代理人佣金等，因此初年费用远高于续年费用。

在传统的定价方法中，对附加保费最典型的分类是新契约费用、管理费用和收费费用三项。新契约费用包含与发行保单有关的一切费用，如广告费、核保费、代理人首年佣金等一切与成立新契约有关的首年费用。管理费用包括其他一切费用，发生在保单有效的整个合同期。收费费用发生在缴费期，包括收费员工资、代收保费的服务费等费用。

（三）附加保费的计量基础

附加保费需要以一定的计量基础附加在净保费上形成总保费。附加保费一般有以下三种计量基础：

（1）以保费的百分比附加。通常与保费规模成比例的费用项目以保费的百分比衡量。例如，付给代理人的佣金一般按保费收入的百分比提取，保险公司的税金一般也按照保费收入的百分比规定。

（2）以每份保单固定附加。有些费用与每份保单直接相关，比如签发保单的费用与保单的保额和保费都没有明显的关系，而是按每份保单来计算的。

(3) 以保险金额的一定比例附加。有些费用与保额直接相关，比如核保费用通常随保额增加而增加，表现为保额的一定比例。保单的日常维护工作与保费的关系不大，但是和保额的关系比较密切，同时还要按照每份保单来计算，所以这部分费用可以分成按保额和按每份保单两部分来计算。

有些费用项目的计量基础并不明显，比如公司的精算部、电脑部和会计部的费用中，有许多很难按照保费的百分比来计量。在这种情况下，费用的分析要依赖统计数据和分析者的经验来完成。在各项费用中，引起最多关注的是所谓新契约费用或取得成本（acquisition cost），即保险人为了签发一份新保单所付出的成本，包括代理人首年佣金、签发保单的费用和核保费等。

第二节 均衡净保费

寿险合同通常是长期合同，保险缴费一般采取分期缴付的方式。早期的保险曾采用过自然保费方式，它是每期根据被保险人的出险概率和保险金额计算的保费。在寿险中，以自然保费方式计算的保费会随着被保险人年龄的增大而提高，使人们在年老时，由于昂贵的保费而退出保险，失去保险的保障。为克服自然保费方式的这种不足，人们又提出了均衡保费方式，即把自然保费在长期内均衡化、平均化，在保费缴付期内，每隔一定时期缴付相等数额的保险费。

由于净保费是满足未来保险给付的保费，趸缴净保费应等于均衡净保费的现值，均衡保费的缴付是以被保险人存活为条件的，它实际上是一个生存年金。根据这一平衡公式，可以计算出均衡净保费。设保险金的现值为 A，每次净保费为 P，每次 1 单位元的生存年金现值为 $\ddot{a}$，则有 $A=P\ddot{a}$。

对不同的保险和不同的保费缴付方式，保险金现值和缴费现值的具体形式不同。

一、定期寿险年缴净保费

第五章介绍了寿险精算现值（也就是寿险趸缴净保费）的精算表达和计算方法。由 (5.1) 式，对于 (x) 的 1 单位元死亡年年末赔付 n 年定期寿险，其趸缴净保费为 $A^{1}_{x:\overline{n|}}$。如果保费在 t 年内每年缴付一次，每年的保费为 ${}_tP^{1}_{x:\overline{n|}}$，此时的趸缴净保费等于 ${}_tP^{1}_{x:\overline{n|}}\times\ddot{a}_{x:\overline{t|}}$，从而有

$$ {}_tP^{1}_{x:\overline{n|}}=\frac{A^{1}_{x:\overline{n|}}}{\ddot{a}_{x:\overline{t|}}} \tag{7.1}$$

如果定期寿险的缴费期与保险期相等，此时可用 $P^{1}_{x:\overline{n|}}$ 表示年缴净保费，即

$$ P^{1}_{x:\overline{n|}}=\frac{A^{1}_{x:\overline{n|}}}{\ddot{a}_{x:\overline{n|}}} \tag{7.2}$$

【例 7-1】 接续例 5-1，某男性在 40 岁时投保了 3 年期 10 000 元定期寿险，保险金在死亡年年末赔付，保险费在两年内每年缴付一次。根据中国人身保险业经验生命表

（2010—2013）非养老类业务一表（男）和预定利率 2.5%，计算年缴净保费。

【解】 由（7.1）式，年缴净保费为：

$$10\ 000{}_2P^{\ 1}_{40:\overline{3}|}=\frac{10\ 000A^{\ 1}_{40:\overline{3}|}}{\ddot{a}_{40:\overline{2}|}}$$

例 5－1 中，计算得到的趸缴净保费 $10\ 000\times A^{\ 1}_{40:\overline{3}|}$ 为 51.55 元。又因为

$$\ddot{a}_{40:\overline{2}|}=1+v\times p_{40}=1+\frac{1-0.001\ 651}{1.025}=1.974$$

故年缴净保费为 26.11 元。

【例 7－2】 某煤矿工人劳动保障保险提供的保障如下：若煤矿工人在 10 年内由于在工作时出现事故而丧失劳动能力，将在事故年末得到100 000元赔偿。如果企业为工人购买了这一保险（假设每年的事故概率为 $q_{x+k}=\frac{1}{100-k}$，k 为保单年度，利率为 3%）：

（1）10 年内每年需要缴多少净保费？

（2）如果保费缴付期缩短到 5 年，每年的净保费为多少？

【解】（1）由每年的事故概率 $q_{x+k}=\frac{1}{100-k}$，可得到第 k 年年末没有出事故的概率为：

$${}_kp_x=\frac{100-k}{100}$$

生存年金现值系数为：

$$\ddot{a}_{x:\overline{10}|}=\sum_{k=0}^{9}v^k\times{}_kp_x=\sum_{k=0}^{9}\frac{1}{1.03^k}\times\frac{100-k}{100}\approx 8.41$$

赔付现值为：

$$A^{\ 1}_{x:\overline{10}|}=\sum_{k=0}^{9}v^{k+1}\times{}_kp_x\times q_{x+k}=\sum_{k=0}^{9}\left(\frac{1}{1.03}\right)^{k+1}\times\frac{100-k}{100}\times\frac{1}{100-k}$$
$$\approx 0.085$$

故每年需缴净保费为：

$$100\ 000P^{\ 1}_{x:\overline{10}|}=100\ 000\times\frac{A^{\ 1}_{x:\overline{10}|}}{\ddot{a}_{x:\overline{10}|}}\approx 1\ 014(\text{元})$$

（2）如果保费在 5 年内缴清，此时的年金系数为：

$$\ddot{a}_{x:\overline{5}|}=\sum_{k=0}^{4}v^k\times{}_kp_x=\sum_{k=0}^{4}\frac{1}{1.03^k}\times\frac{100-k}{100}\approx 4.63$$

因此，每人每年需要缴费：

$$100\ 000{}_5P^{\ 1}_{x:\overline{10}|}=100\ 000\times\frac{A^{\ 1}_{x:\overline{10}|}}{\ddot{a}_{x:\overline{5}|}}\approx 1\ 844(\text{元})$$

由此可见，保费缴付期缩短，每年的保费相应增加，但缴费期缩短一半，净保费并没有相应增加一倍。

如果保险金在被保险人死亡时赔付，而 t 年限期缴费的年缴净保费以 ${}_tP(\bar{A}^{\ 1}_{x:\overline{n}|})$ 表示，则在死亡均匀分布假设下，有

$${}_tP(\bar{A}^{\ 1}_{x:\overline{n}|})=\frac{\bar{A}^{\ 1}_{x:\overline{n}|}}{\ddot{a}_{x:\overline{t}|}} \tag{7.3a}$$

$$\approx\frac{i}{\delta}\times{}_tP^{\ 1}_{x:\overline{n}|} \tag{7.3b}$$

当 $t=n$ 时，以 $P(\bar{A}^1_{x:\overline{n}|})$ 表示年缴净保费，则在死亡均匀分布假设下，有

$$P(\bar{A}^1_{x:\overline{n}|})=\frac{\bar{A}^1_{x:\overline{n}|}}{\ddot{a}_{x:\overline{n}|}} \tag{7.4a}$$

$$\approx\frac{i}{\delta}\times P^1_{x:\overline{n}|} \tag{7.4b}$$

【例 7-3】 在例 7-2 中，如果赔付在事故发生时进行，缴费期限为 10 年，计算年缴净保费。

【解】 按（7.4b）式，有

$$100\ 000\times\frac{i}{\ln(1+i)}\times P^1_{x:\overline{10}|}=100\ 000\times\frac{0.03}{\ln 1.03}\times\frac{A^{\ 1}_{x:\overline{10}|}}{\ddot{a}_{x:\overline{10}|}}\approx 1\ 029(\text{元})$$

对比例 7-2 中的结果可见，缴费期同为 10 年，在事故年年末赔付比在事故发生时赔付每年的缴费更少。其原因在于，与年末赔付相比，事故发生后立即赔付，保险公司将无法在赔付到年末这段时间运用赔付资金进行投资，因此无法获得更多的利息和投资收入，这一损失要从保费中得到补偿，从而需要收取更多的保费。或者说，按照收支平衡原理，年末赔付比事故发生时赔付更晚，在相同利率下，贴现到投保时的现值更低，从而收取的保费也更少。

二、终身寿险年缴净保费

对（x）的死亡年年末赔付 1 单位元的终身寿险，如果规定保费每年缴付一次、终身缴付，此时保险费的现值是终身生存年金精算现值，以 P_x 表示这一保险的年缴均衡净保费，有

$$P_x\ddot{a}_x=A_x$$

$$P_x=\frac{A_x}{\ddot{a}_x} \tag{7.5}$$

如果保险金在被保险人死亡时赔付，年缴净保费以 $P(\bar{A}_x)$ 表示，则在死亡均匀分布假设下，有

$$P(\bar{A}_x)=\frac{\bar{A}_x}{\ddot{a}_x} \tag{7.6a}$$

$$\approx\frac{i}{\delta}\times P_x \tag{7.6b}$$

若保费在 n 年内缴清，此时的保险费现值是一个定期生存年金现值，以 ${}_nP_x$ 表示对（x）的 n 年缴清保费、1 单位元死亡年年末赔付终身寿险的年缴净保费，有

$${}_nP_x=\frac{A_x}{\ddot{a}_{x:\overline{n}|}} \tag{7.7}$$

如果上述保单的赔付在死亡时，且年缴净保费以 ${}_nP(\bar{A}_x)$ 表示，则在死亡均匀分布假设下，有

$${}_nP(\bar{A}_x)=\frac{\bar{A}_x}{\ddot{a}_{x:\overline{n}|}} \tag{7.8a}$$

$$\approx\frac{i}{\delta}\times{}_nP_x \tag{7.8b}$$

【例 7-4】证明并解释下面的等式：

（1）$\frac{1}{\ddot{a}_x}=P_x+d$。

（2）$P_x=\frac{dA_x}{1-A_x}$。

【解】（1）由

$$A_x=1-d\ddot{a}_x$$

两边同时除以 $\ddot{a}_x$，可得：

$$\frac{A_x}{\ddot{a}_x}=\frac{1}{\ddot{a}_x}-\frac{d\ddot{a}_x}{\ddot{a}_x}$$

即

$$P_x=\frac{1}{\ddot{a}_x}-d$$

转换为：

$$\frac{1}{\ddot{a}_x}=P_x+d$$

解释：因为 x 岁时的 1 单位元等于从 x 岁开始每年初的$\frac{1}{\ddot{a}_x}$的终身生存年金，也等于（x）存活年每年初 1 单位元预付利息 d 和（x）死亡年年末的 1 单位元给付现值之和。（x）死亡年年末的 1 单位元给付又等于每年初 P_x 的生存年金，因而每年初的$\frac{1}{\ddot{a}_x}$等于每年初的 P_x+d。

（2）由

$$A_x=1-d\ddot{a}_x$$

可得：

$$\ddot{a}_x=\frac{1-A_x}{d}$$

取倒数，两边同乘以 A_x，可得：

$$\frac{A_x}{\ddot{a}_x}=\frac{dA_x}{1-A_x}$$

$$P_x=\frac{dA_x}{1-A_x}$$

解释：假设一个 x 岁的人借了趸缴净保费 A_x 来购买 1 单位元终身寿险，若在他有生之年每年初还 dA_x，在死亡年年末从 1 单位元保险金中归还 A_x，此时正好还清 A_x。这相当于（x）每年缴 dA_x 的保险费，获得在死亡年年末的 $1-A_x$ 保险金。因此，1 元保险金的每年保费为$\frac{dA_x}{1-A_x}$，即 $P_x=\frac{dA_x}{1-A_x}$。

【例 7-5】假设一个 60 岁的人购买了一份 1 000 元的终身人寿保险，每年初缴付保费，终身缴付。已知利率 $i=2.5\%$，1 单位元终身寿险的精算现值 $A_{60}=0.75$。分别计算在死亡年年末赔付和在死亡时赔付的年缴均衡净保费。

【解】如果在死亡年年末赔付，由（6.40）式，有

$$\ddot{a}_{60}=\frac{1-A_{60}}{d}$$

又因为

$$d=\frac{i}{1+i}=\frac{0.025}{1+0.025}$$

故

$$P_{60}=\frac{A_{60}}{\ddot{a}_{60}}=\frac{A_{60}}{(1-A_{60})\ /d}=\frac{0.025}{1.025}\times\frac{0.75}{1-0.75}\approx 0.073$$

所以 1 000 元保额的保费为：

$$1\,000P_{60}=73(元)$$

如果在死亡时赔付，此时的年缴均衡净保费为：

$$P(\overline{A}_{60})\approx\frac{i}{\delta}\times P_{60}=\frac{i}{\ln(1+i)}\times P_{60}\approx 0.074$$

所以

$$1\,000P(\overline{A}_{60})=74(元)$$

实践中，终身寿险往往采取在 n 年内缴费的方式。缴费期越短，保险公司收回成本的时间越短，相应的风险就越低。

三、两全保险年缴净保费

采取与定期寿险和终身寿险相同的计算方法，很容易给出两全保险的年缴净保费计算公式。对 (x) 的 1 单位元 n 年定期两全保险，如果死亡赔付在死亡年年末进行，保费在 t 年内每年一次、均衡缴付，$t<n$，那么年缴净保费可以${}_tP_{x:\overline{n}|}$ 表示为：

$${}_tP_{x:\overline{n}|}=\frac{A_{x:\overline{n}|}}{\ddot{a}_{x:\overline{t}|}} \tag{7.9}$$

当 $t=n$ 时，年缴净保费可以 $P_{x:\overline{n}|}$ 表示为：

$$P_{x:\overline{n}|}=\frac{A_{x:\overline{n}|}}{\ddot{a}_{x:\overline{n}|}} \tag{7.10}$$

如果上面的两全保险的死亡赔付在死亡时进行，那么 t 年缴清的年缴净保费可以 ${}_tP(\overline{A}_{x:\overline{n}|})$表示为：

$${}_tP(\overline{A}_{x:\overline{n}|})=\frac{\overline{A}_{x:\overline{n}|}}{\ddot{a}_{x:\overline{t}|}} \tag{7.11}$$

当 $t=n$ 时，年缴净保费为：

$$P(\overline{A}_{x:\overline{n}|})=\frac{\overline{A}_{x:\overline{n}|}}{\ddot{a}_{x:\overline{n}|}} \tag{7.12}$$

对 (x) 的 n 年 1 单位元纯生存保险，t 年缴清的年缴净保费可以${}_tP_{x:\overset{1}{\overline{n}|}}$ 表示为：

$${}_tP_{x:\overset{1}{\overline{n}|}}=\frac{A_{x:\overset{1}{\overline{n}|}}}{\ddot{a}_{x:\overline{t}|}} \tag{7.13}$$

【例 7-6】 考虑到煤矿工人的养老问题，在例 7-2 所述的对事故采取赔偿的基础上，对 10 年都没有出险的员工进行 100 000 元的福利奖励。企业需要为每个员工每年支付多少保险费?

【解】 新设保障条款实际上是在原来的伤残赔付保险基础上增加了一个生存保险，这就构成一个两全保险，两全保险的趸缴净保费为：

$$100\ 000A_{x:\overline{10|}}=100\ 000A^{1}_{x:\overline{10|}}+100\ 000A_{x:\overline{10|}}^{\ \ \ \ 1}$$
$$=100\ 000A^{1}_{x:\overline{10|}}+100\ 000{}_{10}E_x$$

$${}_{10}E_x=v^{10}\times{}_{10}p_x=\frac{1}{1.03^{10}}\times\frac{100-10}{100}\approx0.670$$

故每人每年需缴保费为：

$$100\ 000\times\frac{A^{1}_{x:\overline{10|}}+{}_{10}E_x}{\ddot{a}_{x:\overline{10|}}}=100\ 000P^{1}_{x:\overline{10|}}+100\ 000P_{x:\overline{10|}}^{\ \ \ \ 1}$$

由例 7－2 已知：

$$100\ 000P^{1}_{x:\overline{10|}}\approx1\ 014(\text{元})$$

又因为年金现值系数为：

$$\ddot{a}_{x:\overline{10|}}=\sum_{k=0}^{9}{}_kE_x\approx8.41$$

故生存保险的净保费为：

$$100\ 000P_{x:\overline{10|}}^{\ \ \ \ 1}=100\ 000\times\frac{{}_{10}E_x}{\ddot{a}_{x:\overline{10|}}}\approx7\ 961(\text{元})$$

将两者相加，可得到两全保险的净保费为 8 975 元。

四、延期年金年缴净保费

对（x）的 n 年延期生存年金，设年金每年支付一次，每次 1 单位元，保费在 t 年内缴清（$t\leqslant n$）。年缴均衡净保费以 ${}_tP({}_{n|}\ddot{a}_x)$ 表示，按照保险金支付与净保费收入的平衡关系，有

$${}_tP({}_{n|}\ddot{a}_x)=\frac{{}_{n|}\ddot{a}_x}{\ddot{a}_{x:\overline{t|}}}\tag{7.14}$$

【例 7－7】 对于（30）的男性从 60 岁起每年年初 6 000 元的生存年金，预定利率为 2.5%。如果保险费在 30 年内均衡缴费，每年缴费一次，根据中国人身保险业经验生命表（2010—2013）养老类业务表（男）的数据，求年缴均衡净保费。

【解】 设年缴均衡净保费为 P，则

$$P=\frac{6\ 000\times\ddot{a}_{60}\times{}_{30}E_{30}}{\ddot{a}_{30:\overline{30|}}}$$

$$\ddot{a}_{30:\overline{30|}}=\frac{N_{30}-N_{60}}{D_{30}}$$
$$=\frac{14\ 059\ 469.38-4\ 028\ 714.28}{473\ 307.79}$$
$$=21.193$$

在例 6－7 中已知：

$$6\ 000\times\ddot{a}_{60}\times{}_{30}E_{30}=51\ 070.97(\text{元})$$

因而有

$$P=\frac{51\ 070.97}{21.193}=2\ 409.80(\text{元})$$

故年缴均衡净保费为 2 409.80 元。

有时，为了照顾被保险人的不同经济状况，每年缴付的保险费可以不同，比如投保前几年的保险费可以小于或大于其他年的保险费。有时，保险金的给付也随保险事故发生的时期不同而变动。这些较为复杂的情况，在收支平衡原则下都可以通过调整保险费或保险金的公式得以解决。

五、一年多次缴费的净保费

如果保费每半年、一季、一月等缴付一次，此时未来净保费的现值是一个一年多次收付的生存年金现值。如果以 $P^{(m)}$ 表示每年分 m 次等额缴费的年缴净保费，$\ddot{a}^{(m)}$ 表示每年 1 单位元缴付 m 次的年金现值，A 表示保险金现值，按照收支平衡原则，有

$$P^{(m)}\ddot{a}^{(m)}=A$$

$$P^{(m)}=\frac{A}{\ddot{a}^{(m)}} \tag{7.15}$$

【例 7-8】 一份在生存期间每年缴 1 000 元净保费的 100 000 元终身寿险，死亡赔付在死亡年年末进行，现在将缴费方式从每年一次改为每月一次，计算每月的净保费（假设 $d=0.02$）。

【解】 由已知条件，年缴净保费为：

$$100\ 000P_x=100\ 000\times\frac{A_x}{\ddot{a}_x}=1\ 000 \tag{a}$$

由（7.15）式，每月缴费的年缴净保费为：

$$100\ 000P_x^{(12)}=100\ 000\times\frac{A_x}{\ddot{a}_x^{(12)}} \tag{b}$$

由（6.50）式：

$$\ddot{a}_x^{(m)}\approx\ddot{a}_x-\frac{m-1}{2m}$$

有

$$\ddot{a}_x^{(12)}=\ddot{a}_x-\frac{12-1}{2\times12}=\ddot{a}_x-\frac{11}{24}$$

(a) 式/(b) 式可得：

$$\frac{P_x}{P_x^{(12)}}=\frac{\ddot{a}_x^{(12)}}{\ddot{a}_x}=1-\frac{11}{24\ddot{a}_x}$$

又由例 7-4，有

$$\frac{1}{\ddot{a}_x}=P_x+d=\frac{1}{100}+0.02=0.03$$

故

$$100\ 000P_x^{(12)}=\frac{100\ 000P_x}{1-\frac{11}{24\ddot{a}_x}}\approx\frac{1\ 000}{0.986}\approx1\ 014(元)$$

所以每月净保费为：

$$\frac{100\ 000P_x^{(m)}}{12}\approx84(元)$$

由本例可见，每月一次缴费的年缴净保费大于每年一次缴费的年缴净保费，即每月缴费之和多于每年初一次性的缴费。

一年 m 次缴费各类寿险年缴净保费的计算公式如表 7－2 所示。m 通常取 2、4 或者 12，分别表示半年、每季或者每月一次缴费。

表 7－2　一年 m 次缴费各类寿险年缴净保费

保险种类	寿险死亡年年末赔付	寿险死亡时赔付
终身寿险	$P_x^{(m)}=\dfrac{A_x}{\ddot{a}_x^{(m)}}$	$P^{(m)}(\bar{A}_x)=\dfrac{\bar{A}_x}{\ddot{a}_x^{(m)}}$
t 年缴费的终身寿险	${}_tP_x^{(m)}=\dfrac{A_x}{\ddot{a}_{x:\overline{t}\rvert}^{(m)}}$	${}_tP^{(m)}(\bar{A}_x)=\dfrac{\bar{A}_x}{\ddot{a}_{x:\overline{t}\rvert}^{(m)}}$
n 年缴费的 n 年定期寿险	$P_{x:\overline{n}\rvert}^{1\,(m)}=\dfrac{A_{x:\overline{n}\rvert}^{1}}{\ddot{a}_{x:\overline{n}\rvert}^{(m)}}$	$P^{(m)}(\bar{A}_{x:\overline{n}\rvert}^{1})=\dfrac{\bar{A}_{x:\overline{n}\rvert}^{1}}{\ddot{a}_{x:\overline{n}\rvert}^{(m)}}$
t 年缴费的 n 年定期寿险	${}_tP_{x:\overline{n}\rvert}^{1\,(m)}=\dfrac{A_{x:\overline{n}\rvert}^{1}}{\ddot{a}_{x:\overline{t}\rvert}^{(m)}}$	${}_tP^{(m)}(\bar{A}_{x:\overline{n}\rvert}^{1})=\dfrac{\bar{A}_{x:\overline{n}\rvert}^{1}}{\ddot{a}_{x:\overline{t}\rvert}^{(m)}}$
n 年缴费的 n 年两全保险	$P_{x:\overline{n}\rvert}^{(m)}=\dfrac{A_{x:\overline{n}\rvert}}{\ddot{a}_{x:\overline{n}\rvert}^{(m)}}$	$P^{(m)}(\bar{A}_{x:\overline{n}\rvert})=\dfrac{\bar{A}_{x:\overline{n}\rvert}}{\ddot{a}_{x:\overline{n}\rvert}^{(m)}}$
t 年缴费的 n 年两全保险	${}_tP_{x:\overline{n}\rvert}^{(m)}=\dfrac{A_{x:\overline{n}\rvert}}{\ddot{a}_{x:\overline{t}\rvert}^{(m)}}$	${}_tP^{(m)}(\bar{A}_{x:\overline{n}\rvert})=\dfrac{\bar{A}_{x:\overline{n}\rvert}}{\ddot{a}_{x:\overline{t}\rvert}^{(m)}}$

对延期生存年金来说，当年金在期首支付时，一年 m 次缴费的年缴净保费为：

$$P^{(m)}({}_{n|}\ddot{a}_x)=\frac{{}_{n|}\ddot{a}_x}{\ddot{a}_{x:\overline{n}\rvert}^{(m)}} \tag{7.16}$$

当年金在期末支付时，有

$$P^{(m)}({}_{n|}a_x)=\frac{{}_{n|}a_x}{\ddot{a}_{x:\overline{n}\rvert}^{(m)}} \tag{7.17}$$

对于

$$P_x^{(m)}=\frac{A_x}{\ddot{a}_x^{(m)}}$$

将 $\ddot{a}_x^{(m)}\approx\ddot{a}_x-\dfrac{m-1}{2m}$ 和 $\dfrac{1}{\ddot{a}_x}=P_x+d$ 代入，可得：

$$\begin{aligned}P_x^{(m)}&\approx\frac{A_x}{\ddot{a}_x-\dfrac{m-1}{2m}}\\&=\frac{P_x}{1-\dfrac{m-1}{2m}\times(P_x+d)}\end{aligned}$$

等式右边的分母小于 1，故 $P_x^{(m)}>P_x$，这也证明了一年 m 次缴费方式的年缴净保费 $P_x^{(m)}$ 比每年一次缴费的年缴净保费 P_x 大。这可以从两种情况下保险人收取保费的多少和快慢不同得到解释。对保险公司来说，把一年分成 m 个相等的区间，在每个区间初缴付保费比在一年初缴付保费平均来说推迟一段时间。这使保险人应得的利息收入减少，从而被保险人应该缴纳更多的保费来补偿这种损失。另外，一年 m 次缴费方式在被保险人死亡后的一年其余区间不再缴费，而年缴保费方式却在死亡年年初缴付了全部一年的保费。为了得到相同的保险金，一年 m 次缴费方式必须缴更多的保险费。

【例 7-9】 某男性在 30 岁时投保养老年金保险，保险契约规定：如果被保险人存活到 60 岁，则确定给付 10 年年金；若被保险人在 60～69 岁死亡，由其指定的受益人继续领取，直到领满 10 年为止；如果被保险人在 70 岁仍然存活，则从 70 岁起以生存为条件得到年金。如果年金每年年初支付一次，一次支付 6 000 元，预定利率为 2.5%，保险费在 30 年内缴付，每月一次，根据中国人身保险业经验生命表（2010—2013）养老类业务表（男）的资料，计算每月净保费。

【解】 设每月均衡净保费为 $P^{(12)}$，有

$$12P^{(12)}=6\,000\times(\ddot{a}_{\overline{10}|}+{}_{10|}\ddot{a}_{60})\times\frac{{}_{30}E_{30}}{\ddot{a}^{(12)}_{30:\overline{30}|}}$$

在例 6-9 中已算出：

$$6\,000\times(\ddot{a}_{\overline{10}|}+{}_{10|}\ddot{a}_{60})\times{}_{30}E_{30}=51\,673.12(\text{元})$$

而

$$\ddot{a}^{(12)}_{30:\overline{30}|}\approx\ddot{a}_{30:\overline{30}|}-\frac{11}{24}\times(1-{}_{30}E_{30})$$

由例 7-7 知：

$$\ddot{a}_{30:\overline{30}|}=21.193$$

有

$$\begin{aligned}\ddot{a}^{(12)}_{30:\overline{30}|}&=21.193-\frac{11}{24}\times\left(1-\frac{D_{60}}{D_{30}}\right)\\&=21.193-\frac{11}{24}\times\left(1-\frac{214\,432.87}{473\,307.79}\right)\\&=20.942\end{aligned}$$

故

$$12P^{(12)}=\frac{51\,673.12}{20.942}=2\,467.4(\text{元})$$

$$P^{(12)}=205.62(\text{元})$$

也就是说，每月缴费为 205.62 元。

六、退还保费保单的净保费

在保险实践中，有些保单规定在被保险人死亡时退还过去已缴净保费的累积，这种退还通常有两种不同的规定：一种是不计利息退还过去已缴净保费的累积；一种是以规定的利息累积退还过去已缴净保费部分。在这两种情况下，保险赔付额都是随被保险人死亡时间变动的变量。下面举例说明不同情况下退还保费保单的净保费计算。

【例 7-10】 对（x）的 n 年定期寿险，如果被保险人在保险期内死亡，除了赔付 10 000 元外，还要退还过去已缴净保费的累积。假设保险赔付在死亡年年末，保险费每年缴付一次，n 年付清。计算下面两种情况的年缴均衡净保费。

（1）退还的保费部分不计利息。

（2）退还的保费部分以不同于保单预定利率 i 的利率 j 复利累积。

（3）退还的保费部分以保单定价时的预定利率复利累积。

【解】(1) 设每年的净保费为 P，如果退还的保费不计息，那么在被保险人死亡年年末退还的保费部分是过去已缴净保费的累加，其给付以被保险人死亡为条件。因此，这就构成一个定期递增的寿险，其收支平衡式为：

$$P\ddot{a}_{x:\overline{n}|}=10\ 000A^{1}_{x:\overline{n}|}+P(IA)^{1}_{x:\overline{n}|}$$

$$P=\frac{10\ 000A^{1}_{x:\overline{n}|}}{\ddot{a}_{x:\overline{n}|}-(IA)^{1}_{x:\overline{n}|}}$$

(2) 如果退还的保费部分以利率 j 计息，退还保费部分的给付额是一个随被保险人死亡时间变动的年金终值，即

$$b_{k+1}=P\ddot{s}_{\overline{k+1}|j}$$

则其现值变量为：

$$W=\begin{cases}v^{k+1}P\ddot{s}_{\overline{k+1}|j} & 0\leqslant k<n\\ 0 & k\geqslant n\end{cases}$$

精算现值为：

$$\begin{aligned}E(W)&=E(v^{k+1}P\ddot{s}_{\overline{k+1}|j})\\&=P\sum_{k=0}^{n-1}v^{k+1}\times\ddot{s}_{\overline{k+1}|j}\times{}_{k|}q_x\end{aligned}$$

收支平衡式为：

$$P\ddot{a}_{x:\overline{n}|}=10\ 000A^{1}_{x:\overline{n}|}+P\sum_{k=0}^{n-1}v^{k+1}\times\ddot{s}_{\overline{k+1}|j}\times{}_{k|}q_x$$

故

$$P=\frac{10\ 000A^{1}_{x:\overline{n}|}}{\ddot{a}_{x:\overline{n}|}-\sum\limits_{k=0}^{n-1}v^{k+1}\times\ddot{s}_{\overline{k+1}|j}\times{}_{k|}q_x}$$

(3) 如果退还保费的累计利率等于预定利率，此时 (2) 中的 $E(W)$ 变为：

$$\begin{aligned}E(W)&=PE(v^{k+1}\ddot{s}_{\overline{k+1}|})\\&=PE(\ddot{a}_{\overline{k+1}|})\\&=P\sum_{k=0}^{n-1}\ddot{a}_{k+1}\times{}_{k|}q_x\\&=P\sum_{k=0}^{n-1}\frac{1-v^{k+1}}{d}\times{}_{k|}q_x\\&=\frac{P}{d}\left({}_nq_x-A^{1}_{x:\overline{n}|}\right)\\&=\frac{P}{d}\left(1-{}_np_x-A_{x:\overline{n}|}+v^n\times{}_np_x\right)\\&=P\left(\ddot{a}_{x:\overline{n}|}-{}_np_x\times\ddot{a}_{\overline{n}|}\right)\\&=P\left(\ddot{a}_{x:\overline{n}|}-{}_nE_x\ddot{s}_{\overline{n}|}\right)\end{aligned}$$

因此，收支平衡式为：

$$P\ddot{a}_{x:\overline{n}|}=10\ 000A^{1}_{x:\overline{n}|}+P\left(\ddot{a}_{x:\overline{n}|}-{}_nE_x\ddot{s}_{\overline{n}|}\right)$$

$$P=\frac{10\ 000A^{1}_{x:\overline{n}|}}{{}_nE_x\ddot{s}_{\overline{n}|}}$$

这个例子给出了对（x）的 n 年定期寿险（当赔付额 $b_{k+1}=P\ddot{s}_{\overline{k+1}|}$ 时）精算现值的计算公式，即

$$E(v^{k+1}\ddot{s}_{\overline{k+1}|})=\ddot{a}_{x:\overline{n}|}-{}_nE_x\ddot{s}_{\overline{n}|}$$

【例 7-11】对（x）的从 $x+n$ 岁起每年 1 单位元生存年金，保险费在 n 年内每年缴纳一次。如果被保险人在 n 年内死亡，则退还过去已缴净保费的累积，计算年缴净保费。

【解】根据上例的结果，这里的收支平衡式为：

$$P\ddot{a}_{x:\overline{n}|}=P(\ddot{a}_{x:\overline{n}|}-{}_nE_x\ddot{s}_{\overline{n}|})+{}_{n|}\ddot{a}_x$$

$$P=\frac{\ddot{a}_{x+n}}{\ddot{s}_{\overline{n}|}}$$

第三节 总保费

在保险精算实务中，传统的总保费计算方法是将总保费分解为净保费和附加保费两部分。在净保费上加上补偿费用和预防不利偏差的附加保费，从而形成总保费，这种方法称为净保费加成法。随着精算技术和计算机技术的发展，考虑更多未来变动因素的现金流量法开始使用。在这种方法下，保费不需要分解为净保费和附加保费，而是按照满足未来赔付或给付、费用、退保、税金、红利等所有可能支出并获得合理利润的原则，根据对未来现金流量的预测确定。

一、净保费加成法

净保费加成法是传统的保险定价方法，通过建立未来赔付和费用支出现值与未来总保费现值相等的平衡公式来计算保费。该方法类似于净保费的计算方法，只不过收支平衡关系的一边为总保费现值，另一边为保单所承诺的赔付现值与费用和支出现值之和。期望收支平衡式如下：

净保费精算现值＝保险给付精算现值

总保费精算现值＝净保费精算现值＋附加保费精算现值

依据附加保费的不同形式，净保费加成法可以分为固定比例法、变动比例法和三元素法几种。

（一）固定比例法

固定比例法是最简单的净保费加成法，在这种方法下，附加保费被简单假设为总保费的固定比例。如果设附加费用是总保费的 e 比例，P 为净保费，G 为总保费，有

$$G(1-e)=P$$

$$G=\frac{P}{1-e} \tag{7.18}$$

例如，某年龄投保 1 000 元终身寿险的纯保费为 170 元。如果附加保费占总保费的 40%，此时的总保费为 283 元（$=\frac{170}{1-40\%}$）。

固定比例法的优点是易于计算，缺点是对附加保费比例 e 的估计比较主观，没有考虑到各年费用的差异和各项费用性质的差异。

（二）变动比例法

与固定比例法相比，变动比例法考虑了各年费用的差异，并根据情况对不同年度采用了不同的附加费用率。

以 h 年（$h>5$）限期缴费的终身寿险为例，假设被保险人的投保年龄为 x，保险金在死亡年年末给付，首年附加费用率为 e_1，第 2～3 年为 e_2，第 4～5 年为 e_3，第 5 年以后为 e_4，总保费为 G，均衡净保费为 P，则有

$$P\ddot{a}_{x:\overline{h}|}=A_x$$

$$G\ddot{a}_{x:\overline{h}|}=A_x+e_1G+e_2G_{1|}\ddot{a}_{x:\overline{2}|}+e_3G_{3|}\ddot{a}_{x:\overline{2}|}+e_4G_{5|}\ddot{a}_{x:\overline{h-5}|} \tag{7.19}$$

这种方法的计算也相对简单，但没有考虑各项费用性质的差异。

【例 7-12】接续例 7-2，假设附加保费占总保费的比例分布如下：第 1 年为 50%，第 2～3 年为 30%，第 4～5 年为 20%，第 5 年后为 10%，求年缴总保费。

【解】在例 7-2 中已算得：

$$\ddot{a}_{x:\overline{10}|}=\sum_{k=0}^{9}{}_kE_x$$
$$\approx 8.41$$

$$100\,000A^{\;1}_{x:\overline{10}|}=100\,000P\ddot{a}_{x:\overline{h}|}$$
$$\approx 8\,530(\text{元})$$

由（7.19）式，有

$$100\,000G\,(\ddot{a}_{x:\overline{10}|}-e_1-e_2\times{}_{1|}\ddot{a}_{x:\overline{2}|}-e_3\times{}_{3|}\ddot{a}_{x:\overline{2}|}-e_4\times{}_{5|}\ddot{a}_{x:\overline{5}|})$$
$$=100\,000P\ddot{a}_{x:\overline{10}|}$$
$$=100\,000G\times(8.41-0.5-0.3\times{}_{1|}\ddot{a}_{x:\overline{2}|}-0.2\times{}_{3|}\ddot{a}_{x:\overline{2}|}-0.1\times{}_{5|}\ddot{a}_{x:\overline{5}|})$$
$$=8\,530(\text{元})$$

还可以算得：

$$\ddot{a}_{x:\overline{1}|}=1$$
$$\ddot{a}_{x:\overline{3}|}\approx 2.88$$
$$\ddot{a}_{x:\overline{5}|}\approx 4.63$$

由公式

$${}_{n|}\ddot{a}_{x:\overline{m}|}=\ddot{a}_{x:\overline{n+m}|}-\ddot{a}_{x:\overline{n}|}$$

可得：

$${}_{1|}\ddot{a}_{x:\overline{2}|}\approx 1.88$$
$${}_{3|}\ddot{a}_{x:\overline{2}|}\approx 1.74$$
$${}_{5|}\ddot{a}_{x:\overline{5}|}\approx 3.79$$

$$100\,000G=\frac{8\,530}{8.41-0.5-0.3\times{}_{1|}\ddot{a}_{x:\overline{2}|}-0.2\times{}_{3|}\ddot{a}_{x:\overline{2}|}-0.1\times{}_{5|}\ddot{a}_{x:\overline{5}|}}$$
$$\approx 1\,289(\text{元})$$

所以，年缴净保费为 1 014 元，年缴总保费为 1 289 元。

（三）三元素法

最典型的传统定价方法是三元素法。这种方法将附加保费分为新契约费用、收费费用和管理费用三类。假设新契约费用为α；收费费用发生在缴费期，为总保费的β比例；管理费用发生在保单有效的整个合同期，为保额的γ比例。α、β、γ的确定依据公司过去的经验。

以h年限期缴费终身寿险为例，假设被保险人的投保年龄为x，保险金在死亡年年末给付，总保费为G，均衡净保费为P，有

$$P\ddot{a}_{x:\overline{h|}}=A_x$$

$$G\ddot{a}_{x:\overline{h|}}=P\ddot{a}_{x:\overline{h|}}+\alpha+\beta G\ddot{a}_{x:\overline{h|}}+\gamma\ddot{a}_x \tag{7.20}$$

如果分别用γ和γ'表示保费缴付期和保费缴付结束后与保额成正比的保单维持管理费用率，并把与总保费成正比的外勤人员教育培训费用δ单独列出，此时，上式变为：

$$G\ddot{a}_{x:\overline{h|}}=P\ddot{a}_{x:\overline{h|}}+\alpha+(\beta+\delta)\ G\ddot{a}_{x:\overline{h|}}+\gamma\ddot{a}_{x:\overline{h|}}+\gamma'(\ddot{a}_x-\ddot{a}_{x:\overline{h|}}) \tag{7.21}$$

这种方法对附加保费进行了分类，但并没有区分理赔和给付费用以及每份保单固定的费用，也没有考虑到第二年后各年费用的差异，如代理人佣金等。

【例 7-13】某男性在 30 岁时购买了保险金额为 2 万元的终身寿险，他选择终身缴费、每年交付一次的保险费缴费方式。如果保单的费用采取表 7-3 列出的数额和结构，按中国人身保险业经验生命表（2010—2013）非养老类业务一表（男）的资料，计算年缴净保费和年缴总保费(假设利率$i=2.5\%$)。

表 7-3 费用分配表

分类	第一年			续年				
	每份	每千元	保费百分比（%）	每份	每千元	第 2～9 年	第 10～15 年	第 16 年以上
1. 新契约费用								
（1）销售费用								
佣金	—	—	50	—	—	5	5	3
销售事务	—		25	—	—	2.5	1.5	1
其他	12.5	4	—	—	—	—	—	—
（2）分类	18	0.5	—	—	—	—	—	—
（3）发行与记录	4	—	—	—	—	—	—	—
2. 维持费用	2	0.25	—	2	0.25	—	—	—
3. 营业费用								
（1）（2）（3）	4	0.25	—	4	0.25	—	—	—
（4）税金	—	—	3	—	—	2	2	2
小计	40.5	5	78	6	0.5	9.5	8.5	6
4. 给付费用	每份保单 18 元加上每千元费用 0.1 元							

【解】

(1) $\ddot{a}_{30}=\dfrac{N_{30}}{D_{30}}=27.744\ 41$

$$\bar{A}_{30}=\frac{i}{\delta}\times\frac{M_{30}}{D_{30}}=0.327\ 332$$

$$20\ 000P(\bar{A}_{30})=20\ 000\times\frac{\bar{A}_{30}}{\ddot{a}_x}=235.96(\text{元})$$

由此可见，年缴净保费为 235.96 元。

(2) $$G\ddot{a}_{30}=(20\,000+18+0.1\times20)\bar{A}_{30}+(40.5+5\times20+0.78G)+((6+0.5\times20)a_{30}+0.06Ga_{30}+0.025Ga_{30:\overline{14}|}+0.01Ga_{30:\overline{8}|})$$

上式可简化为：

$$G\times(\ddot{a}_{30}-0.78-0.06a_{30}-0.025a_{30:\overline{14}|}-0.01a_{30:\overline{8}|})=20\,020\bar{A}_{30}+16a_{30}+140.5$$

而

$$a_{30}=\ddot{a}_{30}-1=26.744\,41$$

$$a_{30:\overline{14}|}=\frac{N_{31}-N_{46}}{D_{30}}=12.276\,29$$

$$a_{30:\overline{8}|}=\frac{N_{31}-N_{39}}{D_{30}}=7.140\,96$$

$$G=\frac{20\,020\bar{A}_{30}+16a_{30}+140.5}{\ddot{a}_{30}-0.78-0.06a_{30}-0.025a_{30:\overline{14}|}-0.01a_{30:\overline{8}|}}=\frac{7\,121.591\,63}{24.981\,43}=285.08\text{（元）}$$

由此可见，总保费为 285.08 元。

净保费加成法的最大优点是计算较为简单。当给定定价的基本假设时，只需进行有限的计算，就很容易得到费率。对于简单的寿险产品以及在缺少有效的计算工具时，这种方法是有效的和可行的。但是，这种方法不考虑退保和保单失效，不考虑建立评估准备金的成本，也不进行保费对死亡率、伤残率、费用率、利率等因素的敏感性分析。因此，在比较发达的保险市场上，已经很少直接采用这种方法。

二、现金流量法

现金流量法是通过对一组保单未来保单年度预期收入和预期支出的估计，研究保单组随被保险人死亡、退保、分红、满期等的过程，并在一定的定价策略和利润目标下，给出保单的定价。

在现金流量法下，对一个保单组来说，年度收入为保单组的所有保费收入和投资收入，年度支出包括保险赔付、费用、退保、满期给付、红利、准备金增加额等，年度利润就是年度收入与年度支出的差，即

利润＝保费＋投资收入－费用－赔付支出－退保支出－红利－准备金增加　(7.22)

现金流量法比较复杂，涉及对准备金的评估和对利润目标的确定等，这些内容已超出保险精算原理的范围，有兴趣的读者可以参考保险精算实务的相关教材。

本章小结

保险费是投保人购买保险产品所支付的价格。从理论上说，保险费可以分为净保费和

附加保费两部分。附加保费依据公司的经验确定，通常分为新契约费用、管理费用和收费费用，不同的费用以不同的计量基础附加在净保费上。均衡净保费依据净保费现值等于保险赔付支出现值的平衡公式计算，不同险种在不同的缴费方式下，其净保费计算公式的形式不同。对于总保费的计算，传统上采取净保费加成法，也就是在净保费上加上补偿费用和预防不利偏差的附加保费，实践中有固定比例法、变动比例法和三元素法。随着精算技术和计算机技术的发展，考虑更多未来变动因素的现金流量法开始使用，现金流量法通过对未来现金流量的预测，在合理的利润目标下确定总保费。

练习题

7.1 某女性在 30 岁时投保了 30 年定期寿险。若她在投保后 10 年内死亡，死亡给付为10 000元；从 40 岁起，死亡给付逐年增加 5 000 元。假设 $i=2.5\%$，按中国人身保险业经验生命表（2010—2013）非养老类业务一表（女）的资料，计算 10 年限期缴费的年缴净保费。

7.2 某男性在 50 岁时投保了 20 000 元的终身寿险，假设 $i=2.5\%$，死亡赔付在死亡年年末进行。按中国人身保险业经验生命表（2010—2013）非养老类业务一表（男）的资料，试计算：

（1）终身缴费的年缴净保费。

（2）10 年限期缴费的年缴净保费。

7.3 某男性在 40 岁时投保了 20 年两全保险，保险金为 30 000 元，假设 $i=2.5\%$。如果保费在 10 年内每季缴付一次，按中国人身保险业经验生命表（2010—2013）非养老类业务二表（男）的资料，计算每季净保费。

7.4 某男性在 25 岁参加工作时投保了从他 60 岁退休开始领取的延期生存年金，保险金额为每月 2 000 元，假设 $i=2.5\%$。如果保险费从他 25 岁工作到 60 岁退休前按月缴付，按中国人身保险业经验生命表（2010—2013）养老类业务表（男）的资料，计算每月净保费。

7.5 某年金保险从被保险人达到 60 岁起每月支付 1 000 元，直到被保险人死亡为止。如果被保险人在 60 岁前死亡，则一次性给付 10 000 元，利率为 2.5%。如果某女性从 25 岁开始投保，保险费在 60 岁前每月缴付一次，按中国人身保险业经验生命表（2010—2013）养老类业务表（女）的资料，计算每月缴付的净保费。

7.6 如果某女性从 30 岁起每月存款 500 元建立个人账户，在 60 岁时，个人账户转换为每年支付一次的生存年金，利率为 2.5%。按中国人身保险业经验生命表（2010—2013）养老类业务表（女）的资料，试计算：

（1）年金每年的给付额。

（2）如果年金在 60～79 岁确定给付，80 岁后以生存为条件给付，求每年的给付额。

7.7 某 30 岁的男性投保金额为 10 000 元的终身寿险，缴费采用终身年缴的方式在年初缴付，死亡给付在死亡时进行。根据保险公司往年的经验，附加费用占净保费的比重为

10%，按中国人身保险业经验生命表（2010—2013）非养老类业务一表（男）的资料，计算总保费。

7.8　某30岁的男性投保金额为10 000元的终身寿险，采用5年缴清的方式，付款频率为每年一次，保险金在死亡时给付，保费年初缴付，首年附加费用率为20%，第2～3年附加费用率为15%，第4～5年附加费用率为10%。按中国人身保险业经验生命表（2010—2013）非养老类业务一表（男）的资料，计算总保费。

7.9　对（30）的男性1 000元3年定期寿险，于死亡年年末给付，保费在两年内每年缴一次。已知预定利率为2%，$q_{30}=0.02$，$q_{31}=0.03$，$q_{32}=0.04$，假设费用发生在保单年初，各年费用如下：

年份	每份保单（元）	每1 000元保额（元）	占总保费的比例
1	10	2.5	0.10
2	5	1.0	0.05
3	5	1.0	—

赔付处理费用发生在死亡年年末，每1 000元保额为10元。假设不考虑退保，按中国人身保险业经验生命表（2010—2013）非养老类业务一表（男）的资料，试计算每年的总保费。

7.10　某30岁的女性投保金额为10 000元的终身寿险，采用5年缴清的方式，付款频率为每年一次，保险金在死亡时给付，保费年初缴付。按中国人身保险业经验生命表（2010—2013）非养老类业务一表（女）的资料，依照三元素法计算总保费。其中，$\alpha=10\%$，$\beta=7\%$，$\gamma=6\%$。

第八章

责任准备金

保险公司发行保单、收取第一笔保费后，开始承担起保单承诺的赔付责任。在整个保险期内，保险公司收取的保费应该能够抵偿可能的赔付和费用支出，同时保险公司也要获得利润。但是，保费收入和赔付支出在时间和数额上是不一致的，保险公司必须把前期多余的保费积存起来，建立储备基金，用于将来保费收入不足赔付支出时的补偿。这种为未来给付责任而建立的储备基金就是给付责任准备金。

学习目标

- 了解保险责任准备金的意义和种类
- 掌握均衡净保费给付责任准备金的计算原理和方法
- 掌握修正的净保费责任准备金的计算原理和方法

第一节 准备金的意义和种类

一、准备金的意义

一般来说，准备金（reserve）就是为将来某项支出而预先留存的储备金。在人寿保险和年金保险中，当前期保费收入大于给付支出、后期保费收入小于给付支出时，需要把前期保费收入大于给付支出的部分积存起来，形成给付责任准备金，简称给付准备金或责任准备金，用于补足后期保费收入不足赔付支出的部分。人寿保险大多采取趸缴保费或定期内均衡保费方式，由于被保险人的死亡率随着年龄的增长而增加，相应的保险赔付支出随着已投保年数的增加而增大，保险公司需要在被保险人年轻时积累一定的准备金，以应对在被保险人年老时所需的更多赔付支出。

责任准备金是保险公司最大的一项负债，不是保险公司的收入，保险公司必须积累至少等于责任准备金和资本要求的资本，才可能保证履行到期保险责任。因此，准备金也就是将来给付支出现值与将来净保费收入现值之差。这样，在某一时点积累的准备金与将来净保费收入之和应该正好满足将来的给付支出。

准备金数额由准备金计算方法、相关的保险法律法规和会计实务标准等决定。在保险实践中，给付准备金的积累保证了保险公司的到期偿付能力。如果没有准备金要求，保险公司可能出售大量的保单，但由于没有保费积累支持，它们可能用将来陆续收取的保费收入应付赔付支出，这种方式不能保证对投保人的承诺，从而会损害投保人的利益。

二、准备金的种类

实践中，在不同的目的下，准备金的计算基础和计算方法有所不同。在美国，为保证保险公司的偿付能力，需要计算偿付能力准备金（solvency reserves）；为反映公司的收入和盈利情况，需要计算收益准备金（earnings reserves）；为了计算应税收入或税收，需要计算税收准备金（tax reserves）。这三种不同准备金的精算基础和计算方法有所不同。

（一）偿付能力准备金

偿付能力准备金是为确保保险公司的偿付能力必须提存的准备金，偿付能力是保险公司履行保险合同约定的赔偿或给付责任的能力。为了保障投保人的利益和保险业的稳健经营，各国保险监管部门的监管重心通常都放在偿付能力监管上。为了保护投保人的利益，确保在将来出现不利情形时保险公司的资产足以抵偿债务，偿付能力准备金的计算建立在保守的精算假设基础上，也就是建立在高估未来赔付或给付支出、高估未来费用支出、低估未来投资回报的基础上。与此同时，初年的大部分费用按实际发生额计算，不进行分摊。这样很可能产生偿付能力准备金的数额超过由初年保费收入扣减费用、赔付后的净现金流产生的资产，使新业务越多，产生的资产与负债的差距越大。尽管新业务会为保险公司的经营带来未来利润，但保险公司很可能因新业务的增加而面临偿付能力不足。

（二）收益准备金

为了在公平交易的市场上给投资者提供一个可以与其他行业进行比较的收益水平测量，需要测算保险公司在一定时期内的收益水平。收益的最基本定义是一定时期内收入与支出（或费用）之差。在保险公司，收入主要来源于保费收入和投资收入，支出主要是保险赔付、展业费用、维持费用以及为未来的赔付责任逐年提存的准备金等，用公式可表示为：

收益＝保费收入＋投资收入－保险赔付－展业费用－维持费用－准备金提存

如果这里的准备金采用建立在谨慎和保守假设基础上的偿付能力准备金，并且大部分展业费用按实际发生额扣减，此时公司的收益将因较高的准备金提存而被低估；与此同时，直接扣减大部分展业成本，会使公司因新业务的增长而出现亏损，并且新业务增长越快，收益缩减越大；反之，在公司失去部分市场份额后，收益反而会增加。由此可见，以偿付能力准备金估计的收益与公司的业务增长呈反向变动，不能反映公司当前和未来的实际收益。

为了能在公平合理的基础上提供一个收益的衡量，需要在现实的假设下估计准备金；与此同时，把大部分初年展业成本分摊在以后的保单年度，使保险公司的收益在未来的保单年度合理分配，这种准备金就是收益准备金。

（三）税收准备金

税收准备金是为计算应税收入或应税收益而计算的准备金。从前面收益的计算公式来看，准备金提存直接影响收益的大小，将收入扣减支出和税收准备金就成为应税收入。由于偿付能力准备金是保险公司必须向保险监管机构报送的准备金数额，其数额容易得到也易于管理，因此国际上很多国家的税收准备金等于偿付能力准备金。由于偿付能力准备金建立在保守的假设基础上，其数额相应较大，导致以偿付能力准备金估计的应税收入相应较低，从而也起到了税收优惠的作用。还有一些国家，为了增强对保险公司的减免税或者为了提高对保险公司的征税，其税收准备金可能比偿付能力准备金更高或更低。

第二节 均衡净保费责任准备金

由于净保费是保险给付金的来源，责任准备金的提存和计算以净保费为依据。在保险契约成立时，净保费的现值等于保险金的现值；在保险契约终止时，净保费的终值等于保险金的终值。但在保险期的任意时点，保险人已收取的净保费和已支付的保险金不等，未来需要支付的保险金与未来将收入的净保费不等。从未来看，责任准备金是保险人未来的净责任，可用未来给付金的现值减去未来净保费的现值来衡量；从过去看，它是保险人过去净保费收入大于赔付支出的部分，可用过去净保费终值减去过去给付的保险金终值计算。相应地，净保费责任准备金的计算方法也有将来法和过去法两种。

一、将来法

【引例 8-1】假设有 100 名 40 岁的男性同时投保 1 000 元 5 年定期寿险，保费在 5 年内均衡缴付。设预定利率为 2.5%，预定死亡率采用中国人身保险业经验生命表（2010—2013）非养老类业务一表（男）的资料。此时，每个人的年缴均衡净保费为：

$$P=1\ 000\times\frac{M_{40}-M_{45}}{N_{40}-N_{45}}=1\ 000\times\frac{147\ 568.88-144\ 221.94}{8\ 845\ 361.27-7\ 121\ 396.14}$$

$$=1.941\ 420(\text{元})$$

假设保费缴付在保单年初进行，保险赔付在保单年末进行，不考虑费用、退保和分红等。这样，按照预定死亡率表中的数据，可以计算出未来 5 年内的预期净保费收入和预期赔付支出，如表 8-1 所示。

表 8－1　引例 8－1 中的预期净保费收入和预期赔付支出

保单年 t (1)	人均净保费（元） (2)	年初存活人数 (3)	净保费收入（元） (4) ＝(2)×(3)	年末净保费收入（元） (5) ＝(4)×1.025	死亡人数 (6)	赔付支出（元） (7) ＝1 000×(6)	年末收支差（元） (8) ＝(5)－(7)
1	1.94	100	194.14	199.00	0.17	165.10	33.90
2	1.94	99.83	193.82	198.67	0.18	180.10	18.56
3	1.94	99.65	193.47	198.31	0.20	197.12	1.19
4	1.94	99.46	193.09	197.92	0.22	216.12	－18.20
5	1.94	99.24	192.67	197.49	0.24	237.49	－40.00
6	0	99.00	0	0	—	—	—

注：表中数据仅保留了两位小数，但在计算过程中使用了更精确的数字，因而按表头中的公式计算的数字与表中数字略有出入。

从表中数据可见，保险公司在经营这一定期寿险时，在前面若干年内，当年净保费收入大于当年保险赔付支出，净保费有结余。从第 4 年起，当年净保费收入不足当年保险赔付支出，为了保证赔付，必须动用过去积累的责任准备金。责任准备金的数额正是保证未来赔付支出超出未来净保费收入的金额。这样，责任准备金与未来净保费收入和给付支出有下面的关系：

某时点的责任准备金＋未来净保费收入现值＝未来赔付支出现值

即

某时点的责任准备金＝未来赔付支出现值－未来净保费收入现值

在引例中，未来净保费收入和赔付支出现金流如图 8－1 所示：

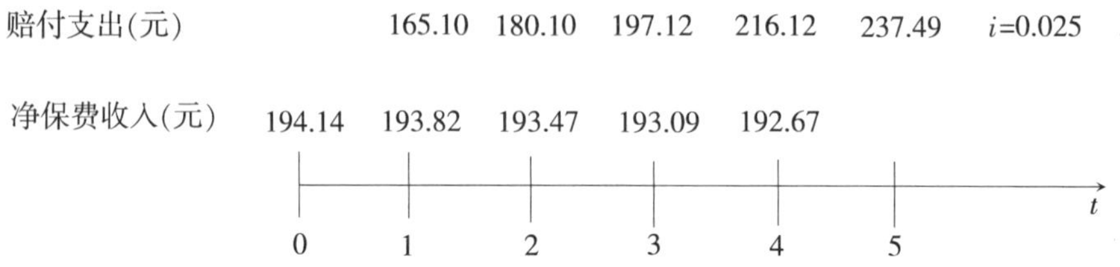

图 8－1　净保费收入和赔付支出现金流

依据上面的现金流，可以计算净保费收入和赔付支出的现值以及各年的责任准备金。例如，在第 1 年末，有

$$未来赔付支出现值=\frac{180.10}{1.025}+\frac{197.12}{1.025^2}+\frac{216.12}{1.025^3}+\frac{237.49}{1.025^4}$$

$$=779.17(元)$$

$$未来净保费收入现值=193.82+\frac{193.47}{1.025}+\frac{193.09}{1.025^2}+\frac{192.67}{1.025^3}$$

$$=745.27(元)$$

$$第\ 1\ 年末的责任准备金=779.17-745.27=33.90(元)$$

$$第\ 1\ 年末人均责任准备金=\frac{33.90}{99.83}=0.339\,577(元)$$

第 2 年末，有

$$未来赔付支出现值=\frac{197.12}{1.025}+\frac{216.12}{1.025^2}+\frac{237.49}{1.025^3}=618.55(元)$$

$$未来净保费收入现值=193.47+\frac{193.09}{1.025}+\frac{192.67}{1.025^2}=565.23(元)$$

$$第2年末的责任准备金=618.55-565.23=53.32(元)$$

$$第2年末人均责任准备金=\frac{53.32}{99.65}=0.535\ 073(元)$$

人均责任准备金正是每份有效保单需要积存的准备金数额。

(一) 终身寿险

一般来说，将来法给付准备金等于未来给付精算现值与未来净保费精算现值之差。对于 (x) 的 1 单位元终身寿险，假设保费每年缴付一次、终身缴付，并假设死亡赔付在死亡年年末进行。此时，年缴净保费为 $P_x=\frac{A_x}{\ddot{a}_x}$，在投保后第 k 年末，未来给付的精算现值为 A_{x+k}，未来净保费的精算现值为 $P_x\ddot{a}_{x+k}$，k 年末的责任准备金用 ${}_kV_x$ 表示，有

$$ {}_kV_x=A_{x+k}-P_x\ddot{a}_{x+k} \tag{8.1}$$

【例 8-1】某男性在 40 岁时投保 1 000 元终身寿险，保费在每年初均衡缴付。设预定利率为2.5%，预定死亡率采用中国人身保险业经验生命表（2010—2013）非养老类业务一表（男）的资料，用将来法计算各年的责任准备金。

【解】依题意，年缴均衡净保费为：

$$1\ 000P_{40}=1\ 000\times\frac{M_{40}}{N_{40}}=1\ 000\times\frac{147\ 568.88}{8\ 845\ 361.27}=16.68(元)$$

各年末的未来赔付现值、未来净保费现值以及责任准备金如表 8-2 所示。其中，A_{40+k} 为未来赔付现值；$P_{40}\times\ddot{a}_{40+k}$ 为未来净保费现值；${}_kV$ 为 k 年末责任准备金。

表 8-2　例 8-1 中的责任准备金

保单 k 年末	未来赔付 k 年末现值（元）A_{40+k}	未来净保费 k 年末现值（元）$P_{40}\times\ddot{a}_{40+k}$	k 年末责任准备金（元）${}_kV$
0	406.18	406.18	0.00
1	415.37	399.89	15.47
2	424.72	393.50	31.21
3	434.21	387.00	47.21
4	443.86	380.41	63.46
5	453.65	373.71	79.94
10	504.55	338.89	165.65
15	558.64	301.89	256.75
20	616.56	262.28	354.28
30	737.02	179.88	557.14
40	839.32	109.91	729.42
50	909.37	61.99	847.38
60	950.40	33.93	916.48

从例 8-1 可以看出，对于每个投保终身寿险的被保险人来说，在保单刚成立时，责任准备金是 0，此时未来净保费的现值正好等于未来保险赔付的现值。随着保单年度的增

长，被保险人的死亡概率也随之增长，为了保证保险公司的赔付，保险公司要提存的责任准备金越来越多。

如果终身寿险的保险费在 h 年内缴清，k 年末的责任准备金用 ${}_k^hV_x$ 表示。k 年末的未来保费缴付期为 $h-k$，当 $k<h$ 时，未来净保费现值为 ${}_hP_x\times\ddot{a}_{x+k:\overline{h-k|}}$；当 $k\geqslant h$ 时，未来净保费现值为 0。因此，有

$$\begin{cases}{}_k^hV_x=A_{x+k}-{}_hP_x\,\ddot{a}_{x+k:\overline{h-k|}} & k<h\\ {}_k^hV_x=A_{x+k} & k\geqslant h\end{cases}\tag{8.2}$$

【例 8-2】 某男性在 40 岁时投保 1 000 元终身寿险，保费在前 5 年内每年初均衡缴付。设预定利率为 2.5%，预定死亡率采用中国人身保险业经验生命表（2010—2013）非养老类业务一表（男）的数据，计算各年的责任准备金。

【解】 依题意，年缴均衡净保费为：

$$1\,000\,{}_5P_{40}=1\,000\times\frac{M_{40}}{N_{40}-N_{45}}=1\,000\times\frac{147\,568.88}{8\,845\,361.27-7\,121\,396.14}$$
$$=85.60(\text{元})$$

各年末的未来赔付现值、未来净保费现值以及责任准备金如表 8-3 所示。其中，A_{40+k} 为未来赔付现值；${}_5P_{40}\times\ddot{a}_{40+k:\overline{5-k|}}$ 为未来净保费现值；${}_k^5V_{40}$ 为 k 年末责任准备金。

表 8-3 例 8-2 中的责任准备金

保单 k 年末	未来赔付 k 年末现值（元）A_{40+k}	未来净保费 k 年末现值（元）${}_5P_{40}\times\ddot{a}_{40+k:\overline{5-k|}}$ （$k<5$）	k 年末责任准备金（元）${}_k^5V_{40}$
0	406.18	406.18	0.00
1	415.37	329.22	86.15
2	424.72	250.16	174.56
3	434.21	168.97	265.24
4	443.86	85.60	358.26
5	453.65	0.00	453.65
10	504.55	0.00	504.55
20	616.56	0.00	616.56
30	737.02	0.00	737.02

由于保费在 5 年内缴付，5 年后的责任准备金正好等于未来赔付现值；或者说，保险公司需要计提的责任准备金正是被保险人未来死亡需要赔付的支出部分。

如果保费一年缴付 m 次，此时终身寿险终身缴费的 k 年末责任准备金可以用 ${}_kV_x^{(m)}$ 表示：

$${}_kV_x^{(m)}=A_{x+k}-P_x^{(m)}\ddot{a}_{x+k}^{(m)}\tag{8.3}$$

如果终身寿险限期在 h 年缴费，则 k 年末的责任准备金可以用 ${}_k^hV_x^{(m)}$ 表示：

$$\begin{cases}{}_k^hV_x^{(m)}=A_{x+k}-{}_hP_x^{(m)}\ddot{a}_{x+k:\overline{h-k|}}^{(m)} & k<h\\ {}_k^hV_x=A_{x+k} & k\geqslant h\end{cases}\tag{8.4}$$

如果终身寿险在死亡时赔付，相应的 k 年末保险金现值变成 $\bar{A}_{x+k}$。对每年一次的终身缴费寿险，责任准备金可相应表示为 ${}_kV(\bar{A}_x)$，即

$${}_kV(\bar{A}_x)=\bar{A}_{x+k}-P(\bar{A}_x)\;\ddot{a}_{x+k}\tag{8.5}$$

如果保险费每年一次、h 年限期缴清，那么 k 年末的准备金 ${}_k^hV(\bar{A}_x)$ 为：

$$\begin{cases} {}_k^hV(\overline{A}_x)=\overline{A}_{x+k}-{}_hP(\overline{A}_x)\ddot{a}_{x+k:\overline{h-k}|} & k<h \\ {}_k^hV(\overline{A}_x)=\overline{A}_{x+k} & k\geqslant h \end{cases} \tag{8.6}$$

（二）定期寿险

定期寿险给付准备金的计算公式与终身寿险类似，对（x）的 1 单位元死亡年年末赔付 n 年定期寿险，如果保险费每年一次、n 年缴清，那么 k 年末的责任准备金为：

$$_kV^1_{x:\overline{n}|}=A^{\ 1}_{x+k:\overline{n-k}|}-P^1_{x:\overline{n}|}\ddot{a}_{x+k:\overline{n-k}|} \tag{8.7}$$

【例 8-3】张先生在 40 岁时投保了 20 年定期寿险，保险金额为 1 000 元。若保险费年缴一次、20 年缴清，预定利率为 2.5%，根据中国人身保险业经验生命表（2010—2013）非养老类业务一表（男）的资料，求投保第 10 年末的责任准备金。

【解】依题意，需要先求出年缴保费 $P^1_{40:\overline{20}|}$，即

$$\begin{aligned} 1\ 000P^1_{40:\overline{20}|} &= \frac{1\ 000A^1_{40:\overline{20}|}}{\ddot{a}_{40:\overline{20}|}} \\ &= \frac{1\ 000\times(M_{40}-M_{60})}{N_{40}-N_{60}} \\ &= \frac{1\ 000\times(147\ 568.88-125\ 173.71)}{8\ 845\ 361.27-3\ 191\ 685.80} \\ &= 3.96(\text{元}) \end{aligned}$$

依（8.7）式，有

$$\begin{aligned} 1\ 000\,{}_{10}V^1_{40:\overline{20}|} &= 1\ 000A^1_{50:\overline{10}|}-{}_{10}P^1_{40:\overline{20}|}\times\ddot{a}_{50:\overline{10}|} \\ &= \frac{1\ 000\times(M_{50}-M_{60})}{D_{50}}-P^1_{40:\overline{20}|}\times\frac{N_{50}-N_{60}}{D_{50}} \\ &= \frac{1\ 000\times(139\ 492.93-125\ 173.71)}{276\ 470.95} \\ &\quad -3.96\times\frac{5\ 616\ 098.78-3\ 191\ 685.80}{276\ 470.95} \\ &= 17.07(\text{元}) \end{aligned}$$

如果保费在 h 年内缴付（$h<n$），那么 k 年末的责任准备金为：

$$\begin{cases} {}_k^hV^1_{x:\overline{n}|}=A^{\ 1}_{x+k:\overline{n-k}|}-{}_hP^1_{x:\overline{n}|}\ddot{a}_{x+k:\overline{h-k}|} & k<h \\ {}_k^hV^1_{x:\overline{n}|}=A^{\ 1}_{x+k:\overline{n-k}|} & k\geqslant h \end{cases} \tag{8.8}$$

【例 8-4】王先生在 40 岁时投保了 20 年定期寿险，保险金额为 10 000 元。若保险费限期 10 年缴清，预定利率为 2.5%，依据中国人身保险业经验生命表（2010—2013）非养老类业务一表（男）的资料，试计算：

（1）投保第 5 年末的责任准备金。

（2）投保第 15 年末的责任准备金。

（3）投保第 20 年末的责任准备金。

【解】（1）

$$\begin{aligned} 10\ 000\,{}_{10}P^1_{40:\overline{20}|} &= \frac{10\ 000A^1_{40:\overline{20}|}}{\ddot{a}_{40:\overline{10}|}} \\ &= \frac{10\ 000\times(M_{40}-M_{60})}{N_{40}-N_{50}} \end{aligned}$$

$$=\frac{10\ 000\times(147\ 568.88-125\ 173.71)}{8\ 845\ 361.27-5\ 616\ 098.78}$$

$$=69.35(\text{元})$$

$$\begin{aligned}10\ 000\,{}_{5}^{10}V_{40:\overline{20|}}^{1}&=10\ 000A_{45:\overline{15|}}^{1}-10\ 000\,{}_{10}P_{40:\overline{20|}}^{1}\times\ddot{a}_{45:\overline{5|}}\\&=\frac{10\ 000\times(M_{45}-M_{60})}{D_{45}}-10\ 000\,{}_{10}P_{40:\overline{20|}}^{1}\times\frac{N_{45}-N_{50}}{D_{45}}\\&=\frac{10\ 000\times(144\ 221.94-125\ 173.71)}{317\ 914.53}\\&\quad-69.35\times\frac{7\ 121\ 396.14-5\ 616\ 098.78}{317\ 914.53}\\&=270.80(\text{元})\end{aligned}$$

（2）

$$\begin{aligned}10\ 000\,{}_{15}^{10}V_{40:\overline{20|}}^{1}&=10\ 000A_{55:\overline{5|}}\\&=\frac{10\ 000\times(M_{55}-M_{60})}{D_{55}}\\&=\frac{10\ 000\times(133\ 100.95-125\ 173.71)}{238\ 257.02}\\&=332.72(\text{元})\end{aligned}$$

（3）$10\ 000\,{}_{10}^{20}V_{40:\overline{20|}}^{1}=0(\text{元})$

如果保费在 h 年内缴付（$h<n$），一年 m 次，那么 k 年末的责任准备金为：

$$\begin{cases}{}_{k}^{h}V_{x:\overline{n|}}^{1\,(m)}=A_{x+k:\overline{n-k|}}^{1}-{}_{h}P_{x:\overline{n|}}^{1\,(m)}\ \ddot{a}_{x+k:\overline{h-k|}}^{(m)} & k<h\\ {}_{k}^{h}V_{x:\overline{n|}}^{1\,(m)}=A_{x+k:\overline{n-k|}}^{1} & k\geqslant h\end{cases}\tag{8.9}$$

【例 8-5】王先生在 40 岁时投保了 20 年定期寿险，保险金额为 10 000 元。若保险费限期 10 年缴清，缴费方式为每月初缴付（一年缴费 12 次），预定利率为 2.5%，根据中国人身保险业经验生命表（2010—2013）非养老类业务一表（男）的资料，试计算：

（1）投保第 5 年末的责任准备金。

（2）投保第 15 年末的责任准备金。

（3）投保第 20 年末的责任准备金。

【解】

$$10\ 000\,{}_{10}P_{40:\overline{20|}}^{1\,(12)}=\frac{10\ 000A_{40:\overline{20|}}^{1}}{\ddot{a}_{40:\overline{10|}}^{(12)}}$$

依公式，有

$$\ddot{a}_{x:\overline{n|}}^{(m)}\approx\ddot{a}_{x:\overline{n|}}-\frac{m-1}{2m}\times(1-{}_{n}E_{x})$$

$$\begin{aligned}\ddot{a}_{40:\overline{10|}}^{(12)}&\approx\ddot{a}_{40:\overline{10|}}-\frac{12-1}{2\times12}\times(1-{}_{10}E_{40})\\&=\frac{N_{40}-N_{50}}{D_{40}}-\frac{11}{24}\times\left(1-\frac{D_{50}}{D_{40}}\right)\\&=\frac{8\ 845\ 361.27-5\ 616\ 098.78}{363\ 309.40}-\frac{11}{24}\times\left(1-\frac{276\ 470.95}{363\ 309.40}\right)\\&=8.778\ 9\end{aligned}$$

同理可得：

$$\ddot{a}^{(12)}_{45:\overline{5}|}=4.6752$$

$$10\,000\ {}_{10}P^{(12)}_{\stackrel{1}{40}:\overline{20}|}=\frac{10\,000A^{1}_{40:\overline{20}|}}{\ddot{a}^{(12)}_{40:\overline{10}|}}$$

$$=\frac{10\,000\times\dfrac{M_{40}-M_{60}}{D_{40}}}{\ddot{a}^{(12)}_{40:\overline{10}|}}$$

$$=\frac{10\,000\times\dfrac{147\,568.88-125\,173.71}{363\,309.40}}{8.7789}$$

$$=70.22(\text{元})$$

(1) $$10\,000\ {}^{10}_{5}V^{(12)}_{\stackrel{1}{40}:\overline{20}|}=10\,000A^{1}_{45:\overline{15}|}-10\,000\ {}_{10}P^{(12)}_{\stackrel{1}{40}:\overline{20}|}\times\ddot{a}^{(12)}_{45:\overline{5}|}$$

$$=\frac{10\,000\times(M_{45}-M_{60})}{D_{45}}-10\,000\ {}_{10}P^{(12)}_{\stackrel{1}{40}:\overline{20}|}\times\ddot{a}^{(12)}_{45:\overline{5}|}$$

$$=\frac{10\,000\times(144\,221.94-125\,173.71)}{317\,914.53}-70.22\times4.6752$$

$$=270.87(\text{元})$$

(2) $${}^{10}_{15}V^{1}_{40:\overline{20}|}=10\,000A_{55:\overline{5}|}$$

$$=\frac{10\,000\times(M_{55}-M_{60})}{D_{55}}$$

$$=\frac{10\,000\times(133\,100.95-125\,173.71)}{238\,257.02}$$

$$=332.72(\text{元})$$

(3) $$10\,000\ {}^{10}_{20}V^{1}_{40:\overline{20}|}=0(\text{元})$$

如果死亡赔付在死亡时进行，那么上面保险的 k 年末责任准备金为：

$$\begin{cases}{}^{h}_{k}V^{(m)}\bar{A}^{1}_{x:\overline{n}|}=\bar{A}^{1}_{x+k:\overline{n-k}|}-{}_{h}p^{(m)}\bar{A}^{1}_{x:\overline{n}|}\ \ddot{a}^{(m)}_{x+k:\overline{h-k}|} & k<h\\ {}^{h}_{k}V^{(m)}_{\stackrel{1}{x}:\overline{n}|}=\bar{A}^{1}_{x+h:\overline{n-k}|} & k\geqslant h\end{cases}\tag{8.10}$$

在死亡均匀分布假设下，$\bar{A}^{1}_{x:\overline{n}|}=\dfrac{i}{\delta}\times A^{1}_{x:\overline{n}|}$，其他的计算方法同上，这里不再赘述。

（三）两全保险

对于两全保险，合同到期时保险公司将要支付被保险人生存保险金，从而最后一年末单位保额两全保险的责任准备金应该等于 1。

对（x）的 n 年两全保险，如果死亡赔付在死亡年年末进行，保险费在 h（$h<n$）年内缴清，每年一次，那么 k 年末的责任准备金为：

$$\begin{cases}{}^{h}_{k}V_{x:\overline{n}|}=A_{x+k:\overline{n-k}|}-{}_{h}P_{x:\overline{n}|}\ \ddot{a}_{x+k:\overline{h-k}|} & k<h\\ {}^{h}_{k}V_{x:\overline{n}|}=A_{x+k:\overline{n-k}|} & h\leqslant k<n\\ {}^{h}_{k}V_{x:\overline{n}|}=1 & k=n\end{cases}\tag{8.11}$$

【例 8-6】 设王先生在 40 岁时投保了 20 年两全保险，保险金额为 10 000 元。若保险费限期 10 年缴清，预定利率为 2.5%，根据中国人身保险业经验生命表（2010—2013）非养老类业务二表（男）的资料，试计算：

（1）投保第 5 年末的责任准备金。

（2）投保第 15 年末的责任准备金。

（3）投保第 20 年末的责任准备金。

【解】

$$A_{40:\overline{20|}}=A^{1}_{40:\overline{20|}}+{}_{20}E_{40}$$

$$=\frac{M_{40}-M_{60}}{D_{40}}+\frac{D_{60}}{D_{40}}$$

$$=\frac{135\ 635.44-119\ 678.31}{365\ 625.34}+\frac{209\ 845.16}{365\ 625.34}$$

$$=0.617\ 6$$

同理可得：

$$A_{45:\overline{15|}}=0.696\ 1$$

$$A_{55:\overline{5|}}=0.884\ 9$$

$$\ddot{a}_{40:\overline{10|}}=\frac{N_{40}-N_{50}}{D_{40}}$$

$$=\frac{9\ 429\ 585.98-6\ 172\ 139.02}{365\ 625.34}$$

$$=8.909\ 2$$

同理可得：

$$\ddot{a}_{45:\overline{5|}}=4.742\ 5$$

$$10\ 000\ {}_{10}P_{40:\overline{20|}}=\frac{10\ 000A_{40:\overline{20|}}}{\ddot{a}_{40:\overline{10|}}}=10\ 000\times\frac{0.617\ 6}{8.909\ 2}=693.22(\text{元})$$

（1）$10\ 000\ {}^{10}_{5}V_{40:\overline{20|}}=10\ 000A_{45:\overline{15|}}-10\ 000\ {}_{10}P_{40:\overline{20|}}\ \ddot{a}_{45:\overline{5|}}=2\ 888.34(\text{元})$

（2）$10\ 000\ {}^{10}_{15}V_{40:\overline{20|}}=10\ 000A_{55:\overline{5|}}=6\ 960.90(\text{元})$

（3）$10\ 000{}^{10}_{20}V_{40:\overline{20|}}=10\ 000(\text{元})$

如果 n 年两全保险在 h 年内缴费，每年 m 次，那么 k 年末的责任准备金为：

$$\begin{cases}{}^{h}_{k}V^{(m)}_{x:\overline{n|}}=A_{x+k:\overline{n-k|}}-{}_{h}P^{(m)}_{x:\overline{n|}}\ \ddot{a}^{(m)}_{x+k:\overline{h-k|}} & k<h\\ {}^{h}_{k}V^{(m)}_{x:\overline{n|}}=A_{x+k:\overline{n-k|}} & h\leqslant k<n\\ {}^{h}_{k}V^{(m)}_{x:\overline{n|}}=1 & k=n\end{cases}\tag{8.12}$$

【例 8-7】 设王先生在 40 岁时投保了 20 年两全保险，保险金额为 10 000 元。若保险费限期 10 年缴清，缴费方式为每月初缴付（一年缴费 12 次），预定利率为 2.5%，根据中国人身保险业经验生命表（2010—2013）非养老类业务二表（男）的资料，试计算：

（1）投保第 5 年末的责任准备金。

（2）投保第 15 年末的责任准备金。

（3）投保第 20 年末的责任准备金。

【解】 根据例 8-5 的公式，有

$$\ddot{a}^{(12)}_{40:\overline{10|}}=8.802\ 2$$

$$\ddot{a}^{(12)}_{45:\overline{5|}}=4.684\ 6$$

则

$$10\ 000{}_{10}P^{(12)}_{40:\overline{20|}}=\frac{10\ 000A_{40:\overline{20|}}}{\ddot{a}^{(12)}_{40:\overline{10|}}}=10\ 000\times\frac{0.617\ 6}{8.802\ 2}=701.64(\text{元})$$

(1) $A_{45:\overline{15|}}=A^{1}_{45:\overline{15|}}+{}_{45}E_{15}$

$=\dfrac{M_{45}-M_{60}}{D_{45}}+\dfrac{D_{60}}{D_{45}}$

$=\dfrac{133\ 086.86-119\ 678.31}{320\ 725.39}+\dfrac{209\ 845.16}{320\ 725.39}$

$=0.696\ 1$

$10\ 000\,{}^{10}_{5}V^{(12)}_{40:\overline{20|}}=10\ 000A_{45:\overline{15|}}-10\ 000\,{}_{10}P^{(12)}_{40:\overline{20|}}\ddot{a}^{(12)}_{45:\overline{5|}}$

$=10\ 000\times 0.696\ 1-701.64\times 4.684\ 6$

$=3\ 674.10$(元)

(2) $10\ 000\,{}^{10}_{15}V^{(12)}_{40:\overline{20|}}=10\ 000A_{55:\overline{5|}}$

$=10\ 000\times(\dfrac{M_{55}-M_{60}}{D_{55}}+\dfrac{D_{60}}{D_{55}})$

$=10\ 000\times(\dfrac{125\ 286.84-119\ 678.31}{243\ 477.62}+\dfrac{209\ 845.16}{243\ 477.62})$

$=8\ 849.01$(元)

(3) $10\ 000\,{}^{10}_{20}V^{(12)}_{40:\overline{20|}}=10\ 000$(元)

如果限期 h 年缴清的 n 年两全保险($h\leqslant n$)的死亡赔付在死亡时进行，那么 k 年末的责任准备金为：

$$\begin{cases}{}^{h}_{k}V(\overline{A}_{x:\overline{n|}})=\overline{A}_{x+k:\overline{n-k|}}-{}_{h}P(\overline{A}_{x:\overline{n|}})\ddot{a}_{x+k:\overline{h-k|}} & k<h\\ {}^{h}_{k}V(\overline{A}_{x:\overline{n|}})=\overline{A}_{x+k:\overline{n-k|}} & h\leqslant k<n\\ {}^{h}_{k}V(\overline{A}_{x:\overline{n|}})=1 & k=n\end{cases}\tag{8.13}$$

【例 8-8】某男性在 20 岁时投保了 50 000 元 40 年两全保险，保险金在被保险人死亡时赔付，保险费在 40 年内均衡缴付，预定利率为 2.5%，根据中国人身保险业经验生命表(2010—2013)非养老金类业务二表(男)的资料，求投保第 10 年末的责任准备金。

【解】

$50\ 000\times{}_{10}V=50\ 000\times(\overline{A}_{30:\overline{30|}}-P\ddot{a}_{30:\overline{30|}})$

由例 5-9 和例 7-7 的计算公式，有

$50\ 000\overline{A}_{30:\overline{30|}}=22\ 215.38$(元)

$\ddot{a}_{30:\overline{30|}}=21.088\ 6$

故

$$50\ 000P=50\ 000\times\frac{\overline{A}_{20:\overline{40|}}}{\ddot{a}_{20:\overline{30|}}}\approx 50\ 000\times\frac{\dfrac{i}{\delta}\times A^{1}_{20:\overline{40|}}+A_{20:\overset{\ 1}{\overline{40|}}}}{\ddot{a}_{20:\overline{30|}}}$$

$$=50\ 000\times\frac{\dfrac{i}{\delta}\times(M_{20}-M_{60})+D_{60}}{N_{20}-N_{60}}$$

$$=50\ 000\times\frac{\dfrac{0.025}{\ln 1.025}\times(141\ 402.22-119\ 678.31)+209\ 845.16}{19\ 085\ 685.63-3\ 696\ 840.57}$$

$=753.27$(元)

$50\ 000\times{}_{10}V=22\ 215.38-753.27\times 21.088\ 6$

$$=6\ 329.97(\text{元})$$

（四）延期年金

对于（x）的延期 n 年生存年金保险，保险费在 n 年内每年缴付一次，第 k 年末的责任准备金为：

$$\begin{cases} {}_kV({}_{n|}\ddot{a}_x) = {}_{n-k|}\ddot{a}_{x+k} - P({}_{n|}\ddot{a}_x) \times \ddot{a}_{x+k:\overline{n-k|}} & k<n \\ {}_kV({}_{n|}\ddot{a}_x) = \ddot{a}_{x+k} & k \geqslant n \end{cases} \tag{8.14}$$

读者可以依据保险和缴费的具体规定，给出不同类型保险下责任准备金的计算公式。

二、过去法

【引例 8-2】在前面的引例 8-1 中，可以进一步计算出净保费收入与赔付支出的累积收支差以及人均累积收支差，如表 8-4 所示。

表 8-4　引例 8-1 中的净保费收入与赔付支出累积

保单年 t	人均净保费（元）	年初存活人数	净保费收入（元）	年末净保费收入（元）	死亡人数	赔付支出（元）	年末收支差（元）	累积收支差（元）	人均累积收支差（元）
(1)	(2)	(3)	(4)=(2)×(3)	(5)=(4)×1.06	(6)	(7)=1 000×(6)	(8)=(5)−(7)	(9)=(8)+$(8)_{(t-1)}$×1.025	(10)=(9)/$(3)_{t+1}$
1	1.94	100.00	194.14	199.00	0.17	165.10	33.90	33.90	0.340
2	1.94	99.83	193.82	198.67	0.18	180.10	18.56	53.31	0.535
3	1.94	99.65	193.47	198.31	0.20	197.12	1.19	20.21	0.203
4	1.94	99.46	193.09	197.92	0.22	216.12	−18.20	−16.98	0.000
5	1.94	99.24	192.67	197.49	0.24	237.49	−40.00	−58.66	0.000
6	0.00	99.00	0.00	0.00	—	—	—		

其中，人均累积收支差就是过去法下的责任准备金。由此可见，过去法下的责任准备金是过去净保费收入扣减赔付支出后积存起来的部分。对于均衡保费定期寿险，责任准备金有先增加后减少的一般模式。

一般来说，过去法下的责任准备金是在计算时点的过去净保费收入终值与过去赔付金支出终值之差；或者说，是在计算时点的过去净保费累计值与过去赔付支出累计值的差额。对（x）的 1 单位元死亡年年末赔付终身寿险，如果保险费终身缴付，每年一次，那么第 k 年末过去净保费的终值为 $P_x\ddot{s}_{x:\overline{k|}}$，第 k 年末过去赔付金在投保时的现值为 $A^1_{x:\overline{k|}}$，它在利率和生存概率下累积到 k 年末的终值为 $A^1_{x:\overline{k|}} \times \dfrac{1}{{}_kE_x}$。因此，第 k 年末的责任准备金为：

$$_kV_x = P_x \times \ddot{s}_{x:\overline{k|}} - \frac{A^1_{x:\overline{k|}}}{{}_kE_x} = \frac{1}{{}_kE_x} \times (P\ddot{a}_{x:\overline{k|}} - A^1_{x:\overline{k|}}) \tag{8.15}$$

【例 8-9】在引例 8-1 中，用过去法计算第 2 年末的给付准备金。

【解】

$$P=1.941\ 420(\text{元})$$

$$\ddot{a}_{40:\overline{2}|}=\frac{N_{40}-N_{42}}{D_{40}}=\frac{8\ 845\ 361.27-8\ 128\ 188.87}{363\ 309.40}=1.974\ 00$$

$$A^{1}_{40:\overline{2}|}=\frac{M_{40}-M_{42}}{D_{40}}=\frac{147\ 568.88-146\ 360.89}{363\ 309.40}=0.003\ 32$$

$${}_{2}E_{40}=\frac{D_{42}}{D_{40}}=\frac{344\ 609.40}{363\ 309.40}=0.948\ 53$$

所以

$${}_{2}V_{40}=\frac{1}{{}_{2}E_{40}}\times(P\ddot{a}_{40:\overline{2}|}-1\ 000A^{1}_{40:\overline{2}|})=0.535(\text{元})$$

如果终身寿险的保费在 h 年内定期缴付，那么当 $k\geqslant h$ 时，过去净保费累积到 h 年末为 ${}_{h}P_{x}\times\ddot{s}_{x:\overline{h}|}$，再累积到 k 年末为 ${}_{h}P_{x}\times\ddot{s}_{x:\overline{h}|}\times\frac{1}{{}_{k-h}E_{x+h}}$，即

$${}_{h}P_{x}\times\ddot{s}_{x:\overline{h}|}\times\frac{1}{{}_{k-h}E_{x+h}}={}_{h}P_{x}\times\ddot{a}_{x:\overline{h}|}\times\frac{1}{{}_{h}E_{x}}\times\frac{1}{{}_{k-h}E_{x+h}}={}_{h}P_{x}\times\ddot{a}_{x:\overline{h}|}\times\frac{1}{{}_{k}E_{x}}$$

因此，在不同时点上责任准备金的计算公式为：

$$\begin{cases}{}^{h}_{k}V_{x}={}_{h}P_{x}\ddot{s}_{x:\overline{k}|}-\dfrac{A^{1}_{x:\overline{k}|}}{{}_{k}E_{x}}=\dfrac{1}{{}_{k}E_{x}}\times({}_{h}P_{x}\times\ddot{a}_{x:\overline{k}|}-A^{1}_{x:\overline{k}|}) & k<h\\ {}^{h}_{k}V_{x}=({}_{h}P_{x}\times\ddot{a}_{x:\overline{h}|}-A^{1}_{x:\overline{k}|})\times\dfrac{1}{{}_{k}E_{x}} & k\geqslant h\end{cases}\tag{8.16}$$

【例 8-10】某男性在 40 岁时投保 1 000 元终身寿险，在前 5 年内，保费在每年初均衡缴付。设预定利率为 2.5%，预定死亡率采用中国人身保险业经验生命表（2010—2013）非养老类业务一表（男）的数据，试用过去法计算投保第 1 年末、第 10 年末的准备金。

【解】（1）年缴均衡净保费为：

$$\begin{aligned}1\ 000{}_{5}P_{40}&=1\ 000\times\frac{M_{40}}{N_{40}-N_{45}}\\&=1\ 000\times\frac{147\ 568.88}{8\ 845\ 361.27-7\ 121\ 396.14}\\&=85.60(\text{元})\end{aligned}$$

$$\ddot{a}_{40:\overline{1}|}=1$$

$$A^{1}_{40:\overline{1}|}=\frac{M_{40}-M_{41}}{D_{40}}=\frac{147\ 568.88-146\ 983.69}{363\ 309.40}=0.001\ 611$$

$${}_{1}E_{40}=\frac{D_{41}}{D_{40}}=\frac{353\ 863.00}{363\ 309.40}=0.974$$

故

$$\begin{aligned}1\ 000{}^{5}_{1}V_{40}&=\frac{1}{{}_{1}E_{40}}\times(1\ 000{}_{5}P_{40}\times\ddot{a}_{40:\overline{1}|}-1\ 000A^{1}_{40:\overline{1}|})\\&=\frac{1}{0.974}\times(85.60\times1-1\ 000\times0.001\ 611)=86.23\end{aligned}$$

（2）$\ddot{a}_{40:\overline{5}|}=\dfrac{N_{40}-N_{45}}{D_{40}}=\dfrac{8\ 845\ 361.27-7\ 121\ 396.14}{363\ 309.40}=4.745$

$$A^{1}_{40:\overline{10}|}=\frac{M_{40}-M_{50}}{D_{40}}=\frac{147\ 568.88-139\ 492.93}{363\ 309.40}=0.022\ 229$$

$$ {}_{10}E_{40}=\frac{D_{50}}{D_{40}}=\frac{276\ 470.95}{363\ 309.40}=0.760\ 98 $$

$$ 1\ 000{}_{10}^{5}V_{40}=\frac{1}{{}_{10}E_{40}}\times(1\ 000{}_{5}P_{40}\times\ddot{a}_{40:\overline{5}|}-1\ 000A_{40:\overline{10}|}^{1}) $$

$$ =\frac{1}{0.760\ 98}\times(86.23\times4.745-1\ 000\times0.022\ 229) $$

$$ =508.47(\text{元}) $$

类似地，可以在其他情形下给出过去法下责任准备金的计算公式。例如，对 n 年缴费的 n 年两全保险，n 年内过去保险给付的终值为$\frac{A_{x:\overline{k}|}^{1}}{{}_{k}E_{x}}$，注意这一终值不是$\frac{A_{x:\overline{k}|}}{{}_{k}E_{x}}$，因为只有在 n 年末才有满期生存给付，n 年内只是定期寿险。在第 n 年，准备金的数额应该正好等于生存给付额，从而有

$$ \begin{cases} {}_{k}V_{x:\overline{n}|}=P_{x:\overline{n}|}\ddot{s}_{x:\overline{k}|}-\dfrac{A_{x:\overline{k}|}^{1}}{{}_{k}E_{x}}=\dfrac{1}{{}_{k}E_{x}}(P_{x:\overline{n}|}\times\ddot{a}_{x:\overline{k}|}-A_{x:\overline{k}|}^{1}) & k<n \\ {}_{k}V_{x:\overline{n}|}=1 & k=n \end{cases} \tag{8.17} $$

对（x）的 1 单位元 n 年延期生存年金，保险费在 n 年内定期缴付，有

$$ \begin{cases} {}_{k}V({}_{n|}\ddot{a}_{x})=P({}_{n|}\ddot{a}_{x})\times\ddot{a}_{x:\overline{n}|}\times\dfrac{1}{{}_{k}E_{x}}-\ddot{s}_{x+n:\overline{k-n}|} & k\geqslant n \\ {}_{k}V({}_{n|}\ddot{a}_{x})=P({}_{n|}\ddot{a}_{x})\times\ddot{s}_{x:\overline{k}|} & k<n \end{cases} \tag{8.18} $$

【例 8-11】某男性在 30 岁时投保了从 60 岁起每月 1 000 元的生存年金，保费从投保起在 30 年内每月缴付一次，预定利率为 2.5%，依据中国人身保险业经验生命表（2010—2013）养老类业务表（男）的资料，以过去法计算在投保第 10 年末和第 40 年末的责任准备金。

【解】（1）以 $P^{(12)}$ 表示每月一次缴费的年缴保费，则

$$ P^{(12)}=\frac{12\times1\ 000\times{}_{30|}\ddot{a}_{30}^{(12)}}{\ddot{a}_{30:\overline{30}|}^{(12)}} $$

$$ =\frac{12\ 000\times(N_{60}-\frac{11}{24}D_{60})}{(N_{30}-N_{60})-\frac{11}{24}\times(D_{30}-D_{60})} $$

$$ =\frac{12\ 000\times(4\ 028\ 714.28-\frac{11}{24}\times214\ 432.87)}{(14\ 059\ 469.38-4\ 028\ 714.28)-\frac{11}{24}\times(473\ 307.79-214\ 432.87)} $$

$$ =4\ 758.343(\text{元}) $$

$$ {}_{10}V=P^{(12)}\times\frac{\ddot{a}_{30:\overline{10}|}^{(12)}}{{}_{10}E_{30}} $$

$$ =\frac{4\ 758.343\times((N_{30}-N_{40})-\frac{11}{24}\times(D_{30}-D_{40}))}{D_{40}} $$

$$ =\frac{4\ 758.343\times((14\ 059\ 469.38-9\ 822\ 626.42)-\frac{11}{24}\times(473\ 307.79-367\ 589.92))}{367\ 589.92} $$

$$ =54\ 217.46(\text{元}) $$

$$(2)\ {}_{40}V=P^{(12)}\times\frac{\ddot{a}^{(12)}_{30:\overline{30|}}}{{}_{40}E_{30}}-12\ 000\times\frac{\ddot{a}^{(12)}_{60:\overline{10|}}}{{}_{10}E_{60}}$$

$$=\frac{4\ 758.343\times\left((N_{30}-N_{60})-\frac{11}{24}\times(D_{30}-D_{60})\right)}{D_{70}}$$

$$-\frac{12\ 000\times\left((N_{60}-N_{70})-\frac{11}{24}\times(D_{60}-D_{70})\right)}{D_{70}}$$

$$=\frac{4\ 758.343\times\left((14\ 059\ 469.38-4\ 028\ 714.28)-\frac{11}{24}\times(473\ 307.79-214\ 432.87)\right)}{156\ 258.11}$$

$$-\frac{12\ 000\times\left((4\ 028\ 714.28-2\ 152\ 566.71)-\frac{11}{24}\times(214\ 432.87-156\ 258.11)\right)}{156\ 258.11}$$

$$=159\ 808.54(\text{元})$$

实际中，可以根据具体问题选择使用将来法和过去法中较为简单的一种。一般来说，计算已缴清保费后某个时刻的准备金时，用将来法更方便，因为这种情况下未来只有保险金给付，而没有保费缴付。例如，当 $k\geqslant n$ 时，${}^{h}_{k}V_x=A_{x+k}$，${}_kV({}_{n|}\ddot{a}_x)=\ddot{a}_{x+k}$等，计算起来比较简单。计算尚未进入保险给付期的某时刻准备金，用过去法更简单，因为这种情况下只有保险费缴付，没有保险金给付。例如，当 $k<n$ 时，${}_kV({}_{n|}\ddot{a}_x)=P({}_{n|}\ddot{a}_x)\times\ddot{s}_{x:\overline{k|}}$。

第三节 责任准备金的递推公式

相邻两期责任准备金之间具有递推关系，了解这种关系，对于深入认识责任准备金的实质具有重要意义。

对（x）的 1 单位元死亡年年末赔付终身寿险，保费每年缴付一次，终身缴付，k 年末将来法给付准备金的计算公式为：

$${}_kV_x=A_{x+k}-P_x\times\ddot{a}_{x+k}$$

上式两边同时加上保费 P_x，可得：

$${}_kV_x+P_x=A_{x+k}-P_x\times(\ddot{a}_{x+k}-1)=A_{x+k}-P_x\,a_{x+k}$$

由

$$A_{x+k}=vq_{x+k}+vp_{x+k}A_{x+k+1}$$

$$a_{x+k}=vp_{x+k}\,\ddot{a}_{x+k+1}$$

得到：

$${}_kV_x+P_x=v\times q_{x+k}+v\times p_{x+k}\times{}_{k+1}V_x \tag{8.19}$$

上式表明，k 年末的责任准备金${}_kV_x$ 加上 $k+1$ 年初的净保费收入 P_x，正好等于 $k+1$ 年的死亡给付在 k 年末的现值 vq_{x+k}与 $k+1$ 年末责任准备金在利率和生者利下在 k 年末的现值 $v\times p_{x+k}\times{}_{k+1}V_x$。

对（8.19）式两边同乘以$(1+i)l_{x+k}$，可得：

$$l_{x+k}({}_kV_x+P_x)(1+i)=d_{x+k}+l_{x+k+1}\times{}_{k+1}V_x \tag{8.20}$$

（8.20）式表明，l_{x+k}在k年末的责任准备金加他们缴付的净保费的总和$l_{x+k}({}_kV_x+P_x)$，在利率i下到$k+1$年末成为$l_{x+k}({}_kV_x+P_x)(1+i)$，这一数额正好满足在第$k+1$年发生死亡的每人1单位元的给付额$d_{x+k}$和$k+1$年末$l_{x+k+1}$的责任准备金。

将（8.19）式移项，可得：

$$P_x=v\times q_{x+k}+v\times p_{x+k}\times {}_{k+1}V_x-{}_kV_x \tag{8.21}$$

$v\times p_{x+k}\times {}_{k+1}V_x$是$k+1$年末责任准备金在$k$年末的值，上式表明每年的净保费$P_x$正好满足死亡给付和相邻两期责任准备金的差额。

将$p_{x+k}=1-q_{x+k}$代入（8.19）式，两边同乘以$1+i$，可得：

$$({}_kV_x+P_x)(1+i)={}_{k+1}V_x+q_{x+k}(1-{}_{k+1}V_x) \tag{8.22}$$

移项后，有

$$P_x=vq_{x+k}(1-{}_{k+1}V_x)+v_{k+1}V_x-{}_kV_x \tag{8.23}$$

（8.23）式中，$1-{}_{k+1}V_x$是1单位元与$k+1$年末责任准备金之差，表明如果被保险人在$k+1$年内死亡，在年末保险人准备金不足给付的部分，此值被称为$k+1$年末保险人的风险净额（net amount at risk），被保险人在$k+1$年死亡的概率为q_{x+k}，$q_{x+k}(1-{}_{k+1}V_x)$就是保险人在$k+1$年末的期望风险净额，又称保险成本。它是以保险人的风险净额$(1-{}_{k+1}V_x)$为保额的一年定期寿险趸缴净保费$vq_{x+k}(1-{}_{k+1}V_x)$在利率i下到年末的值$q_{x+k}(1-{}_{k+1}V_x)$。这样，（8.23）式右边的两项可分别表示为风险净额缴付的保费部分和为增加责任准备金而缴付的保费部分，分别称为风险净保费和储蓄净保费。也就是说，每年的净保费一方面是为保险人承担的风险净额的缴费，另一方面是为增加责任准备金的缴费。

（8.19）式两边同乘以$1+i$，经移项，可得：

$${}_{k+1}V_x-(1+i){}_kV_x=P_x(1+i)-q_{x+k}(1-{}_{k+1}V_x)$$

设

$$K_{x+k}=q_{x+k}(1-{}_{k+1}V_x)$$

对上面等式两边同乘以$(1+i)^{n-k-1}$，并对k从0到$n-1$求和，有

$$\sum_{k=0}^{n-1}((1+i)^{n-k-1}{}_{k+1}V_x-(1+i)^{n-k}{}_kV_x)$$

$$=\sum_{k=0}^{n-1}P_x(1+i)^{n-k}-\sum_{k=0}^{n-1}(1+i)^{n-k-1}K_{x+k}$$

因为${}_0V_x=0$，所以等式左边等于${}_nV_x$，故

$$\begin{aligned}{}_nV_x&=P_x\sum_{k=0}^{n-1}(1+i)^{n-k}-\sum_{k=0}^{n-1}(1+i)^{n-k-1}K_{x+k}\\&=P_x\ddot{s}_{\overline{n|}}-\sum_{k=0}^{n-1}(1+i)^{n-k-1}K_{x+k}\end{aligned} \tag{8.24}$$

（8.24）式表明，第n年末的责任准备金等于每年净保费的累积与保险成本累积的差额。

上面的递推公式并不局限于定额给付的终身寿险，对其他保险形式同样适用。如果以${}_kV$表示各种保险k年末的责任准备金，以P_k表示$k+1$年初的净保费，以b_k表示k年末的死亡给付，则根据一般递推公式有

$${}_kV+P_k=b_{k+1}\times v\times q_{x+k}+v\times p_{x+k}\times {}_{k+1}V \tag{8.25}$$

$$P_k=b_{k+1}\times v\times q_{x+k}+v\times p_{x+k}\times {}_{k+1}V-{}_kV \tag{8.26}$$

$${}_{k+1}V = ({}_kV + P_k)(1+i) - (b_{k+1} - {}_{k+1}V)q_{x+k} \tag{8.27}$$

$$P_k = (b_{k+1} - {}_{k+1}V)\, vq_{x+k} + v_{k+1}V - {}_kV \tag{8.28}$$

从（8.27）式还可得到：

$${}_{k+1}V = \frac{({}_kV + P_k)(1+i) - b_{k+1}q_{x+k}}{p_{x+k}} \tag{8.29}$$

（8.29）式称为法克勒（Fackler）准备金累积公式。我们利用这一公式，可以从${}_0V=0$出发，在已知保单净保费下，依次计算出${}_1V$，${}_2V$，…。对 n 年定期保险，如果已知${}_nV$，则可倒推出${}_{n-1}V$，${}_{n-2}V$，…。

【例 8－12】 假设生命表 30 岁的男性投保保险金额为 10 000 元的 10 年两全保险，保险费要求在 5 年内缴清，$i=2.5\%$。试以中国人身保险业经验生命表（2010—2013）非养老类业务二表（男）的数据，分析各年责任准备金的形成过程并计算各年末每个投保存活者的责任准备金。

【解】 首先求出每年每份保单的净保费：

$$\begin{aligned}10\ 000{}_5P_{30:\overline{10|}} &= \frac{10\ 000A_{30:\overline{10|}}}{\ddot{a}_{30:\overline{5|}}}\\ &= \frac{10\ 000\times(M_{30}-M_{40}+D_{40})}{N_{30}-N_{35}}\\ &= 1\ 643.962\ 686(\text{元})\end{aligned}$$

保险人各年责任准备金的形成如表 8－5 所示。

表 8－5 例 8－12 中责任准备金计算表

投保年数 t	年初净保费 $P\times l_{30+t-1}$（元）	年初基金总额（元）	年末基金总额（元）	年末死亡给付 10 000 d_{30+t-1}（元）	年末责任准备金（元）	存活人数 l_{30+t}（个）	年末每个存活者的责任准备金（元）
(1)	(2)	(3)＝(2)＋(6)$_{t-1}$	(4)＝(3)×1.025	(5)	(6)＝(4)－(5)	(7)	(8)＝(6)/(7)
1	1 627 613 285.98	1 627 613 285.98	1 668 303 618.13	5 890 826.56	1 662 412 791.57	989 465.80	1 680.11
2	1 626 644 856.08	3 289 057 647.65	3 371 284 088.85	6 283 107.84	3 365 000 981.01	988 837.49	3 402.99
3	1 625 611 936.60	4 990 612 917.60	5 115 378 240.54	6 733 983.31	5 108 644 257.23	988 164.09	5 169.83
4	1 624 504 894.87	6 733 149 152.10	6 901 477 880.90	7 233 361.15	6 894 244 519.75	987 440.76	6 981.93
5	1 623 315 757.28	8 517 560 277.03	8 730 499 283.96	7 781 033.16	8 722 718 250.80	986 662.65	8 840.63
6		8 722 718 250.80	8 940 786 207.07	8 386 632.55	8 932 399 574.52	985 823.99	9 060.85
7		8 932 399 574.52	9 155 709 563.89	9 059 722.46	9 146 649 841.42	984 918.02	9 286.71
8		9 146 649 841.42	9 375 316 087.46	9 799 934.27	9 365 516 153.19	983 938.02	9 518.40
9		9 365 516 153.19	9 599 654 057.02	10 606 851.90	9 589 047 205.12	982 877.34	9 756.10
10		9 589 047 205.12	9 828 773 385.25	11 499 664.86	9 817 273 720.39	981 727.37	10 000.00

表 8－5 正是以（8.25）式为基础建立起来的。其中，年初净保费是年初所有存活的被保险人缴付的净保费总额。年初净保费加上年末责任准备金形成年初基金总额，投保第一年的年初净保费就是年初基金总额，年末基金总额扣除年末每个死亡者给付 10 000 元的保险金形成年末责任准备金。年末存活的被保险人的平均年末责任准备金就是年末每个存活者的责任准备金。表中第 10 年末每个存活者的责任准备金为 10 000 元，正好满足存活者的到期给付。

第四节 会计年度末的责任准备金

前面讨论的年末责任准备金是以保险年度为基础的，保险年度和会计年度是不同的。保险年度又称契约年度，是以保险契约成立日为起点的年度，即从契约成立日到下年同一日为一年；会计年度又称业务年度，通常等同于日历年度。会计年度末的责任准备金是保险公司在年度决算日的累积准备金，它可以由保险年度末准备金推算出来。

首先讨论（x）的终身寿险，假设在第 $j+1$ 保险年度末的死亡给付为 b_{j+1}，每年净保费为 P_j，在 $j+1$ 年初缴付，$j=0, 1, 2, \cdots$。由准备金的递推公式可知，对 t 为整数，$0<h<1$，$t+h$ 时点的责任准备金 ${}_{t+h}V$ 为：

$$ {}_{t+h}V=b_{t+1}\times v^{1-h}\times {}_{1-h}q_{x+t+h}+{}_{t+1}V\times v^{1-h}\times {}_{1-h}p_{x+t+h} \tag{8.30}$$

在死亡均匀分布假设下，有

$$ {}_{h}p_{x+t}\times {}_{1-h}q_{x+t+h}\approx(1-hq_{x+t})\times\frac{(1-h)\ q_{x+t}}{1-hq_{x+t}}=(1-h)q_{x+t}$$

因此

$$ {}_{1-h}q_{x+t+h}\approx\frac{(1-h)q_{x+t}}{{}_{h}p_{x+t}}\approx\frac{(1-h)q_{x+t}}{1-hq_{x+t}}$$

又因为

$$p_{x+t}={}_{h}p_{x+t}\times {}_{1-h}p_{x+t+h}$$

$$ {}_{1-h}p_{x+t+h}=\frac{p_{x+1}}{{}_{h}p_{x+t}}\approx\frac{p_{x+1}}{1-hq_{x+t}}$$

故

$$ {}_{t+h}V=\frac{v^{1-h}}{1-hq_{x+t}}\times(b_{t+1}\times(1-h)q_{x+t}+{}_{t+1}V\times p_{x+t}) \tag{8.31}$$

由于

$$({}_{t}V+P_{t})(1+i)-(b_{t+1}-{}_{t+1}V)q_{x+1}={}_{t+1}V$$

可得：

$$b_{t+1}q_{x+t}=({}_{t}V+P_{t})(1+i)-{}_{t+1}Vp_{x+t}$$

因此

$$\begin{aligned}{}_{t+h}V&\approx\frac{v^{1-h}}{1-hq_{x+t}}\times((({}_{t}V+P_{t})(1+i)-{}_{t+1}Vp_{x+t})(1-h)+{}_{t+1}Vp_{x+t})\\&=\frac{v^{1-h}}{1-hq_{x+t}}\times((1-h)({}_{t}V+P_{t})(1+i)+h_{t+1}Vp_{x+t})\end{aligned} \tag{8.32}$$

用上式可以计算会计年度末的准备金。其中，${}_{t}V$ 为保险年度末责任准备金；${}_{t+h}V$ 为会计年度末责任准备金。

实践中，当 i、q_{x+t}很小时，$1+i$、p_{x+t}、v^{1-h}及 $1-hq_{x+t}$可大致近似为 1，故有

$$ {}_{t+h}V\approx(1-h)({}_{t}V+P_{t})+h_{t+1}V \tag{8.33}$$

它是在 $t+1$ 年初责任准备金与保费之和与 $t+1$ 年末责任准备金之间的线性插值。

（8.33）式还可以写为：

$$ {}_{t+h}V\approx(1-h){}_{t}V+h_{t+1}V+(1-h)P_{t} \tag{8.34}$$

式中，$(1-h)P_t$ 为 $t+1$ 年初的保费收入 P_t 与 $t+h\sim t+1$ 时期长度 $1-h$ 的积，可以表示保险人保险责任尚未完成时期的保费收入，通常称为未经过保费或未满期保费；${}_{t+h}V$ 为 t 年末和 $t+1$ 年末责任准备金的线性插值与 $t+h$ 时点未经过保费之和，见图 8-2。

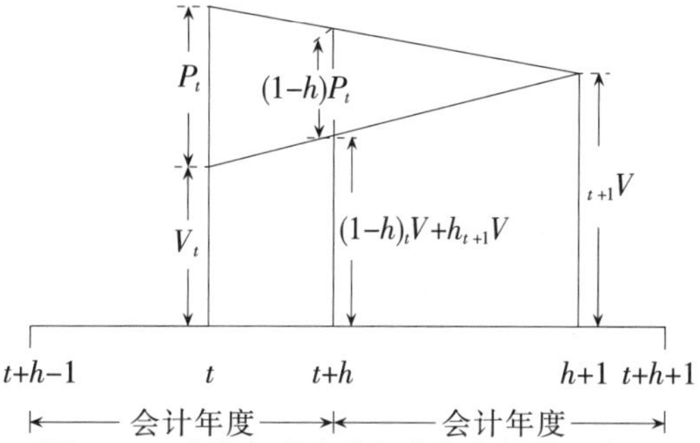

图 8-2　会计年度末责任准备金计算示意图

【例 8-13】 王女士在 2010 年 3 月 1 日 30 岁时投保了 10 000 元终身寿险，保费 20 年缴清，若 $i=2.5\%$，求这一保单在 2023 年底的责任准备金。

【解】

$$ {}_{20}P_{30}=\frac{10\ 000A_{30}}{\ddot{a}_{30:\overline{20|}}}=\frac{10\ 000M_{30}}{N_{30}-N_{50}}=178.17(\text{元}) $$

从 2010 年 3 月 1 日到 2023 年 3 月 1 日为 13 年，到 2024 年 3 月 1 日为 14 年，因而有

$$ \begin{aligned} {}^{20}_{13}V_{30}&=10\ 000A_{43}-{}_{20}P_{30}\ddot{a}_{43:\overline{7|}} \\ &=\frac{10\ 000M_{43}-178.17\times(N_{43}-N_{50})}{D_{43}} \\ &=2\ 699.10(\text{元}) \end{aligned} $$

$$ \begin{aligned} {}^{20}_{14}V_{30}&=\frac{10\ 000M_{44}-178.17\times(N_{44}-N_{50})}{D_{44}} \\ &=2\ 942.64(\text{元}) \end{aligned} $$

查表得 $q_{43}=0.000\ 929$，$p_{43}=0.999\ 071$，由（8.32）式可知（其中，$t=13$，$h=\frac{10}{12}$）：

$$ \begin{aligned} {}^{20}_{13+\frac{10}{12}}V_{30}&\approx\frac{v^{\frac{2}{12}}}{1-\frac{10}{12}q_{43}}\times\left(\frac{2}{12}\times({}^{20}_{13}V_{30}+P)(1+i)+\frac{10}{12}\times{}^{20}_{14}V_{30}p_{43}\right) \\ &=\frac{1.025^{\frac{1}{6}}}{1-\frac{5}{6}\times0.000\ 929}\times\left(\frac{1}{6}\times(2\ 699.10+178.17)\times1.025\right. \\ &\quad\left.+\frac{5}{6}\times2\ 942.64\times0.999\ 071\right) \\ &=2\ 955.87(\text{元}) \end{aligned} $$

若用近似公式（8.33），有

$$ \begin{aligned} {}^{20}_{13+\frac{10}{12}}V_{30}&\approx\frac{2}{12}\times2\ 699.10+\frac{10}{12}\times2\ 942.64+\frac{2}{12}\times178.17 \\ &=2\ 931.75(\text{元}) \end{aligned} $$

显然，上式对其他保险同样成立。

对于一年 m 次均衡缴付的情况，其结算日的责任准备金也可由上面的方法计算。例如，对半年缴付一次的情况，假设死亡给付在保险年度末进行，当 $0<h\leqslant 1/2$ 时，对 $t+h$ 时点的责任准备金 ${}_{t+h}V^{(2)}$，有

$$\begin{aligned}&{}_{t+h}V^{(2)}+\frac{P_t^{(2)}}{2}\times v^{\frac{1}{2}-h}\times {}_{\frac{1}{2}-h}p_{x+t+h}\\&=b_{t+1}\times v^{1-h}\times {}_{1-h}q_{x+t+h}+{}_{t+1}V^{(2)}\times v^{1-h}\times {}_{1-h}p_{x+t+h}\end{aligned}\tag{8.35}$$

在死亡均匀分布假设下，有

$${}_{\frac{1}{2}-h}p_{x+t+h}\approx\frac{{}_{\frac{1}{2}}p_{x+t}}{1-hq_{x+t}}$$

$${}_{1-h}p_{x+t+h}\approx\frac{p_{x+t}}{1-hq_{x+t}}$$

$${}_{1-h}q_{x+t+h}\approx\frac{(1-h)q_{x+t}}{1-hq_{x+t}}$$

代入递推公式，可得：

$$\left({}_tV^{(2)}+\frac{P_t^{(2)}}{2}\right)\times(1+i)+\frac{P_t^{(2)}}{2}\times(1+i)^{\frac{1}{2}}\times{}_{\frac{1}{2}}p_{x+t}=b_{t+1}\times q_{x+t}+{}_{t+1}V^{(2)}\times p_{x+1}$$

（8.35）式变成：

$$\begin{aligned}{}_{t+h}V^{(2)}\approx&\frac{v^{1-h}}{1-hq_{x+t}}\times((1-h)\times{}_tV^{(2)}\times(1+i)+h\times{}_{t+1}V^{(2)}\times p_{x+t}+\frac{P_t^{(2)}}{2})\\&\times((1+i)\times(1-h)-h\times(1+i)^{\frac{1}{2}}\times{}_{\frac{1}{2}}p_{x+t})\end{aligned}\tag{8.36}$$

它可以近似为：

$${}_{t+1}V^{(2)}\approx (1-h)\times{}_tV^{(2)}+h\times{}_{t+1}V^{(2)}+\left(\frac{1}{2}-h\right)\times P_t^{(2)}\tag{8.37}$$

当 $1/2<h<1$ 时，递推公式为：

$${}_{t+h}V^{(2)}=b_{t+1}\times v^{1-h}\times{}_{1-h}q_{x+t+h}+{}_{t+1}V^{(2)}\times v^{1-h}\times{}_{1-h}p_{x+t+h}$$

$$\begin{aligned}{}_{t+h}V^{(2)}\approx&\frac{v^{1-h}}{1-hq_{x+t}}\times\Big((1-h)\times{}_tV^{(2)}\times(1+i)+h\times{}_{t+1}V^{(2)}\times p_{x+t}\\&+(1-h)\times(1+i)^{\frac{1}{2}}\times\frac{P_t^{(2)}}{2}\Big)\times((1+i)^{\frac{1}{2}}+{}_{\frac{1}{2}}p_{x+1})\end{aligned}\tag{8.38}$$

它可以近似为：

$${}_{t+h}V^{(2)}\approx(1-h)\times{}_tV^{(2)}+h\times{}_{t+1}V^{(2)}+(1-h)\times P_t^{(2)}\tag{8.39}$$

它们也是相邻保险年度末责任准备金的线性插值与未经过保费之和。

一般来说，当一年 m 次缴费时，若 h 为 $\frac{1}{m}$ 的整数倍数，设 $h=\frac{k}{m}$，k 为整数，有

$${}_{t+\frac{k}{m}}V^{(m)}\approx\left(1-\frac{k}{m}\right)\times{}_tV^{(m)}+\frac{k}{m}\times{}_{t+1}V^{(m)}\tag{8.40}$$

若 $h=\frac{k}{m}+r$，k 为整数，$0<r<\frac{1}{m}$，有

$${}_{t+\frac{k}{m}}V^{(m)}\approx\left(1-\frac{k}{m}-r\right)\times{}_tV^{(m)}+\left(\frac{k}{m}+r\right)\times{}_{t+1}V^{(m)}+\left(\frac{1}{m}-r\right)\times P^{(m)}\tag{8.41}$$

第五节 修正的净保费责任准备金

一、修正的净保费责任准备金的一般方法

均衡净保费责任准备金是在不考虑费用支出和费用结构的情况下对责任准备金的估计，但实际中，均衡保费是指在缴费期内每次缴付的保费相同，保费中包括为补偿保险给付的净保费部分和为补偿保险费用支出并获取利润的附加保费部分。保险运营在保单第一年需要花费大量的宣传广告费、代理人和经纪人佣金或手续费、风险分类费等。这些费用往往占第一年保费的很大比例，远超在均衡净保费的基础上附加的均衡附加保费部分。到保单第二年后，除了发生保险事故后需要一笔核赔费用外，在一般年份，费用水平基本维持在一个较低的平稳水平上。对保单第一年较高的费用水平，保险公司可以选择从每年的盈余中提取一定资金补充不足，再从以后年份收取的保费中逐步补偿。但这种方法会影响保险公司的资金运用，对资金不足的新成立的或小规模的保险公司来说困难较大。保险公司从公司利益出发，一般不采用这种方法。一种常用的解决保单第一年费用超支的方法是让费用占用一部分净保费，少提责任准备金，再从以后各年收取的营业费用中逐年归还，以补足第一年应提的责任准备金数额。这种对均衡净保费责任准备金进行调整的方法称为修正的责任准备金法。

设每年均衡保费为 G，均衡净保费为 P，则均衡附加保费为 $G-P$。假设保单第一年由于费用占用一部分净保费，使净保费成为 α，第二年到第 k 年由于费用的归还，实际净保费变为 β，k 为保费调整期，n 为保费缴付期，见图8－3。

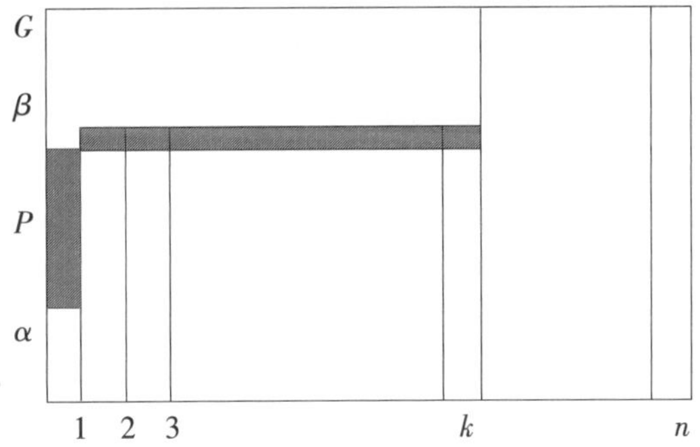

图 8－3 修正的责任准备金法对净保费的调整

保险第一年由于费用超支占用的均衡净保费为 $P-\alpha$，第二年到第 k 年由于费用的逐年归还，增加的净保费为 $\beta-P$。图 8－3 中用阴影部分表示调整的净保费。净保费的这种调整必须保证在任何时点上，均衡净保费的价值等于调整后的实际净保费的价值，这样才符合保险支出与净保费收入相等的收支平衡原则。通常以均衡净保费现值等于实际净保费现值作为计算调整后净保费的平衡公式，即

$$\alpha+\beta a_{x:\overline{k-1}|}+P_{k|}\ddot{a}_{x:\overline{n-k}|}=P\ddot{a}_{x:\overline{n}|}$$

移项并整理后，有

$$\alpha+\beta a_{x:\overline{k-1}|}=P\ddot{a}_{x:\overline{k}|} \tag{8.42}$$

将 $\ddot{a}_{x:\overline{k}|}=a_{x:\overline{k-1}|}+1$ 代入上式，有

$$P-\alpha=(\beta-P)\,a_{x:\overline{k-1}|} \tag{8.43}$$

表明第一年减少的净保费与第二年以后增加的净保费现值相等。

（8.43）式还可以写为：

$$\beta=P+\frac{P-\alpha}{a_{x:\overline{k-1}|}} \tag{8.44}$$

表明第二年以后调整的净保费 β 是在均衡净保费 P 的基础上，加上能够补偿第一年减少的净保费数额的调整项组成的。当 $P-\alpha$ 已知时，可以用上式计算 β。将 $a_{x:\overline{k-1}|}=\ddot{a}_{x:\overline{k}|}-1$ 代入（8.44）式，有

$$\beta=P+\frac{\beta-\alpha}{\ddot{a}_{x:\overline{k}|}} \tag{8.45}$$

在已知 $\beta-\alpha$ 时，可以用（8.45）式计算 β。

修正的责任准备金以 V^{mod} 表示。采用与均衡净保费责任准备金相同的计算方法，在调整的净保费下，可以计算出修正的责任准备金。例如，对（x）的 m 年两全保险，缴费期为 n 年，净保费调整期为 k 年，t 年末的修正责任准备金为：

当 $t\leqslant k\leqslant n$ 时，用将来法，有

$$\begin{aligned}{}_t^nV_{x:\overline{m}|}^{\text{mod}}&=A_{x+t:\overline{m-t}|}-\beta\ddot{a}_{x+t:\overline{k-t}|}-{}_nP_{x:\overline{m}|}\times{}_{k-t|}\ddot{a}_{x+t:\overline{n-k}|}\\&=A_{x+t:\overline{m-t}|}-{}_nP_{x:\overline{m}|}\times\ddot{a}_{x+t:\overline{n-t}|}-(\beta-{}_nP_{x:\overline{m}|})\times\ddot{a}_{x+t:\overline{k-t}|}\\&={}_t^nV_{x:\overline{m}|}-(\beta-{}_nP_{x:\overline{m}|})\times\ddot{a}_{x+t:\overline{k-t}|}\end{aligned}$$

用过去法时，有

$${}_t^nV_{x:\overline{m}|}^{\text{mod}}=\alpha\times\frac{1}{{}_tE_x}+\beta\ddot{s}_{x+1:\overline{t-1}|}-\frac{A_{x:\overline{t}|}^{1}}{{}_tE_x}$$

当 $t\geqslant k$ 时，t 年末的责任准备金就是均衡净保费给付准备金。

【例 8－14】假设对（x）的 1 元终身寿险以修正的责任准备金法计算的数值为 ${}_1V_x^{\text{mod}}=k$，试计算初年调整的净保费 α_x^{mod} 和续年调整的净保费 β_x^{mod}。

【解】由过去法：

$$\frac{\alpha^{\text{mod}}}{{}_1E_x}-\frac{A_{x:\overline{1}|}^{1}}{{}_1E_x}={}_tV_x^{\text{mod}}=k$$

可得：

$$\alpha^{\text{mod}}=A_{x:\overline{1}|}^{1}+k\,{}_1E_x$$

由将来法：

$$A_{x+1}-\beta^{\text{mod}}\ddot{a}_{x+1}=k$$

可得：

$$\beta^{\text{mod}}=\frac{A_{x+1}}{\ddot{a}_{x+1}}-\frac{k}{\ddot{a}_{x+1}}=P_{x+1}-\frac{k}{\ddot{a}_{x+1}}$$

二、完全初年定期修正法

在修正的责任准备金一般方法中，对保单第一年的净保费 α，除要求不能超过均衡净

保费 P 外，没有其他限制条件，也就是对初年均衡净保费 P 中可用于费用的比例没有限定。但是，如果第一年费用占用净保费的比例太大，使留下来的净保费 α 不能满足当年的赔付支出，那么第一年末的给付就会成为负值。为避免这种情况，需要规定 α 的合理界限。

α 的最小界限是使保险第一年的净保费与保险赔付相等，也就是第一年末不留责任准备金。此时，有

$$_1V=0$$

即

$$\alpha\, \ddot{s}_{x:\overline{1}|}-\frac{A^{1}_{x:\overline{1}|}}{_1E_x}=0$$

$$\alpha=A^{1}_{x:\overline{1}|} \tag{8.46}$$

$A^{1}_{x:\overline{1}|}$ 是一年定期寿险的现值，$\alpha=A^{1}_{x:\overline{1}|}$ 表明第一年的净保费 α 是满足一年定期死亡保险的净保费。这样一来，第一年净保费扣除当年死亡赔付金的余额可用作第一年的费用。这种把第一年净保费规定为一年定期寿险现值 $A^{1}_{x:\overline{1}|}$，并在整个缴费期修正责任准备金的方法称为完全初年定期（full preliminary term）修正法，简称 FPT 法。在完全初年定期修正法下，第一年的净保费用 α^{FPT} 表示，第二年以后的净保费用 β^{FPT} 表示，k 年末的责任准备金用 $_kV^{\mathrm{FPT}}$ 表示。

根据修正的责任准备金一般方法，在已知 α^{FPT} 下，很容易求出 β^{FPT}。将 $\alpha^{\mathrm{FPT}}=A^{1}_{x:\overline{1}|}$ 代入（8.44）式，有

$$\beta^{\mathrm{FPT}}=P+\frac{P-A^{1}_{x:\overline{1}|}}{a_{x:\overline{n-1}|}} \tag{8.47}$$

再将 $a_{x:\overline{n-1}|}={}_{1|}\ddot{a}_{x:\overline{n-1}|}$ 代入（8.42）式，有

$$A^{1}_{x:\overline{1}|}+\beta^{\mathrm{FPT}}\,{}_{1|}\ddot{a}_{x:\overline{n-1}|}=P\ddot{a}_{x:\overline{n}|} \tag{8.48}$$

$P\ddot{a}_{x:\overline{n}|}$ 是 n 年定期缴费均衡净保费现值，它等于相应保险的保险金现值。若用 A 表示对（x）的这一保险现值，$A(1)$ 表示在 $x+1$ 岁时同一保险的现值，则

$$P\ddot{a}_{x:\overline{n}|}=A=A^{1}_{x:\overline{1}|}+{}_1E_x\,A(1)$$

代入（8.48）式，有

$$\beta^{\mathrm{FPT}}=\frac{_1E_x\ A(1)}{_{1|}\ddot{a}_{x:\overline{n-1}|}}=\frac{A(1)}{\ddot{a}_{x+1:\overline{n-1}|}} \tag{8.49}$$

上式表明，β^{FPT} 是对（$x+1$）的保费缴付期为 $n-1$ 年保险的年缴保费，这正好与原保险险种相同，但此值是比原投保年龄大一岁、保费缴付期比原保险少一年的年缴均衡净保费。

例如，对（x）的 m 年 1 单位元两全保险，缴费期为 n，则

$$\beta^{\mathrm{FPT}}=\frac{A_{x+1:\overline{m-1}|}}{\ddot{a}_{x+1:\overline{n-1}|}}={}_{n-1}P_{x+1:\overline{m-1}|} \tag{8.50}$$

这一保险 k 年末的完全初年定期修正法责任准备金为：

$$\begin{aligned}{}^{n}_{k}V^{\mathrm{FPT}}_{x:\overline{m}|}&=A_{x+k:\overline{m-k}|}-\beta^{\mathrm{FPT}}\ddot{a}_{x+k:\overline{n-k}|}\\&=A_{x+k:\overline{m-k}|}-{}_{n-1}P_{x+1:\overline{m-1}|}\,\ddot{a}_{x+k:\overline{n-k}|}\\&=A_{(x+1)+(k-1):\overline{(m-1)-(k-1)}|}-{}_{n-1}P_{x+1:\overline{m-1}|}\,\ddot{a}_{(x+1)+(k-1):\overline{(n-1)-(k-1)}|}\\&={}^{n-1}_{k-1}V_{x+1:\overline{m-1}|}\end{aligned} \tag{8.51}$$

由此可见，完全初年定期修正法 k 年末的责任准备金正是比原投保年龄大一岁、保险期少一年、缴费期少一年的均衡净保费 $k-1$ 年末的责任准备金。

【例 8-15】 刘先生在 30 岁时投保了 10 000 元的 5 年两全保险。若保险金在死亡年年末给付，保险费从投保开始每年缴付，$i=2.5\%$，根据中国人身保险业经验生命表（2010—2013）非养老类业务二表（男）的数据，计算完全初年定期修正法在各保险年末的责任准备金。

【解】 由（8.49）式，有

$$\beta^{FPT}=\frac{10\ 000A_{31:\overline{4|}}}{\ddot{a}_{31:\overline{4|}}}$$

$$=\frac{10\ 000\times(M_{31}-M_{35}+D_{35})}{N_{31}-N_{35}}$$

$$=2\ 351.98(\text{元})$$

各年末的责任准备金如表 8-6 所示。

表 8-6　完全初年定期修正法期末责任准备金计算表

年度 t	$10\ 000A_{30+t:\overline{5-t|}}$（元）(1)	$\ddot{a}_{30+t:\overline{5-t|}}$ (2)	$\beta^{FPT}\ddot{a}_{30+t:\overline{5-t|}}$（元）(3)=$\beta^{FPT}\times$(2)	${}_tV^{FPT}_{30:\overline{5|}}$（元）(4)=(1)−(3)
1	9 060.43	3.852 3	9 060.43	0.00
2	9 286.48	2.925 4	6 880.52	2 405.96
3	9 518.32	1.974 9	4 644.92	4 873.40
4	9 756.10	1.000 0	2 351.98	7 404.12
5	10 000.00	0.000 0	0.00	10 000.00

本章小结

责任准备金是保险人为将来的赔付或给付责任预先提存的储备金。它是将来给付和费用支出现值与将来净保费收入现值之差，在某一时点积累的责任准备金与将来为赔付而征收的净保费收入之和应该正好满足将来的给付支出。

（1）责任准备金的计算方法有将来法和过去法两种。

将来法：

$${}_tV=A(t)-P\ddot{a}(t)$$

式中，$A(t)$ 和 $\ddot{a}(t)$ 分别为 t 时刻的未来保险金和生存年金现值。

过去法：

$${}_tV=P\ddot{s}(t)-k(t)$$

式中，$\ddot{s}(t)$ 和 $k(t)$ 分别为 t 时刻的过去生存年金和已付保险金终值。

（2）责任准备金基本递推关系：

$${}_kV+P_k=b_{k+1}\times v\times q_{x+k}+v\times p_{x+k}\times{}_{k+1}V$$

（3）会计年度末的责任准备金是保险公司在年度决算日的累积准备金，它可以由保险年度末的责任准备金推算出来。在死亡均匀分布假设下，可近似为：

$$_{t+h}V \approx (1-h)_tV + h_{t+1}V + (1-h)P_t$$

式中，$_{t+h}V$ 为 t 年末和 $t+1$ 年末责任准备金的线性插值与 $t+h$ 时点未经过保费之和。

（4）修正的净保费责任准备金通过调整净保费的分布调整责任准备金的分布。完全初年定期修正法在第一年不留责任准备金，同时在整个缴费期调整责任准备金。完全初年定期修正法 k 年末的责任准备金正是比原投保年龄大一岁、保险期少一年、缴费期少一年的均衡净保费 $k-1$ 年末的责任准备金。

练习题

8.1 某男性在 30 岁时投保了 50 000 元终身寿险，以中国人身保险业经验生命表（2010—2013）非养老类业务一表（男）为基础生命表，计算在投保第 20 年末，保险人在下列两种情况为这一保单提存的责任准备金（假设 $i=2.5\%$）。

（1）保险金在死亡年年末给付，保险费终身缴付。

（2）保险金在死亡时给付，保险费在 15 年内缴清。

8.2 下列哪个式子是 $_{15}V_{40}^{(m)}$ 的正确计算式？

（1）$(P_{55}^{(m)} - P_{40}^{(m)})\ddot{a}_{55}^{(m)}$。

（2）$P_{40}^{(m)}\ddot{s}_{40:\overline{15|}}^{(m)} - {}_{15}k_{40}$。

（3）$\left(1-\dfrac{P_{40}^{(m)}}{P_{55}^{(m)}}\right)A_{55}$。

（4）$1-\dfrac{\ddot{a}_{55}^{(m)}}{\ddot{a}_{40}^{(m)}}$。

8.3 某女性在 40 岁时购买了 20 年 20 000 元两全保险，保费在 10 年内付清，利率为 2.5%。以中国人身保险业经验生命表（2010—2013）非养老类业务二表（女）为基础生命表，试计算：

（1）第 5 年末和第 15 年末的均衡净保费责任准备金。

（2）在完全初年定期修正法下第 5 年末和第 15 年末的责任准备金。

8.4 假设有一种退休年金，从被保险人退休日起每年末给付 1 单位元生存年金。若被保险人死亡，在死亡年年末给付当时责任准备金的一半；若从 x 岁开始退休，$_tR_x$ 表示 $x+t$ 岁时的责任准备金，试用 $_tR_x$、p、q 和 i 表示 $_{t+1}R_x$。

8.5 某男性在 30 岁时购买了某年金保险，契约规定从被保险人 60 岁起每年给付 10 000 元生存年金。如果被保险人在 60 岁前死亡，则在死亡年年末给付 50 000 元。保险费在 60 岁前每年缴付一次。假设初年附加保费是总保费的 30%，续年附加保费是总保费的 10%，预定利率为 2.5%，以中国人身保险业经验生命表（2010—2013）养老类业务表（男）为基础生命表。

（1）计算年缴均衡总保费。

（2）计算第 10 年末和第 40 年末的均衡净保费责任准备金。

（3）按总保费扣减附加保费后的净保费，计算第 10 年末和第 40 年末的责任准备金。

第九章

联合保险

前面各章研究了以单个被保险人为承保对象的单被保险人精算方法。本章研究有经济联系的两个或两个以上的人（或单位）结合在一起组成一个联合投保集团，以联合投保集团中的一个人或几个人（或单位）发生保险事故为保险赔付条件以及对被保险人的两种或两种以上危险事故进行保险的精算技术。

学习目标

- 了解联合生存状态、最后生存状态、条件联合状态的概念
- 掌握联合生存状态和最后生存状态概率的计算方法
- 掌握联合状态下精算现值的计算

第一节 联合状态

以单个被保险人为承保对象的保险，其保险金给付条件是被保险人的生存、死亡、疾病、伤残等。以联合投保集团为承保对象的保险，其保险给付条件也是联合投保集团的“生存”或“死亡”。下面通过定义联合投保集团的“生存”和“死亡”状态，讨论联合生存状态（joint-life status）和最后生存状态两种状态。

一、联合生存状态

联合生存状态是以联合投保集团中每个成员都存活为状态生存，以集团中的第一例死亡为状态死亡。设联合投保集团是由年龄分别为 x_1，x_2，…，x_m 的 m 个个体组成，其联合生存状态表示为（$x_1x_2\cdots x_m$）。

如果联合生存状态的未来“存活”时间随机变量以 T 表示，对于联合生存状态（$x_1x_2\cdots x_m$），未来存活时间随机变量记作 $T(x_1x_2\cdots x_m)$。由联合生存状态的定义可得：

$$T(x_1x_2\cdots x_m) = \min(T(x_1),\ T(x_2),\ \cdots,\ T(x_m))$$

式中，$T(x_i)$为单个人（x_i）的余寿。

在实际中，一般没有可直接利用的联合生存状态死亡经验或生命表，通常只能根据个体生命表数据进行推算。为方便计算，通常采用独立性假设，即假设联合生存状态中各个体的余寿随机变量相互独立。但实际上，联合投保集团的成员一般都有某种经济的、婚姻的或血缘的关系，其余寿随机变量一般并不独立。

以两个人的联合生存状态为例，如果 x 和 y 分别代表两个成员的年龄，他们的联合生存状态的余寿随机变量为 $T(xy)$，$T=T(xy)$ 的分布函数为：

$$\begin{aligned} F_T(t) &= \Pr(T \leqslant t) \\ &= \Pr(\min(T(x),\ T(y)) \leqslant t) \\ &= 1-\Pr(T(x)>t \text{ 且 } T(y)>t) \end{aligned} \tag{9.1}$$

在独立性假设下，有

$$\begin{aligned} F_T(t) &= 1-\Pr(T(x)>t)\ \Pr(T(y)>T) \\ &= 1-{}_tp_x \times {}_tp_y \end{aligned} \tag{9.2}$$

这样，联合生存状态（xy）至少“存活”到时间 t 的概率${}_tp_{xy}$满足：

$${}_tp_{xy} = {}_tp_x \times {}_tp_y \tag{9.3}$$

对 $F_T(t)$ 关于 t 求导，可求得 T 的概率密度函数：

$$\begin{aligned} f_T(t) &= \frac{\mathrm{d}}{\mathrm{d}t}(1-{}_tp_x \times {}_tp_y) \\ &= {}_tp_x \times {}_tp_y(\mu_{x+t}+\mu_{y+t}) \end{aligned} \tag{9.4}$$

余寿随机变量 $T(xy)$ 的分布可以依据相关个体的死亡力确定。时间 t 状态（xy）的死亡力以 $\mu_{xy}(t)$ 表示，与第三章生命表的相关公式类似，有

$$\mu_{xy}(t) = \frac{f_{T(xy)}(t)}{1-F_{T(xy)}(t)} \tag{9.5}$$

由于 $T(x)$、$T(y)$ 相互独立，因而

$$\mu_{xy}(t) = \mu_{x+t}+\mu_{y+t} \tag{9.6}$$

由此可见，在独立性假设下，联合生存状态的死亡力等于构成联合生存状态个体的死亡力之和。

在第 k 个整数年中，联合生存状态（xy）的“死亡”概率为：

$$\begin{aligned} \Pr(k<T\leqslant k+1) &= \Pr(T\leqslant k+1)-\Pr(T<k) \\ &= {}_kp_{xy} - {}_{k+1}p_{xy} \\ &= {}_kp_{xy} \times q_{x+k:y+k} \end{aligned} \tag{9.7}$$

在此，联合生存状态（$x+k:y+k$）在一年内“死亡”的概率可用个体死亡概率写成：

$$\begin{aligned} q_{x+k:y+k} &= 1-p_{x+k:y+k} \\ &= 1-p_{x+k} \times p_{y+k} \\ &= 1-(1-q_{x+k})\ (1-q_{y+k}) \\ &= q_{x+k}+q_{y+k}-q_{x+k} \times q_{y+k} \end{aligned} \tag{9.8}$$

联合生存状态（xy）在第 $k+1$ 年死亡的概率为：

$$\begin{aligned}\Pr(K=k)&=\Pr(k\leqslant T<k+1)\\&=\Pr(k<T\leqslant k+1)\\&={}_kp_{xy}\times q_{x+k:y+k}\\&={}_{k|}q_{xy}\end{aligned}\tag{9.9}$$

【例 9-1】 设某联合生存状态中包含（60）与（65）两个个体，假设他们的余寿相互独立，试给出 $T(60:65)$ 的分布。

【解】 设

$$T=T(60:65)$$

由独立性假设，有

$$\Pr(T>t)={}_tp_{60:65}={}_tp_{60}\times{}_tp_{65}$$

【例 9-2】 设某联合生存状态中包含（60）与（65）两个个体，假设他们的余寿相互独立，试给出第 1 个死亡发生在未来 5 年后、10 年前的概率。

【解】 对于 $T=T(60:65)$，有

$$\begin{aligned}\Pr(5<T\leqslant 10)&=\Pr(T>5)-\Pr(T>10)\\&={}_5p_{60:65}-{}_{10}p_{60:65}\\&={}_5p_{60}\times{}_5p_{65}-{}_{10}p_{60}\times{}_{10}p_{65}\end{aligned}$$

二、最后生存状态

最后生存状态是以联合投保集团中至少一个成员存活为状态生存，以全部成员的死亡为状态死亡。以（$\overline{x_1x_2\cdots x_m}$）表示由（$x_i$），$i=1,2,\cdots,m$，共计 m 个成员组成的最后生存状态。

最后生存状态的余寿为：

$$T=\max(T(x_1),\ T(x_2),\ \cdots,\ T(x_m))$$

假设最后生存状态中个体的余寿随机变量相互独立。在只有两个个体的情形下，有

$$\begin{aligned}F_T(t)&=\Pr(T\leqslant t)\\&=\Pr(\max(T(x),\ T(y))\leqslant t)\\&=\Pr(T(x)\leqslant t\text{ 且 }T(y)\leqslant t)&(9.10)\\&=\Pr(T(x)\leqslant t)\ \Pr(T(y)\leqslant t)\\&=(1-{}_tp_x)(1-{}_tp_y)\\&=1-{}_tp_x-{}_tp_y+{}_tp_x\,{}_tp_y&(9.11)\end{aligned}$$

因此，有

$$_tp_{\overline{xy}}=1-F_T(t)={}_tp_x+{}_tp_y-{}_tp_x\,{}_tp_y\tag{9.12}$$

对（9.11）式关于 t 求导，可得 $T=T(\overline{xy})$ 的概率密度函数：

$$\begin{aligned}f_T(t)&=\frac{\mathrm{d}}{\mathrm{d}t}((1-{}_tp_x)(1-{}_tp_y))\\&=(1-{}_tp_x)\times{}_tp_y\times\mu_{y+t}+(1-{}_tp_y)\times{}_tp_x\times\mu_{x+t}&(9.13a)\\&={}_tp_x\times\mu_{x+t}+{}_tp_y\times\mu_{y+t}-{}_tp_x\times{}_tp_y\times(\mu_{x+t}+\mu_{y+t})&(9.13b)\end{aligned}$$

即使 $T(x)$ 与 $T(y)$ 并不独立，在 $T(xy)$、$T(\overline{xy})$、$T(x)$ 和 $T(y)$ 之间也存在一般的

关系。$T(\overline{xy})$ 或者等于 $T(x)$，或者等于 $T(y)$；与此同时，$T(xy)$ 必等于其中的另一个。因此，总有

$$T(xy)+T(\overline{xy})=T(x)+T(y) \tag{9.14a}$$

又由

$$\begin{aligned}\Pr(T(xy)\leqslant t)&=\Pr(T(x)\leqslant t \text{ 或 } T(y)\leqslant t)\\&=\Pr(T(x)\leqslant t)+\Pr(T(y)\leqslant t)-\Pr(T(x)\leqslant t \text{ 且 } T(y)\leqslant t)\end{aligned}$$

以及（9.10）式，可得：

$$F_{T(xy)}(t)+F_{T(\overline{xy})}(t)=F_{T(x)}(t)+F_{T(y)}(t) \tag{9.14b}$$

$$f_{T(xy)}(t)+f_{T(\overline{xy})}(t)=f_{T(x)}(t)+f_{T(y)}(t) \tag{9.14c}$$

$${}_tp_{\overline{xy}}={}_tp_x+{}_tp_y-{}_tp_{xy} \tag{9.14d}$$

$$f_{T(\overline{xy})}(t)={}_tp_x\,\mu_{x+t}+{}_tp_y\,\mu_{y+t}-{}_tp_{xy}\mu_{xy}(t) \tag{9.14e}$$

类似地，最后生存状态（$\overline{xy}$）在时间 t 的死亡力为：

$$\mu_{\overline{xy}}(t)=\frac{{}_tp_x\ \mu_{x+t}+{}_tp_y\ \mu_{y+t}-{}_tp_{xy}\mu_{xy}(t)}{{}_tp_x+{}_tp_y-{}_tp_{xy}} \tag{9.15}$$

根据（9.14b）式可以得出最后生存状态（$\overline{xy}$）的整值余寿 $K=K(\overline{xy})$ 的概率函数与个体及联合生存状态的整值余寿之间的关系：

$$\Pr(K(\overline{xy})=k)+\Pr(K(xy)=k)=\Pr(K(x)=k)+\Pr(K(y)=k)$$

对 $k=0$，1，2，…，有

$$\Pr(K(\overline{xy})=k)={}_kp_x\times q_{x+k}+{}_kp_y\times q_{y+k}-{}_kp_{xy}\times q_{x+k:y+k} \tag{9.16}$$

如果采用独立性假设，利用（9.3）式和（9.7）式可将（9.16）式写成：

$$\begin{aligned}\Pr(K(\overline{xy})=k)&={}_kp_x\times q_{x+k}+{}_kp_y\times q_{y+k}-{}_kp_x\times{}_kp_y\times(q_{x+k}+q_{y+k}-q_{x+k}\times q_{y+k})\\&=(1-{}_kp_y)\times{}_kp_x\times q_{x+k}+(1-{}_kp_x)\times{}_kp_y\times q_{y+k}\\&\quad+{}_kp_x\times{}_kp_y\times q_{x+k}\times q_{y+k}\end{aligned}$$

上式的直观解释为：前面两项的和代表状态中的个体第一个死亡发生在 k 之前、第二个死亡发生在 k 与 $k+1$ 之间的概率；第 3 项表示两个个体都死亡在该年度内的概率。这一表达式与连续型情形的（9.13a）式类似，不过（9.13a）式相当于第 3 项为 0。

【例 9-3】 设某状态中包含（58）与（62）两个个体，他们的死亡分别发生在 65.2 和 68.4。试分别计算 $T(58, 62)$，$T=T(\overline{58:62})$。

【解】

$$T=T(58,62)=\min(65.2-58,68.4-62)=\min(7.2,6.4)=6.4$$

$$T=T(\overline{58:62})=\max(7.2,6.4)=7.2$$

据此，可以验证：

$$T(58,62)+T(\overline{58:62})=T(58)+T(62)$$

【例 9-4】 在例 9-2 中，计算最后 1 个死亡发生在未来 5 年后、10 年前的概率。

【解】 对于 $T=T(\overline{60:65})$，应用（9.14d）式得到：

$$\begin{aligned}\Pr(5<T\leqslant 10)&=\Pr(T>5)-\Pr(T>10)\\&={}_5p_{\overline{60:65}}-{}_{10}p_{\overline{60:65}}\\&={}_5p_{60}-{}_{10}p_{60}+{}_5p_{65}-{}_{10}p_{65}-({}_5p_{60:65}-{}_{10}p_{60:65})\end{aligned}$$

第二节 联合状态下的精算现值

一、联合状态余寿随机变量的期望值计算

对于一般状态(u)，其余寿 $T=T(u)$。根据余寿均值的定义，有

$$\mathring{e}_u = E(T(u)) = \int_0^{\infty} {}_tp_u \mathrm{d}t \tag{9.17}$$

如果（u）是联合生存状态(xy)，则

$$\mathring{e}_{xy} = \int_0^{\infty} {}_tp_{xy} \mathrm{d}t \tag{9.18}$$

对于最后生存状态，则有

$$\mathring{e}_{\overline{xy}} = \int_0^{\infty} {}_tp_{\overline{xy}} \mathrm{d}t \tag{9.19}$$

由（9.14d）式，可以得到：

$$\mathring{e}_{\overline{xy}} = \mathring{e}_x + \mathring{e}_y - \mathring{e}_{xy} \tag{9.20}$$

对于整值余寿 k，随机变量 $K=K(u)$，其期望值为：

$$e_u = \sum_{k=1}^{\infty} {}_kp_u$$

对联合生存状态（xy）及最后生存状态（$\overline{xy}$），分别有

$$e_{xy} = \sum_{k=1}^{\infty} {}_kp_{xy} \tag{9.21}$$

$$e_{\overline{xy}} = \sum_{k=1}^{\infty} {}_kp_{\overline{xy}}$$

同样地，由（9.14d）式亦可知：

$$e_{\overline{xy}} = e_x + e_y - e_{xy} \tag{9.22}$$

二、联合状态下的精算现值计算

为方便计算，这里以状态（u）表示前面讨论的联合生存状态和最后生存状态中任意一种联合状态。在联合状态“生存”概率和“死亡”概率的基础上，可以依前面章节中对寿险和生存年金精算现值的计算方法，给出联合状态下的精算现值。

对于一般状态(u)，寿险现值 A_u 是状态（u）的整值余寿变量 $K=K(u)$ 在$K+1$年末赔付的精算现值。$\overline{A}_u$ 是状态（u）的余寿随机变量 $T=T(u)$ 的精算现值。

对于在状态（u）“死亡”时赔付 1 单位元的保险，保单生效时的现值随机变量和趸缴净保费分别为：

$$Z = v^T$$

$$\overline{A}_u = \int_0^{\infty} v^t \times {}_tp_u \times \mu_{u+t} \mathrm{d}t$$

具体地，对于联合生存状态(xy)，有

$$\bar{A}_{xy}=\int_0^{\infty} v^t\times {}_tp_{xy}\times\mu_{xy}(t)\mathrm{d}t$$

由独立性假设，上式可写成：

$$\bar{A}_{xy}=\int_0^{\infty} v^t\times {}_tp_x\times {}_tp_y\times(\mu_{x+t}+\mu_{y+t})\mathrm{d}t$$

类似地，可以给出最后生存状态的情形。对于每年连续支付 1 单位元直至状态(u)“死亡”的生存年金，有

$$Y=\bar{a}_{\overline{T}|}$$

$$\bar{a}_u=\int_0^{\infty}\bar{a}_{\overline{t}|}\,{}_tp_u\,\mu_{u+t}\mathrm{d}t$$

$$=\int_0^{\infty} v^t\,{}_tp_u\mathrm{d}t$$

同样地，对于联合生存状态(xy)，即只有在两个人同时存活时才支付年金，有

$$Y=\bar{a}_{\overline{T(xy)}|}$$

$$\bar{a}_{xy}=\int_0^{\infty}\bar{a}_{\overline{t}|}\times({}_tp_x\times{}_tp_y\times(\mu_{x+t}+\mu_{y+t}))\mathrm{d}t$$

$$=\int_0^{\infty} v^t\times{}_tp_x\times{}_tp_y\mathrm{d}t$$

根据本章第一节的推导结果，可以得到最后生存状态与联合生存状态的年金及寿险精算现值之间的关系，即

$$v^{T(\overline{xy})}+v^{T(xy)}=v^{T(x)}+v^{T(y)} \tag{9.23}$$

$$\bar{a}_{\overline{T(xy)}|}+\bar{a}_{\overline{T(\overline{xy})}|}=\bar{a}_{\overline{T(x)}|}+\bar{a}_{\overline{T(y)}|} \tag{9.24}$$

$$v^{T(xy)}v^{T(\overline{xy})}=v^{T(x)}v^{T(y)}$$

通过对上式两边求期望，可以得出：

$$\bar{A}_{\overline{xy}}+\bar{A}_{xy}=\bar{A}_x+\bar{A}_y \tag{9.25}$$

$$\bar{a}_{\overline{xy}}+\bar{a}_{xy}=\bar{a}_x+\bar{a}_y \tag{9.26}$$

对于状态（u）的整值余寿变量$K=K(u)$，在状态“死亡”年年末 1 单位元支付的寿险现值随机变量为$Z=v^{K+1}$，趸缴净保费为：

$$A_u=E(Z)=\sum_{k=0}^{\infty} v^{K+1}\Pr(K=k) \tag{9.27}$$

生存年金的精算现值也与单个生命的计算公式类似，只需用一般状态（u）的“存在”概率替换原来（x）的存活概率。例如，计算状态（u）的n年定期生存年金，有

$$Y=\begin{cases}\ddot{a}_{\overline{K+1}|} & 0\leqslant K<n\\ \ddot{a}_{\overline{n}|} & K\geqslant n\end{cases}$$

$$\ddot{a}_{u:\overline{n}|}=E(Y)=\sum_{k=0}^{n}\ddot{a}_{\overline{k+1}|}\,{}_{k|}q_u+\ddot{a}_{\overline{n}|}\,{}_np_u$$

$$\ddot{a}_{u:\overline{n}|}=\sum_{k=1}^{n-1}{}_tE_u=\sum_{k=1}^{n-1}v^k\times{}_kp_u$$

$$\ddot{a}_{u:\overline{n}|}=\frac{1}{d}(1-A_{u:\overline{n}|})$$

对于与联合生存状态（xy）相关的每年年初支付 1 单位元的生存年金，在上述公式中

使用${}_kp_{xy}$代替${}_tp_u$，在（x）与（y）独立的情况下还可以使用${}_tp_x\times{}_tp_y$来代替，即可计算出年金现值。

与连续型余寿随机变量相同，对于整值余寿随机变量来说，最后生存状态与联合生存状态的年金及趸缴净保费存在以下关系：

$$v^{K(\overline{xy})+1}+v^{K(xy)+1}=v^{K(x)+1}+v^{K(y)+1} \tag{9.28}$$

$$\ddot{a}_{\overline{K(\overline{xy})+1}|}+\ddot{a}_{\overline{K(xy)+1}|}=\ddot{a}_{\overline{K(x)+1}|}+\ddot{a}_{\overline{K(y)+1}|} \tag{9.29}$$

$$v^{K(\overline{xy})+1}+v^{K(xy)+1}=v^{K(x)+1}v^{K(y)+1} \tag{9.30}$$

在（9.28）式及（9.29）式两端取期望值，可得：

$$A_{xy}+A_{\overline{xy}}=A_x+A_y \tag{9.31}$$

$$\ddot{a}_{\overline{xy}}+\ddot{a}_{xy}=\ddot{a}_x+\ddot{a}_y \tag{9.32}$$

【例9-5】对包含两个成员（x）和（y）的最后生存状态，考虑在状态“死亡”时赔付1单位元的n年定期人寿保险，计算此保险的趸缴净保费。

【解】利用趸缴净保费的定义式，有

$$\begin{aligned}\bar{A}^{1}_{\overline{xy}:\overline{n}|}&=\int_0^n v^t\times{}_tp_{\overline{xy}}\times\mu_{\overline{xy}}(t)\mathrm{d}t\\&=\int_0^n v^t\times({}_tp_x\times\mu_{x+t}+{}_tp_y\times\mu_{y+t}-{}_tp_{xy}\times\mu_{xy}(t))\mathrm{d}t\\&=\bar{A}^{1}_{x:\overline{n}|}+\bar{A}^{1}_{y:\overline{n}|}-\bar{A}^{1}_{xy:\overline{n}|}\end{aligned}$$

式中，符号$\bar{A}^{1}_{xy:\overline{n}|}$为联合生存状态（$xy$）$n$年定期寿险的趸缴净保费。

【例9-6】对包含两个成员（x）和（y）的联合生存状态，考虑每年连续支付1单位元的年金。其中，$T(x)$与$T(y)$独立，计算年金的精算现值。

【解】对于联合生存状态，有

$$Y=\bar{a}_{\overline{T(x,y)}|}=\frac{1-v^{T(x,y)}}{\delta}=\frac{1-Z}{\delta}$$

$$\bar{a}_{xy}=\int_0^\infty v^t\times{}_tp_x\times{}_tp_y\mathrm{d}t=\frac{1-\bar{A}_{xy}}{\delta}$$

【例9-7】某种年金在（x）与（y）都存活时，每年连续支付1单位元，当（x）和（y）中仅有一人存活时，每年连续支付2/3单位元。假设$T(x)$与$T(y)$独立，试计算：

（1）年金现值随机变量。

（2）年金的精算现值。

【解】（1）从时间上看，这一年金可以分为两部分：第一部分是当两个成员都存活时的年金支付，另一部分是当只有一个成员存活时的年金支付。为便于计算，也可以将其分为以下两者的组合：一个是年支付2/3单位元，直至（x）与（y）都死亡，即时间$T(\overline{xy})$；另一个是年支付1/3单位元，直至（x）或（y）至少有一个死亡，即时间$T(xy)$。因此，所求年金的现值随机变量为：

$$Z=\frac{2}{3}\bar{a}_{\overline{T(\overline{xy})}|}+\frac{1}{3}\bar{a}_{\overline{T(xy)}|}$$

（2）计算该年金的精算现值，也就是年金现值随机变量的期望值：

$$E(Z)=\frac{2}{3}\bar{a}_{\overline{xy}}+\frac{1}{3}\bar{a}_{xy}$$

用（9.26）式替代 $\bar{a}_{\overline{xy}}$，可得：

$$E(Z)=\frac{2}{3}\bar{a}_x+\frac{2}{3}\bar{a}_y-\frac{1}{3}\bar{a}_{xy}$$

直接利用年金现值的定义式，有

$$\begin{aligned}E(Z)&=\int_0^\infty v^t\times{}_tp_{xy}\mathrm{d}t+\frac{2}{3}\int_0^\infty v^t\times{}_tp_x(1-{}_tp_y)\mathrm{d}t+\frac{2}{3}\int_0^\infty v^t\times{}_tp_y\times(1-{}_tp_x)\mathrm{d}t\\&=\frac{2}{3}\int_0^\infty v^t\times{}_tp_x\mathrm{d}t+\frac{2}{3}\int_0^\infty v^t\times{}_tp_y\mathrm{d}t-\frac{1}{3}\int_0^\infty v^t\times{}_tp_{xy}\mathrm{d}t\\&=\frac{2}{3}\bar{a}_x+\frac{2}{3}\bar{a}_y-\frac{1}{3}\bar{a}_{xy}\end{aligned}$$

由此可见，这两种方法得到的结果是一致的。

【例 9-8】在上例中，假设：

（1）在最初的 n 年内，每年支付 1 单位元确定年金。

（2）n 年后，若（x）与（y）同时存活，每年支付的数额为 1 单位元。

（3）若（x）存活而（y）已死亡，每年支付的数额为 3/4 单位元。

（4）若（y）存活而（x）已死亡，每年支付的数额为 1/2 单位元。

试计算上述年金的精算现值。

【解】情形(1)：n 年确定年金的精算现值为：

$$\bar{a}_{\overline{n}|}=\int_0^n v^t\mathrm{d}t$$

情形(2)：n 年后，（x）与（y）同时存活应支付的年金精算现值为：

$$\int_n^\infty v^t\times{}_tp_{xy}\mathrm{d}t=\int_0^\infty v^t\times{}_tp_{xy}\mathrm{d}t-\int_0^n v^t\times{}_tp_{xy}\mathrm{d}t=\bar{a}_{xy}-\bar{a}_{xy:\overline{n}|}$$

情形(3)：n 年后，（x）存活而（y）死亡应支付的年金精算现值为：

$$\frac{3}{4}\int_0^\infty v^t\times{}_tp_x(1-{}_tp_y)\mathrm{d}t=\frac{3}{4}(\bar{a}_x-\bar{a}_{x:\overline{n}|})-\frac{3}{4}(\bar{a}_{xy}-\bar{a}_{xy:\overline{n}|})$$

情形(4)：n 年后，（y）存活而（x）死亡应支付的年金精算现值为：

$$\frac{1}{2}(\bar{a}_y-\bar{a}_{y:\overline{n}|})-\frac{1}{2}(\bar{a}_{xy}-\bar{a}_{xy:\overline{n}|})$$

加总前面 4 种情形的结果，可得到所求年金的精算现值，即

$$\bar{a}_{\overline{n}|}+\frac{3}{4}\bar{a}_x+\frac{1}{2}\bar{a}_y-\frac{1}{4}\bar{a}_{xy}-\frac{3}{4}\bar{a}_{x:\overline{n}|}-\frac{1}{2}\bar{a}_{y:\overline{n}|}+\frac{1}{4}\bar{a}_{xy:\overline{n}|}$$

由此可见，无论保单中规定的年金或保险的支付方式多么复杂，都可以按照精算现值的定义写出其表达式。

第三节 特殊死亡分布律下的计算

在联合生存状态和最后生存状态下，相同年龄的联合投保集团成员可能有不同的死亡概率。当联合投保集团的成员人数很多时，这种分析是非常烦琐的。这里讨论在冈珀茨死亡律和梅卡姆死亡律下，联合状态精算现值的计算。

一、冈珀茨死亡律下的计算

假定联合投保集团成员的死亡率符合冈珀茨死亡变动规律，即

$$\mu_{x_i}=BC^{x_i} \qquad i=1,2,\cdots,m$$

设某单生命状态（w）的死亡力与联合生存状态（$x_1x_2\cdots x_m$）的死亡力相同，即

$$\mu_{x_1x_2\cdots x_m}(s)=\mu_{w+s} \qquad s\geqslant 0 \tag{9.33}$$

由

$$\mu_{x_1x_2\cdots x_m}(s)=\mu_{x_1+s}+\mu_{x_2+s}+\cdots+\mu_{x_m+s}$$

及

$$\mu_{x_i}=BC^{x_i} \qquad i=1,2,\cdots,m$$

有

$$BC^{x_1+s}+BC^{x_2+s}+\cdots+BC^{x_m+s}=BC^{w+s}$$

因此，可以得到：

$$C^{x_1}+C^{x_2}+\cdots+C^{x_m}=C^{w} \tag{9.34}$$

即

$$w=\frac{\log(C^{x_1}+C^{x_2}+\cdots+C^{x_m})}{\log C}$$

对 $t>0$，有

$$\begin{aligned}{}_tp_w &= \exp\{-\int_0^t \mu_{w+s}\mathrm{d}s\}\\ &= \exp\{-\int_0^t \mu_{x_1x_2\cdots x_m}(s)\mathrm{d}s\}\\ &={}_tp_{x_1x_2\cdots x_m}\end{aligned} \tag{9.35}$$

可见，由（w）的概率可以得到联合生存状态的概率，从而也可以计算出期望值。但是，一般来说，w 不一定是整数，此时需要进行插值。

当联合生存状态中只有两个成员时，可表示为$(x, x+n)$，设 $w=x+t$，由上述公式可得：

$$C^{x}+C^{x+n}=C^{x+t}$$

即

$$t=\frac{\log(1+C^{n})}{\log C} \tag{9.36}$$

也就是说，在联合生存状态$(x, x+n)$下的精算变量可以用单生命状态（w）的精算变量来代替，其中 $w=x+t$。

二、梅卡姆死亡律下的计算

梅卡姆死亡律为 $\mu_x=A+BC^x$。此时，联合生存状态的死亡力为：

$$\begin{aligned}\mu_{x_1x_2\cdots x_m}(s)&=\mu_{x_1+s}+\mu_{x_2+s}+\cdots+\mu_{x_m+s}\\ &=(A+BC^{x_1+s})+(A+BC^{x_2+s})+\cdots+(A+BC^{x_m+s})\\ &=mA+BC^{s}(C^{x_1}+C^{x_2}+\cdots+C^{x_m})\end{aligned} \tag{9.37}$$

设由 m 个年龄均为 w 的人组成的联合生存状态（$ww\cdots w$）的死亡力与 $\mu_{x_1x_2\cdots x_m}$ 相等，即

$$\mu_{x_1x_2\cdots x_m}(s)=\mu_{ww\cdots w}(s) \qquad s\geqslant 0 \tag{9.38}$$

而

$$\mu_{ww\cdots w}(s)=m\mu_{w+s}=m(A+BC^sC^w) \tag{9.39}$$

因此

$$C^{x_1}+C^{x_2}+\cdots+C^{x_m}=mC^w \tag{9.40}$$

$$w=\frac{\log(C^{x_1}+C^{x_2}+\cdots+C^{x_m})-\log m}{\log C} \tag{9.41}$$

由此可见，只要求得 w，就可以用相等年龄的联合生存状态代替一般的联合生存状态。作为特例，当联合投保集团中只有两个成员（x，$x+n$）时，可以用相等年龄的状态（$x+t$，$x+t$）来代替。此时，有

$$C^x+C^{x+n}=2C^{x+t}$$

即

$$t=\frac{\log(1+C^n)-\log 2}{\log C} \tag{9.42}$$

可见，在联合生存状态（x，$x+n$）下的精算变量可以用相等年龄的联合生存状态（w，w）的精算变量来代替，其中 $w=x+t$。

需要注意的是，在冈珀茨死亡律和梅卡姆死亡律下的 w 是不相等的。冈珀茨死亡律下的 w 大于 x_1，x_2，…，x_m 中的任一值，而梅卡姆死亡律下的 w 居于 x_1，x_2，…，x_m 的最大值和最小值之间。

第四节 条件联合状态

一、条件联合状态概率

一般来说，联合函数与联合投保集团成员的死亡顺序无关，比如 q_{xyz} 表示（x）、（y）、（z）中发生第一个死亡的概率，而不论第一个死亡者是哪一个。如果对死亡顺序做特别规定，比如以（x）第一个死亡为状态的“死亡”，此时形成的函数称为条件函数。条件联合状态以规定死亡顺序的数字标记表示。例如，${}_nq_{\overset{1}{x}y}$ 表示在 n 年内（x）第一个死亡的概率，x 上面的 1 表示（x）的死亡事件发生在（y）之前，n 表示事件发生在 n 年内。利用概率论的知识可以得到，${}_nq_{\overset{1}{x}y}$ 等于 $T(x)$ 与 $T(y)$ 联合概率密度函数的一个二重积分，积分区域相当于 $T(x)\leqslant T(y)$ 且 $T(x)\leqslant n$。在 $T(x)$ 与 $T(y)$ 独立的假设下，有

$$\begin{aligned}{}_nq_{\overset{1}{x}y} &= \int_0^n\int_t^{\infty} {}_sp_y\times\mu_{y+s}\times{}_tp_x\times\mu_{x+t}\mathrm{d}s\mathrm{d}t \\ &= \int_0^n {}_tp_x\times\mu_{x+t}\times\left(\int_t^{\infty} {}_sp_y\times\mu_{y+s}\mathrm{d}s\right)\mathrm{d}t \\ &= \int_0^n {}_tp_x\times\mu_{x+t}\times{}_tp_y\mathrm{d}t\end{aligned} \tag{9.43}$$

$$= \int_0^n {}_tp_{xy} \times \mu_{x+t}\mathrm{d}t \tag{9.44}$$

在上式中，${}_tp_{xy}$是联合生存状态（xy）存在时间 t 的概率，表明（x）的死亡事件不会发生在（y）之后；$\mu_{x+t}\mathrm{d}t$ 则表示（x）在活到 $x+t$ 岁的条件下，在未来的 $\mathrm{d}t$ 时间内死亡的概率，此时不考虑（y）的死亡发生时间；对${}_tp_{xy}\times\mu_{x+t}$从 0 到 n 积分，即（x）在 n 年内并且在（y）之前发生死亡事件的概率。

类似地，也可以得出（y）的死亡事件发生在 n 年内并且在（x）之后的概率，记作${}_nq_{xy}^{\ 2}$。此时，把 2 放在 y 的上面，表示（y）是第二个死亡事件。同理，也可以写出${}_nq_{xy}^{\ 2}$的数学表达式，该二重积分的积分区域为 $[0\leqslant T(x)\leqslant T(y)\leqslant n]$。假设 $T(x)$与 $T(y)$独立，有

$$\begin{aligned}
{}_nq_{xy}^{\ 2} &= \int_0^n\int_0^t {}_sp_x \times \mu_{x+s} \times {}_tp_y \times \mu_{y+t}\mathrm{d}s\mathrm{d}t \\
&= \int_0^n (1-{}_tp_x) \times {}_tp_y \times \mu_{y+t}\mathrm{d}t \\
&= {}_nq_y - {}_nq_{xy}^{\ 1}
\end{aligned} \tag{9.45}$$

若交换积分次序，${}_nq_{xy}^{\ 2}$也可写成：

$$\begin{aligned}
{}_nq_{xy}^{\ 2} &= \int_0^n\int_s^n {}_sp_x \times \mu_{x+s} \times {}_tp_y \times \mu_{y+t}\mathrm{d}t\mathrm{d}s \\
&= \int_0^n ({}_sp_y - {}_np_y) \times {}_sp_x \times \mu_{x+s}\mathrm{d}s \\
&= {}_nq_{xy}^{1} - {}_np_y \times {}_nq_x
\end{aligned} \tag{9.46}$$

此积分式可解释为：${}_nq_{xy}^{1}$表示（x）为第一个死亡事件，且发生在 0 到 n 之间，同时只限制（y）的死亡发生在（x）之后，从中减去（y）的死亡事件发生在 n 之后的概率，所得结果就是所求的${}_nq_{xy}^{\ 2}$。我们可以推出如下关系式：

$${}_nq_{xy}^{1} = {}_nq_{xy}^{\ 2} + {}_np_y\,{}_nq_x$$

有

$${}_nq_{xy}^{1} \geqslant {}_nq_{xy}^{\ 2}$$

在得到条件死亡概率函数后，可以利用前面介绍的方法写出趸缴净保费的表达式。

【例 9-9】 如果联合状态（xy）“死亡”的条件是（x）发生死亡事件但（y）存活，给出对这一状态 1 单位元保险金给付的趸缴净保费公式。

【解】 该保险的趸缴净保费记作 $\bar{A}_{xy}^{1}$，等于给付现值随机变量 Z 的期望，即

$$Z=\begin{cases} v^{T(x)} & T(x)\leqslant T(y) \\ 0 & T(x)>T(y) \end{cases}$$

假设 $T(x)$与 $T(y)$独立，有

$$\begin{aligned}
\bar{A}_{xy}^{1} &= \int_0^\infty\int_t^\infty v^t \times {}_sp_y \times \mu_{y+s} \times {}_tp_x \times \mu_{x+t}\mathrm{d}s\mathrm{d}t \\
&= \int_0^\infty v^t \times {}_tp_{xy} \times \mu_{x+t}\mathrm{d}t
\end{aligned}$$

【例 9-10】 如果联合状态（xy）“死亡”的条件是在（x）死亡的前提下（y）发生死亡，并且赔付为 1 单位元，试给出趸缴净保费的公式。

【解】该保险的趸缴净保费记为 $\bar{A}_{xy}^{\;2}$，它等于 $E(Z)$，即

$$Z=\begin{cases}v^{T(y)} & T(x)\leqslant T(y)\\ 0 & T(x)>T(y)\end{cases}$$

用 $T(x)$ 与 $T(y)$ 的联合概率函数（在独立性假设下）表示 $E(Z)$，有

$$\begin{aligned}\bar{A}_{xy}^{\;2}&=\int_0^\infty\int_t^\infty v^t\times{}_sp_x\times\mu_{x+s}\times{}_tp_y\times\mu_{y+t}\mathrm{d}s\mathrm{d}t\\&=\int_0^\infty v^t\times(1-{}_tp_x)\times{}_tp_y\times\mu_{y+t}\mathrm{d}t\\&=\bar{A}_y-\bar{A}_{xy}^{\;1}\end{aligned}$$

显然，该公式类似于（9.45）式。

改变二重积分的积分次序可得到 $\bar{A}_{xy}^{\;2}$ 的另一个表达式：

$$\bar{A}_{xy}^{\;2}=\int_0^\infty\int_s^\infty v^t\times{}_tp_y\times\mu_{y+t}\times{}_sp_x\times\mu_{x+s}\mathrm{d}t\mathrm{d}s$$

在内层积分中以 $r+s$ 替换 t，可得：

$$\begin{aligned}\bar{A}_{xy}^{\;2}&=\int_0^\infty\int_0^\infty v^{r+s}\times{}_{r+s}p_y\times\mu_{y+r+s}\times{}_sp_x\times\mu_{x+s}\mathrm{d}r\mathrm{d}s\\&=\int_0^\infty v^s\times{}_sp_y\times{}_sp_x\times\mu_{x+s}\left(\int_0^\infty v^r\times{}_rp_{y+s}\times\mu_{y+s+r}\mathrm{d}r\right)\mathrm{d}s\\&=\int_0^\infty v^s\times\bar{A}_{y+s}\times{}_sp_y\times{}_sp_x\times\mu_{x+s}\mathrm{d}s\end{aligned}$$

最后一个积分可看作一般结果 $E(W)=E(E(W\mid V))$ 的应用，这里的 $V=T(x)$，$W=Z$。在 $T(x)=s$ 的条件下，Z 的条件期望值是趸缴净保费 ${}_{s|}\bar{A}_{xy}=V^sA_{y+s\,s}p_y$。

二、条件联合函数的估计

（一）在冈珀茨死亡律下的估计

当（x）在（y）之前死亡时，赔付 1 单位元保险金的 n 年期条件保险的趸缴净保费为：

$$\bar{A}_{xy:\overline{n}|}^{1}=\int_0^n v^t\times{}_tp_{xy}\times\mu_{x+t}\mathrm{d}t$$

在冈珀茨死亡律下，有

$$\begin{aligned}\bar{A}_{xy:\overline{n}|}^{1}&=\int_0^\infty v^t\times{}_tp_{xy}\times BC^xC^t\mathrm{d}t\\&=\frac{C^x}{C^x+C^y}\int_0^\infty v^t\times{}_tp_{xy}\times B(C^x+C^y)C^t\mathrm{d}t\\&=\frac{C^x}{C^x+C^y}\bar{A}_{\overline{xy}:\overline{n}|}^{1}\end{aligned}$$

若用单生命状态（w）来代替二重生命状态（xy），则有

$$\bar{A}_{\overline{xy}:\overline{n}|}^{1}=\bar{A}_{w:\overline{n}|}^{1}$$

$$\bar{A}_{xy:\overline{n}|}^{1}=\frac{C^x}{C^w}\bar{A}_{w:\overline{n}|}^{1}\tag{9.47}$$

（二）在梅卡姆死亡律下的估计

在梅卡姆死亡律下，上述条件函数的趸缴净保费为：

$$\begin{aligned}\bar{A}^{1}_{xy:\overline{n}|} &= \int_0^n v^t \times {}_tp_{xy} \times (A + BC^xC^t)\mathrm{d}t \\ &= A\int_0^n v^t \times {}_tp_{xy}\mathrm{d}t + \frac{C^x}{C^x+C^y}\int_0^n v^t \times {}_tp_{xy} \times B(C^x+C^y)C^t\mathrm{d}t \\ &= A\left(1-\frac{2C^x}{C^x+C^y}\right)\int_0^n v^t \times {}_tp_{xy}\mathrm{d}t + \frac{C^x}{C^x+C^y}\int_0^n v^t \times {}_tp_{xy} \\ &\quad \times (2A + B(C^x+C^y)C^t)\mathrm{d}t \\ &= A\left(1-\frac{2C^x}{C^x+C^y}\right)\bar{a}_{xy:\overline{n}|} + \frac{C^x}{C^x+C^y}\bar{A}^{1}_{xy:\overline{n}|}\end{aligned}$$

用生命状态（ww）代替二重生命状态（xy），可得：

$$\bar{A}^{1}_{xy:\overline{n}|} = A\left(1-\frac{C^x}{C^w}\right)\bar{a}_{ww:\overline{n}|} + \frac{C^x}{2C^w}\bar{A}^{1}_{ww:\overline{n}|} \tag{9.48}$$

本章小结

本章讨论的问题是前面各章节的扩展，以多个生命联合状态代替单个生命状态。联合生存状态记作（$x_1x_2\cdots x_m$），以联合投保集团中每个成员都存活为状态生存，以联合投保集团中第一例死亡为状态死亡。最后生存状态记作($\overline{x_1x_2\cdots x_m}$)，以联合投保集团中至少一个成员存活为状态生存，以全部成员死亡为状态死亡。与联合投保集团成员死亡顺序相关的联合状态是条件联合状态。在冈珀茨死亡律和梅卡姆死亡律下，联合状态和条件联合状态的精算现值可以用单个生命状态（w）或相同年龄的多重生命状态（$ww\cdots w$）代替不同年龄的联合状态来简化计算。

练习题

9.1　以${}_nP_x$和${}_nP_y$表示下列概率（在独立性假设下）：

(1) 状态（xy）存活 n 年的概率。

(2) 状态（xy）在 n 年内消亡的概率。

(3)（x）和（y）之一恰好生存 n 年的概率。

(4)（x）和（y）中至少有一人将存活 n 年的概率。

(5)（x）和（y）中至少有一人在 n 年内死亡的概率。

(6)（x）和（y）都在 n 年内死亡的概率。

9.2　证明并解释下式的含义：

$${}_tp_{\overline{xy}} = {}_tp_{xy} + {}_tp_x(1-{}_tp_y) + {}_tp_y(1-{}_tp_x)$$

9.3 设个体（x）和（y）适用的死亡力分别为：

$$\mu_x = \log\frac{9}{8} \qquad x \geqslant 0$$

与

$$\mu_y = (9-x)^{-1} \qquad 0 \leqslant x < 9$$

假设两者此时正好为 3 岁，求第一个死亡事件发生在 5～7 岁的概率。

9.4 解释 $A_{\overline{x:\overline{n}|}}$ 的含义，并证明：

$$A_{\overline{x:\overline{n}|}} = A_x - A_{x:\overline{n}|} + v^n$$

9.5 依大小顺序排列下面的年金值：

a_x，a_{xy}，a_{yx}，$a_{\overline{xy}}$

9.6 假设 n 年定期年金在（x）和（y）都存活时每年末给付 1 单位元，在（x）死后每年末给付（y）$\dfrac{1}{3}$单位元，在（y）死后每年末给付（x）$\dfrac{1}{4}$单位元。以年金函数表示这一年金值。

9.7 某种期末年金规定，在（x）存活并且在（y）存活或是死后 n 年内向（x）支付 1 单位元，但从现在起最多支付 m 年（$m>n$）。证明该年金的精算现值为：

$$a_{x:\overline{n}|} + {}_nE_x\, a_{x+n:\overline{m-n}|}$$

9.8 设（35）与（40）购买一个保额为 100 000 元的最后生存终身寿险，保险金在第二人死亡的保单年末给付。已知如下条件，求趸缴净保费：

（1）$1\,000\mu_x = 0.7 + 0.05(10^{0.04})^x$。

（2）$A_{37:37} = 0.203\,21$，$A_{38:38} = 0.211\,81$，$A_{35} = 0.128\,72$，$A_{40} = 0.161\,32$。

第二部分
非寿险精算

第十章

损失模型

损失模型是非寿险精算的基础。本章介绍了常见的一些损失次数模型（其涉及的分布包括泊松分布、负二项分布、二项分布和几何分布）和损失金额模型（其涉及的分布包括指数分布、对数正态分布、伽马分布、帕累托分布和威布尔分布）以及它们的统计特征（如均值、方差和变异系数等）。此外，本章还简要介绍了累积损失模型的计算。

学习目标

- 理解风险与保险的基本关系
- 计算损失的均值、方差和变异系数
- 熟悉常见损失次数模型的基本统计特征
- 熟悉常见损失金额模型的基本统计特征
- 应用恰当的方法近似计算累积损失的分布
- 应用 Panjer 迭代计算累积损失的分布

第一节 风险与保险

2023 年中央金融工作会议强调："要加快建设金融强国，全面加强金融监管，完善金融体制，优化金融服务，防范化解风险，坚定不移走中国特色金融发展之路，推动我国金融高质量发展。"[①] 保险是中国特色金融体系的重要组成部分，保险公司在其经营过程中必须认识到风险与保险的下述基本原理：

（1）保险的作用是将风险从被保险人向保险人转移。

（2）保险人也需要对其承保的超额风险寻求保险保障。

① 中央金融工作会议在北京举行．人民日报，2023－11－01.

（3）风险集合包含的个体风险越多，其相对风险越小。

（4）不同的被保险人具有不同的风险水平。

（5）在很多情况下，少数巨灾风险所造成的损失将占到总损失的很大比重。

下面引用“干草堆的故事”对风险与保险的上述关系进行解释。

很久以前，某村有 20 户农民。每年夏天，每户农民都要储存一堆干草，准备在冬天喂养自己的牲口。但在每年夏末，都有可能因为雷电的袭击而使某些农户的干草堆着火。到了冬天，这些不幸的农户只能从邻居那里购买干草喂养自己的牲口。

农户 A 一直在心里琢磨，虽然通过向那些失去干草堆的农户出售干草可以赚取一小笔钱财，但如果自己的干草堆也遭受了雷电的袭击，就将遭受与他们同样的命运。因此，他与农户 B 商量并希望达成一个协议：如果谁家的干草堆遭受了雷电袭击，那么由两家共享另一家的干草堆。

农户 B 认为这是一个好主意，同时他又提出：“如果能有更多的农户参加进来，我们各自分摊的损失不就更小了吗?”

农户 A 和农户 B 立即召集村民们商量，结果大家都同意这个建议，于是所有村民组成了一个互助会：无论谁家的干草堆遭受了火灾，他都可以免费从其他所有农户那里获得干草。但是，紧接着又出现了一个问题：由于加入互助会的农户太多，因火灾失去干草堆的农户要从每家领取等额的干草十分麻烦。因此，农户 B 又提出了一个建议，即每户每年向互助会缴纳 2 元钱的费用，建立一只保险基金，一旦谁家的干草失火，就可以从保险基金中领取购买干草的费用，并直接从邻居家购买干草，这样就省事多了。故事至此，我们就发现了保险的一条基本原理——保险的作用是将风险从被保险人向保险人转移。

村民缴纳固定的保险费之后，避免了冬季没有干草喂养牲口的风险。但是，对村里的保险基金而言，每年由于村民遭受火灾而支出保险金的可能性要远远大于单个村民遭受火灾的可能性，因为任何一户村民发生火灾后，都要从保险基金中领取保险金。此外，保险基金还有可能面临着许多家农户同时失火并提出索赔请求的可能。换言之，保险基金也面临着风险。为了降低保险基金所面临的风险，保险人也需要对其承保的超额风险寻求保险保障。

为了进一步降低保险基金的相对风险水平，农户 B 建议，可以吸收其他村庄的农户参加互助会，于是互助会的农户增加到 250 户。参保农户的增加，使得保险基金的相对风险有所降低。这说明风险集合包含的个体风险越多，其相对风险越小。

在河流的下游，还有一个村庄没有加入互助会。该村靠近河流，土地肥沃，每年每个农户可以储存两个干草堆。但由于当地空气潮湿，干草堆不容易晒干，每年大约有四分之一的干草堆会发热起火。

两年以后，农户 A 邀请该村的 30 户农民参加了互助会，从此互助会的农户增加到 280 户。

在第三年，互助会一共损失了 28 个草堆，仅河流下游的那个村庄就损失了 16 个，但在前两年，互助会损失的干草堆都没有超过 13 个。因此，互助会在当年就陷入了困境。

鉴于这种情况，农户 A 建议，把每个农户的保险费提高到每年每个干草堆 4 元，但大多数农户不同意由于河流下游那个村庄的损失太大而增加所有农户的保险费。

因此，农户 B 建议，只把河流下游那个村庄的保险费提高到每年每个干草堆 12 元，其他农户的保险费仍是每年每个干草堆 2 元。经过各个村庄的认真讨论，大家都认为这是一个比较公平的建议。由此可见，不同的被保险人有不同的风险水平，从而应该缴纳不同的保险费。

随着储存干草堆技术的不断改进，即使干草堆遭受了雷电袭击，其损失也是比较小的。多年以来，农户 B 一直在分析保险基金的赔付数据。有一天，他对农户 A 说："你知道吗？去年夏天失火的那三个干草堆，它们的损失占总赔款额的 94%。"

农户 A 说："最近几年，一些年轻人总是喜欢把他们的干草堆放在一起，这就很有可能由于一次雷电的袭击而使许多干草堆同时起火。这对我们的保险基金确实是一个威胁。"

这一点正好说明了保险的另一条基本原理，即在许多情况下，少数巨灾风险所造成的损失将占到总损失金额的很大比重。

上述五条基本原理既概括了保险经营的基本规律，也是精算学研究的基本出发点。精算学研究的两大主要领域就是定价和准备金评估，而这些显然离不开对保险公司所承担风险的正确评估。

本书把保险公司所面临的风险都用一个非负的随机变量来表示，因此对于保险风险的研究，就是对随机变量的研究。为此，我们首先介绍描述随机变量的几个基本统计概念。

第二节 损失模型的基本概念

一、随机变量

随机变量是指其取值依赖于随机现象的观察结果的变量，通常用大写字母（如 X、N 等）表示。在非寿险精算中，最常见的随机变量就是损失金额（用 X 表示）和损失次数（用 N 表示）。

由于随机变量的取值是随机的，因此通常用其分布函数描述其取值特性。对于随机变量 X，其分布函数 $F(x)$ 是指随机变量 X 的取值不超过实数 x 的概率，即

$$F(x)=\Pr(X\leqslant x)$$

分布函数可以描述随机变量的统计规律，如损失额 X 不超过 1 000 元的概率可表示为 $F(1\ 000)$，损失额在 1 000～2 000 元的概率可表示为 $F(2\ 000)-F(1\ 000)$。

随机变量可分为离散型随机变量和连续型随机变量两种。离散型随机变量是指只能取有限个或可列个值的随机变量，如保单的索赔次数 N 就是一个离散型随机变量，因为它只能取有限个值。连续型随机变量是指其取值布满一个区间的随机变量，如损失额 X 的取值范围是区间 $(0, +\infty)$。

二、随机变量的数字特征

虽然随机变量的分布函数完全可以描述随机变量的分布规律，但为了描述随机变量在某一方面的特征，如平均水平、分散程度等，就需要计算随机变量的一些数字特征。

1. 数学期望

数学期望描述了随机变量的平均取值，代表着其取值的平均水平。随机变量 X 的数

学期望通常用$E(X)$表示。如果 X 为离散型随机变量，其取值为 x_i 的概率为 p_i，$i=1$，2，…，则其数学期望为：

$$E(X)=\sum_{i=1}^{\infty}x_ip_i$$

如果 X 为连续型随机变量，其取值范围为（$-\infty$，$+\infty$），$f(x)$为其密度函数，则其数学期望为：

$$E(X)=\int_{-\infty}^{+\infty}xf(x)\mathrm{d}x$$

密度函数 $f(x)$与分布函数 $F(x)$具有下述关系：

$$F(x)=\int_{-\infty}^{x}f(x)\mathrm{d}x$$

两个随机变量 X 和 Y 的数学期望具有下述关系：

（1）$E(kX)=kE(X)$，其中 k 为常数。

（2）$E(X+Y)=E(X)+E(Y)$。

（3）若 X 与 Y 相互独立，则 $E(XY)=E(Y)E(Y)$。

2. 方差、标准差和变异系数

方差描述了随机变量取值的分散程度，通常用 $\mathrm{var}(X)$表示，可以通过数学期望表示为：

$$\mathrm{var}(X)=E(X-E(X))^2$$

两个随机变量 X 和 Y 的方差具有下述关系：

（1）$\mathrm{var}(kX)=k^2\mathrm{var}(X)$。

（2）若 X 与 Y 相互独立，则 $\mathrm{var}(X+Y)=\mathrm{var}(X)+\mathrm{var}(Y)$。

（3）$\mathrm{var}(X)=E(X^2)-(E(X))^2$。

随机变量的标准差是其方差的平方根，即

$$\sigma_X=\sqrt{\mathrm{var}(X)}$$

随机变量的变异系数是标准差与数学期望的比率，即

$$\mathrm{cv}=\frac{\sqrt{\mathrm{var}(X)}}{E(X)}$$

n 个独立同分布的随机变量之和的变异系数是单个随机变量的变异系数的$\frac{1}{\sqrt{n}}$，即

$$\frac{\sqrt{\mathrm{var}(x_1+x_2+\cdots+x_n)}}{E(x_1+x_2+\cdots+x_n)}=\frac{\sqrt{n}\sigma_X}{nE(x)}=\frac{\mathrm{cv}}{\sqrt{n}}$$

变异系数通常用来描述一个风险的相对大小，因此风险集合中所包含的个体风险越多，其相对风险越小。

3. 原点矩和中心矩

随机变量 X 的 k 阶原点矩是指随机变量的 k 次幂的数学期望，即

$$\mu_k=E(X^k)$$

显然，数学期望为随机变量的一阶原点矩。

随机变量的 k 阶中心矩定义为：

$$v_k = E(X-E(X))^k$$

显然，方差为随机变量的二阶中心矩。

4. 偏度系数

随机变量 X 的偏度系数被定义为：

$$\gamma = v_3/\sigma^3$$

式中，$v_3=E(X-E(X))^3$ 为 X 的三阶中心矩；σ 为 X 的标准差。对于对称分布（如正态分布），偏度系数为零；对于右偏分布，偏度系数大于零；对于左偏分布，偏度系数小于零。非寿险中的大多数损失分布属于右偏型的，即有较长较厚的右尾。

n 个独立同分布的随机变量之和的偏度系数是单个随机变量的偏度系数的$1/\sqrt{n}$。这是因为 n 个独立同分布的随机变量之和的三阶中心矩为：

$$\begin{aligned}\mu_3(\sum X_i) &= E(\sum X_i - E(\sum X_i))^3 \\ &= E(\sum (X_i - E(X_i)))^3 \\ &= \sum E(X_i - E(X_i))^3 \\ &= n\mu_3\end{aligned}$$

式中，$\sum$ 为从 1 到 n 求和。

在 $E\left(\sum (X_i - E(X_i))\right)^3$ 的展开式中，除三次方项$E(X_i-E(X_i))^3$以外，其余各项的期望值为零。因此，n 个独立同分布的随机变量之和的偏度系数为：

$$\begin{aligned}\gamma_n &= \frac{n\mu_3}{\sqrt{\operatorname{var}\left(\sum X_i\right)^3}} \\ &= \frac{n\mu_3}{\sigma^3 n\sqrt{n}} \\ &= \frac{\gamma}{\sqrt{n}}\end{aligned}$$

由此可见，n 个独立同分布的随机变量之和的偏度系数随着 n 的变化呈反方向变化，这一结果与变异系数是类似的。这就说明风险集合包含的相互独立的个体风险越多，其损失分布的变异性和非对称性就越小，少数巨灾风险对风险集合的影响也就越小，从而对保险公司的经营稳定性就越有利。

三、概率母函数和矩母函数

虽然分布函数完全可以描述随机变量的统计规律，但在研究随机变量和的分布时，使用概率母函数或矩母函数会更方便。

随机变量 X 的概率母函数被定义为：

$$P_X(z)=E(z^X)$$

概率母函数仅用于取值为自然数的随机变量（如损失次数），它具有下述性质：

（1）随机变量 X 的分布函数由其概率母函数唯一确定。

（2）随机变量的概率可以通过概率母函数的各阶导数来确定，即

$$p_k=\frac{P^{(k)}(0)}{k!} \qquad k=1, 2, \cdots$$

（3）n 个相互独立的随机变量之和的概率母函数等于它们各自的概率母函数的乘积，即

$$P_{X_1+X_2+\cdots+X_n}(z)=P_{X_1}(z)P_{X_2}(z)\cdots P_{X_n}(z)$$

随机变量 X 的矩母函数 $M_X(t)$ 是关于实数 t 的函数，即

$$M_X(t)=E(\mathrm{e}^{tX})$$

如果随机变量 X 的矩母函数在原点的某个邻域有定义，则其矩母函数具有下述性质：

（1）随机变量 X 的分布函数由其矩母函数唯一确定。

（2）如果 X 的 k 阶原点矩存在，则矩母函数 $M(t)$ 可微分 $s(s\leqslant k)$ 次，且其 k 阶原点矩可以表示为 $\mu_k=E(X^k)=M^{(k)}(0)$。

（3）n 个相互独立的随机变量之和的矩母函数等于它们各自的矩母函数的乘积，即

$$M_{X_1+X_2+\cdots+X_n}(t)=M_{X_1}(t)M_{X_2}(t)\cdots M_{X_n}(t)$$

可以证明，随机变量的概率母函数和矩母函数之间存在下述变换关系：

$$M_X(t)=P_X(\mathrm{e}^t)$$

$$P_X(z)=M_X(\ln z)$$

四、条件期望和条件方差

对于二维随机变量（X，Y），当 Y 给定时计算 X 的数学期望就可得到 X 的条件期望 $E(X\mid Y)$。

当 Y 给定时计算 X 的方差就可得到 X 的条件方差：

$$\mathrm{var}(X\mid Y)=E(X^2\mid Y)-(E(X\mid Y))^2$$

在上述条件期望和条件方差的计算公式中，如果允许 Y 随机取值而不是给定取值，则 $E(X\mid Y)$ 和 $\mathrm{var}(X\mid Y)$ 都是随机变量。这两个随机变量具有下述性质：

（1）$E(X)=E(E(X\mid Y))$。

（2）$\mathrm{var}(X)=E(\mathrm{var}(X\mid Y))+\mathrm{var}(E(X\mid Y))$。

第三节 损失次数模型

当统计数据十分充足时，大多数问题都可以通过经验分布得到解决。但通常的情况是，精算师难以得到如此丰富的统计数据，尤其是精算师最为关心的高额损失数据更是有限。因此，精算师必须根据有限的统计数据拟合损失次数模型或损失金额模型。事实上，即使在统计数据十分充足的情况下，理论分布也有其用武之地，因为理论分布有不少便于应用的著名性质（如中心极限定理、独立同分布、泊松随机变量的可加性等），这些性质有助于简化对许多实际问题的分析。另外，理论分布完全可以由少数几个参数来确定，如泊松分布只有一个参数，正态分布、对数正态分布、伽马分布、帕累托分布和负二项分布等也仅有两个参数，这使得我们不必经常与长长的观察数据表打交道，从而可以减少许多琐碎的工作。

在保险风险的研究中，常见的损失次数模型涉及如下分布：泊松分布、负二项分布、二项分布和几何分布。下面逐一介绍它们的性质。

一、泊松分布

假设损失次数 N 服从参数为 λ 的泊松分布，则发生 k 次损失的概率为：

$$p_k=\frac{e^{-\lambda}\lambda^k}{k!} \qquad k=0，1，2，\cdots$$

泊松分布的均值和方差相等，都等于泊松分布的参数，即

$$E(N)=\mathrm{var}(N)=\lambda$$

泊松分布具有下述性质：

（1）可加性。如果 N_1 和 N_2 分别是参数为 λ_1 和 λ_2 的泊松随机变量，则 $N=N_1+N_2$ 是参数为 $\lambda_1+\lambda_2$ 的泊松随机变量。

（2）可分解性。假设两种保险责任的总索赔次数 N 服从参数为 λ 的泊松分布，而两种保险责任发生的概率分别为 a_1 和 a_2，且 $a_1+a_2=1$，则这两种保险责任的索赔次数 N_1 和 N_2 是相互独立的泊松随机变量，参数分别为 λa_1 和 λa_2。泊松分布的可分解性在保险风险的建模过程中非常有用。例如，假设某险种的索赔次数服从泊松分布，那么在引入免赔额 d 以后，索赔次数仍将服从泊松分布，只是泊松分布的参数不同而已。

（3）泊松分布的众数为 $\mathrm{int}(\lambda)$，int 表示取整数。如果参数为整数，则其众数等于 $\lambda-1$，此时泊松分布具有双众数。

（4）当参数 λ 很小时，可以用泊松分布近似二项分布。

（5）如果保险事故发生的时间间隔服从指数分布，则在一个固定的时间区间内发生的保险事故次数服从泊松分布。

（6）当参数 λ 较大时，泊松分布可以用正态分布近似。

二、负二项分布

假设损失次数 N 服从参数为 r 和 β 的负二项分布，则发生 k 次损失的概率为：

$$p_k=\frac{\Gamma(k+r)}{\Gamma(r)\Gamma(k+1)}\times\left(\frac{1}{1+\beta}\right)^r\times\left(\frac{\beta}{1+\beta}\right)^k \qquad k=0，1，2，\cdots$$

负二项分布的均值和方差分别为：

$$E(N)=r\beta$$

$$\mathrm{var}(N)=r\beta(1+\beta)$$

负二项分布具有下述性质：

（1）方差大于均值。这是与泊松分布的根本区别。这就意味着，如果观察值的方差大于均值，负二项分布比泊松分布可以更好地拟合数据。

（2）负二项分布是一种混合泊松分布，即如果假设泊松分布的参数服从伽马分布，由此得到的混合泊松分布就是负二项分布。

（3）负二项分布的众数为 $\mathrm{int}((r-1)\beta)$，int 表示取整数。如果 $(r-1)\beta$ 是整数，则其

众数等于$(r-1)\beta-1$，此时负二项分布具有双众数。

三、二项分布

假设损失次数 N 服从参数为 m 和 q 的二项分布，则发生 k 次损失的概率为：

$$p_k=\binom{m}{k}q^k(1-q)^{m-k} \qquad k=0，1，2，\cdots，m，m\text{ 为整数}，0<q<1$$

二项分布的均值和方差分别为：

$$E(N)=mq$$

$$\operatorname{var}(N)=mq(1-q)$$

二项分布具有下述性质：

（1）二项分布的方差小于其均值，这是它与泊松分布和负二项分布在实际应用中的主要区别。泊松分布的方差等于其均值，而负二项分布的方差大于其均值。

（2）假设每个风险发生损失的概率均为 q，则二项分布可以描述由 m 个独立同分布的风险所组成的风险集合的损失次数。

（3）如果用二项分布描述损失次数，则意味着损失次数存在一个最大值，即二项分布的参数 m。这种情况也是实际存在的，如一次交通事故造成的伤亡人数、一辆汽车在一年内发生的保险事故次数等。这些随机变量都不会超过某个最大值。

（4）二项分布的众数为 $\operatorname{int}(q(m+1))$，int 表示取整数。如果 $q(m+1)$为整数，则其众数等于 $q(m+1)-1$，此时二项分布具有双众数。

四、几何分布

假设损失次数 N 服从参数为 β 的几何分布，则发生 k 次损失的概率为：

$$p_k=\frac{\beta^k}{(1+\beta)^{k+1}} \qquad k=0，1，2，\cdots$$

几何分布的均值和方差分别为：

$$E(N)=\beta$$

$$\operatorname{var}(N)=\beta(1+\beta)$$

几何分布具有下述性质：

（1）几何分布是当 $r=1$ 时负二项分布的特例。

（2）几何分布具有指数形式的衰减概率函数，因此具有无记忆性。如果用几何分布描述损失次数，则在给定发生了 m 次损失的情况下，以后的损失次数分布与 m 无关。换言之，如果损失次数服从几何分布，则未来损失次数的分布不受已发生损失次数的影响。

（3）几何分布的众数恒为零。

第四节 损失金额模型

常用的损失金额分布有指数分布、对数正态分布、伽马分布、帕累托分布和威布尔分布。

一、指数分布

假设损失金额 X 服从参数为 θ 的指数分布，则其分布函数和密度函数分别为：

$$F(x)=1-\exp\{-\theta x\}$$

$$f(x)=\theta\exp\{-\theta x\}$$

式中，$\theta>0$，$x>0$。

指数分布的均值和方差分别为：

$$E(X)=1/\theta$$

$$\text{var}(X)=1/\theta^2$$

指数分布具有下述性质：

(1) 如果在单位时间内的损失次数服从参数为 θ 的泊松分布，则相邻损失之间的时间间隔服从参数为 θ 的指数分布。因此，如果单位时间内平均发生 θ 次损失（泊松分布的均值)，则相邻损失之间的平均时间间隔为 $1/\theta$（指数分布的均值)。

(2) 指数分布具有无记忆性。如果用指数分布描述损失金额分布，则免赔额 d 的使用不会影响每次事故的期望损失金额，它始终是一个与 d 无关的常数，但期望损失次数会减少。

二、对数正态分布

假设损失金额 X 服从参数为 (μ,σ) 的对数正态分布，则其分布函数和密度函数分别为：

$$F(x)=\Phi(z)$$

式中，Φ 为标准正态分布的分布函数。

$$f(x)=\frac{1}{\sqrt{2\pi}x\sigma}\exp\{-z^2/2\}$$

$$=\frac{\phi z}{\sigma x}$$

式中，$z=\dfrac{\ln(x)-\mu}{\sigma}$，$-\infty<\mu<+\infty$，$\sigma>0$，$x>0$；$\phi$ 为标准正态分布的密度函数。

对数正态分布的均值和方差分别为：

$$E(X)=\exp\{\mu+0.5\sigma^2\}$$

$$\text{var}(X)=\exp\{2\mu+2\sigma^2\}-\exp\{2\mu+\sigma^2\}$$

对数正态分布具有下述性质：

(1) 正态分布经指数变换后就是对数正态分布；对数正态分布经对数变换后就是正态分布。

(2) r，t 为正实数，X 是参数为 (μ,σ) 的对数正态分布，则 $Y=rX^t$ 仍是对数正态分布，参数为 $(t\mu+\ln(r),t\sigma)$。

(3) 对数正态分布总是右偏的。

（4）对数正态分布的均值和方差是其参数（μ，σ）的增函数。

（5）对给定的参数 μ，当 σ 趋于零时，对数正态分布的均值趋于 $\exp\{\mu\}$，方差趋于零。

三、伽马分布

假设损失金额 X 服从参数为（α，θ）的伽马分布，则其密度函数为：

$$f(x)=\frac{\theta^{\alpha}x^{\alpha-1}}{\Gamma(\alpha)}\times e^{-\theta x}$$

式中，$\alpha>0$，$\theta>0$，$x>0$。

伽马分布的均值和方差分别为：

$$E(X)=\alpha/\theta$$

$$\text{var}(X)=\alpha/\theta^{2}$$

伽马分布具有下述性质：

（1）当固定尺度参数 θ 时，改变形状参数 α 的取值会改变伽马密度函数的形状。伽马分布是右偏的。

（2）当 α 趋于无穷大时，伽马分布近似于正态分布。

（3）当 $\alpha=1$ 时，伽马分布就是参数为 θ 的指数分布。

（4）当尺度参数 θ 相同时，伽马分布具有可加性，即如果 X_1 服从参数为（α_1，θ）的伽马分布，X_2 服从参数为（α_2，θ）的伽马分布，则（X_1+X_2）服从参数为（$\alpha_1+\alpha_2$，θ）的伽马分布。

（5）伽马分布乘以正常数 r 以后，仍是伽马分布，参数变为（α，θ/r）。

四、帕累托分布

假设损失金额 X 服从参数为（α，θ）的帕累托分布，则其分布函数和密度函数分别为：

$$F(x)=1-\left(\frac{\theta}{x+\theta}\right)^{\alpha}$$

$$f(x)=\frac{\alpha\theta^{\alpha}}{(x+\theta)^{\alpha+1}}$$

式中，$\alpha>0$，$\theta>0$，$x>0$。

帕累托分布的均值和方差分别为：

$$E(X)=\frac{\theta}{\alpha-1}\qquad \alpha>1$$

$$\text{var}(X)=\frac{\alpha\theta^{2}}{(\alpha-1)^{2}(\alpha-2)}\qquad \alpha>2$$

帕累托分布具有下述性质：

（1）帕累托分布总是右偏的，众数恒为 0。

（2）帕累托分布乘以正常数 r 以后，仍是帕累托分布，参数变为（α，$r\theta$）。

(3) 如果均值 $\mu=E(X)$ 保持不变，当 $\alpha\to\infty$ 时，帕累托分布收敛到参数为 $1/\mu$ 的指数分布。

五、威布尔分布

假设损失金额 X 服从参数为 (α, θ) 的威布尔分布，则其分布函数和密度函数分别为：

$$F(x)=1-\exp\{-\alpha x^{\theta}\}$$

$$f(x)=\alpha\theta x^{\theta-1}\exp\{-\alpha x^{\theta}\}$$

式中，$\alpha>0$，$\theta>0$，$x>0$。

威布尔分布的均值为：

$$E(X)=\alpha^{-1/\theta}\Gamma(\frac{1}{\theta}+1)$$

威布尔分布具有下述性质：

(1) 当 $\theta=1$ 时，威布尔分布就是参数为 α 的指数分布。

(2) 威布尔分布乘以正常数 r 以后，仍是威布尔分布，参数变为 $(\alpha/r^{\theta}, \theta)$。

(3) 如果 $X=\theta Y^{\alpha}$ 服从标准指数分布（即参数为 1），则 Y 服从威布尔分布。

(4) 威布尔分布在 $\theta=3.6$ 附近呈现大致对称的形状。当 θ 小于此值时，威布尔分布将呈现左偏形状；当 θ 大于此值时，威布尔分布将呈现右偏形状。

六、通货膨胀对损失金额模型的影响

根据历史损失数据拟合的分布模型，不可能准确反映被保险人现在的潜在损失。一种典型的情况是，由于通货膨胀的影响，前后期的损失金额发生了显著变化。若令 X 表示历史损失金额的随机变量，Y 表示模型应用时期损失金额的随机变量，r 为前后两期之间的通货膨胀率，即 $Y=(1+r)X$，则 X 与 Y 的分布函数之间存在如下关系：

$$\begin{aligned}F_Y(y)&=P(Y\leqslant y)\\&=P((1+r)X\leqslant y)\\&=P(X\leqslant\frac{y}{1+r})\\&=F_X(\frac{y}{1+r})\end{aligned}$$

如果 X 为连续型随机变量，则 X 与 Y 的密度函数之间有如下关系：

$$\begin{aligned}f_Y(y)&=\frac{\mathrm{d}}{\mathrm{d}y}F_Y(y)\\&=\frac{1}{1+r}\times f_X(\frac{y}{1+r})\end{aligned}$$

根据 X 与 Y 之间的上述关系式，容易由 X 的分布函数求得 Y 的分布函数。事实上，在很多情况下，$Y=(1+r)X$ 具有与 X 相同的分布形式，只是参数取值不同而已。读者可参见前面关于各个损失金额模型的介绍。

第五节 累积损失模型

前面介绍了损失次数分布和损失金额分布，下面分析累积损失的分布，即由损失次数分布与损失金额分布所合成的分布。

累积损失模型有两种不同的表现形式：一种是个体风险模型，另一种是集体风险模型。在个体风险模型中，假设保单组合包含 n 份保单，每份保单相互独立，其中第 i 份保单在保险期间的损失金额是一个随机变量 X_i，则整个保单组合在保险期间的累积损失 S 可以表示为：

$$S=X_1+X_2+\cdots+X_n$$

在集体风险模型中，将整个保单组合视为一个整体，考虑其在保险期间发生的累积损失。集体风险模型假设保单组合在保险期间的损失次数是一个随机变量 N，而第 i 次损失的金额是另一个随机变量 X_i，其中每次的损失金额 X_i 独立同分布，则整个保单组合的累积损失可以表示为：

$$S=X_1+X_2+\cdots+X_N$$

在集体风险模型中，累积损失 S 的均值和方差分别为：

$$E(S)=E(N)E(X)$$

$$\operatorname{var}(S)=E(N)\operatorname{var}(X)+\operatorname{var}(N)(E(X))^2$$

在集体风险模型中，我们通常把 S 的分布称作复合分布，相应的复合分布名称采用损失次数分布的名称。例如，当损失次数分布为泊松分布时，相应的复合分布被称作复合泊松分布；当损失次数分布为负二项分布时，相应的复合分布被称作复合负二项分布。

累积损失分布往往涉及大量计算，而且计算过程比较复杂，大多数超出了本书的讨论范围。因此，本章仅通过几个简单的例子说明累积损失分布的计算问题。

【例 10－1】假设某保险人签发了两份保单 A 和 B，每份保单可能发生的损失额及相应的概率如表 10－1 所示。

表 10－1 个体保单的损失额及其概率

A		B	
损失额	概率	损失额	概率
0	0.60	0	0.70
2 000	0.30	200	0.20
20 000	0.10	2 000	0.06
		20 000	0.04

【解】根据表 10－1 可以求出保险公司在这两份保单上的累积损失及其相应的概率，如表 10－2 所示。

表 10-2 保险公司的累积损失及其概率

累积损失			概率		
A	B	A+B	A	B	A×B
0	0	0	0.60	0.70	0.42
0	200	200	0.60	0.20	0.12
0	2 000	2 000	0.60	0.06	0.036
0	20 000	20 000	0.60	0.04	0.024
2 000	0	2 000	0.30	0.70	0.21
2 000	200	2 200	0.30	0.20	0.06
2 000	2 000	4 000	0.30	0.06	0.018
2 000	20 000	22 000	0.30	0.04	0.012
20 000	0	20 000	0.10	0.70	0.07
20 000	200	20 200	0.10	0.20	0.02
20 000	2 000	22 000	0.10	0.06	0.006
20 000	20 000	40 000	0.10	0.04	0.004

将表 10-2 中相同的累积损失所对应的概率相加就可得到累积损失分布，如表 10-3 所示。

表 10-3 累积损失分布

累积损失	概率	累积概率
0	0.420	0.420
200	0.120	0.540
2 000	0.246	0.786
2 200	0.060	0.846
4 000	0.018	0.864
20 000	0.094	0.958
20 200	0.020	0.978
22 000	0.018	0.996
40 000	0.004	1.000

本例采用的方法事实上就是直接计算两个损失分布的卷积，从而得到累积损失的分布。从本例可以看出，卷积的运算过程十分复杂，当保单组合较大时，进行卷积运算往往是不现实的。

对累积损失的一种最简单的近似计算是正态近似。如果损失次数足够大，且个体风险的损失金额分布存在有限的各阶矩，则由中心极限定理可知：

$$\Pr\left(\frac{S-E(S)}{\sqrt{\operatorname{var}(S)}}\leqslant x\right)\approx\Phi(x)$$

式中，Φ 为标准正态分布的分布函数。

如果累积损失 S 服从复合泊松分布，且泊松分布的参数为 λ，则

$$\Pr\left(\frac{S-\lambda m}{\sqrt{\lambda\alpha_2}}\leqslant x\right)\approx\Phi(x)\qquad \lambda\to\infty$$

式中，m 与 α_2 分别为个体损失金额 X 的均值和二阶原点矩，即 $m=E(X)$，$\alpha^2=E(X^2)$。

上述近似公式在均值的一个标准差附近效果最佳。此外，累积损失分布的偏度系数越接近于零，近似效果越好。

【例 10-2】 假设 $F(x)$ 是经标准化处理后的伽马分布（即均值为 0，方差为 1）。当用标准正态分布 $\Phi(x)$ 求其近似值时，用 $(1-F(x))/(1-\Phi(x))-1$ 表示的误差如表 10-4 所示。

【解】 从表 10-4 可以看出，当偏度系数相对较小（即当 $x<1.0$ 时，偏度系数不超过 0.30；当 $0.75<x<1.25$ 时，偏度系数不超过 1）或很小（即当 $x<2.0$ 时，偏度系数不超过 0.10）时，标准正态分布可以较好地近似经标准化处理的伽马分布，尤其是在均值的一个标准差附近（即 $x=1$ 时），近似效果是相当好的（参见表 10-4 中粗实线上方的部分）。但超出这一范围后，误差变得十分显著。

表 10-4　用标准正态分布近似经标准化处理后的伽马分布时的误差（%）

偏度系数	x							
	0.0	0.5	1.0	1.5	2.0	2.5	3.0	4.0
0.05	(0.7)	(0.7)	(0.0)	2.0	5.9	12.5	23.0	63.4
0.10	(1.3)	(1.4)	(0.1)	3.8	11.6	25.2	48.1	150.5
0.15	(2.0)	(2.1)	(0.1)	5.6	17.1	38.1	75.1	264.6
0.20	(2.7)	(2.8)	(0.2)	7.9	22.5	51.0	103.8	408.6
0.25	(3.3)	(3.5)	(0.4)	8.7	27.7	64.1	134.0	784.6
0.30	(4.0)	(4.3)	(0.5)	10.2	32.7	77.1	165.6	794.3
0.40	(5.3)	(5.7)	(0.9)	12.8	42.3	102.9	232.1	
0.50	(6.6)	(7.1)	(1.3)	15.1	51.2	128.2	301.9	
0.75	(10.0)	(10.6)	(2.8)	19.5	70.6	188.1	483.9	
1.00	(13.3)	(14.1)	(4.7)	22.4	86.3	241.8	665.7	
1.50	(20.0)	(21.0)	(9.3)	24.4	107.8	327.8		
2.00	(26.4)	(27.7)	(14.7)	22.9	118.8	386.3		
3.00	(38.6)	(40.1)	(26.3)	13.5	119.9	437.7		
4.00	(48.7)	50.3	(36.9)	1.7	107.8	438.5		

注：括号中的数为负数。

当正态近似不适用时，还可以对原始损失数据进行适当变换（如 NP 变换），使其符合正态分布的形式。经过 NP 变换以后，累积损失 S 的分布函数可近似表示为：

$$\Pr\left(\frac{S-E(S)}{\sqrt{\mathrm{var}(S)}}\leqslant x\right)\approx\Phi\left(\sqrt{1+\frac{6x}{r}+\frac{9}{r^2}}-\frac{3}{r}\right)$$

式中，r 为累积损失 S 的偏度系数。

【例 10-3】 假设 $F(x)$ 是经标准化处理的伽马分布（即均值为 0，方差为 1）。用正态幂变换近似该伽马分布时的误差如表 10-5 所示。其误差的计算公式为：

$$(1-F(x))\div\left(1-\Phi\left(\sqrt{1+\frac{6x}{r}+\frac{9}{r^2}}\right)-\frac{3}{r}\right)-1$$

表 10-5 用正态幂变换近似经标准化处理的伽马分布时的误差（%）

偏度系数 γ	x							
	0.0	0.5	1.0	1.5	2.0	3.0	4.0	6.0
0.05	0.0	0.0	(0.0)	(0.0)	(0.0)	0.0	0.2	1.4
0.10	0.0	(0.0)	(0.0)	(0.0)	(0.0)	0.1	0.7	4.2
0.15	0.0	(0.0)	(0.1)	(0.2)	(0.0)	0.1	1.2	7.3
0.20	0.0	(0.1)	(0.2)	(0.3)	(0.4)	0.1	1.6	10.4
0.25	(0.0)	(0.2)	(0.4)	(0.5)	(0.6)	0.0	2.1	13.2
0.30	(0.0)	(0.2)	(0.5)	(0.7)	(0.8)	(0.1)	2.4	15.6
0.40	(0.0)	(0.4)	(0.9)	(1.3)	(1.4)	(0.4)	2.8	19.4
0.50	(0.1)	(0.7)	(1.3)	(1.9)	(1.9)	(1.0)	2.8	21.7
0.75	(0.2)	(1.5)	(2.8)	(3.8)	(3.8)	(3.0)	1.4	22.8
1.00	(0.5)	(2.7)	(4.7)	(6.1)	(6.1)	(5.8)	(1.2)	19.9
1.50	(1.6)	(6.0)	(9.3)	(11.6)	(11.6)	(12.3)	(8.5)	9.4
2.00	(3.5)	(10.2)	(14.7)	(17.6)	(17.6)	(19.5)	(16.6)	(2.6)
3.00	(9.6)	(20.4)	(26.3)	(19.9)	(19.9)	(23.4)	(22.2)	(24.1)
4.00	(16.9)	(30.4)	(36.9)	(40.7)	(40.7)	(44.9)	(44.7)	(40.1)

注：括号中的数为负数。

从表 10-5 可以看出，与正态近似相比较，正态幂变换有更广泛的适用范围。在本例中，当偏度系数不超过 1，并且在均值附近 4～5 倍的标准差范围内，近似效果都是可以接受的，参见表 10-5 中粗实线上方的部分。

对于集体风险模型，当损失次数服从泊松分布、二项分布、几何分布或负二项分布时，还可以用 Panjer 迭代计算累积损失的分布。

特别地，如果损失次数服从参数为 λ 的泊松分布，则 Panjer 迭代具有下述比较简单的迭代形式：

$$f_S(x) = \frac{\lambda}{x}\left\{\sum_{y=1}^{x\wedge m} y f_X(y) f_S(x-y)\right\} \qquad x=1,\ 2,\ \cdots$$

$$f_S(0) = e^{-\lambda(1-f_X(0))}$$

在上述迭代公式中，我们假设 $f_X(x)$ 的定义域为 0，1，2，…，m，即 X 只取整数，其中最大取值为 m。$x\wedge m$ 表示在 x 和 m 中取较小的一个值。

【例 10-4】一个保单组合的损失次数服从均值为 3.6 的泊松分布，每次损失金额的分布如表 10-6 所示。请计算该保单组合的累积损失小于或等于 6 000 元的概率。

表 10-6 每次损失金额的分布

损失额（元）	概率
1 000	0.2
2 000	0.5
3 000	0.2
4 000	0.1

在本例中，泊松分布的参数 $\lambda=3.6$，因此有

$$f_S(x) = \frac{3.6}{x}\left\{\sum_{y=1}^{x\wedge m} y f_X(y) f_S(x-y)\right\} \qquad x=1,\ 2,\ \cdots$$

$$f_S(0)=\mathrm{e}^{-3.6}=0.027\ 324$$

有关计算结果如表 10－7 所示。从此表可以看出，保险公司的累积损失小于或等于 6 000 元的概率为 0.417。

表 10－7　Panjer 迭代

损失	$f_X(y)$	计算过程	$f_S(x)$	$F_S(x)$
0			0.027 324	0.027 324
1 000	0.2	3.6÷1 000×(1 000×0.2×0.027 324)	0.019 673	0.046 997
2 000	0.5	3.6÷2 000×(1 000×0.2×0.019 673+2 000×0.5×0.027 324)	0.056 265	0.103 262
3 000	0.2	3.6÷3 000×(1 000×0.2×0.056 265+2 000×0.5×0.019 673+3 000×0.2×0.027 324)	0.056 784	0.160 046
4 000	0.1	3.6÷4 000×(1 000×0.2×0.056 784+2 000×0.5×0.056 265+3 000×0.2×0.019 673+4 000×0.1×0.027 324)	0.08 132	0.241 366
5 000		3.6÷5 000×(1 000×0.2×0.081 32+2 000×0.5×0.056 784+3 000×0.2×0.056 265+4 000×0.1×0.019 673)	0.082 567	0.323 933
6 000		3.6÷6 000×(1 000×0.2×0.082 567+2 000×0.5×0.081 32+3 000×0.2×0.056 784+4 000×0.1×0.056 265)	0.092 646	0.416 579

本章小结

保险的作用是将风险从被保险人向保险人转移；保险人也需要对其承保的超额风险寻求保险保障；风险集合包含的个体风险越多，其相对风险越小；不同的被保险人具有不同的风险水平；在很多情况下，少数巨灾风险所造成的损失将占到总损失的很大比重。

保险公司所面临的风险可以通过一个随机变量来描述。在非寿险精算中，最常见的随机变量是关于损失金额和损失次数的随机变量。随机变量的数字特征主要有数学期望、方差、标准差、变异系数、偏度系数等。数学期望是随机变量的平均取值，代表其平均水平。方差、标准差和变异系数都用于描述随机变量的分散程度。偏度系数用于描述随机变量的对称程度。对称分布（如正态分布）的偏度系数为零；右偏分布的偏度系数大于零；左偏分布的偏度系数小于零。非寿险中的大多数损失分布属于右偏型的，即有较长较厚的右尾。

在保险风险的研究中，常见的损失次数模型涉及泊松分布、负二项分布、二项分布和几何分布。常用的损失金额模型涉及指数分布、对数正态分布、伽马分布、帕累托分布和威布尔分布。

累积损失模型有两种不同的形式：一种是个体风险模型，另一种是集体风险模型。在个体风险模型中，假设保单组合包含 n 份保单，每份保单相互独立，且每份保单在保险期间的损失是一个随机变量。在集体风险模型中，将整个保单组合视为一个整体，假设其损失次数是一个随机变量，而每次的损失金额是另一个随机变量，其中每次的损失金额独立同分布。

累积损失分布的计算比较复杂，在某些情况下，可以通过近似或迭代的方式进行。

练习题

10.1 哪些指标可以描述一个风险的离散程度？

10.2 对于泊松分布、二项分布和负二项分布，它们的均值和方差有何不同的关系？

10.3 常见的损失分布与正态分布相比有何不同？

10.4 通货膨胀对哪些损失分布的形式不会产生影响？

10.5 指出本章所介绍的各种损失模型之间的相互关系。

10.6 假设一个保单组合的损失次数服从参数为 2 的泊松分布，每次的损失金额如下表所示。请计算该保单组合的累积损失小于或等于 5 000 元的概率。

损失额（元）	概率
1 000	0.2
2 000	0.5
3 000	0.2
4 000	0.1

10.7 假设某险种的损失次数服从参数为 0.2 的泊松分布，对于一次保险事故，损失为 5 000 元的概率是 80%，损失为 10 000 元的概率是 20%。请计算保险公司的累积损失分布。

第十一章

费率厘定的基本原理

2023 年中央金融工作会议指出："金融要为经济社会发展提供高质量服务。"① 公平合理的保险定价，是保险业服务经济社会发展的主要方式和重要途径。本章介绍了非寿险精算的一些重要概念以及保费的构成要素，讨论了免赔额、赔偿限额对纯保费的影响，介绍了毛保费计算的两种基本方法，即纯保费法和赔付率法。此外，本章还在保费厘定中介绍了如何对保费数据及赔款数据进行调整和预测。

学习目标

- 理解和正确应用非寿险精算的一些重要概念
- 熟悉非寿险保费的构成
- 对于一些常见的损失分布，可以计算免赔额和赔偿限额对纯保费的影响
- 正确应用纯保费法和赔付率法，熟悉它们之间的关系
- 掌握预测最终赔款的损失进展法，并且可以对最终赔款的变化趋势进行分析

第一节 引 言

非寿险产品的费率厘定过程就是根据保险标的的经验损失数据和其他相关信息建立模型，并对其未来的保险成本进行预测的过程。当然，保险公司实际使用的价格还会受到市场供求关系和公司自身发展战略等方面的制约。

非寿险产品的费率由三个部分构成：纯保费、费用附加和利润附加（或安全附加）。纯保费用于补偿保险公司在未来的期望赔款成本；费用附加用于补偿保险公司经营相关保险业务的各种必要的费用支出；利润附加是保险公司经营保险业务所得到的收益，可以看

① 中央金融工作会议在北京举行．人民日报，2023－11－01.

作为经营保险业务而使用的资本金的成本。

由于在非寿险精算中对某些术语的使用不够统一，往往会引起误解，因此，下面首先对本书中出现的一些重要术语进行解释。

风险单位是对风险进行度量的基本单位，也是费率厘定的基本单位。不同险种有不同的风险单位。以汽车保险为例，一个风险单位通常被确定为“一个车年”，为一辆汽车提供 1 年期保险的汽车保单就是一个风险单位，而为 5 辆汽车提供半年期保险的汽车保单就是 2.5 个风险单位。与风险单位相关的另一个概念是风险单位数，有时又称风险基础，它描述了一个风险的规模大小。譬如一份一年期保单同时承保一个由 200 辆汽车所组成的车队，那么该保单的风险单位数就是 200 个车年。

索赔频率是指在一定时期内每个风险单位的索赔次数，通常用索赔总次数和风险单位数之比进行估计。譬如一个汽车保单组合在 2024 年有 5 000 个车年的风险单位数，而在该年发生的索赔次数为 800 次，那么在 2024 年每个风险单位的索赔频率为 800/5 000＝16%。索赔频率既可以用于一组保单（如上例所示），也可以用于一份保单。例如，一份汽车保险单在 5 年内发生了 6 次索赔，那么这份保单的索赔频率估计值为 1.2，即每年发生 1.2 次索赔。

索赔强度是指一个风险单位每次索赔的金额，通常用赔款总额与索赔次数之比进行估计。在计算索赔强度时，可以不包括各种理赔费用而仅以赔款为基础，也可以包括直接理赔费用。赔款可以是已付的、已报案的或预测的最终赔款；相应地，索赔次数也可以是已付的、已报案的或者预测的最终索赔次数。

纯保费是指保险公司对每一风险单位的平均赔款金额，可以表示为每个风险单位的索赔频率与索赔强度的乘积。在保费构成中，除了纯保费以外，还包括费用附加和利润附加。费用是指保险公司支出的承保费用、管理费用和理赔费用等，通常区分为固定费用和变动费用两类。固定费用是指与纯保费无关的费用，变动费用是指与纯保费的变动直接相关的费用。利润附加反映了保险公司经营保险业务应该获取的利润水平，传统上通常将其表示为保费的一定百分比。

赔付率是赔款与保费之比。由于赔款可以是已付的、已报案的或预测的最终赔款，保费可以是承保保费或已赚保费，因此对于保费和赔款的不同选择将会导致不同的赔付率计算结果。例如，基于已付赔款和承保保费的赔付率，与一个基于最终赔款和已赚保费的赔付率，就有着极大的区别，尽管这两者都可以简称赔付率。因此，在表达赔付率时务必明确上述概念，以免造成不必要的误解。

第二节 纯保费

从理论上讲，纯保费是期望索赔频率 $E(N)$ 与期望索赔强度 $E(X)$ 的乘积，但在保险实务中，由于免赔额和赔偿限额的使用，再加上通货膨胀的影响，期望索赔频率与期望索赔强度就不仅仅是计算损失次数分布和损失金额分布的均值。

一、有限期望函数

为了便于分析免赔额与赔偿限额对纯保费的影响，我们首先介绍有限期望函数的概念。

令 X 表示一个非负的随机变量，其密度函数和分布函数分别为 $f(x)$和$F(x)$，对给定的实数 $d>0$，有限期望函数可定义为：

$$E(X\wedge d)=\int_0^d xf(x)\mathrm{d}x+d(1-F(d))$$

一些常见损失分布的有限期望函数如下：

（1）伽马分布的有限期望函数为：

$$E(X\wedge x)=\frac{\alpha}{\beta}\Gamma(\alpha+1,\ \beta x)+x(1-\Gamma(\alpha,\ \beta x))$$

式中，$\Gamma(\alpha,\ x)=\frac{1}{\Gamma(\alpha)}\int_0^x t^{\alpha-1}\mathrm{e}^{-t}\mathrm{d}t$。

（2）对数正态分布的有限期望函数为：

$$E(X\wedge x)=\exp\left\{\mu+\frac{\sigma^2}{2}\right\}\Phi\left(\frac{\ln x-\mu-\sigma^2}{\sigma}\right)+x\left(1-\Phi\left(\frac{\ln x-\mu}{\sigma}\right)\right)$$

（3）帕累托分布的有限期望函数为：

$$E(X\wedge x)=\frac{\beta}{\alpha-1}\left(1-\alpha\left(\frac{\beta}{\beta+x}\right)^{\alpha-1}+(\alpha-1)\left(\frac{\beta}{\beta+x}\right)^{\alpha}\right)+x\left(\frac{\beta}{\beta+x}\right)^{\alpha}$$

（4）威布尔分布的有限期望函数为：

$$E(X\wedge x)=\frac{\Gamma(1+1/\tau)}{c^{1/\tau}}\Gamma\left(1+\frac{1}{\tau},\ cx^{\tau}\right)+x\exp\{-cx^{\tau}\}$$

二、免赔额对纯保费的影响

保险人为了减少小额索赔带来的琐碎工作，同时增强被保险人防灾防损的意识，在险种设计时往往会使用免赔额，要求被保险人自行负担在某一金额以下的损失。当然，免赔额的使用对被保险人也是有好处的，至少可以减少部分保费支出。

如果用 d 表示免赔额，则当损失金额不超过 d 时，保险公司没有任何赔款支出；当损失金额超过 d 时，保险公司的赔款为 $x-d$。

如果损失 X 服从连续型分布函数，则保险公司的非零赔款 W 的分布函数 $F_W(x)$ 和密度函数 $f_W(x)$ 分别为：

$$F_W(x)=\begin{cases}0 & x\leqslant 0\\ \dfrac{F_X(x+d)-F_X(d)}{1-F_X(d)} & x>0\end{cases}$$

$$f_W(x)=\begin{cases}0 & x\leqslant 0\\ \dfrac{f_X(x+d)}{1-F_X(d)} & x>0\end{cases}$$

因此，当免赔额为 d 时，保险公司的期望赔款为：

$$E(W)=\frac{E(X)-E(X\wedge d)}{1-F_X(d)}$$

如果在应用免赔额之前的期望索赔频率为 n，则当免赔额为 d 时，期望索赔频率将变为 $n\times(1-F_X(d))$，从而纯保费变为：

$$n\times(E(X)-E(X\wedge d))$$

如果进一步假设通货膨胀率为 r，免赔额 d 保持不变，则保险公司的实际赔款支出为：

$$V=\begin{cases}(1+r)X-d & X>\dfrac{d}{1+r}\\ 0 & 其他\end{cases}$$

此时，保险公司的期望索赔频率为：

$$n\times\left(1-F_X\left(\frac{d}{1+r}\right)\right)$$

期望赔款为：

$$E(V)=\frac{(1+r)\left(E(X)-E\left(X\wedge\frac{d}{1+r}\right)\right)}{1-F_X\left(\frac{d}{1+r}\right)}$$

从而纯保费为：

$$n(1+r)\left(E(X)-E\left(X\wedge\frac{d}{1+r}\right)\right)$$

三、赔偿限额对纯保费的影响

赔偿限额是保险人可以赔偿的最高限额，超过该限额的损失由被保险人自己负担。在非寿险实务中，赔偿限额的使用是比较普遍的。例如，我国的机动车第三者责任险就是一种限额责任保险。

若令 X 为实际损失，u 为赔偿限额，Y 为保险公司的实际赔款支出，则有

$$Y=\begin{cases}X & X\leqslant u\\ u & X>u\end{cases}$$

因此，当赔偿限额为 u 时，保险人的期望赔款额为：

$$E(Y)=\int_0^u xf_X(x)\mathrm{d}x+u(1-F_X(u))=E(X\wedge u)$$

赔偿限额的使用并不影响被保险人的期望索赔频率 n，因此在赔偿限额 u 下的纯保费为 $n\times E(X\wedge u)$。

如果进一步假设通货膨胀率为 r，赔偿限额 u 保持不变，则保险公司的赔款为：

$$Z=\begin{cases}(1+r)X & X\leqslant u/(1+r)\\ u & 其他\end{cases}$$

因此，在赔偿限额 u 下的期望赔款为：

$$\begin{aligned}E(Z)&=\int_0^u zf_Z(z)\mathrm{d}z+u(1-F_Z(u))\\&=(1+r)E\left(X\wedge\frac{u}{1+r}\right)\end{aligned}$$

由于赔偿限额与通货膨胀并不影响期望索赔频率的大小，所以当通货膨胀率为 r、赔偿限额 u 保持不变时，纯保费为：

$$n(1+r)E\left(X\wedge\frac{u}{1+r}\right)$$

四、免赔额与赔偿限额对纯保费的综合影响

如果保单规定的赔偿限额为 u，免赔额为 d，则对每一次损失 X，保险公司的实际赔款支出为：

$$R=\begin{cases}u-d & X>u\\ X-d & d<X\leqslant u\\ 0 & X\leqslant d\end{cases}$$

因此，包括零赔款（即在免赔额以下的损失）在内的期望赔款为：

$$E(X\wedge u)-E(X\wedge d)$$

需要注意的是，这里假设首先应用赔偿限额 u，然后应用免赔额 d，从而保险公司的最大赔款为 $u-d$。

由于包括零赔款在内的期望索赔频率为 n，所以当赔偿限额为 u、免赔额为 d 时的纯保费为：

$$n\times(E(X\wedge u)-E(X\wedge d))$$

如果通货膨胀率为 r，赔偿限额 u 和免赔额 d 保持不变，则保险公司的实际赔款支出为：

$$Z=\begin{cases}u-d & Z>u\\ Z-d & d<Z\leqslant u\\ 0 & Z\leqslant d\end{cases}$$

式中，$Z=(1+r)X$。

由于包括零赔款在内的期望赔款为：

$$(1+r)\times\left(E\left(X\wedge\frac{u}{1+r}\right)-E\left(X\wedge\frac{d}{1+r}\right)\right)$$

从而纯保费为：

$$n\times(1+r)\times\left(E\left(X\wedge\frac{u}{1+r}\right)-E\left(X\wedge\frac{d}{1+r}\right)\right)$$

【例 11－1】某险种的期望索赔频率为 0.08，损失额（单位为万元）服从伽马分布，参数 $\alpha=5$，$\beta=20$，试求：

（1）该险种的纯保费。

（2）当免赔额为 0.05 万元时的纯保费。

（3）当赔偿限额为 0.5 万元时的纯保费。

（4）当免赔额为 0.05 万元且保险公司的最高赔款不超过 0.45 万元时的纯保费。

【解】（1）在本例中，损失额服从伽马分布。因此，在不考虑免赔额和赔偿限额的条件下，期望赔款为伽马分布的均值，即 $\alpha/\beta=0.25$ 万元。因此，纯保费为期望索赔频率与期望赔款的乘积，即 0.02 万元。

（2）当免赔额 $d=0.05$ 万元时，伽马分布的有限期望函数为：

$$\begin{aligned}E(X\wedge d)&=\frac{\alpha}{\beta}\Gamma(\alpha+1,\beta d)+d(1-\Gamma(\alpha,\beta d))\\&=0.25\Gamma(6,0.1)+0.05(1-\Gamma(5,0.1))\\&=0.049\ 97\end{aligned}$$

因此，当免赔额为 0.05 万元时的纯保费为：

$$0.08\times(0.25-0.049\,97)=0.016\text{（万元）}$$

（3）赔偿限额的使用并不影响被保险人的期望索赔频率。当赔偿限额为 0.5 万元时，有

$$\begin{aligned}E(X\wedge 0.5)&=0.25\Gamma(6,10)+0.5(1-\Gamma(5,10))\\&=0.247\,9\end{aligned}$$

因此，纯保费为：

$$0.247\,9\times0.08=0.019\,8\text{(万元)}$$

（4）当免赔额为 0.05 万元且保险公司的最高赔款不超过 0.45 万元时，纯保费为：

$$\begin{aligned}0.08\times(E(X\wedge 0.5)-E(X\wedge 0.05))&=0.08\times(0.247\,9-0.049\,97)\\&=0.015\,83\text{(万元)}\end{aligned}$$

第三节 毛保费

毛保费厘定的基本方法主要有两种，即纯保费法和赔付率法，下面分别介绍。

一、纯保费法

用纯保费法厘定的毛保险费率不仅能够满足预期的赔款和费用支出，而且能够提供预期的收益，其计算公式如下：

$$R=\frac{P+F}{1-V-Q}$$

式中，R 为每个风险单位的毛保险费率；P 为每个风险单位的纯保费；F 为每个风险单位的固定费用；V 为变动费用附加系数，即单位毛保费中的变动费用；Q 为单位毛保费中的利润附加系数；公式中的纯保费取决于最终赔款与风险单位数之比。

事实上，上述公式经过变形可得：

$$R=P+(F+RV)+RQ$$

上式表明，毛保费 R 等于纯保费 P 加上费用附加（$F+RV$）和利润附加 RQ。

【例 11－2】假设每个风险单位的纯保费、固定费用、变动费用附加系数和利润附加系数如表 11－1 所示。

表 11－1 每个风险单位的相关数据

纯保费	700 元
固定费用	100 元
变动费用附加系数	15%
利润附加系数	5%

【解】根据以上条件，可以计算出每个风险单位的毛保险费率为：

$$R=\frac{700+100}{1-15\%-5\%}=1\,000\text{(元)}$$

容易验证，该费率的各个组成部分如表 11－2 所示。

表 11－2　毛保险费率的各个组成部分

单位：元

纯保费（P）	700
固定费用（F）	100
变动费用（1 000×15%）	150
利润附加（1 000×5%）	50
毛保费	1 000

二、赔付率法

用赔付率法首先得到的是毛保险费率的变化（即费率调整因子），而非新的毛保险费率。在赔付率法中，新的毛保险费率等于费率调整因子与当前费率的乘积。费率调整因子是经验赔付率与目标赔付率的比值。

赔付率法的毛保险费率计算公式如下：

$$R=AR_0=\frac{W}{T}\times R_0$$

式中，R 为新厘定的毛保险费率；R_0 为当前的毛保险费率；A 为费率调整因子（W/T）；W 为经验赔付率；T 为目标赔付率。

不难看出，应用赔付率法的关键在于计算经验赔付率和目标赔付率。

经验赔付率是经验期的最终赔款与等水平已赚保费（on-level earned premium）的比率，等水平已赚保费是用当前费率水平计算的经验期的已赚保费。经验赔付率可以表示为：

$$W=\frac{L}{E\times R_0}$$

在上式中，分子 L 为经验期的最终赔款（和直接理赔费用），分母为经验期的等水平已赚保费。等水平已赚保费等于经验期的风险单位数 E 与当前费率 R_0 的乘积。

类似地，目标赔付率可以表示为：

$$T=\frac{L}{E\times R}$$

其中，上式的分子是经验期的最终赔款，而分母是按新的毛保险费率 R 计算的已赚保费，因此上式可以解释为新的毛保险费率所要实现的目标赔付率。又由于经验期的最终赔款 L 与风险单位数 E 之比就是纯保费 P，即 $P=L/E$，因此目标赔付率可变形为：

$$T=\frac{P}{R}$$

将纯保费法的费率计算公式代入上式，即可得到目标赔付率的另一种表达式为：

$$T=\frac{1-V-Q}{1+F/P}=\frac{1-V-Q}{1+G}$$

式中，V 为变动费用附加系数；Q 为利润附加系数；G 为每个风险单位的固定费用 F 与纯保费 P 之比。

根据经验赔付率和目标赔付率的上述计算结果，即可应用赔付率法的公式对当前的费率进行调整。

可以证明，赔付率法是纯保费法的另一种表现形式，它们在本质上是等价的，只是对数据的要求不同而已。

事实上，用赔付率法计算的新的毛保险费率为：

$$R=\frac{W}{T}\times R_0=\frac{L(1+G)}{E(1-V-Q)}$$

上式经适当变形即可得到纯保费法的费率计算公式：

$$\begin{aligned}R&=\frac{L(1+G)}{E(1-V-Q)}\\&=\frac{P(1+G)}{1-V-Q}\\&=\frac{P+F}{1-V-Q}\end{aligned}$$

由此可见，赔付率法直接来源于纯保费法，只不过具体表现形式不同而已。

在给定数据相同的条件下，上述两种计算方法会得出完全相同的结果，但在实际应用中，由于可获得的数据会受到一定限制，因此需要根据它们的下列特点选择合适的方法。

（1）纯保费法基于每个风险单位的赔款（即纯保费）计算毛保费，因此，如果风险单位的确定比较困难或者风险单位在不同风险之间难以保持一致（如商业火灾保险），就不宜使用纯保费法。

（2）赔付率法不适于新业务的费率厘定，因为应用赔付率法需要已知当前的费率水平。

（3）在等水平已赚保费很难计算时，纯保费法更为适用。某些险种要对个体保单的费率分别进行调整，此时就很难计算赔付率法中的等水平已赚保费。譬如在汽车保险中，保险公司通常使用奖惩系统，即根据保单持有人的索赔经历调整其保险费，因而不同保单的当前费率 R_0 是不同的，在这种情况下计算等水平已赚保费就比较困难，又由于汽车保险的风险单位数比较容易确定，因此采用纯保费法更为方便。

第四节 数据调整

一、等水平已赚保费

无论使用哪一种费率厘定方法，都要保证赔款、风险单位和保费之间的一致性。这就要求对观察数据中出现的不一致进行调整。

通常说来，如果经验期包括若干年，则经验期初的费率与经验期末的费率一般不会相同。此时，如果应用赔付率法厘定保险费率，就需要计算等水平已赚保费，即将整个经验期的费率都调整为当前费率，并在此基础上计算已赚保费。计算等水平已赚保费的最精确方法是将每一份保单的费率都调整到当前的费率水平，但如果没有相应的计算软件，这种方法不可能通过手工完成。作为这种方法的一种替代，可以使用平行四边形方法进行近似估计。平行四边形方法假设风险单位在经验期内是均匀分布的，并根据简单的几何关系，将经验期的已赚保费调整到当前的保费水平。下面通过一个简单的例子说明调整过程。

【例 11-3】假设经验期包括 2020 年、2021 年和 2022 年，每份保单的保险期限均为 12 个月，过去几年的费率调整情况如表 11-3 所示。

表 11-3　费率调整情况

费率调整日期	费率调整幅度	相对费率水平	费率有效时期
2018-07-01	+11%	1	2018-07-01—2019-06-30
2019-07-01	+12%	1.12	2019-07-01—2021-06-30
2021-07-01	+10%	1.232	2021-07-01 至现在

【解】如果把 2018 年 7 月 1 日的相对费率水平确定为 1，则 2019 年 7 月 1 日的相对费率水平为 1.12，而 2021 年 7 月 1 日的相对费率水平为 1.232(=1.12×1.1)。

由于所有保单的保险期限均为 12 个月，所以在经验期的第一年（2020 年），已赚保费要么是按相对费率水平 1 承保的（如在 2019 年上半年承保的保单），要么是按相对费率水平 1.12 承保的（如在 2019 年下半年或 2020 年承保的保单）。图 11-1 是关于上述数据的平行四边形表示法，其中横轴表示保单的生效日期，纵轴表示风险单位数所占比例。实线将图形分割成了三个部分，其中第一部分的相对费率水平为 1，第二部分的相对费率水平为 1.12，第三部分的相对费率水平为 1.232。从图 11-1 可以看出，2020 日历年度的已赚保费由两部分构成，一部分（左上三角形）是按相对费率 1 计算的，而其他部分是按相对费率 1.12 计算的。2021 日历年度的已赚保费也由两部分构成，一部分（右下三角形）是按相对费率 1.232 计算的，而其他部分是按相对费率 1.12 计算的。同理，2022 日历年度的已赚保费也由两部分构成，一部分（左上三角形）是按相对费率 1.12 计算的，而其他部分是按相对费率 1.232 计算的。

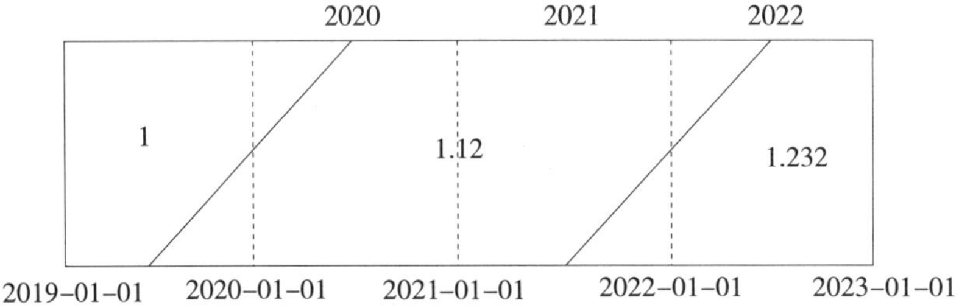

图 11-1　不同时期的相对费率水平

下面以 2020 日历年度为例，说明如何将该年的已赚保费调整为按当前费率水平计算的等水平已赚保费。图 11-2 是 2020 年已赚保费的构成情况。

如果假设保险公司在 2020 年的承保是均匀分布的，则从图 11-2 可以看出，在 2020 年的已赚保费中，有 12.5%的已赚保费（用左上三角形表示，面积为 0.125(=0.5×0.5÷2)）是按相对费率 1 计算的，另外 87.5%是按相对费率 1.12 计算的。因此，2020 年的平均相对费率水平为：

$$1\times12.5\%+1.12\times87.5\%=1.105$$

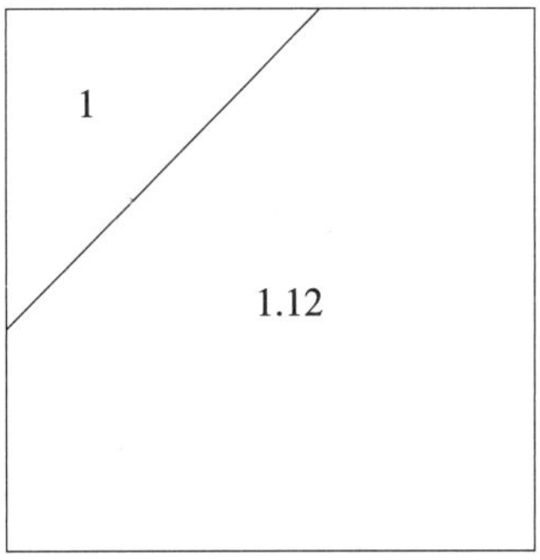

图 11－2　2020 年已赚保费的构成

由于当前的相对费率水平为 1.232，因此将 2020 年的已赚保费乘以下述系数即可得到 2020 年的已赚保费按当前费率计算的等水平已赚保费：

1.232÷1.105＝1.114 9

上述系数被称为等水平因子。应用等水平因子乘以 2020 年的已赚保费，即可得到 2020 年的等水平已赚保费。

对 2021 年和 2022 年的已赚保费做同样的调整，即可得到整个经验期的等水平已赚保费，如表 11－4 所示。

表 11－4　等水平已赚保费的计算

日历年度	2020	2021	2022
各日历年度的已赚保费（万元）	1 200	1 400	1 500
相对费率水平为 1 的已赚保费所占比例（%）	12.5	0	0
相对费率水平为 1.12 的已赚保费所占比例（%）	87.5	87.5	12.5
相对费率水平为 1.232 的已赚保费所占比例（%）	0	12.5	87.5
各日历年度的平均相对费率水平	1.105 0	1.134 0	1.218 0
等水平因子（1.232/平均相对费率水平）	1.114 9	1.086 4	1.011 5
各日历年度的等水平已赚保费（日历年度已赚保费×等水平因子，万元）	1 337.9	1 521	1 517.2

将三个日历年度的等水平已赚保费相加，即可得到整个经验期的等水平已赚保费为 4 376.1万元。

需要注意的是，应用平行四边形方法的一个重要前提是保单在经验期内均匀分布。如果实际情况并非如此，如每年的第一个季度承保的保单较多，而第四个季度承保的保单较少，则用这种方法计算经验期的等水平已赚保费会产生较大的误差。

二、最终赔款

最终赔款是已付赔款与未决赔款之和。由于报案延迟或理赔延迟，最终赔款通常需要经过多年以后才能确定。但是，为了厘定保险费率，精算师通常需要根据已付赔款等数据对最终赔款进行预测。无论是采用纯保费法还是赔付率法，对最终赔款预测的准确性都将影响到费率厘定结果的合理性和可行性。

在对最终赔款的预测中，精算师首先需要确定是在已付赔款的基础上进行预测，还是在已付赔款加直接理赔费用的基础上进行预测。尽管对直接理赔费用的处理方法通常取决于是否可以获得必要的数据，但在某些情况下，必须把赔款和直接理赔费用合并在一起处理。譬如在某些责任保险中，保单的责任限额是同时适用于赔款和直接理赔费用的，在这种情况下，厘定保险费率时必须把赔款和直接理赔费用合并在一起。

预测最终赔款最常用的方法是损失进展法（loss development）。损失进展法的假设条件如下：在保险事故发生后，索赔将依据“未报告→已报告但未赔付→已赔付”这一顺序发展，而且这一过程在一定时期内是平稳的，因此可以基于历史索赔数据的统计分析，对未来的损失进展情况和最终赔款进行预测。

如果把已付赔款分别按事故年和进展年进行排列，观察数据将形成一个流量三角形。表 11－5 是应用某险种的已付赔款数据所形成的流量三角形。在该表中，从左到右表示某年发生的保险事故；也就是说，随着时间的推移，已付赔款在不断增加。例如，2019 年发生的保险事故在当年末的累积已付赔款为 1 024；而 1 年以后，即第一个进展年末，累积已付赔款增加到 2 350。从上到下表示各事故年的累积已付赔款。譬如在进展年为 0 时，2019 年发生的保险事故赔付了1 024，而 2020 年发生的保险事故赔付了 1 469。这种差异一方面来源于风险单位数的不同，另一方面是由随机因素的影响导致的。

表 11－5　累积已付赔款的流量三角形

事故年	进展年					
	0	1	2	3	4	5
2019	1 024	2 350	3 264	4 122	4 516	4 939
2020	1 469	3 190	4 520	5 185	5 676	
2021	1 421	2 960	4 278	5 718		
2022	1 248	2 768	4 113			
2023	1 540	3 152				
2024	2 405					

根据上述流量三角形，可以计算出相邻两个进展年之间已付赔款的增长情况。例如，用第 1 个进展年的累积已付赔款除以第 0 个进展年的累积已付赔款，就可以得到已付赔款在 1 年内的增长比率，这个增长比率被称为进展因子。进展因子的计算结果如表 11－6 所示。

表 11－6　累积已付赔款的进展因子

事故年	进展因子				
	0—1	1—2	2—3	3—4	4—5
2019	2.294 9	1.388 9	1.262 9	1.095 6	1.093 7
2020	2.171 5	1.416 9	1.147 1	1.094 7	
2021	2.083 0	1.445 3	1.336 6		
2022	2.217 9	1.485 9			
2023	2.046 8				
加权平均值	2.151 6	1.435 5	1.245 6	1.095 1	1.093 7
选定值	2.15	1.44	1.25	1.10	1.10

需要注意的是，在表 11－6 中，平均值不是各年进展因子的简单平均，而是一种加权

平均。譬如第一个平均值 2.151 6 不是表中第一列进展因子的简单算术平均数，而是以第 0 个进展年的累积已付赔款为权数的加权平均数，即

$$\frac{2.294\,9\times1\,024+2.171\,5\times1\,469+\cdots+2.046\,8\times1\,540}{1\,024+1\,469+1\,421+1\,248+1\,540}=2.151\,6$$

上述加权平均数事实上就是第 1 个进展年的累积已付赔款之和与第 0 个进展年的累积已付赔款之和的比率，即

$$\frac{2\,350+3\,190+2\,960+2\,768+3\,152}{1\,024+1\,469+1\,421+1\,248+1\,540}=2.151\,6$$

需要注意的是，在上式中，分子和分母包含相等的项数。其他各年平均进展因子的计算方法与此类似。

在计算进展因子的平均值时，除了应用上述加权平均方法外，还可以根据具体情况采用所有年度的简单平均、近几年的简单平均、剔除最大最小值后的简单平均、所有年度的几何平均等方法。

表 11－6 中的最后一行进展因子是根据倒数第二行的加权平均值选定的，它同时考虑了已付赔款和经济环境在未来的变化。这一行数据将用于对未来已付赔款进行预测。对累积已付赔款的预测值如表 11－7 所示。例如，2021 事故年在当前的累积已付赔款是 5 718，而 3—4 的进展因子为 1.10，4—5 的进展因子为 1.10，所以 3—5 的进展因子为 $1.1\times1.1=1.21$，因此在第 5 个进展年末的累积已付赔款应为：

$$5\,718\times1.21=6\,919$$

其他计算结果如表 11－7 所示，其中黑体字为预测值。

表 11－7　累积已付赔款的预测值

事故年	进展年					
	0	1	2	3	4	5
2019	1 024	2 350	3 264	4 122	4 516	4 939
2020	1 469	3 190	4 520	5 185	5 676	**6 244**
2021	1 421	2 960	4 278	5 718	**6 290**	**6 919**
2022	1 248	2 768	4 113	**5 141**	**5 655**	**6 221**
2023	1 540	3 152	**4 539**	**5 674**	**6 241**	**6 865**
2024	2 405	**5 171**	**7 446**	**9 307**	**10 238**	**11 262**

三、趋势分析

一旦获得了最终赔款的预测值，还需要分析期望赔款从经验期到新费率应用期的变化趋势，并应用这种变化趋势对上述预测值进行调整。这是因为上述预测值是根据经验期的数据对新费率应用期的最终赔款从事故发生到最终结案的预测值，并没有考虑从经验期到新费率应用期的变化趋势。因此，用期望赔款的变化趋势对上述预测值进行调整不会造成重复计算问题。

在一般情况下，需要把期望赔款（即纯保费）分解为索赔强度和索赔频率的乘积，并对索赔强度和索赔频率的变动趋势分别进行分析，这有助于获得更多的信息。

除了索赔频率和索赔强度的变化趋势外，在费率厘定过程中，还需要考虑风险基础可能存在的变化趋势，这种变化趋势对费率厘定结果也会产生一定影响。譬如在汽车车损险中，保险费等于保险费率乘以保险金额（通常等于汽车的实际价值）。这就意味着，即使汽车的保险费率没有任何变化，但当汽车价格发生变化时，保险费也会随之变化。因此，在应用赔付率法厘定汽车保险费率时，必须考虑到这种趋势变化对保费水平的影响。

在费率厘定过程中，预测索赔频率或索赔强度趋势的两个常用模型是线性模型和指数模型，它们具有下述表现形式：

（1）线性模型：

$$y=at+b$$

（2）指数模型：

$$y=be^{at}$$

指数模型还可以表示为：

$$\ln(y)=at+\ln(b)$$

若令

$$Y=\ln(y)$$

$$B=\ln(b)$$

则有

$$Y=at+B$$

由此可见，这两个模型都可以表示成线性函数的形式，并用标准的最小二乘法估计未知参数。

无论是线性模型还是指数模型都适用于上升的趋势。然而，如果观察到的趋势是下降的，那么使用线性模型将在未来出现负值。由于索赔频率、索赔强度和纯保费都是非零的，所以在这种情况下，一般不宜使用线性模型，而应该使用指数模型或其他模型。

此外，如果经验损失数据受到赔偿责任的影响，就必须在索赔强度的趋势分析中予以考虑。下面通过一个简单例子来说明索赔强度的趋势变化与赔偿责任的关系。

假设某风险的损失金额在 50 万元以内波动，现有三份保险合同为此风险提供保障。对于每次损失，第一份合同负责赔偿 0～10 万元的损失；第二份合同负责赔偿 10 万～25 万元的损失；第三份合同负责赔偿 25 万～50 万元的损失。假设该风险在保险期间发生了 3 次损失，损失金额分别为 5 万元、20 万元和 40 万元，则每份保险合同承担的赔款如表 11-8 所示。

表 11-8　每份保险合同承担的赔款

单位：万元

损失金额	第一份合同（0～10）	第二份合同（10～25）	第三份合同（25～50）
5	5	—	—
20	10	10	—
40	10	15	15
合计	25	25	15

如果所有损失金额由于通货膨胀的影响平均上升了 10%，则每份保险合同承担的赔款如表 11-9 所示。

表 11-9　每份保险合同承担的赔款（损失金额上升 10%以后）

损失金额	第一份合同（0～10）	第二份合同（10～25）	第三份合同（25～50）
5.5	5.5	—	—
22	10	12	—
44	10	15	19
合计	25.5	27	19
赔款增长幅度	2%	8%	26.67%

由此可见，尽管损失金额平均上升了 10%，但每份合同承担赔款的上升幅度并不相同。承担的损失层次越高，索赔强度的变化幅度越大。其实，这是很好理解的，因为对于承担较低层次损失的保单来说，它所承担的责任已经接近饱和，所以损失金额上升对它的影响较小。

本章小结

非寿险产品的费率由三个部分构成：纯保费、费用附加和利润附加（或安全附加）。纯保费用于补偿保险公司在未来的期望赔款成本；费用附加用于补偿保险公司经营相关保险业务的各种必要的费用支出；利润附加是保险公司经营保险业务所得到的收益，可以看作为经营保险业务而使用的资本金的成本。

在非寿险保单中，免赔额和赔偿限额的使用十分普遍。因为较高的免赔额和较低的赔偿限额在一定程度上限制了保险公司的赔付责任，因此都具有降低纯保费的作用。

毛保险费率厘定的基本方法主要有两种：纯保费法和赔付率法。用纯保费法厘定的毛保险费率不仅能够满足预期的赔款和费用支出，而且能够提供预期的收益。在赔付率法中，新的毛保险费率等于费率调整因子与当前费率的乘积。费率调整因子是经验赔付率与目标赔付率的比值。在给定数据相同的条件下，上述两种方法会得出完全相同的结果，但在实际应用中，由于可获得的数据会受到一定限制，因此需要根据它们各自的特点选择合适的方法。

无论使用哪一种费率厘定方法，都要保证赔款、风险单位和保费之间的一致性。这就要求对观察数据中出现的不一致进行调整。当经验期包括若干年时，经验期的费率往往会发生变化。此时，就应该采用恰当的方法将经验期的费率调整到同一水平，即计算等水平已赚保费。计算等水平已赚保费的一种常见方法是平行四边形方法。

费率厘定离不开对最终赔款的预测，预测最终赔款的常用方法之一是损失进展法，即通过流量三角形中的已付赔款或已报案赔款对未决赔款进行预测，从而得到最终赔款的预测值。

一旦获得了最终赔款的预测值，还需要分析期望赔款从经验期到新费率应用期的变化趋势，并应用这种变化趋势对上述预测值进行趋势调整。描述期望赔款变化趋势的两个常用模型是线性模型和指数模型。

练习题

11.1　非寿险保费由哪些部分构成？分别受哪些因素影响？

11.2　在保单中设置免赔额和赔偿限额的意义何在？

11.3　纯保费法和赔付率法有何区别与联系？分别适用于何种场合？

11.4　预测最终赔款的目的何在？

11.5　为什么要对最终赔款进行趋势调整？

11.6　假设保险业务在一年内是均匀分布的，保险期限为 1 年，各日历年的已赚保费如下：2021 年为 20 万元，2022 年为 25 万元，2023 年为 30 万元。最近几次的费率调整如下表所示：

费率调整日期	调整幅度（%）
2019 - 07 - 01	10
2020 - 07 - 01	8
2022 - 07 - 01	10

请计算以该表中最新的费率水平表示的 2021—2024 年的已赚保费。

11.7　请根据下表的增量赔款数据，应用损失进展法预测各个事故年的最终赔款（假设在第 5 个进展年以后不会再有赔款支出）。

事故年	进展年					
	0	1	2	3	4	5
2019	525	287	91	78	48	31
2020	622	362	116	82	53	
2021	721	411	110	85		
2022	861	412	110			
2023	970	534				
2024	1 289					

第十二章

分类费率

2023年中央金融工作会议指出："要着力打造现代金融机构和市场体系"[①]，"坚持把金融服务实体经济作为根本宗旨"[②]。对风险的科学分类和定价，是建设现代金融市场体系的基础性工程，也是保险业服务实体经济的重要方式。分类费率是在对个体风险进行分类的基础上厘定的费率。本章主要介绍了分类变量的选择和分类费率厘定的基本方法。

学习目标

- 熟悉分类变量的选择标准及其应用
- 列举出汽车保险中常用的一些分类变量
- 应用单变量分析法计算分类费率
- 指出边际总和法的优缺点
- 了解应用广义线性模型厘定分类费率的基本概念

第一节 分类变量

分类变量是指个体风险的一些基本风险特征，根据这些特征，可以将风险集合区分成若干风险子集，属于同一个风险子集的个体风险具有近似相同的潜在损失。分类变量既可以是数量特征的指标，也可以是属性特征的指标。譬如在人寿保险中，保险公司根据被保险人的性别、年龄对被保险人进行分类；而在汽车保险中，保险公司根据被保险人的性别、驾驶年龄、汽车的行驶区域、车辆类型、使用性质等对被保险人进行分类。

当估算个体费率的有效数据不足时，就需要对个体风险进行分类，将具有相同期望损失成本的个体归为一组，而后厘定该组的费率，并假设厘定出的费率适用于该组的全体成

①② 中央金融工作会议在北京举行．人民日报，2023-11-01.

员。这就是风险分类的真谛所在。但是，风险完全相同的被保险人几乎是不存在的，即使存在，保险公司也不可能或难以将他们区分出来。因此，保险公司只是将风险近似相同的保险标的划分在同一个类别里，并对他们收取相同的保费。

风险分类的目的是获得相对同质的风险子集，从而使得保费厘定有利于消除逆向选择和道德风险。但是，风险分类的目的不能局限于分类结果的同质性，还必须使分类结果便于实际应用。显然，这两个目标是相互冲突的。

风险分类模型的建立有赖于我们将风险集合区分成相对同质的风险子集的能力。因此，风险分类在那些个体风险数量庞大且近似特征较多的险种中十分有用，比如汽车保险和家庭财产保险等。

将风险集合区分成相对同质的风险子集，并对每一个风险子集的损失经验进行独立分析是有限度的，不能走得太远，否则会陷入困境。譬如将一个包含 50 000 份保单的集合划分为 7 000 个风险子集是没有任何意义的，因为许多风险子集将是空集或者只包含少数几份保单，从而使分析结果失去了可靠的统计基础。

一、分类变量的选择

在选择分类变量时，需要考虑精算、经营、社会和法律等不同的影响因素。

1. 精算因素

保险成本受赔付成本、理赔费用、投资收益等各种因素的影响。赔付成本是索赔频率和索赔强度的函数，不同的索赔频率或索赔强度都会导致赔付成本出现差异，而影响索赔频率或索赔强度的因素显然是非常多的。理赔费用的高低和投资收益的大小与险种的性质密切相关。例如，在机器设备保险中，通常会发生大量的检测费用，因此涉及机器设备的保险项目往往具有较高的理赔费用；而在医疗责任保险中，相对于其他医生而言，外科医生的医疗责任很容易认定，理赔延迟时间较短，因此相应保费的投资收益较低。总之，保险成本的高低与许多因素有关，分类变量的选择必须与保险成本相关。如果保险成本与分类变量的取值毫无关系，那么分类变量的应用只是增加了管理费用而已。例如，在私人汽车保险中，大多数保险公司对 30～50 岁的被保险人收取的保险费并不因为他们的年龄差异而有所不同，就是因为保险成本不因被保险人的年龄而变化。

恰当选择分类变量是市场机制和公平性的必然要求。在市场经济中，能够精确地厘定保险费率的公司，其成功的可能性也最大。不妨假设保险公司承保 A 组被保险人的成本是 100 元，承保 B 组被保险人的成本是 200 元。如果某家保险公司对这两组被保险人都收取相同的保险费 150 元，那么 A 组的被保险人将会因为保险费太高而退出这家保险公司，而 B 组的被保险人将会因为保险费便宜而留在这家保险公司。最后的结果是，保险公司因收取的保险费不足以弥补其实际成本而出现经营亏损。这是一个简单的逆向选择示例，但足以说明精确的保险费率对保险公司是何等重要。

此外，精确的保险费率也能体现公平性。在上例中，为了体现公平性，保险公司应该将 A 组和 B 组的被保险人区分开来，分别收取不同的保险费，让 A 组的被保险人缴纳 100 元的保险费，而让 B 组的被保险人缴纳 200 元的保险费。此时，被保险人缴纳的保险费就是公平的。

但是，保险公司将被保险人划分成的类别越多，要想获得每一类别的损失资料就越困难。如果数据太少，那么要厘定各个类别的保险费率就失去了可靠的统计基础。因此，即使不考虑管理成本问题，保险公司也不可能无限制地将被保险人进行划分。如果某个类别只有 10 个被保险人，他们在一个保险年度一共发生了 5 次保险事故，我们没有把握说这个类别的索赔频率就是 50%。反之，如果一个类别包含了 10 万名被保险人，他们在一个保险年度一共发生了 1 万次保险事故，我们就有足够的把握说该类别的索赔频率是 10%。当然，这个 10%可能仍不是真实的索赔频率，但与前一个 50%相比，所产生的误差已经相当小了。

2. 经营因素

分类变量满足精算要求仅仅是一种理想状态，事实上，分类变量还得考虑其现实可行性，至少应该能够进行客观度量。换言之，分类变量应该清晰明了，避免模棱两可，便于实际使用。譬如在汽车保险中，承保人通常会用“责任心”和“成熟”等词汇描述被保险人的风险状况，但这些变量都是无法客观度量的，因此很难作为分类变量使用；承保人只能使用其他一些易于度量的变量，如被保险人的性别、年龄、婚姻状况等，尽管这些变量在反映被保险人的风险水平方面可能不是最有效的。

此外，虽然某些变量可以精确度量，但度量它们的费用可能会超出保险人愿意承受的水平。换言之，当使用这些变量所能带来的收益小于度量它们的费用支出时，使用这些变量对保险人是没有意义的。例如，在汽车保险中，“行驶里程数”是度量被保险人风险水平的一个非常好的变量，但保险人要获得这一变量的准确数值需要支出的费用往往太高，因此很多保险人并不使用这一变量来厘定保险费率。假设将驾驶员根据其年行驶里程数划分成三组，第一组的年行驶里程数在 7 500 公里以内，第二组的年行驶里程数为 7 501 公里～12 000 公里，第三组的年行驶里程数在 12 000 公里以上。再假设三个组的期望损失分别为 800 元、1 000 元和 1 200 元，而保险人获取并处理年行驶里程数数据的费用是每个被保险人 200 元，那么在应用年行驶里程数的场合，这三组的保费支出分别为：

第一组：1 000 元（期望损失 800 元＋额外费用 200 元）。

第二组：1 200 元（期望损失 1 000 元＋额外费用 200 元）。

第三组：1 400 元（期望损失 1 200 元＋额外费用 200 元）。

如果不使用年行驶里程数变量，这三组的期望损失将被认为是相同的，因此他们都按平均损失支付保险费。此时，他们的保费支出都是 1 000 元。

可以看出，在本例中，如果保险公司使用年行驶里程数作为分类变量，这三组被保险人的保费支出都将超过不使用该变量的保费支出，没有任何一组被保险人因为使用了这个分类变量而从中受益！尽管这个例子比较极端，但确实说明，如果使用某些分类变量的成本太高，保险人和被保险人都有可能得不偿失。

保险人在选择分类变量时，需要考虑的另一个实际问题是如何证实被保险人所提供的数据是真实的。如果被保险人得知，某些变量的取值与其保费支出有关，那么总会有一部分被保险人蓄意欺骗保险人，试图减少保费支出。其结果是损害了诚实被保险人的利益，因为在他们的保费负担中将包含不诚实被保险人少缴纳的一部分保险费。如果保险人选择的分类变量仅仅用于保险目的，那么这些变量会更多地受到人为操纵，并且证实起来更加困难。为了克服这一困难，保险人应该尽可能选择用于其他目的的变量。例如，工资额和销售额是纳税的基本依据，一般不会受到人为操纵，因此保险人选择这类变量用于厘定保险费率，通常无须一一证实。

保险人在使用分类变量时应该避免不同类别之间的费率差异过分悬殊。如果A组的费率是100元，而B组的费率是300元，那么B组的被保险人就会有十分强烈的动机欺骗保险人，试图证明他属于A组，应该缴纳A组的保险费。

最后还需要注意的一点是，费率结构的调整，尤其是分类变量的增减，往往牵涉管理体系的重大变化，因此不宜年年进行。如果费率结构的调整使得部分老客户的保费有所上升，情况会变得更糟，因为他们极有可能失去次年续保的兴趣。

3. 社会因素

一个好的分类变量还应得到社会的认可。在选择分类变量方面，社会公众所关心的问题包括“个人隐私”“被保险人是否可以控制”等各个方面。下面择其要点进行简单介绍。

个人隐私是社会公众普遍关心的问题，人们一般不太愿意向外界透露个人隐私。如果分类变量涉及被保险人的个人隐私，其精确性就会大打折扣，保险公司的管理费用也会有所增加。譬如在汽车保险中，被保险人的心理或行为习惯与其风险水平高度相关，但要获得这些变量的取值却十分困难。即使有一家保险公司在厘定保险费率时采用了这种变量，从而使其保险费率更加精确，它的业务量可能也会因此而减少。这是因为许多被保险人为了保护自己的隐私不被泄露，宁可支付相对较高的保险费。

可控性是分类变量的一个理想特征。可控性是指分类变量的取值取决于被保险人本身的主观努力。譬如在汽车保险中，被保险人是否安装防盗设施是他自己可以控制的事情。因此，安装防盗设施的被保险人应该享受费率上的优惠。选择可控性的分类变量可以在一定程度上预防保险事故的发生。但是，满足可控性要求的分类变量在实际中很难得到。譬如在汽车保险中，“是否参加了驾驶培训”是一个可控性变量，但由于大多数被保险人都可以证明自己参加过驾驶培训，因此选择这一变量厘定保险费率就失去了意义。应用可控性变量的一个缺陷是有可能增加保险人的管理费用。如果被保险人可以通过控制变量的取值来影响保险费率，那么保险人就必须增加一定的管理费用来对被保险人提供的数据进行核实。

选择分类变量时还应注意公众的承受能力。如果根据某个变量厘定的保险费率使得一部分被保险人无力支付保险费，那么这种变量是不会被社会所接受的。

4. 法律因素

分类变量的选择不能违背宪法、法律和法规。一般来说，宪法的规定比较笼统，对分类变量的选择影响不大，而有关保险的法律和法规却可以明显限制保险人把某些变量作为厘定保险费率的依据。譬如在许多国家，保险人不能根据被保险人的种族厘定其保险费率，因为这会被认为是一种种族歧视行为。

二、分类变量举例

保险公司在不同的险种中，往往需要使用不同的分类变量（费率因子）。譬如在火灾保险中，常见的分类变量有建筑物的结构和地理位置等；在劳工补偿保险中，常用的分类变量有工资总额或雇员人数等。在所有的非寿险业务中，机动车辆保险所使用的分类变量最多。下面是许多保险公司常用的一些分类变量：

（1）车辆使用性质，如分为营业车辆和非营业车辆。

（2）车辆种类，如分为客车、货车、拖拉机、特种车和挂车等。

（3）投保方式，如分为代理业务、直接业务、电话销售和网络销售等。

（4）承保数量，如分为承保车辆数≤5 台、5 台<承保车辆数≤20 台、20 台<承保车辆数≤50 台、承保车辆数>50 台。

（5）指定驾驶人，如分为指定一名驾驶人、指定两名驾驶人、未指定驾驶人。

（6）驾驶人年龄，如分为年龄<25 岁、25 岁≤年龄<30 岁、30 岁≤年龄<40 岁、40 岁≤年龄<60 岁、年龄≥60 岁。

（7）驾驶人性别，如分为男、女。

（8）驾驶人驾龄，如分为驾龄≤1 年、1 年<驾龄≤3 年、驾龄>3 年。

（9）投保年度，如分为首年投保、续保。

（10）车型，如分为奥迪 A4、奥拓、大众桑塔纳、大众捷达、夏利等。

（11）行驶区域，如分为中国境内、本省内或单程 500 公里以内。

（12）防盗装置，如分为有 GPS 防盗装置和无 GPS 防盗装置。

（13）装载货物，如分为化工易燃易爆品、建筑材料、其他。

（14）年行驶里程数，如分为平均年行驶里程数≤10 000 公里、10 000 公里<平均年行驶里程数≤30 000 公里、30 000 公里<平均年行驶里程数≤50 000 公里、平均年行驶里程数>50 000 公里。

在机动车辆保险中，各个保险公司使用的分类变量会有所不同。即使是同一保险公司，在车损险、第三者责任险和盗抢险等不同的险别中，也会使用不同的分类变量。

三、风险分类与其他定价因素的关系

保险定价是一个复杂的过程，而风险分类只是保险定价过程中的一个环节。因此，在风险分类的过程中，必须综合考虑风险单位、经验费率系统、市场营销和承保等各个方面的情况。

1. 风险单位

风险单位是费率厘定中最基本的单位。譬如在劳工补偿保险中，风险单位可以是每一元的工资、每一小时的工作时间或一定限制条件下的每一元工资。风险单位的总数就是风险单位数或风险基础。风险单位数或风险基础乘以费率就得到保险费。

风险单位的选择应尽可能地与保险成本成比例。譬如劳工补偿保险既包括对医疗费用的补偿，也包括对收入的补偿。收入补偿通常是工资的一定比例（如 2/3），但不超过最高补偿限额。例如，假设最高补偿限额为每月 2 000 元，那么当雇员的月工资超过 3 000 元时，他可以获得每月 2 000 元的补偿；当雇员的月工资为 2 100 元时，他可以获得每月 1 400元的补偿。在劳工补偿保险中，对医疗费用补偿来说，最恰当的风险单位应该是每一小时的工作时间；而对收入补偿来说，最恰当的风险单位应该是每一元的限额工资（如限制在每个雇员每月2 000元）。

但是，选择一个恰当的风险单位并不能解决被保险人之间的所有风险差异，而剩余的这些风险差异只能通过风险分类或其他方法加以解决。

2. 经验费率系统

保险定价的前提是准确地估算潜在的保险成本。如果个体风险足够大，并且能够获得可以信赖的索赔经验数据，就可以用个体风险的索赔经验对分类费率进行修正。根据个体风险的索赔经验调整分类费率的系统被称为经验费率系统。如果分类费率体系比较简单，个体风险的索赔经验就具有较高的可信度；反之，如果分类费率体系比较精细，个体风险的索赔经验就不会有太高的可信度。在一个比较简单的分类费率体系中，大量被保险人将支付相同的保险费率，这就意味着在每一个类别中，个体风险之间的成本差异通常都很明显。

在通常情况下，相对于经验费率系统而言，一个精确的分类体系更有利于改善整体定价的准确性。这是因为一个有效的分类变量有100％的可信度，而几乎没有任何一个被保险人的损失经验具有100％的可信度。如果被保险人的某种特征将导致其保险成本降低10％，那么将该特征引入分类体系，将使每个具有该特征的被保险人降低10％的费率；但是，如果该特征未被引入分类体系，那么具有该特征的被保险人虽然具有低于平均成本10％的历史损失经验，但因其经验数据的可信度达不到100％，所以就不能获得10％的费率折扣。

3. 市场营销和承保

在非寿险产品的定价过程中，许多与成本有着潜在联系的因素是很难对其进行客观定义的，因此也就难以在费率厘定中使用。取而代之的是，保险人可能会调整他们的市场营销策略或承保策略。两个常用的策略是：①根据个体风险的潜在成本调整其价格；②只承保适用于现行价格的个体风险。

第一种策略在保费较高时较为常用。当保险人掌握了越来越多的保险业务数据时，对个体风险价格的调整就会感到更加得心应手。

第二种策略的替代方法是在同一个风险类别里使用几个不同的费率，承保人可以根据个体风险的实际情况选用不同的费率进行承保。

保险人在业务竞争中要特别关注被保险人询价和比较的偏好。被保险人询价和比较的机会越多，保险人的风险分类体系就越要细化。

总之，对于相同的保险责任，其保险费可能由于风险分类、风险单位、经验费率系统、市场营销和承保的不同而存在差异。风险分类只有与其他定价因素结合在一起，才能准确厘定出个体风险的费率。

第二节 单变量分析法

按照时间发展顺序，分类费率的厘定方法可以分为三类，即单变量分析法、边际总和法和广义线性模型。在保险精算实务中，前两种方法已被广义线性模型所取代，但考虑到这两种方法对理解分类费率的概念很有帮助，所以本章首先介绍这两种方法，然后简要介绍广义线性模型的基本概念。

单变量分析法（one-way analysis）是指每次仅计算一个分类变量的不同水平所对应的

相对费率。例如，在汽车保险中，如果仅考虑车型和地区这两个分类变量，那么在根据单变量分析法厘定分类费率时，可以首先计算车型的相对费率，然后再计算地区的相对费率。在应用单变量分析法厘定相对费率时，既可以根据纯保费进行，也可以根据赔付率进行，具体的选择取决于实际可以获得的数据。下面是单变量分析法的一个简单例子。

假设对一组汽车保单根据车型和地区两个变量进行了分类，每个类别的风险单位数和赔付率数据见表 12-1，其中赔付率的合计值是各类别赔付率的加权平均数。例如，地区 A 的赔付率合计值为：

$$\frac{2\ 000\times 40\%+8\ 000\times 80\%}{2\ 000+8\ 000}=72\%$$

表 12-1　一组汽车保单的经验赔付率数据

	车型 1		车型 2		合计	
	风险单位数	赔付率	风险单位数	赔付率	风险单位数	赔付率
地区 A	2 000	40%	8 000	80%	10 000	72%
地区 B	8 000	40%	2 000	80%	10 000	48%
合计	10 000	40%	10 000	80%	20 000	60%

如果应用单变量分析法，同时将车型 1 和地区 A 作为基准类别，且它们的相对费率为 1，则车型 2 的相对费率为 2（=80%÷40%），地区 B 的相对费率为 0.666 7（=48%÷72%）。由此，我们可以得到各个风险类别的相对费率，见表 12-2。由车型 2 和地区 B 形成的类别，其相对费率是车型 2 的相对费率与地区 B 的相对费率的乘积，即 1.333 4（=2×0.666 7）。

表 12-2　应用单变量分析法计算的相对费率

	车型 1	车型 2
地区 A	1	2
地区 B	0.666 7	1.333 4

上例是根据各个风险类别的经验赔付率厘定的相对费率。如果给出各个类别的经验纯保费（即最终赔款与风险单位数之比），也可以应用纯保费厘定各个类别的相对费率。

单变量分析法虽然很简单和直观，但容易产生偏差。譬如在上例中，单变量分析的结果表明，地区 B 的赔付率（48%）低于地区 A 的赔付率（72%），因此其费率是地区 A 的 66.67%。但是，如果考虑到不同地区的车型分布并不相同，其结果就会发生变化。对于车型 1 来说，地区 A 和地区 B 的赔付率均为 40%；对于车型 2 来说，地区 A 和地区 B 的赔付率均为 80%。由此可见，如果将车型因素考虑在内，地区 A 和地区 B 的赔付率并无差异，因而它们的费率也应该是相同的。在单变量分析中，之所以得出了地区 A 的赔付率高于地区 B 的结论，其根本原因在于没有考虑到不同地区的车型分布是不同的。在地区 A，赔付率为 80%的高风险车型（即车型 2）较多，占 80%；而在地区 B，赔付率为 40%的低风险车型（即车型 1）较多，占 80%。因此，在本例中，导致地区 A 的赔付率高于地区 B 的真正原因是车型分布，而非其他。由于地区 A 和地区 B 的实际赔付率是相同的，因此它们的相对费率也应该是相同的。也就是说，在表 12-2 中用单变量分析法计算的相对费率是不恰当的。

由此可见，单变量分析法的计算结果往往会受到其他分类变量的影响。因此，除非各个分类变量之间是相互独立的，否则在应用单变量分析法厘定相对费率时，需要特别注意风险分布不均匀所产生的影响。

第三节 边际总和法

一般来说，一个理想的费率结构应该具有这样的特点，即对于那些保单数量很大的类别，其纯保费应该等于该组实际的经验赔付成本。边际总和法就是在分类体系中，要求根据每一个分类变量的不同水平所计算的纯保费之和等于相对应的经验赔付成本之和，即估计值的边际总和与观察值的边际总和相等。

为简化起见，假设只有两个分类变量，每个分类变量的相对费率分别为 α_i 和 β_j，$i=1, 2, \cdots, m$，$j=1, 2, \cdots, n$。令 μ 为整个风险集合的平均纯保费，C_{ij} 为各个类别的经验赔付成本，n_{ij} 为各个类别的风险单位数。为了使纯保费的边际总和等于经验赔付成本的边际总和，可令

$$\sum_{i=1}^{m} C_{ij} = \mu \times \sum_{i=1}^{m} n_{ij}\alpha_i\beta_j$$

$$\sum_{j=1}^{n} C_{ij} = \mu \times \sum_{j=1}^{n} n_{ij}\alpha_i\beta_j$$

在上式中，第一个方程组表示观察值（经验赔付成本）的列和等于估计值（纯保费）的列和，第二个方程组表示观察值的行和等于估计值的行和。对上述方程组进行简单变形，即可得到求解相对费率的下述递推公式：

$$\beta_j = \frac{\sum_{i=1}^{m} C_{ij}}{\mu \times \sum_{i=1}^{m} n_{ij}\alpha_i}$$

$$\alpha_i = \frac{\sum_{j=1}^{n} C_{ij}}{\mu \times \sum_{j=1}^{n} n_{ij}\beta_j}$$

在上述迭代公式中，可以令 μ 等于经验赔付成本的平均值，即

$$\mu = \frac{\sum_{i,j} C_{ij}}{\sum_{i,j} n_{ij}}$$

再令任一个分类变量的相对费率为 1，如 $\alpha_1=\alpha_2=\cdots=\alpha_m=1$，并将其代入第一个方程组求解 β_j；把得到的 β_j 代入第二个方程组，可以求得一组新的 α_i；然后，将其再次代入第一个方程组求解 β_j，如此不断进行下去，最后可以得到收敛的结果。

【例 12－1】假设某保险公司承保的 40 000 份汽车保单根据两个变量“地区”和“车型”分组统计的有关损失数据如表 12－3 和表 12－4 所示。试计算各组的纯保费。

【解】下面用边际总和法拟合各组的纯保费。

表 12-3　各组的风险单位数（保单年数）

类别	地区 A	地区 B	地区 C	合计
车型 1	8 000	5 200	2 000	15 200
车型 2	13 600	6 000	2 400	22 000
车型 3	400	800	1 600	2 800
合计	22 000	12 000	6 000	40 000

表 12-4　各组的赔付成本　　单位：千元

类别	地区 A	地区 B	地区 C	合计
车型 1	8 400	7 020	3 600	19 020
车型 2	17 340	7 200	4 590	29 130
车型 3	825	1 140	2 640	4 605
合计	26 565	15 360	10 830	52 755

在边际总和法模型中，令

$$\mu=\frac{52\ 755}{40\ 000}=1.318\ 875 \qquad \beta_1=\beta_2=\beta_3=1$$

则第一次迭代结果为：

$$\alpha_1=\frac{26\ 565}{1.318\ 875\times(8\ 000\times1+13\ 600\times1+400\times1)}=0.915\ 55$$

$$\alpha_2=\frac{15\ 360}{1.318\ 875\times(5\ 200\times1+6\ 000\times1+800\times1)}=0.970\ 52$$

$$\alpha_3=\frac{10\ 830}{1.318\ 875\times(2\ 000\times1+2\ 400\times1+1\ 600\times1)}=1.368\ 59$$

$$\beta_1=\frac{19\ 020}{1.318\ 875\times(8\ 000\times0.915\ 55+5\ 200\times0.970\ 52+2\ 000\times1.368\ 59)}=0.954\ 53$$

$$\beta_2=\frac{29\ 130}{1.318\ 875\times(13\ 600\times0.915\ 55+6\ 000\times0.970\ 52+2\ 400\times1.368\ 59)}=1.024\ 48$$

$$\beta_3=\frac{4\ 605}{1.318\ 875\times(400\times0.915\ 55+800\times0.970\ 52+1\ 600\times1.368\ 59)}=1.047\ 78$$

以后各次的迭代结果如表 12-5 所示。

表 12-5　边际总和法的各次迭代结果

	第一次	第二次	第三次	第四次	第五次
β_1	1.000 00	0.954 53	0.954 18	0.954 17	0.954 17
β_2	1.000 00	1.024 48	1.024 12	1.024 05	1.024 05
β_3	1.000 00	1.047 78	1.051 73	1.052 22	1.052 28
α_1	0.915 55	0.916 04	0.916 30	0.916 33	0.916 33
α_2	0.970 52	0.974 69	0.974 76	0.974 77	0.974 77
α_3	1.368 59	1.358 57	1.357 50	1.357 37	1.357 35

可以看出，迭代四次即可获得比较满意的结果。因此，"车型"和"地区"这两个分类变量的相对费率为：

$\mu=1.3189$

$\alpha_1=0.9163$ $\alpha_2=0.9748$ $\alpha_3=1.3574$

$\beta_1=0.9542$ $\beta_2=1.0241$ $\beta_3=1.0522$

由此可得各组纯保费的拟合值如表 12－6 所示，如"地区 A"与"车型 1"所对应类别的纯保费为：

$$1.3189\times0.9163\times0.9542=1.1532(千元)$$

表 12－6 边际总和法拟合的纯保费 单位：元

类别	地区 A	地区 B	地区 C
车型 1	1 153.2	1 226.8	1 708.3
车型 2	1 237.6	1 316.6	1 833.4
车型 3	1 271.7	1 352.9	1 883.9

边际总和法应用简单，但它并不能对特定分类变量的显著性进行统计检验，也不能确定参数估计的置信区间。因此，边际总和法的主要缺陷是缺乏一个完整的统计分析框架来对建模结果进行评价。

第四节 广义线性模型

从传统上说，精算师通过对纯保费或赔付率进行一系列单变量分析，可以确定各个分类变量的相对费率。但是，由于保险业务在各变量不同水平上的分配并不均衡，故采用单变量分析法的计算结果往往会产生较大偏差，同时也缺乏统计理论的支持。在 19 世纪 60 年代发展起来的最小偏差法（迭代法）虽然比单变量分析法有了很大进步，但仍不能提供一个完整的统计分析框架。自 20 世纪末开始，广义线性模型（generalized linear model，GLM）在分类费率厘定中的应用得到迅速发展，已成为厘定分类费率的行业标准，尤其是在个人保险业务中，广义线性模型得到了广泛认可和接受。

广义线性模型是线性回归模型的推广。线性回归模型将因变量 Y 表示为其均值 μ 和一个随机变量 ε 之和，即

$$Y=\mu+\varepsilon$$

因变量的期望值 μ 可以表示为解释变量的一个线性组合，即

$$\mu=\beta_0+\beta_1x_1+\cdots+\beta_px_p$$

此外，误差项 ε 服从均值为 0、方差为 σ^2 的正态分布。

假设汽车保险的风险分类系统包括两个变量：行驶区域和驾驶员性别。行驶区域的取值为城市和乡村两个水平，驾驶员性别的取值为男和女两个水平。假设实际观察到的索赔次数如表 12－7 所示。

表 12－7　索赔次数的观察值

	城市	乡村
男	4 000	2 500
女	2 000	1 000

在该例中，我们希望通过行驶区域和驾驶员性别来预测索赔频率。由于行驶区域和驾驶员性别分别取两个水平，因此产生了四个解释变量：男性（x_1）、女性（x_2）、城市（x_3）和乡村（x_4）。这四个解释变量的取值为 1 或 0。例如，对于解释变量 x_1，当驾驶员为男性时，其取值为 1；当驾驶员为女性时，其取值为 0。对于解释变量 x_2，当驾驶员为女性时，其取值为 1；当驾驶员为男性时，其取值为 0。

在线性回归模型中，可以将索赔次数 Y 表示为四个解释变量的线性组合，再加上一个误差项 ε，即

$$Y=\beta_1x_1+\beta_2x_2+\beta_3x_3+\beta_4x_4+\varepsilon$$

在上式中，四个解释变量之间存在完全的线性相关关系，即

$$x_1+x_2+x_3+x_4=1$$

这意味着任意一个解释变量都可以由其他三个解释变量来表示，所以上述模型的参数不是唯一的。例如，给 β_1 和 β_2 分别加上一个常数 C，再给 β_3 和 β_4 分别减去一个常数 C，最终上述回归方程保持不变。这是因为回归方程右边的变化为：

$$(x_1+x_2)C-(x_3+x_4)C=C-C=0$$

为了确定唯一的参数，可以将其中任意一个参数删去，比如删去第四个参数，可得：

$$Y=\beta_1x_1+\beta_2x_2+\beta_3x_3+\varepsilon$$

将索赔次数的观察值代入上式，可得到下述方程组：

$$4\ 000=\beta_1+0+\beta_3+\varepsilon_1$$

$$2\ 500=\beta_1+0+0+\varepsilon_2$$

$$2\ 000=0+\beta_2+\beta_3+\varepsilon_3$$

$$1\ 000=0+\beta_2+0+\varepsilon_4$$

为了估计模型参数，必须首先选择一个目标函数。在统计理论中，通常用极大似然法估计模型的未知参数，但在线性回归模型中，误差项服从正态分布，所以极大似然估计和最小二乘估计的结果相同。

最小二乘法是在误差平方和最小化的条件下估计未知参数。在本例中，误差平方和为：

$$\sum_{i=1}^{4}\varepsilon_i^2=(4\ 000-\beta_1-\beta_3)^2+(2\ 500-\beta_1)^2+(2\ 000-\beta_2-\beta_3)^2+(1\ 000-\beta_2)^2$$

对上式分别求 β_1、β_2 和 β_3 的偏导数，并令其为零，即可求得各个参数的估计值为：

男性：$\beta_1=2\ 625$

女性：$\beta_2=875$

城市：$\beta_3=1\ 250$

例如，对于“男性”和“城市”这个风险类别，索赔次数的预测值为：

$$\beta_1+\beta_3=2\ 625+1\ 250=3\ 875$$

由此可得各个风险类别的索赔次数预测值，如表 12－8 所示。

表 12－8　线性回归模型对索赔次数的预测值

	城市	乡村
男	3 875	2 625
女	2 125	875

在实际应用中，可以直接使用有关统计软件（如 R 或 SPSS）求解线性回归模型的参数，对参数估计结果进行统计检验，并输出模型的预测值。

线性回归模型建立在一些假设的基础上，这些假设包括：①因变量的每个观察值相互独立且服从正态分布，它们的均值可以互不相同，但它们的方差是相同的。②解释变量的一个线性组合可以估计因变量的期望值。

在上述假设之下，虽然线性回归模型很容易通过代数方法求解，但在精算应用中，上述假设通常很难得到满足：

第一，要求因变量服从正态分布且具有相同方差在很多情况下是不现实的，比如索赔频率和续保率等数据通常不会服从正态分布。虽然可以通过数据变换来满足这一假设，比如对因变量的观察值进行对数变换，但通常很难给出这种变换的合理解释。

第二，在许多实际问题中，尤其是在保险实践中，因变量的取值往往是非负的，如索赔次数和赔款金额等变量。显然，因变量服从正态分布的假设不能满足这一要求。

第三，如果因变量是严格非负的，那么直观地看，当因变量的均值趋于零时，其方差也应该趋于零。也就是说，因变量的方差是其均值的函数。而在古典线性回归模型中，通常假设因变量的方差是固定的常数，与均值没有任何关系。

第四，在线性回归模型中，假设解释变量通过加法关系对因变量产生影响，但在某些情况下，解释变量之间可能通过一种乘法关系对因变量产生影响。

鉴于线性回归模型存在上述局限性，所以广义线性模型在分类费率厘定中得到了广泛应用。广义线性模型假设因变量来自指数型分布族，其方差随着均值而变化，解释变量通过线性相加关系对因变量的期望值的某种变换产生影响。广义线性模型的假设可归纳如下：

（1）随机成分，即因变量 Y 的概率分布。因变量 Y 的每个观察值 Y_i 相互独立且服从指数型分布族中的一个分布。指数型分布族包括许多常见分布，如正态分布、泊松分布、伽马分布、逆高斯分布、二项分布等。

（2）系统成分，即解释变量的线性组合，可表示为 $\eta=\beta_0+\beta_1x_1+\cdots+\beta_px_p$。系统成分与古典线性回归模型没有任何区别。

（3）连接函数。连接函数单调且可导，它建立了随机成分与系统成分之间的关系。在广义线性模型中，常用的连接函数是对数连接函数。

在广义线性模型中，因变量的方差是其均值的函数，这一特点非常适合保险数据。比如在拟合索赔强度时，如果使用传统的线性回归模型，假设误差项服从正态分布，当预测值为 100 元时，标准差为 10 元，那么当预测值为 10 000 元时，标准差也为 10 元。但从直观上看，预测值越大，其标准差也应该越大。在广义线性模型中，如果假设因变量的变异系数为常数（如 10%），这就意味着假设因变量服从伽马分布。在这种情况下，当预测值为 100 元时，标准差为 10 元，而当预测值为 10 000 元时，标准差为 1 000 元。

在广义线性模型的应用中，根据保险数据的先验信息选择因变量的分布类型，可以有效改进模型的预测效果。例如，如果因变量的方差为常数，可以选择正态分布；如果因变量的方差等于其均值，可以选择泊松分布；如果因变量的方差与其均值的平方成比例，可以选择伽马分布；如果因变量的方差与其均值的三次方成比例，可以选择逆高斯分布。

在非寿险费率厘定中，通常需要预测索赔频率、索赔强度和续保率等。根据这些数据的特点，各种典型的广义线性模型分别是：

（1）在预测索赔频率时，典型的广义线性模型是泊松回归模型，即使用泊松分布假设对数连接函数。

（2）在预测索赔强度时，典型的广义线性模型是伽马回归模型，即使用伽马分布假设对数连接函数。伽马分布不受货币度量单位的影响，无论使用人民币还是美元作为度量单位，伽马广义线性模型的结果均不会改变。

（3）在预测续保率和新业务转换率时，典型的广义线性模型是 Logistic 回归模型，即使用二项分布假设 Logit 连接函数。

【例 12－2】假设汽车保险的索赔次数观察值如表 12－9 所示，试计算各个类别的期望索赔次数。

【解】下面用广义线性模型拟合各个类别的期望索赔次数。

表 12－9　索赔次数的观察值

	城市	乡村
男性	4 000	2 500
女性	2 000	1 000

本例有四个解释变量：男性（x_1）、女性（x_2）、城市（x_3）和乡村（x_4）。这四个解释变量的取值为 1 或 0。例如，对于解释变量 x_2，当驾驶员为男性时，其取值为 0；当驾驶员为女性时，其取值为 1。

应用广义线性模型，各个类别的期望索赔次数可以表示为

$$\mu_i = g^{-1}(\beta_1 x_{i1} + \beta_2 x_{i2} + \beta_3 x_{i3} + \beta_4 x_{i4})$$

与线性回归模型类似，为了得到唯一的参数估计值，可以删去任意一个参数，比如删去第四个参数，则各个类别的期望索赔次数可以表示为：

$$\mu_i = g^{-1}(\beta_1 x_{i1} + \beta_2 x_{i2} + \beta_3 x_{i3})$$

如果选用对数连接函数，则各个类别的期望索赔次数可以表示为

$$\begin{bmatrix} \mu_1 \\ \mu_2 \\ \mu_3 \\ \mu_4 \end{bmatrix} = \begin{bmatrix} \exp(\beta_1 + \beta_3) \\ \exp(\beta_1) \\ \exp(\beta_2 + \beta_3) \\ \exp(\beta_2) \end{bmatrix}$$

在泊松分布假设下，对数似然函数可以表示为

$$l = \sum_{i=1}^{n} \ln f(y_i;\mu_i) = \sum_{i=1}^{n} (y_i \ln(\mu_i) - \ln(y_i!) - \mu_i)$$

因此，如果假设前述的索赔次数服从泊松分布，则可以将观察值 y_i 和期望值 μ_i 的表

达式代入上式，从而得到本例的对数似然函数为：

$$
\begin{aligned}
l = & 4\ 000 \times (\beta_1 + \beta_3) - \ln 4\ 000! - \exp(\beta_1 + \beta_3) \\
& + 2\ 500\beta_1 - \ln 2\ 500! - \exp(\beta_1) \\
& + 2\ 000 \times (\beta_2 + \beta_3) - \ln 2\ 000! - \exp(\beta_2 + \beta_3) \\
& + 1\ 000\beta_2 - \ln 1\ 000! - \exp(\beta_2)
\end{aligned}
$$

上式分别对 β_1、β_2、β_3 求偏导，并令它们等于零，则有

$$\frac{\partial l}{\partial \beta_1} = \exp(\beta_1) \times (\exp(\beta_3) + 1) = 6\ 500$$

$$\frac{\partial l}{\partial \beta_2} = \exp(\beta_2) \times (\exp(\beta_3) + 1) = 3\ 000$$

$$\frac{\partial l}{\partial \beta_3} = \exp(\beta_3) \times (\exp(\beta_1) + \exp(\beta_2)) = 6\ 000$$

解上述方程组，可得参数估计值为：

男性：$\beta_1 = 7.781\ 1$

女性：$\beta_2 = 7.007\ 8$

城市：$\beta_3 = 0.539\ 0$

根据上述参数估计值，可以计算出各组索赔次数的预测值。例如，对于“男性”和“城市”对应的风险类别，其索赔次数的预测值为：

$$\exp(\beta_1 + \beta_3) = \exp(7.7811 + 0.539\ 0) = 4\ 106$$

对于“男性”和“乡村”对应的风险类别，其索赔次数的预测值为：

$$\exp(\beta_1) = \exp(7.781\ 1) = 2\ 395$$

其他计算结果如表 12－10 所示。

表 12－10　泊松回归模型对索赔次数的预测值

	城市	乡村
男性	4 106	2 395
女性	1 895	1 105

在广义线性模型的实际应用中，可以应用有关统计软件（如 R、SPSS 等）完成上述参数估计。

本章小结

分类变量是指个体风险的一些基本风险特征，根据这些特征，可以将个体风险区分成若干具有不同潜在损失的风险子集。分类变量既可以是数量特征的指标，也可以是属性特征的指标。在选择分类变量时，需要从精算、经营、社会和法律等不同角度进行考虑。保险公司在不同的险种中，往往需要使用不同的分类变量。此外，在风险分类的过程中，还必须综合考虑风险单位、经验费率系统、市场营销和承保等各个方面的情况。

判断一个潜在的分类变量是否对被保险人的风险水平具有显著影响，最简单的方法就是单变量分析法，即排除其他变量不予考虑，在一个单变量的表格中只搜集该变量的数据

并分析它对风险大小的区分能力。

应用边际总和法计算的分类费率具有一个很好的性质，那就是每一个分类变量所对应的经验损失的边际总和等于纯保费的边际总和，这可以保证保险公司收取的纯保费正好等于其经验损失。边际总和法的缺陷是不能对特定分类变量的显著性进行统计检验，也不能确定参数估计的置信区间。

按照时间发展顺序，分类费率的厘定方法可以分为三大类，即单变量分析法、边际总和法和广义线性模型。在保险精算实务中，前两种方法已经被广义线性模型所取代。

练习题

12.1　在选择分类变量时应该考虑哪些因素？

12.2　汽车保险中常见的分类变量有哪些？

12.3　边际总和法有何特点？

12.4　假设某汽车保险业务的风险单位数和赔款数据如下面两表所示，请用边际总和法估计各个风险类别的纯保费。

风险单位数

	地区 A	地区 B
车型 1	40	10
车型 2	30	20

赔付成本

	地区 A	地区 B
车型 1	800	400
车型 2	600	500

第十三章

经验费率

2023 年中央金融工作会议指出："坚持把防控风险作为金融工作的永恒主题，坚持在市场化法制化轨道上推进金融创新发展。"[①] 经验费率是根据个体风险的历史索赔经验所厘定的费率，是保险业防范化解风险的创新型市场化工具。本章主要介绍了经验费率的两种基本形式，即信度模型（包括古典信度模型和 Bühlmann 信度模型）和奖惩系统，并介绍了它们在实际应用中存在的一些问题。信度模型是非寿险精算学最重要的成果，而奖惩系统在机动车辆保险中具有广泛应用。

学习目标

- 熟悉信度因子的概念以及信度因子的取值规律
- 应用古典信度模型计算信度因子
- 应用 Bühlmann 信度模型计算信度因子
- 指出古典信度模型与 Bühlmann 信度模型的区别
- 掌握奖惩系统的含义及其评价方法
- 描述最优奖惩系统的含义和性质

经验费率就是根据个体风险的损失经验和其他有关信息所计算的个体风险的费率。信度模型和奖惩系统是最常见的两种经验费率模型。信度模型用于确定在费率厘定过程中给个体风险的损失经验赋予多大的权重，包括古典信度模型（又称有限波动信度模型）和 Bühlmann 信度模型。奖惩系统是一种根据个体风险的历史损失经验调整其续期保费的精算模型，在汽车保险中的应用比较普遍。本章将主要介绍这两种经验费率模型的基本理论及其在实践中的初步应用。

① 中央金融工作会议在北京举行．人民日报，2023－11－01.

第一节 信度模型

在费率厘定中，精算师通常需要根据被保险人的历史损失数据预测其未来的保险成本，而损失数据又来源于随机发生的保险事故，因此应用历史损失的平均值估计被保险人未来的保险成本，未必就可以得到一个准确的估计值。事实上，用历史平均值估计保险成本的准确性如何，与损失数据中的随机波动有很大关系。受到随机波动严重干扰的历史损失数据，其本身就不宜用于厘定保险费率。

譬如在汽车保险中，保险人通常会有一个很大的保单组合，该保单组合的损失经验表明，平均每份保单的索赔频率为每年 0.2 次，即一般的汽车被保险人平均每 5 年发生一次索赔。假设有一份保单在过去的 5 年发生了 3 次保险事故，即被保险人的经验索赔频率为 0.6。现在的问题是，应该如何估计该被保险人在未来的索赔频率？是 0.2、0.6，还是其他？

毫无疑问，如果没有被保险人的任何信息，则对其索赔频率的估计只能是 0.2。现在，我们已知保单的经验索赔频率为 0.6，这就在一定程度上表明 0.2 低估了该保单的索赔频率。但是，直接用 0.6 估计该保单在未来的索赔频率，似乎也有不妥之处，因为保单的经验索赔频率会受到随机因素的影响，一个真实索赔频率很低的被保险人也会发生保险事故，而一个真实索赔频率较高的被保险人也可能在某个保险期间不会发生任何保险事故。因此，对上述保单索赔频率的最好估计值应该是 0.2 和 0.6 的加权平均。那么，如何确定权数呢？对经验数据 0.6 的权数应该是它对保单未来索赔频率的预测能力，在信度理论中通常用 Z 表示，称为经验数据的可信度或信度因子，在 0 到 1 之间取值；而对 0.2 的权数就是 $1-Z$。在本例中，0.6 反映了保单自身的索赔经验，被称为保单的经验数据，而 0.2 来源于一个保单组合，被称为信度补项，因此对该保单索赔频率的估计值可以表示为：

$$\begin{aligned}\text{估计值} &= Z\times\text{经验数据}+(1-Z)\times\text{信度补项}\\ &= Z\times 0.6+(1-Z)\times 0.2\end{aligned}$$

显然，上述估计值的关键在于确定经验数据的信度因子 Z。

本节将介绍计算信度因子 Z 的两种方法，即古典信度模型和 Bühlmann 信度模型。古典信度模型又称有限波动信度模型，因为该模型试图限制观察数据中的随机波动对估计值的影响。Bühlmann 信度模型又称最小二乘信度模型，该模型通过估计值与真实值之间误差平方和的最小化确定信度因子。由于信度理论对保险费（或索赔频率）的估计是基于先验信息和经验数据的加权平均，而且我们知道，贝叶斯方法也可以将先验信息和经验数据结合起来，从而获得一个更好的估计值，因此本章最后还介绍了贝叶斯模型及其与 Bühlmann 信度模型的关系。

一、古典信度模型

在古典信度模型中，需要确定当经验数据达到多大规模时，才可以给其赋予 100%的可信度，而这个数据规模又称完全可信度标准。如果经验数据的规模达到或超过这个标准，则经验数据的信度因子 $Z=1$；否则，其信度因子将小于 1。小于 1 的信度因子被称为部分可信度。下面分别介绍估计索赔频率、索赔强度和纯保费的完全可信度标准以及当数据规模较小时部分可信度的计算方法。

（一）索赔频率的完全可信度标准

完全可信度标准就是给个体风险的经验数据赋予的权重为 1 时，对经验数据的最低要求。为了简化表述，下面假设个体风险（即一份保单）就是一个风险单位。如果个体风险的索赔频率服从泊松分布，譬如其参数为 200，那么该个体风险每年实际的索赔频率将在 200 附近变化。泊松分布的方差等于其均值，均为 200。此外，当泊松分布的参数（均值）比较大时，可以用正态分布近似。对于本例的泊松分布，可以用均值为 200、方差为 200 的正态分布近似。

正态分布近似可用于估计实际观察到的索赔频率落在某个范围的可能性。例如，对于上述泊松分布，可以用正态分布近似估计索赔频率超过 220 的概率：

$$1-\Phi\left(\frac{220-200}{200^{0.5}}\right)=0.078\ 6$$

式中，Φ 为标准正态分布的分布函数。

由此可见，实际观察到的索赔频率比均值多 10%（即 220）的概率为 7.86%。同样地，实际观察到的索赔频率比均值少 10%（即 180）的概率也为 7.86%。这就意味着实际观察到的索赔频率落在区间［180，220］的概率为：

$$1-2\times 0.078\ 6=84.28\%$$

下面给出上述正态分布近似的一般化公式。假设个体风险的索赔频率为 N，其均值为 μ，标准差为 σ，则 N 落在区间 $[\mu-r\mu,\ \mu+r\mu]$ 的概率为：

$$\begin{aligned} p &=\Pr(\mu-r\mu\leqslant N\leqslant\mu+r\mu) \\ &=\Pr\left(\frac{-r\mu}{\sigma}\leqslant U\leqslant\frac{r\mu}{\sigma}\right) \end{aligned}$$

当索赔频率足够大时，$U=(N-\mu)/\sigma$ 近似服从标准正态分布。

如果假设索赔频率 N 服从均值为 n 的泊松分布，标准差为 $\sqrt{n}$，则上述概率为：

$$p=\Pr(-r\sqrt{n}\leqslant U\leqslant r\sqrt{n})$$

如果要求上述概率不小于 $1-\alpha$，则应有 $r\sqrt{n}\geqslant U_{1-\alpha/2}$，即

$$n\geqslant\left(\frac{U_{1-\alpha/2}}{r}\right)^2$$

式中，$U_{1-\alpha/2}$ 为标准正态分布的 $1-\alpha/2$ 分位数。

由此可见，如果假设索赔频率服从泊松分布，并且要求索赔频率的观察值落在区间 $[\mu-r\mu,\ \mu+r\mu]$ 的概率不小于 $1-\alpha$，则索赔频率的期望值 n 应该满足上式给定的条件，这个条件也就是索赔频率的完全可信度标准。换言之，当索赔频率的期望值达到完全可信度标准时，则可以给个体风险的经验索赔频率赋予权重 1。

表 13-1 是在给定 α 和 r 的条件下，索赔频率的完全可信度标准（表示为索赔频率的期望值）。

表 13-1　索赔频率的完全可信度标准

α	r						
	10%	7.5%	5%	4%	3%	2%	1%
20%	164	292	657	1 026	1 825	4 106	16 424
10%	271	481	**1 082**	1 691	3 006	6 764	27 055
5%	384	683	1 537	2 401	4 268	9 604	38 415
4%	422	750	1 687	2 636	4 687	10 545	42 179
3%	471	837	1 884	2 943	5 233	11 773	47 093
2%	541	962	2 165	3 382	6 013	13 530	54 119
1%	663	1 180	2 654	4 147	7 372	16 587	66 349
0.10%	1 083	1 925	4 331	6 767	12 031	27 069	108 276
0.01%	1 514	2 691	6 055	9 460	16 819	37 842	151 367

对应于 $\alpha=10\%$、$r=5\%$的期望索赔频率为 1 082，这是在实际中经常使用的一个完全可信度标准。

由此可见，完全可信度标准并不是唯一的，它依赖于 α 和 r 的取值，而对 α 和 r 的选择只能依赖个人的主观判断。尽管如此，这并没有妨碍完全可信度标准在实际中的广泛应用。

前面关于完全可信度的讨论基于这样一种假设，即索赔频率服从泊松分布。如果实际的索赔频率并非服从泊松分布，而是服从二项分布或负二项分布等其他分布，则完全可信度标准为：

$$n\geqslant\left(\frac{U_{1-\alpha/2}}{r}\right)^2\times\frac{\sigma_f^2}{\mu_f}$$

式中，μ_f 和 σ_f 分别为索赔频率的均值和标准差。对于泊松分布，其均值和方差相等，因此上式的后一项为 1。

下面以二项分布为例，说明上述可信度公式的推导过程。对于参数为(m,q)的二项分布，其均值可以表示为：

$$\mu_f=mq=n$$

方差可以表示为：

$$\sigma_f^2=mq(1-q)=n(1-q)$$

因此，有

$$p=\Pr\left(\frac{-rn}{\sqrt{n(1-q)}}\leqslant U\leqslant\frac{rn}{\sqrt{n(1-q)}}\right)$$

这就意味着：

$$\frac{-rn}{\sqrt{n(1-q)}}\geqslant U_{1-\alpha/2}$$

上式经过变形可得：

$$n\geqslant\left(\frac{U_{1-\alpha/2}}{r}\right)^2\times(1-q)=\left(\frac{U_{1-\alpha/2}}{r}\right)^2\times\frac{\sigma_f^2}{\mu_f}$$

负二项分布条件下的完全可信度标准也可以用类似的方法求得。

对于二项分布，其均值大于方差，因此完全可信度标准所要求的期望索赔频率较小；而对于负二项分布，其均值小于方差，因此完全可信度标准所要求的期望索赔频率较大。

（二）索赔强度的完全可信度标准

假设个体风险（一份保单）只包含一个风险单位，在保险期间发生了 n 次索赔，每次索赔的赔付额分别为 X_1，X_2，…，X_n，它们独立同分布，均值为 μ_X，方差为 σ_X^2，则索赔强度（即平均赔付额）的观察值为：

$$\overline{X}=\frac{X_1+X_2+\cdots+X_n}{n}$$

上述观察值的方差为：

$$\operatorname{var}(\overline{X})=\operatorname{var}\left(\frac{X_1+X_2+\cdots+X_n}{n}\right)=\frac{\sigma_X^2}{n}$$

索赔强度的观察值 $\overline{X}$ 落入区间 $[\mu_X-r\mu_X,\ \mu_X+r\mu_X]$ 的概率为：

$$\begin{aligned}p&=\Pr(\mu_X-r\mu_X\leqslant\overline{X}\leqslant\mu_X+r\mu_X)\\&=\Pr\left(\frac{-r\sqrt{n}\mu_X}{\sigma_X}\leqslant\frac{\overline{X}-\mu_X}{\sigma_X/\sqrt{n}}\leqslant\frac{r\sqrt{n}\mu_X}{\sigma_X}\right)\end{aligned}$$

根据中心极限定理，当索赔次数足够大时，索赔强度的观察值 $\overline{X}$ 将近似服从正态分布。因此，如果要求上述概率不小于 $1-\alpha$，则应有

$$r\sqrt{n}\mu_X/\sigma_X\geqslant U_{1-\alpha/2}$$

即

$$n\geqslant\left(\frac{U_{1-\alpha/2}}{r}\right)^2\times\left(\frac{\sigma_X}{\mu_X}\right)^2$$

这就是索赔强度的完全可信度标准。

需要注意的是，上式右边的第一项正好是索赔频率服从泊松分布假设下的完全可信度标准，而第二项是赔付额的变异系数的平方。

【例 13-1】 假设个体风险每次索赔额的变异系数为 2，$\alpha=10\%$，$r=5\%$。当个体风险的索赔次数为多大时，用样本赔付额数据估计索赔强度的可信度为 100%？

【解】 当 $\alpha=10\%$，$r=5\%$时，索赔频率的完全可信度标准为 1 082，因此索赔强度的完全可信度标准为：

$$1\ 082\times2^2=4\ 328$$

即当个体风险的索赔次数大于 4 328 时，用样本赔付额数据估计索赔强度的可信度为 100%。

（三）纯保费的完全可信度标准

纯保费是赔款与风险单位数之比。譬如 50 辆汽车在一年内发生了 25 000 元的赔款，则纯保费的观察值为每车年 500 元（=25 000/50）。纯保费也可以表示为索赔频率与索赔强度的乘积。由于纯保费受到索赔次数和赔付额的共同影响，所以其波动性更大。对于给定的个体保单，由随机波动的影响所造成的纯保费的方差被称为过程方差。

假设一份保单在一个保险期间发生了 N 次索赔，每次索赔的赔付额为 X_1，X_2，…，X_N，则该保单纯保费的观察值可以表示为：

$$P=X_1+X_2+\cdots+X_N$$

如果假设索赔次数和赔付额相互独立，用 μ_f 和 σ_f^2 分别表示索赔次数的均值和方差，用 μ_X 和 σ_X^2 分别表示赔付额的均值和方差，则 P 的均值可以表示为：

$$\mu_P = E(P) = \mu_f \mu_X$$

而其方差为：

$$\begin{aligned}\sigma_P^2 &= \mathrm{var}(P)\\ &= E_N(\mathrm{var}_P(P/N)) + \mathrm{var}_N(E_P(P/N))\\ &= E_N(N\sigma_X^2) + \mathrm{var}_N(\mu_X N)\\ &= \mu_f \sigma_X^2 + \mu_X^2 \sigma_f^2\end{aligned}$$

如果假设个体风险的索赔频率服从泊松分布，其均值 μ_f 等于方差 σ_f^2，则上述纯保费观察值的方差可以简化为：

$$\mathrm{var}(P) = \mu_f(\sigma_X^2 + \mu_X^2)$$

式中，上式右边括号内是赔付额的二阶原点矩。

因此，P 落入区间 $[\mu_P - r\mu_P, \mu_P + r\mu_P]$ 的概率为：

$$\begin{aligned}p &= \Pr(\mu_P - r\mu_P \leqslant P \leqslant \mu_P + r\mu_P)\\ &= \Pr\left(\frac{-r\mu_P}{\sigma_P} \leqslant \frac{P-\mu_P}{\sigma_P} \leqslant \frac{r\mu_P}{\sigma_P}\right)\end{aligned}$$

当个体风险的索赔次数足够大时，P 将近似服从正态分布。因此，如果要求上述概率不小于 $1-\alpha$，则应有

$$\frac{r\mu_P}{\sigma_P} \geqslant U_{1-\alpha/2}$$

如果进一步假设索赔频率服从均值为 n 的泊松分布，则有

$$\mu_P = n\mu_X$$

$$\sigma_P = (n(\sigma_X^2 + \mu_X^2))^{0.5}$$

将它们代入前述的不等式，并经适当整理可得：

$$n \geqslant \left(\frac{U_{1-\alpha/2}}{r}\right)^2 \times \left[1 + \left(\frac{\sigma_X}{\mu_X}\right)^2\right]$$

这就是纯保费的完全可信度标准，其中不等式右边的第一项是索赔频率的完全可信度标准，方括号内的第二项是赔付额变异系数的平方。而赔付额变异系数的平方乘以索赔频率的完全可信度标准，就是索赔强度的完全可信度标准。因此，上式也表明，纯保费的完全可信度标准等于索赔频率的完全可信度标准加上索赔强度的完全可信度标准。

需要注意的是，如果对每次的赔付额进行限制，则赔付额的变异系数会变小。因此，基本限额赔款的完全可信度标准要低于无限额赔款的完全可信度标准。有鉴于此，在费率厘定实践中，通常采取设置限额的方法来提高索赔数据的可信度。

如果索赔次数并不服从前面假设的泊松分布，则纯保费的完全可信度标准为：

$$n \geqslant \left(\frac{U_{1-\alpha/2}}{r}\right)^2 \times \left[\frac{\sigma_f^2}{\mu_f} + \left(\frac{\sigma_X}{\mu_X}\right)^2\right]$$

在此式中，如果假设索赔频率服从泊松分布，则方括号中的第一项等于 1。如果赔付额是一个常数，其方差为零，则上式就是索赔频率的完全可信度标准。总之，此式囊括了

前述所有的完全可信度标准，它们都可以看作此式的特殊形式。

(四)部分可信度

如果我们掌握的数据量达不到完全可信度的标准，就可以给其赋予部分可信度。部分可信度通过平方根原则确定，即令 n 为已知数据的（期望）索赔次数，n_F 是完全可信度所要求的最小索赔次数（完全可信度标准）。若 $n<n_F$，则部分可信度为：

$$Z=\sqrt{n/n_F}$$

例如，当完全可信度标准为 1 082 时，部分可信度如图 13－1 所示。

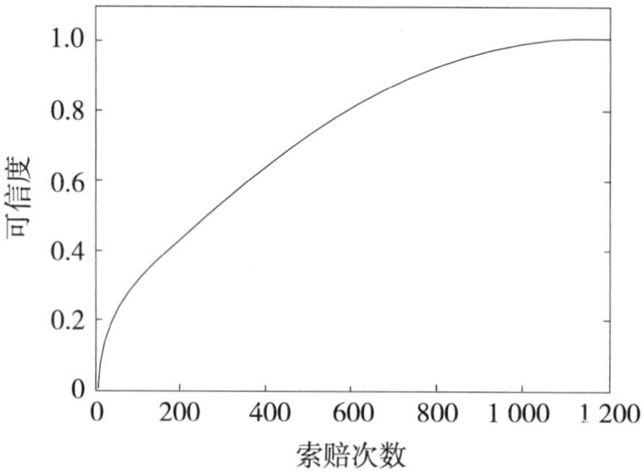

图 13－1　部分可信度的图示

在计算部分可信度时，最好使用期望索赔次数。如果无法得到期望索赔次数，也可以用实际观察到的索赔次数近似。

下面以索赔频率为例，说明如何得到部分可信度的平方根原则，其结论同样适用于索赔强度和纯保费。

令 X_1 表示用部分可信度的数据计算的索赔频率，X_2 表示用完全可信度的数据计算的索赔频率。显然，X_1 和 X_2 的均值应该相等，不妨记作 μ。由于计算 X_1 的样本较小，所以 X_1 的标准差要大于 X_2 的标准差。我们可用 σ_1 和 σ_2 分别表示 X_1 和 X_2 的标准差。

对于满足完全可信度标准的数据，对索赔频率的估计值直接等于 X_2，而对于部分可信度的数据，对索赔频率的估计值应为 $ZX_1+(1-Z)\times$信度补项，其中 Z 为部分可信度因子。在确定部分可信度因子 Z 时，应该要求它使得对索赔频率的两个估计值具有相同的方差，即 ZX_1 的方差等于 X_2 的方差。这就意味着

$$\mathrm{var}(ZX_1)=Z^2\sigma_1^2=\mathrm{var}(X_2)=\sigma_2^2$$

上式表明，部分可信度 Z 为：

$$Z=\frac{\sigma_2}{\sigma_1}$$

假设我们在估计一个同质性汽车保单组合的索赔频率 μ，该样本不满足完全可信度标准，样本中只包含 k 份保单（假设每份保单承保一辆汽车），则由样本数据计算得到的索赔频率为：

$$X_1=\frac{M_1+M_2+\cdots+M_k}{k}$$

式中，M_i 为第 i 份保单的索赔次数。

假设每份保单的索赔次数服从参数为 μ 的泊松分布且相互独立，则上述估计值的方差为：

$$\sigma_1^2=\frac{\sum_{i=1}^{k}\mathrm{var}(M_i)}{k^2}=\frac{k\mu}{k^2}=\frac{\mu}{k}$$

如果上述保单组合（包含 k 份保单）的期望索赔次数为 n，则有

$$n=k\mu$$

即

$$k=n/\mu$$

将其代入上式，得到 X_1 的标准差为：

$$\sigma_1=\mu/\sqrt{n}$$

同理，如果用 n_F 表示满足完全可信度标准时的期望索赔次数，则 X_2 的标准差为：

$$\sigma_2=\mu/\sqrt{n_F}$$

将上述两式代入前面的信度因子公式，可得：

$$Z=\sigma_2/\sigma_1=\sqrt{n/n_F}$$

需要注意的是，在上述信度因子公式的推导中应用了泊松分布假设。对于索赔强度和纯保费的部分可信度，也适用上述平方根原则。

二、Bühlmann 信度模型

如前所述，古典信度模型的完全可信度标准和信度因子都不是唯一的，下面将要介绍的 Bühlmann 信度模型可以克服这些缺陷。Bühlmann 信度模型又称最小二乘信度模型。在 Bühlmann 信度模型中，信度补项是个体保单所属的保单组合的均值，可信度的计算公式为：

$$Z=\frac{n}{n+K}$$

式中，n 为观察到的索赔次数。当观察到的索赔次数 n 不断增加时，可信度 Z 将趋于 1，但永远不会等于 1。K 为 Bühlmann 参数，它是过程方差的均值（用 v 表示）和假设均值的方差（用 a 表示）之比，即

$$K=\frac{v}{a}$$

过程方差的均值 v 和假设均值的方差 a 是对总方差的分解，即任何一个随机变量（如索赔频率、索赔强度或纯保费）的总方差可以分解为：

$$\mathrm{var}(X)=v+a=E(\mathrm{var}(X\mid\Theta))+\mathrm{var}(E(x\mid\Theta))$$

上式假设在一个风险集合中，不同的个体风险之间存在差异，这种差异用一个随机变量 Θ 表示。对于给定的个体风险 Θ，其索赔频率、索赔强度或纯保费的观察值也会随机波动，这种波动就是过程方差 $\mathrm{var}(X\mid\Theta)$。如果把所有个体风险的过程方差进行平均，即可得到整个风险集合的过程方差的均值 $v=E(\mathrm{var}(X\mid\Theta))$。过程方差的均值反映了个体风险自身的不确定性。不难想象，个体风险自身的不确定性越大，其经验数据的可信度就越

差，因此在估计经验费率时，对其经验数据所赋予的权重也就越小。这也可以从 Bühlmann 信度因子的计算公式中得到验证。

对于给定的个体风险 Θ，其纯保费（或索赔频率、索赔强度）的期望值为$E(X\mid\Theta)$，因而其方差 $a=\mathrm{var}(E(X\mid\Theta))$ 反映了不同个体风险纯保费的差异性。显然，不同个体风险之间的差异性越大，用整个风险集合的平均值估计个体风险的纯保费就越不准确，因此个体风险的经验数据也就越可信，从而在估计经验费率时，就应该给个体风险的经验数据赋予较大的权重。

在 Bühlmann 信度模型中，如果令可信度为 50%，即 $Z=n/(n+K)=50\%$，则可以求出 $K=n$。这就意味着 K 就是当 Bühlmann 可信度为 50%时需要的观察次数。参数 K 对可信度具有一定的影响，但这种影响不会造成可信度的巨大差异。例如，图 13 - 2 是当 K 的取值上下增减 20%时（K=1 000，1 200，800），可信度的变化幅度。从此图可以看出，K 值的增减变化对可信度的影响不是很大。基于这种原因，在某些情况下，精算师会根据其经验选择 K 的取值。

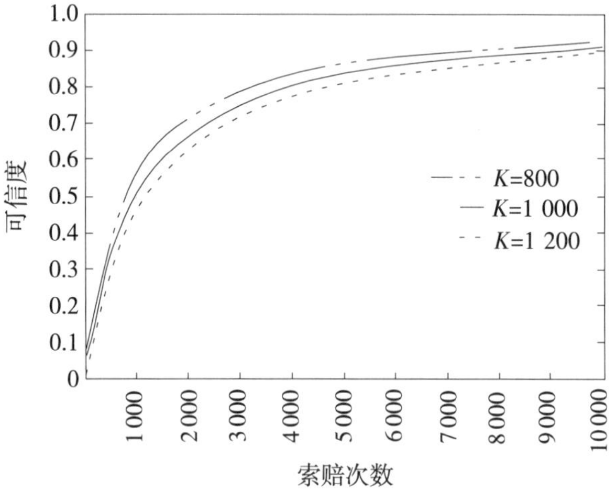

图 13 - 2　K 值变化对可信度的影响

在应用 Bühlmann 信度模型时，首先需要对纯保费（或索赔频率、索赔强度）的总方差进行分解，即计算假设均值的方差和过程方差的均值。下面通过两个例子说明其计算过程。

【例 13 - 2】 假设一个保单组合包含三类风险，每个类别的索赔频率均服从伯努利分布（即要么发生索赔，要么不发生索赔），赔付额服从伽马分布，且对每一份给定的保单而言，索赔频率与赔付额相互独立（注意，在本例中，整个保单组合的索赔频率与赔付额并不独立，索赔频率较高的类别 C 具有较小的赔付额），有关参数如表 13 - 2 所示。试应用这些数据计算纯保费的方差，并将其分解为过程方差的均值和假设均值的方差。

表 13 - 2　各风险类别的参数

风险类别	各类别所占比例	伯努利分布的参数	伽马分布的参数
A	50%	40%	$\alpha=3$，$\beta=0.01$
B	30%	60%	$\alpha=2$，$\beta=0.01$
C	20%	80%	$\alpha=1$，$\beta=0.01$

【解】对于参数为 p 的伯努利分布，其均值和方差分别为 p 和 $p(1-p)$。对于参数为 (α, β) 的伽马分布，其均值和方差分别为 α/β，α/β^2。对于表 13－2 中的数据，可以计算出每个风险类别的索赔频率和赔付额的均值及方差，如表 13－3 所示。

表 13－3　过程方差（纯保费）

风险类别	各类别所占比例 (1)	索赔频率的均值 (2)	索赔频率的方差 (3)	赔付额的均值 (4)	赔付额的方差 (5)	过程方差 (6)＝(2)×(5)＋(4)²×(3)
A	50%	40%	24%	300	30 000	33 600
B	30%	60%	24%	200	20 000	21 600
C	20%	80%	16%	100	10 000	9 600

各组纯保费的过程方差可计算如下：

$$\sigma_P^2 = \mu_f \sigma_X^2 + \mu_X^2 \sigma_f^2$$

以 A 组为例，其纯保费的过程方差为：

$$0.40 \times 30\,000 + 300^2 \times 0.24 = 33\,600$$

其他各组的过程方差如表 13－3 最后一列所示。

过程方差的均值是各组过程方差的加权平均，权数为各组保单在整个保单组合中所占的比例，即纯保费的过程方差的均值为：

$$\begin{aligned} v &= 33\,600 \times 50\% + 21\,600 \times 30\% + 9\,600 \times 20\% \\ &= 25\,200 \end{aligned}$$

下面再计算假设均值的方差。各组纯保费的均值如表 13－4 所示，它等于各组索赔频率的均值与赔付额的均值的乘积。整个保单组合的纯保费的均值为各组纯保费的均值的加权平均，权数为各组保单在整个保单组合中所占的比例。

表 13－4　假设均值（纯保费）

风险类别	各类别所占比例 (1)	索赔频率的均值 (2)	赔付额的均值 (3)	纯保费的假设均值 (4)＝(2)×(3)
A	50%	40%	300	120
B	30%	60%	200	120
C	20%	80%	100	80
均值	—	—	—	112

假设均值的方差是各组纯保费的均值的方差，权数为各组保单在整个保单组合中所占的比例，即假设均值的方差可以通过下述方法进行估计：

$$\begin{aligned} a &= (120-112)^2 \times 50\% + (120-112)^2 \times 30\% + (80-112)^2 \times 20\% \\ &= 256 \end{aligned}$$

由此可得 Bühlmann 参数为：

$$\begin{aligned} K &= v/a \\ &= 25\,200/256 \\ &= 98.44 \end{aligned}$$

Bühlmann 参数确定以后，可信度 Z 将取决于索赔次数 n 的大小。当 n 趋于无穷大时，可信度将逐渐接近 1。

现在假设从上述保单组合中随机抽取一份保单，且其所属的风险类别是未知的。需要注意的是，如果保单所属的风险类别是已知的，则可以直接用该风险类别的纯保费作为该保单的纯保费。进一步假设该保单在 4 年的观察期内发生了 3 次索赔，赔款总额为 410。下面应用 Bühlmann 信度模型估计该保单在未来的纯保费。

在估计纯保费时，分母是风险单位数（保单年数），即 $n=4$，所以 Bühlmann 信度因子为：

$$Z = 4/(4+98.44)$$
$$= 3.9\%$$

根据该保单的经验数据计算出的纯保费为：

$$410/4=102.5$$

而根据保单组合计算出的纯保费为 112，因此应用 Bühlmann 信度模型对该保单未来纯保费的估计值为：

$$0.039 \times 102.5+(1-0.039) \times 112 = 111.63$$

应用与纯保费类似的方法，可以分别计算索赔频率和索赔强度的可信度以及对未来索赔频率和索赔强度的预测值，如表 13-5 所示。在估计索赔频率时，分母是风险单位数（在本例中就是保单年数），因此 $n=4$；但在估计索赔强度时，分母是索赔次数，因此 $n=3$。需要注意的是，在通常情况下，如果分别对索赔频率与索赔强度进行预测，它们的乘积并不等于纯保费的预测值。譬如在本例中，索赔频率和索赔强度的预测值之积为 104.35，小于纯保费的预测值 111.63。

表 13-5　Bühlmann 信度模型的预测值

	索赔频率	索赔强度	纯保费
过程方差的均值（v）	22.40%	20 740.74	25 200
假设均值的方差（a）	2.44%	6 612.10	256
总方差	24.84%	27 352.84	25 456
Bühlmann 参数（K）	9.18	3.14	98.44
索赔次数或风险单位数（n）	4	3	4
Bühlmann 信度因子（Z）	0.303 5	0.488 6	0.039
保单组合的平均值	54%	207.41	112
该保单的观察值	75%	136.67	102.5
对未来的预测值	60.37%	172.85	111.63

从表 13-5 可以发现一个有趣的现象：索赔频率和索赔强度的可信度都比较高，而纯保费的可信度却很低。这是为什么？不难看出，较高的可信度 Z 说明 K 较小，而较小的 K 则意味着假设均值的方差 a 相对较大。当假设均值的方差较大时，说明各个风险类别之间的差异比较明显。因此，上述问题就变成：为什么各个风险类别在索赔频率和索赔强度上的差异比较明显，而在纯保费上的差异却不明显？原因在于该保单组合的索赔频率和索赔强度呈现出相反的变化趋势，即当索赔频率较高时，索赔强度较低，所以当它们相乘得到纯保费时，各风险类别之间的差异将减弱；相应地，可信度也变小。

如果将 Bühlmann 信度模型直接应用于纯保费，由于纯保费掩盖了索赔频率和索赔强度上存在的差异，对个体保单的经验数据赋予了较小的可信度，从而对纯保费的预测值主要取决于保单组合的平均值。但是，如果将 Bühlmann 信度模型分别应用于索赔频率和索赔强度，则个体保单之间的差异得到了更加充分的反映。因此，它对纯保费的预测结果更加接近个体保单的经验数据，表 13－5 的结果也说明了这一点。

需要注意的是，在计算索赔频率的过程方差的均值时，权数是各组保单在保单组合中所占的比例。但在计算索赔强度的过程方差的均值时，权数是任意一次索赔来自各个风险类别的概率，其计算过程如表 13－6 所示。

表 13－6　一次索赔来自各风险类别的概率

风险类别 (1)	各类别 所占比例 (2)	索赔频率 的均值 (3)	各类风险对索赔 次数的贡献 (4)＝(2)×(3)	一次索赔来自各 风险类别的概率 (5)＝(4)/0.54
A	50%	40%	20%	37.04%
B	30%	60%	18%	33.33%
C	20%	80%	16%	29.63%
合计	100%	—	54%	100%

根据上表的数据，并结合表13－7和表 13－8 的数据，可以计算出索赔强度的过程方差的均值和假设均值的方差。

表 13－7　索赔强度的过程方差

风险类别	一次索赔来自各风险类别的概率	过程方差
A	37.04%	30 000
B	33.33%	20 000
C	29.63%	10 000

索赔强度的过程方差的均值为：

$$v=30\ 000\times37.04\%+20\ 000\times33.33\%+10\ 000\times29.63\%=20\ 740.74$$

表 13－8　索赔强度的假设均值

风险类别	一次索赔来自各风险类别的概率	假设均值
A	37.04%	300
B	33.33%	200
C	29.63%	100
均值	—	207.41

索赔强度的假设均值的方差为：

$$\begin{aligned}a &= (300-207.41)^2\times37.04\%+(200-207.41)^2\times33.33\%\\&\quad+(100-207.41)^2\times29.63\%\\&=6\ 612.10\end{aligned}$$

需要注意的是，在本例中，我们对假设均值的方差的估计虽然比较直观，但其结果是有偏的，关于无偏估计的计算请参阅本章下面的内容。

三、信度模型的应用

下面讨论在信度模型的实际应用中需要注意的几个问题，如信度补项的选择、对异常损失的处理、对信度因子的估计以及信度模型的比较等。

（一）信度补项的选择

在信度模型中，对个体风险的估计值（如索赔频率、索赔强度或纯保费）是其本身的经验数据与信度补项的加权平均。在此，个体风险是指一份保单所承保的所有风险，既可以是一个风险（如一辆汽车），也可以是一个风险组（如一个车队）。信度补项代表着对个体风险的一种先验估计，只不过这种估计是基于其他信息，而不是个体风险本身的信息。当然，在古典信度模型中，如果个体风险的经验数据具有完全的可信度，则无须信度补项。

在信度模型的应用中，除了需要确定经验数据的可信度外，还需要恰当选择信度补项。信度补项对最终的估计结果也具有重要的影响。对信度补项最基本的要求是，它应该是个体风险的一种合理估计值，并要相对稳定。在前面对理论模型的讨论中，我们用保单组合的平均值作为个体保单的信度补项，并用个体保单的经验数据对其进行修正，从而得到对个体保单的估计值。事实上，在信度模型的实际应用中，信度补项的选择在很大程度上需要依赖精算师的经验判断。譬如在估计劳工补偿保险的费率时，可以选择上年的费率作为信度补项；在估计汽车保险费率的上调幅度时，可以选择汽车修理成本和医疗费用上升幅度的加权平均数作为信度补项；在估计某个地区的费率上调幅度时，可以选择全国平均的费率上调幅度作为信度补项。

（二）对异常损失的处理

如前所述，古典信度模型应用了正态分布近似，但正态分布近似在实际中有可能会产生较大的偏差，尤其是当观察数据较少时更是如此。譬如在责任保险中，索赔强度的概率密度函数往往具有很长的右尾，因此在计算纯保费时，很容易受到个别几个异常损失的影响。此外，信度模型假设损失过程是随机的，保险事故的发生相互独立，但这在某些情况下也是不成立的。例如，一次海啸可能造成大量的财产损失和人身伤亡，一次暴风雪可能导致很多汽车保单提出索赔。

总之，异常损失的存在对信度模型的应用是一种挑战，只有恰当地处理了异常损失，才能通过信度模型提高估计的准确性。处理异常损失的一种常用方法是设置限额，即对于超过限额的那部分损失在计算个体风险的纯保费或赔付率等指标时不予考虑，而是将其用于整体费率的估计和调整，这会降低个体风险损失经验的方差，从而提高其经验数据的可信度。

【例 13－3】假设汽车的保险费率在不同的地区有所差异，为了限制异常损失对保险费率的过度影响，将损失限额规定为 50 万元。如果实际损失超过限额，则用此限额代替实际损失。因此，每个地区的损失数据中只包含 50 万元以下的部分。对于超过 50 万元的部分可以单独处理，用于提高所有地区的整体保险费率。假设赔付额的分布如表 13－9 所示。

表 13－9　赔付额的分布

赔付额（万元）	概率
1	70%
20	15%
50	10%
100	5%

【解】下面分别计算在没有限额和规定限额的情况下，古典信度模型的可信度标准将如何变化。

在古典信度模型中，如果假设索赔次数服从泊松分布，则纯保费的完全可信度标准为：

$$n_F = \left(\frac{U_{1-\alpha/2}}{k}\right)^2 \times \left[1 + \left(\frac{\sigma_X}{\mu_X}\right)^2\right]$$

如果把异常损失控制在一定范围内，则赔付额的变异系数 σ_X/μ_X 会减小，从而降低完全可信度标准。

如果没有限额规定，上述赔付额数据的均值为 13.70，标准差为 24.96，变异系数为 1.82，完全可信度标准为：

$$1\ 082 \times (1 + 1.82^2) = 4\ 666$$

对应于 $\alpha=10\%$、$r=5\%$的期望索赔次数为 1 082。

如果将损失限额规定为 50 万元，则上述赔付额数据的均值为 11.20，标准差为 17.61，变异系数为 1.57，完全可信度标准为：

$$1\ 082 \times (1 + 1.57^2) = 3\ 749$$

由此可见，在本例中，由于限额的使用，完全可信度标准降低了 19.65%。

（三）对信度因子的估计

信度因子的选择事实上是要在模型的敏感性和稳定性之间求得一种平衡。较高的信度因子意味着对经验数据的反应较为敏感，但稳定性稍差；较小的信度因子意味着较高的稳定性，但对经验数据的反应较为迟钝。信度因子的选择就是精算师对敏感性和稳定性进行权衡的结果。

在古典信度模型中，确定信度因子之前，首先要选择 α 和 r 的取值，其中 $1-\alpha$ 表示观察值落在以其均值为中心、上下增减 r 倍的区间内的概率。在实际应用中，通常选择 $\alpha=10\%$，$r=5\%$，即要求观察值以 90%的概率落在其均值上下增减 5%的区间内。在估计纯保费时，确定完全可信度标准还需要计算赔付额的变异系数。在计算赔付额的变异系数时，可以使用标准差的无偏估计，即在方差的计算公式中用 $n-1$，而不是 n。

在 Bühlmann 信度模型中，计算 K 的方法有两种：一种是直接计算过程方差的均值和假设均值的方差，然后将两者相除就可得到 K 的取值；另一种是通过对数据的拟合确定 K 的取值。下面首先介绍第一种方法。

假设一个保单组合包含 m 份保单，每份保单的风险单位数相同，并对其进行了 t 年的观察，其中第 i 份保单在第 j 年的索赔频率观察值为 f_{ij}，则过程方差的均值和假设均值的方差可以计算如下。

（1）风险 i 的平均索赔频率为：

$$\bar{f}_i = (f_{i1} + f_{i2} + \cdots + f_{it})/t$$

（2）保单组合的平均索赔频率为：

$$\bar{f} = (\bar{f}_1 + \bar{f}_2 + \cdots + \bar{f}_m)/m$$

（3）风险 i 的过程方差为：

$$\hat{\sigma}_i^2 = \frac{\sum_{j=1}^{2}(f_{ij} - \bar{f}_i)^2}{t-1}$$

（4）过程方差的均值为：

$$v=(\hat{\sigma}_1^2+\hat{\sigma}_2^2+\cdots+\hat{\sigma}_m^2)/m$$

（5）假设均值的方差为：

$$a=\frac{\sum_{i=1}^{m}(\bar{f}_i-\bar{f})^2}{m-1}-\frac{v}{t}$$

上述过程方差的均值容易理解，但关于假设均值的方差看似并不直观，其中减去的一项是为了得到一个无偏估计。关于其推导过程超出了本书的范围，故此略去。

【例 13-4】假设一个保单组合包含 5 份保单，每份保单的风险单位数相同，它们在近 4 年的索赔次数数据如表 13-10 所示。试应用上述公式估计每份保单在下一保险年度的索赔频率。

【解】以保单 A 为例，其平均索赔频率为：

$$f_A=(0+1+0+2)/4=0.75$$

过程方差为：

$$\sigma_A^2=\frac{(0-0.75)^2+(1-0.75)^2+(0-0.75)^2+(2-0.75)^2}{4-1}$$
$$=0.9167$$

其他保单过程方差的计算结果如表 13-10 所示。

表 13-10　Bühlmann 信度因子的计算过程

保单	各年的索赔次数				假设均值	过程方差
A	0	1	0	2	0.75	0.916 7
B	1	1	2	1	1.25	0.250 0
C	0	0	0	1	0.25	0.250 0
D	1	0	0	1	0.5	0.333 3
E	1	1	1	1	1	0

过程方差的均值为：

$$v=(0.9167+0.2500+0.2500+0.3333+0)/5=0.35$$

保单组合的平均索赔频率为：

$$f=(0.75+1.25+0.25+0.5+1)/5=0.75$$

故假设均值的方差为：

$$a=((0.75-0.75)^2+(1.25-0.75)^2+(0.25-0.75)^2+(0.5-0.75)^2+(1-0.75)^2)/5-1-\frac{0.35}{4}$$
$$=0.0688$$

Bühlmann 参数 K 为：

$$K=v/a=5.09$$

信度因子 Z 为：

$$Z=\frac{4}{4+5.09}=0.44$$

因此，保单 A 在次年的索赔频率估计值为：

$0.44 \times 0.75 + (1-0.44) \times 0.75 = 0.75$

类似地，可以计算出其他保单在次年的索赔频率估计值分别如下：

保单 B：0.97

保单 C：0.53

保单 D：0.64

保单 E：0.86

在上述 Bühlmann 信度因子的计算中，假设每份保单的风险单位数相同。如果每份保单包含的风险单位数并不相同（如每份保单承保一个车队，但每个车队的汽车数量不相等），则在计算 K 值时需要进行一些调整。由于调整方法超出了本书的范围，故此略去。

在 Bühlmann 信度模型中，参数 K 也可以通过对历史数据的拟合进行估计，但要求 K 的取值满足这样一个目标：如果把根据 K 所计算出的经验费率应用于历史数据，每个保单的期望赔付率应该相同。如果用 r_i 表示每份保单应用经验费率计算的赔付率，用 $\bar{r}$ 表示保单组合的平均赔付率，则 K 的取值应该使得下式达到最小：

$$D(K) = \sum (r_i - \bar{r})^2$$

其中，$\sum$ 表示计算每份保单的赔付率与保单组合的平均赔付率之差的平方和。显然，使得上式最小的 K 值也就是使得所有保单的赔付率最接近的 K 值。

计算 Bühlmann 信度因子的另一种方法是建立保单在当年的索赔频率（或索赔强度、纯保费等）与其往年索赔频率（或索赔强度、纯保费等）的线性回归模型。假设我们希望通过当年的索赔频率估计下一年度的索赔频率，可以应用许多保单的历史数据建立下述回归方程：

$$y_{t,i} = a \times y_{t-1,i} + b$$

式中，$y_{t,i}$ 为第 i 份保单在第 t 年的索赔频率；$y_{t-1,i}$ 为第 i 份保单在第 $t-1$ 年的索赔频率；b 为回归模型的常数项。

可以用最小二乘法对上述回归方程的参数 a 和 b 进行估计。估计值 a 就是 Bühlmann 信度模型的信度因子 Z，而常数项 b 就是 Bühlmann 信度模型中的第二项，即 $(1-Z) \times$ 保单组合的平均数。

应用历史数据求得 a 和 b 的估计值以后，就可以应用当年的索赔数据对下一年度的索赔频率（或索赔强度、纯保费等）进行估计。

（四）信度模型的比较

虽然古典信度模型与 Bühlmann 信度模型的形式存在较大差异，但它们的信度因子并没有十分显著的差异。古典信度模型与 Bühlmann 信度模型的主要区别在于，在古典信度模型中，信度因子可以等于 1，但在 Bühlmann 信度模型中，信度因子只会趋近于 1，但不会等于 1。不过，这两个模型都会改进估计值的稳定性和精确性。

当古典信度模型的完全可信度标准（即期望索赔次数 n_F）是 Bühlmann 参数 K 的 7～8 倍时，这两个模型的信度因子会很接近。这里假设在 Bühlmann 信度模型中，n 表示索赔次数。图 13－3 是当 Bühlmann 信度模型的 $K=1\ 000$、古典信度模型的完全可信度标准为 7 500 时，这两个信度模型的比较。可以看出，在上述条件下，这两个模型的信度因子比较接近。

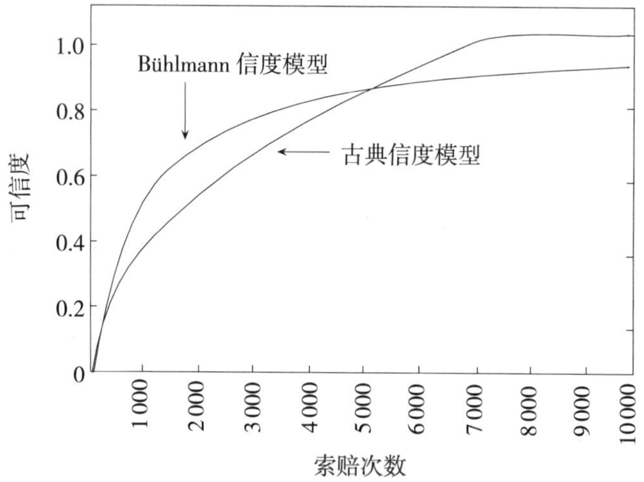

图 13-3　Bühlmann 信度模型和古典信度模型的比较

第二节　奖惩系统

一、奖惩系统的含义

在汽车保险中，世界上绝大多数的保险公司都实行了奖惩系统，即对上一保险年度没有发生索赔的投保人，在下一年度续保时给予保费上的优待，而对于上一保险年度发生索赔的投保人，则在下一保险年度提高其保费。

在汽车保险中应用奖惩系统的目的主要包括下述几个方面：①可以使被保险人缴纳的保险费反映其真实的风险水平；②被保险人为了获得续期保费折扣，将自付一些小额赔案，这就降低了保险公司受理小额赔案的费用，从而进一步降低了保险费率；③可以鼓励被保险人在驾车时更加小心谨慎。

需要注意的是，尽管保险人在应用奖惩系统时有许多美好的愿望，但实际应用中的奖惩系统并非总能实现这些目标。事实上，经分析发现，大多数保险人实际应用的奖惩系统在区分不同风险水平的被保险人方面效果不佳。譬如被保险人 A 的索赔频率是 10%，被保险人 B 的索赔频率是 20%，那么被保险人 B 的保费应该是被保险人 A 的两倍，但大多数奖惩系统只能使被保险人 B 比被保险人 A 多缴很小比例的保险费。

对奖惩系统的批评主要有：

（1）破坏了被保险人的经济稳定性。被保险人购买保险的初衷是通过缴纳固定的保险费将其不确定的随机风险转嫁给保险人，但在应用奖惩系统的条件下，被保险人还得承担续期保费的变异性。

（2）被保险人之间的互助合作被削弱了，即幸运的被保险人（没有发生保险事故的被保险人）对不幸的被保险人在保费缴付上的帮助被减弱了。

（3）违背了大数定律。保险公司在计算保险费率时所依据的是大量保单的索赔经验，而不是个体保单的索赔经验。奖惩系统通过个体保单的索赔经验调整被保险人的续期保费，显然违背了大数定律。因此，有人认为奖惩系统是“有组织地摈弃了保险原则”。

尽管如此，奖惩系统在实践中仍然得到了广泛应用。

若用数学的语言，可以把奖惩系统描述如下：

（1）把所有被保险人划分成有限个等级，每个等级用 C_i 表示，$i=1$，2，…，s，被保险人的保费只依赖于他所属的等级（其中，s 表示等级总数）。

（2）新投保的被保险人缴纳初始等级 C_0 的保险费。

（3）被保险人的续期保费取决于他在上一个保险年度所属的等级和索赔次数。

由此可见，奖惩系统由下述三个要素组成：各个等级的保费水平、初始等级和转移规则。其中，转移规则是在已知被保险人的索赔次数时，决定被保险人从原等级转移到新等级的规则。

例如，中国保险行业协会 2006 年根据《机动车商业保险行业基本条款（A 款）》制定的奖惩系统如表 13-11 所示。该系统的奖惩规则如下：①初次投保车辆的保费等级为第 4 级；②上一保险年度没有发生赔款的，下降一个等级；③上一保险年度发生的赔款次数在两次（含两次）以内的，等级不变；④上一保险年度发生的赔款次数超过两次的，每超过一次，上升一个等级。

表 13-11　A 款的奖惩系统

保费等级	奖惩系数
1	0.7
2	0.8
3	0.9
4	1.0
5	1.1
6	1.2
7	1.4
8	1.6
9	1.8
10	2.0

从表 13-11 可以看出，A 款的奖惩系统有 10 个保费等级，其中最低保费折扣为初始保费的 70%，最高惩罚为初始保费的 2 倍。次年的奖惩系数取决于上年的奖惩系数和索赔次数。譬如保单持有人在上年的奖惩系数为 0.8，且在上年发生了 3 次索赔，则其在次年的奖惩系数将为 0.9；如果在上年发生了 1 次或 2 次索赔，则其在次年的奖惩系数仍是 0.8。

二、稳态概率分布

对于一个给定的个体保单，如果假设其索赔频率为常数，则经过若干年以后，它属于各个保费等级的概率将趋于稳定。对于一个固定的保单组合，经过若干年以后，它们在各个保费等级的分布也将趋于稳定。

为了便于分析，特做如下假设：

（1）给定个体保单的索赔频率不会随时间发生变化，且索赔次数服从泊松分布。

（2）保单组合中不会有新增保单，也不会有退保保单。

（3）在初次投保时，该保单组合中的每份保单缴纳完全相同的保险费，奖惩系数为 1。

假设某保险公司的奖惩系统（无赔款优待条款）规定如下：上一保险年度未享受无赔款保险费优待的，续保时优待比例为 10%；上一保险年度已享受保险费优待的，续保时优待比例在上一保险年度优待比例外增加 10%；保险费优待比例最高不超过 30%。上一保险年度享受保险费优待的车辆发生本保险及其附加险赔款，续保时保险费优待比例按以下公式计算，直至保险费优待比例为零时止。续保时保险费优待比例为上一保险年度保险费优待比例减去 $n\times10\%$。n 为续保时上一保险年度发生的赔款次数。

由此可见，该奖惩系统只有奖励等级，没有惩罚等级，四个等级的奖惩系数分别为：$c_1=0.7$，$c_2=0.8$，$c_3=0.9$，$c_4=1$。

在上述奖惩系统中，被保险人的续期保费等级只取决于他在当年的奖惩系数和索赔次数，因此上述奖惩系统形成一个马尔可夫过程。如果假设被保险人的索赔频率在时间上是稳定的，即不随时间推移而变化，那么这个马尔可夫过程就是齐次的。如果用 $\boldsymbol{M}(\lambda)$ 表示马尔可夫过程的转移概率矩阵，则有

$$\boldsymbol{M}(\lambda)=\begin{pmatrix} p_{11} & p_{12} & \cdots & p_{1s} \\ p_{21} & p_{22} & \cdots & p_{2s} \\ \cdots & \cdots & & \cdots \\ p_{s1} & p_{s2} & \cdots & p_{ss} \end{pmatrix}$$

式中，p_{ij} 为从状态 i 转移到状态 j 的概率。在奖惩系统中，就是从第 i 个奖惩等级转移到第 j 个奖惩等级的概率。

根据上述条款，该奖惩系统的转移概率矩阵具有如表 13－12 所示的形式。在该表中，p_0 表示保单在一个保险年度内不发生索赔的概率，p_1 表示发生 1 次索赔的概率，p_2 表示发生 2 次索赔的概率。

表 13－12　奖惩系统的转移概率矩阵 $\boldsymbol{M}(\lambda)$

	$c_1=0.7$	$c_2=0.8$	$c_3=0.9$	$c_4=1$
$c_1=0.7$	p_0	p_1	p_2	$1-p_0-p_1-p_2$
$c_2=0.8$	p_0		p_1	$1-p_0-p_1$
$c_3=0.9$		p_0		$1-p_0$
$c_4=1$			p_0	$1-p_0$

下面计算上述奖惩系统的稳态概率分布，即从长期来看，索赔频率为 λ 的被保险人属于各个等级的概率。

如果用 p_k 表示索赔频率为 λ 的保单在一个保险年度发生 k 次索赔的概率，用 $\boldsymbol{M}$ 表示表 13－12 的转移概率矩阵，并令 $a(\lambda)=[a_1(\lambda),\ a_2(\lambda),\ a_3(\lambda),\ a_4(\lambda)]$ 为转移概率矩阵 $\boldsymbol{M}$ 的稳态概率分布，则 $a(\lambda)$ 是下述方程组的解：

$$\begin{cases} a(\lambda)\boldsymbol{M} = a(\lambda) \\ a(\lambda)\boldsymbol{e} = 1 \end{cases}$$

式中，$\boldsymbol{e}=[1, 1, \cdots, 1]^{\mathrm{T}}$，T 表示对矩阵进行转置。

若令 $\boldsymbol{E}$ 是一个所有元素均为 1 的 4×4 矩阵，$\boldsymbol{I}$ 为 4×4 的单位矩阵，则可以证明，上述稳态概率可以表示为：

$$a(\lambda) = \boldsymbol{e}^{\mathrm{T}}[\boldsymbol{I} - \boldsymbol{M}(\lambda) + \boldsymbol{E}]^{-1}$$

由此可得，当给定保单的索赔次数服从参数为 λ 的泊松分布时，它属于各个保费等级的稳态概率为：

$$a_1(\lambda) = p_0^3/(1-2p_0p_1-p_2p_0^2)$$

$$a_2(\lambda) = p_0^2(1-p_0)/(1-2p_0p_1-p_2p_0^2)$$

$$a_3(\lambda) = p_0(1-p_0-p_0p_1)/(1-2p_0p_1-p_2p_0^2)$$

$$a_4(\lambda) = (1-p_0-2p_0p_1-p_2p_0^2+p_1p_0^2)/(1-2p_0p_1-p_2p_0^2)$$

式中，$a_i(\lambda)$为在稳定状态下，索赔频率为 λ 的保单属于第 i 个保费等级的概率；p_0 为索赔频率为 λ 的保单在一个保险年度不发生索赔的概率；p_1 为发生 1 次索赔的概率；p_2 为发生 2 次索赔的概率。

经过若干年以后，一组固定的保单在奖惩系统各个等级之间的分布也将趋于稳定。稳态概率描述了这组保单在奖惩系统各个等级的分布比率。

假设给定个体保单的索赔频率服从参数为 λ 的泊松分布，其概率分布函数为：

$$p_k = \frac{\mathrm{e}^{-\lambda}\lambda^k}{k!} \qquad k = 0, 1, 2, \cdots$$

而在一个给定的保单组合中，不同保单的索赔频率 λ 服从参数为 (α, β) 的伽马分布，其密度函数为：

$$u(\lambda) = \frac{\beta^{\alpha}\mathrm{e}^{-\beta\lambda}\lambda^{\alpha-1}}{\Gamma(\alpha)} \qquad \alpha, \beta > 0$$

当奖惩系统进入稳定状态时，保单组合在各个保费等级的分布概率为：

$$a_i = \int_0^{\infty} a_i(\lambda)u(\lambda)\mathrm{d}\lambda$$

下面应用 Lemaire(1995) 中的一个保单组合，讨论在上述奖惩系统中给定个体保单的稳态概率分布和保单组合的稳态概率分布。该保单组合的索赔次数及其负二项分布的拟合值如表 13－13 所示。

表 13－13　保单组合的索赔次数

索赔次数	保单数	负二项分布的拟合值（极大似然估计）
0	96 978	96 980.8
1	9 240	9 230.9
2	704	708.6
3	43	50.1
4	9	3.4
>4	0	0.2
合计	106 974	106 974.0

表 13－13 的索赔次数用负二项分布拟合效果较好，相应的伽马分布的参数为（1.613 1,

16.138 4)，索赔次数的均值为 0.1，方差为 0.106 1。将有关数据代入上式可以求得保单组合的稳态概率分布，如表 13－14 所示。

表 13－14　保单组合的稳态概率分布

保费系数	稳态概率（%）	保单数
$c_1=0.7$	88.53	94 704
$c_2=0.8$	8.70	9 307
$c_3=0.9$	2.08	2 225
$c_4=1$	0.69	738

三、平均保费水平

1. 保单组合的平均保费水平

由于奖惩系统的调整作用，保单组合的平均保费水平在最初的若干年会不断发生变化，直至奖惩系统进入稳定状态。

上述奖惩系统只有 4 个等级，因此可以令 $\boldsymbol{I}=[0,0,0,1]$，它表示新保单的奖惩系数为 1。经过 1 年以后，奖惩系数将根据保单在第 1 年的索赔记录进行调整，用 $\boldsymbol{I}$ 乘以上述转移矩阵概率 $\boldsymbol{M}(\lambda)$，即可得到索赔频率为 λ 的保单第 2 年在各个奖惩等级的分布，即 $p_i(\lambda,t)=\boldsymbol{I}\times\boldsymbol{M}(\lambda)$。依此类推，在第 t 年，索赔频率为 λ 的保单在各个奖惩等级的分布为：

$$p_i(\lambda,t)=\boldsymbol{I}\times[\boldsymbol{M}(\lambda)]^{t-1}$$

令 $\boldsymbol{c}=[0.7,0.8,0.9,1]^{\mathrm{T}}$，其中 T 表示对矩阵进行转置，则索赔频率为 λ 的保单在第 t 年的期望保费水平（即平均奖惩系数）为：

$$p_i(\lambda,t)\times\boldsymbol{c}=\boldsymbol{I}\times[\boldsymbol{M}(\lambda)]^{t-1}\times\boldsymbol{c}$$

由于保单组合的结构函数为 $u(\lambda)$，因此保单组合在第 t 年的平均保费水平为：

$$C(t)=\int_0^{\infty}\boldsymbol{I}\times[\boldsymbol{M}(\lambda)]^{t-1}\times\boldsymbol{c}\times u(\lambda)\mathrm{d}\lambda$$

当 t 足够大时，上述奖惩系统将进入稳定状态，即保单组合的平均保费水平将收敛到一个稳定值。譬如在上例中，假设新保单的平均保费水平（即奖惩系数）为 1，那么经过若干年以后，当奖惩系统进入稳定状态时，这组保单的平均保费水平为：

$$0.7\times88.53\%+0.8\times8.70\%+0.9\times2.08\%+1\times0.69\%=0.714\ 9$$

即当奖惩系统进入稳定状态时，这组保单缴纳的平均保费是其初始保费的 71.49%。

2. 个体保单的平均保费水平

对于不同索赔频率的保单，其平均保费水平在稳定状态下也是不同的。假设给定保单的索赔次数服从参数为 λ 的泊松分布，则当上述奖惩系统进入稳定状态时，索赔频率为 λ 的保单的平均保费水平为：

$$\begin{aligned}P(\lambda)&=\sum_{i=1}^{4}a_i(\lambda)c_i\\&=\frac{0.2(\mathrm{e}^{2\lambda}+\mathrm{e}^{\lambda}-\lambda+1)}{\lambda^2+4\lambda\mathrm{e}^{\lambda}-2\mathrm{e}^{3\lambda}}+1\end{aligned}$$

四、最优奖惩系统

最优奖惩系统是指每个被保险人缴纳的保费与其潜在的风险水平成比例，且保险公司能够维持其财务平衡，即对于一组固定的保单持有人，保险公司不会因为实施奖惩系统而减少其保费收入。最优奖惩系统可以在不同的索赔次数模型下建立。下面介绍当保单组合的索赔次数服从负二项分布时如何建立最优奖惩系统。在其他索赔次数模型（如泊松-逆高斯分布模型）下，也可以建立类似的最优奖惩系统。

假设给定个体保单（用其索赔频率λ标记）的索赔次数N服从参数为λ的泊松分布，而保单组合关于λ的结构函数服从参数为（α，β）的伽马分布，这就意味着随机个体保单的索赔次数服从负二项分布，即

$$P(X=k)=\frac{\lambda^k}{k!}\mathrm{e}^{-\lambda}\qquad k=1，2，\cdots$$

$$u(\lambda)=\frac{\beta^{\alpha}\mathrm{e}^{-\beta\lambda}\lambda^{\alpha-1}}{\Gamma(\alpha)}$$

则当随机个体保单在t年内的索赔次数记录为k_1，k_2，…，k_t时（其中，k_i为第i年的索赔次数），由贝叶斯定理可知，λ的后验分布为：

$$u(\lambda\mid k_1，k_2，\cdots，k_t)=\frac{P(k_1，k_2，\cdots，k_t\mid\lambda)u(\lambda)}{\int_0^{\infty}P(k_1，k_2，\cdots，k_t\mid\lambda)u(\lambda)\mathrm{d}\lambda}$$

$$=\frac{(\beta+t)^{\alpha+k}\lambda^{\alpha+k-1}\mathrm{e}^{-(\beta+t)\lambda}}{\Gamma(\alpha+k)}$$

这就是参数为（$\alpha+k$，$\beta+t$）的伽马分布，其中$k=\sum_{i=1}^{t}k_i$。

如果用λ_{t+1}（k_1，k_2，…，k_t）表示对第$t+1$年的索赔频率的后验估计，简记为λ_{t+1}，则我们希望下式（即均方损失函数）达到最小：

$$\int_0^{\infty}(\lambda_{t+1}-\lambda)^2u(\lambda\mid k_1，k_2，\cdots，k_t)\mathrm{d}\lambda$$

由此可得：

$$\lambda_{t+1}=\int_0^{\infty}\lambda\times u(\lambda\mid k_1，k_2，\cdots，k_t)\mathrm{d}\lambda$$

上式表明，当前t年的索赔次数记录为k_1，k_2，…，k_t时，第$t+1$年关于λ的最优估计为其后验均值。由于后验结构函数$u(\lambda\mid k_1，k_2，\cdots，k_t)$服从参数为（$\alpha+k$，$\beta+t$）的伽马分布，因而其均值和方差分别为$\frac{\alpha+k}{\beta+t}$和$\frac{\alpha+k}{(\beta+t)^2}$，从而第$t+1$年关于$\lambda$的最优估计为$\lambda_{t+1}=\frac{\alpha+k}{\beta+t}$。

由此，我们得到了关于λ在未来各个时期的最优估计序列。当$t\to\infty$时，这一估计序列趋于个体保单的真实索赔频率$\lambda=k/t$，而估计方差$\frac{\alpha+k}{(\beta+t)^2}$趋于零。因此，对个体保单的观察时间越长，对其索赔频率的估计越准确。

为简单起见，如果进一步假设对个体保单平均每次的赔付额为一个货币单位，则在期

望值原理下，当个体保单在 t 年内的索赔次数记录为 k_1，k_2，…，k_t 时（其中，k_i 为第 i 年的索赔次数），其第 $t+1$ 年的续期保费应为：

$$P_{t+1}(k_1, k_2, \cdots, k_t) = (1+r)\lambda_{t+1} = (1+r) \times \frac{\alpha+k}{\beta+t}$$

式中，r 为安全附加系数。这种根据个体保单的索赔经历调整其续期保费的系统就是所谓的最优奖惩系统。

上述最优奖惩系统具有一些很重要的性质：

（1）从长期来看，最优奖惩系统是公平的，因为个体保单的续期保费与它们索赔频率的估计值成比例。

（2）在最优奖惩系统下，保险公司的财务具有稳定性，即对于一组固定的保单，保险公司每年的平均保费收入均为 α/β。这是条件期望性质的一个必然结果。

（3）在最优奖惩系统中，个体保单的保费水平只与以前年度的总索赔次数有关，而不管这些索赔次数在过去若干年是如何分布的。

（4）最优奖惩系统是信度模型的特例。也就是说，只要令信度因子 $Z=t/(\beta+t)$，则最优奖惩系统的后验保费就可以表示为先验保费 α/β 和经验估计值 k/t 的线性组合：

$$\lambda_{t+1}(k_1, k_2, \cdots, k_t) = Z \times \frac{k}{t} + (1-Z) \times \frac{\alpha}{\beta}$$

【例 13－5】根据表 13－13 的有关数据构造最优奖惩系统。

【解】对于表 13－13 中的索赔次数数据，负二项分布参数的极大似然估计值 $\hat{\alpha}=1.613\,1$，$\hat{\beta}=16.138\,4$。由于新投保的被保险人没有索赔次数记录，所以其索赔频率的初始估计值是负二项分布的均值，即 $\lambda_1=\alpha/\beta$。如果令新投保的被保险人的保费水平为 100 个单位，即

$$P_1 = (1+r)\lambda_1 = (1+r) \times \frac{\alpha}{\beta} = 100$$

则当他在 t 年内的索赔次数为 k_1，k_2，…，k_t 时（其中，k_i 为第 i 年的索赔次数，$k=\sum_{i=1}^{t} k_i$），第 $t+1$ 年的续期保费水平可以表示为：

$$P_{t+1}(k_1, k_2, \cdots, k_t) = \frac{(1+r) \times \dfrac{\alpha+k}{\beta+t}}{(1+r) \times \dfrac{\alpha}{\beta}} \times 100 = \frac{100 \times (\alpha+k)\beta}{(\beta+t)\alpha}$$

当 $\hat{\alpha}=1.613\,1$，$\hat{\beta}=16.138\,4$ 时，上述计算结果如表 13－15 所示。

表 13－15　最优奖惩系统

	k					
t	0	1	2	3	4	5
0	100					
1	94.17	151.89	209.61	267.34	325.06	382.79
2	88.97	143.52	198.06	252.60	307.14	361.68
3	84.32	136.02	187.71	239.40	291.09	342.78
4	80.14	129.26	178.39	227.51	276.64	325.76
5	76.35	123.15	169.95	216.75	263.55	310.35

需要注意的是，这里的最优奖惩系统事实上并非“最优”的。这是因为在上述最优奖惩系统的设计中，仅仅考虑了索赔次数，而没有考虑索赔额和违章记录等因素，而这些因素显然是揭示保单持有人潜在风险的重要信息。上述奖惩系统也没有考虑在汽车保险中可能使用的其他先验费率因子（如驾驶员的年龄、性别、居住地等），这就有可能造成对某些保单持有人的重复性惩罚或奖励。譬如年轻驾驶员通常会发生较多的交通事故，又由于年轻驾驶员的先验保费（即新投保时的保费）通常较高，所以当他们发生交通事故以后，再根据其事故次数提高续期保费，事实上会导致对年轻驾驶员的重复性惩罚。此外，上述“最优”是在负二项分布假设和均方误差最小化条件下的最优，如果使用其他分布假设或损失函数（如指数损失函数），最优奖惩系统的结果也会有所不同。最后，上述最优奖惩系统具有无限多个保费等级，在实际应用时也会存在较大困难。

本章小结

经验费率是根据个体风险的损失经验和其他有关信息计算的费率。信度模型和奖惩系统是最常见的两种经验费率模型。信度模型用于确定在费率厘定过程中给个体风险的损失经历赋予多大的权重，包括古典信度模型（又称有限波动信度模型）和 Bühlmann 信度模型。奖惩系统是一种根据个体风险的历史损失经历调整其续期保费的精算模型，在汽车保险中的应用比较普遍。

在古典信度模型中，需要确定当经验数据达到多大规模时，才可以给其赋予 100%的可信度，而这个数据规模又称完全可信度标准。如果经验数据的规模达到或超过这个标准，则经验数据的可信度为 1；否则，可信度将小于 1，小于 1 的可信度被称为部分可信度。古典信度模型的完全可信度标准和信度因子都不是唯一的，它们依赖于 α 和 r 的取值，而对 α 和 r 的选择只能依赖个人的主观判断。

Bühlmann 信度模型在理论上要优于古典信度模型，但其应用的复杂性也大大增加。

虽然古典信度模型与 Bühlmann 信度模型的形式存在较大差异，但它们的信度因子并没有十分显著的差异。这两个模型都能改进估计值的稳定性和精确性。

奖惩系统在汽车保险中的应用十分普遍，该系统对上一保险年度没有发生索赔的保单持有人，在下一年度将降低其保费，而对上一保险年度发生索赔的保单持有人，在下一保险年度将提高其保费。最优奖惩系统是一种在一定理论假设下最优的保费调整系统，即经过多年的保费调整以后，保单持有人所支付的保费将与其风险水平（索赔频率）成比例。不过，保险公司实际使用的许多奖惩系统都不满足最优奖惩系统的要求。

练习题

13.1　信度模型在费率厘定中有何作用？

13.2　古典信度模型有何缺陷？

13.3　哪些因素影响古典信度模型的信度因子？

13.4　在 Bühlmann 信度模型中，哪些因素影响信度因子的大小？

13.5　保险公司在汽车保险中应用奖惩系统的目的何在？

13.6　最优奖惩系统中的最优是何含义？

13.7　假设个体风险每次索赔额的变异系数为 1，$\alpha=10\%$，$r=10\%$。当索赔次数为多大时，用样本赔付额数据估计索赔强度的可信度为 100%？

13.8　假设一个保单组合的索赔次数如下表所示，其中索赔频率的均值为 0.101 1，总方差为 0.107 5。如果每份保单的索赔频率服从泊松分布，请计算索赔频率的假设均值的方差。

索赔次数	保单数
0	96 978
1	9 240
2	704
3	43
4	9
≥5	0
合计	106 974

13.9　已知风险 A 和风险 B 的损失金额服从下述分布：

损失额	风险 A 的概率分布	风险 B 的概率分布
300	0.5	0.6
3 000	0.3	0.3
70 000	0.2	0.1

风险 A 发生损失的概率是风险 B 的两倍。如果已知某个风险在某次事故中的损失额为 300，求该风险下次损失额的 Bühlmann 信度估计值。

13.10　某保险公司的汽车保单组合共有 5 000 份保单，其奖惩系统共有 4 个等级，保费折扣分别为 0、5%、10%、15%。该奖惩系统的转移规则如下：

（1）若在一年中无索赔发生，保单持有人上升一个等级或停留在最高折扣等级。

（2）若在一年中发生一次索赔，保单持有人停留在原等级。

（3）若在一年中发生一次以上索赔，保单持有人下降到最低折扣等级。

假设每份保单的初始保费为 1 000 元，每份保单在每年发生索赔的概率分布如下：$\Pr(n=0)=0.9$，$\Pr(n=1)=0.05$，$\Pr(n>1)=0.05$。请计算在奖惩系统达到稳定状态以后，保险公司每年在此保单组合上的保费收入。

第十四章

非寿险准备金评估

党的二十大报告提出，要“深化金融体制改革”① 和“守住不发生系统性风险底线”②。非寿险准备金是财产保险公司的主要负债，如果准备金提取不足，可能严重威胁保险公司的偿付能力，导致重大金融风险。非寿险准备金评估是非寿险精算的核心内容之一。本章主要介绍了非寿险准备金的含义和构成以及未到期责任准备金、未决赔款准备金和理赔费用准备金的各种评估方法及其特点。

学习目标

- 熟悉非寿险准备金的构成
- 应用二十四分之一法和三百六十五分之一法评估未到期责任准备金
- 应用链梯法、案均赔款法、准备金进展法和 B-F 法评估未决赔款准备金
- 可以归纳出各种未决赔款准备金评估方法的特点及其适用范围
- 能够应用恰当的方法评估直接理赔费用准备金和间接理赔费用准备金

第一节 引　言

保险公司的非寿险业务是指除人寿保险业务以外的保险业务，包括财产保险、责任保险、信用保险、短期健康保险和意外伤害保险等业务。非寿险准备金是保险公司履行非寿险业务保单责任所需要提取的专项资金额度。

非寿险准备金并不是一个固定值，在通常情况下，对准备金评估的结果是一个合理的区间，但为了使财务报表能基本准确地反映保险公司的财务状况和经营业绩，就必须根据相关会计准则的要求在估计区间内选择一个合理的点估计，从而使财务报表和评估报告中

① 习近平著作选读：第 1 卷．北京：人民出版社，2023：24.

② 同①25.

的准备金呈现为一个确定值。

在任一时点上，对于保险公司的非寿险业务，按有效保单约定的保险事故是否已经发生，可以将保单责任分为两部分，即未到期责任和未决赔款责任。未到期责任是指将来仍有可能发生保险事故的保单责任，需要提取未到期责任准备金；未决赔款责任是指已经发生保险事故但尚未结案的保单责任，需要提取未决赔款准备金。

未到期责任准备金是指在准备金评估日为尚未终止的保险责任提取的准备金。未决赔款准备金是指保险公司为尚未结案的赔案提取的准备金，包括已发生已报案未决赔款准备金、已发生未报案未决赔款准备金。已发生已报案未决赔款准备金是指为保险事故已经发生并已向保险公司提出索赔但保险公司尚未结案的赔案提取的准备金。已发生未报案未决赔款准备金是指为保险事故已经发生但尚未向保险公司提出索赔的赔案提取的准备金。

合理评估非寿险准备金，对保险公司、监管部门和保单持有人都具有重要意义。首先，非寿险业务的风险存在于整个保险期内，而与风险对应的保费一般是一次性收取的，对于跨年度的保单，会计年度结束时不能对收取的保费全部确认。因此，保险公司应评估未到期责任准备金，在资产负债表的负债科目中加以体现，用以承担未到期的保险责任。其次，一个完整的索赔周期包括事故发生、报告、理算、赔付结案等环节，因而从赔付责任产生到赔款支付完毕存在着各种延迟。根据权责发生制原则，对于已发生的赔付责任，必须在当期确认。因此，保险公司应评估未决赔款准备金，在资产负债表的负债科目中加以体现，用以承担尚未结案的赔款责任。最后，从监管的角度看，如果由于少提取准备金而使保险公司的当年利润虚增，多缴纳的所得税和股东分红的过多流出会削弱公司的偿付能力，进而可能损害保单持有人的利益。与此同时，保险公司少提取准备金，会使保险公司账面上对保单持有人的负债金额减少，但实际上对被保险人承担的保险责任并不因此而减少，这样也削弱了保险公司的偿付能力。由此可见，如果保险公司不能准确提取非寿险准备金，会给监管部门客观评估保险公司的偿付能力带来不利影响。

第二节 未到期责任准备金

未到期责任准备金是指在准备金评估日为尚未终止的保险责任提取的准备金，是为有效保单尚未暴露的风险计提的责任准备金。保险公司在评估未到期责任准备金时，需要对其充足性进行测试。如果未到期责任准备金不能满足未来赔付、费用及再保险等的需要，还需提取保费不足准备金。未到期责任准备金评估的通常方法是比例法。

根据被评估险种的风险分布状况，如果保险事故的发生在保险期间大致服从均匀分布，即可采用比例法对未到期责任准备金进行评估。根据假设的不同，比例法又可以分为二十四分之一法、三百六十五分之一法等。

一、二十四分之一法

采用二十四分之一法评估未到期责任准备金时，假设在统计月份内承保保单的数量和保费收入服从均匀分布，这样可以近似地认为所有保单都从月中开始生效，即对于每一份保单来说，当月仅能赚得半月的保费。对于一年期的保单，当月已赚保费仅是年保费的1/24。

以一年期的保单为例，采用二十四分之一法评估 2023 年的保险业务在 2023 年 12 月 31 日的未到期责任准备金，可根据表 14－1 所示的未赚保费因子来计提。

表 14－1　2023 年各月的未赚保费因子

保单生效月份	未赚保费因子	保单生效月份	未赚保费因子
1 月	1/24	7 月	13/24
2 月	3/24	8 月	15/24
3 月	5/24	9 月	17/24
4 月	7/24	10 月	19/24
5 月	9/24	11 月	21/24
6 月	11/24	12 月	23/24

对于 1 月生效的保单，在年末的未赚保费（即未到期责任准备金）是保费收入的 1/24；对于 2 月生效的保单，在年末的未赚保费是保费收入的 3/24；……；对于 12 月生效的保单，在年末的未赚保费是保费收入的 23/24。

将上述每个月计提的未到期责任准备金相加就得到当年业务在年末应提取的未到期责任准备金。

二十四分之一法是评估未到期责任准备金比较常用的一种方法，但当保险业务基本集中在每月的某一时段时（如月初或月末），若仍然采用这种方法，评估结果的准确性就要大打折扣。例如，如果保险公司的保单集中在月初签发，则实际的平均起保日在月中之前，而二十四分之一法假定平均起保日在月中，这会高估未到期风险，从而导致超额提取未到期责任准备金。反之，如果保单集中在下半月签发，二十四分之一法会导致低估未到期责任准备金。

二、三百六十五分之一法

三百六十五分之一法是对保险责任尚未终止的保单，逐单按照保单的保险期间进行未到期责任准备金评估，采用的公式为：

$$\text{未到期责任准备金}=\frac{\text{保单未了期限}}{\text{保单期限}}\times\text{保费收入}$$

式中，“保单未了期限/保单期限”为该保单未赚保费的比例，乘以“保费收入”就是该保单的未到期责任准备金。

例如，2018 年 6 月 15 日承保的一份一年期保单，用三百六十五分之一法在 2018 年 12 月 31 日评估其未到期责任准备金，未赚保费因子为 166/365，166 就是 2018 年 12 月 31 日至 2019 年 6 月 15 日之间的天数。

相对于二十四分之一法，三百六十五分之一法的精确程度明显提高，但它需要数据系统及时记录并更新保单的各项信息，如保费金额、保险期限、保单的有效性等。

第三节 未决赔款准备金

未决赔款准备金是指保险公司为尚未结案的赔案提取的准备金，包括已发生已报案未决赔款准备金、已发生未报案未决赔款准备金。

已发生已报案未决赔款准备金是指为保险事故已经发生并已向保险公司提出索赔但保险公司尚未结案的赔案提取的准备金。已发生已报案未决赔款准备金的数据主要来源于理赔部门，反映了理赔部门关于理赔模式、通货膨胀、零赔案、大赔案、已发生已报案未决赔款准备金的充足性以及评估一致性等问题的经验和判断。

狭义的已发生未报案未决赔款准备金是指为保险事故已经发生但尚未向保险公司提出索赔的赔案提取的准备金。实际上，广义的已发生未报案未决赔款准备金还包括已报案但尚未进入理赔程序的准备金、重立案件的准备金以及已发生已报案未决赔款准备金在未来的发展变化。

如果保险公司没有及时将已报案索赔转入理赔程序，就必须为这种赔案提取准备金，这种准备金就是已报案但尚未进入理赔程序的准备金。

在某些情况下，已结案索赔还可能被重新提起，且要求进行额外赔付，保险公司为这种赔案提取的准备金就是重立案件的准备金。

一般来说，在报案的初期，对已发生已报案未决赔款准备金的估计不可能做到完全准确，但随着时间的推移，可获得的信息将会越来越多，从而对已发生已报案未决赔款准备金的估计值也就越来越准确。这样就可以将针对这种准备金在未来的发展变化而计提的准备金也包含在已发生未报案未决赔款准备金中。

在保险实务中，常用的未决赔款准备金评估方法主要有链梯法、案均赔款法、准备金进展法和 B-F 法等。下面分别予以介绍。

一、链梯法

链梯法通过对历史数据的进展趋势进行分析，选定赔款的进展因子，进而预测赔款的进展趋势和最终赔款，是评估未决赔款准备金的最基本方法。在链梯法中，其基本假设是每个事故年的赔款支出具有相同的进展模式。换言之，在预测未决赔款时，每个事故年使用的进展因子相同。这种方法间接地考虑了通货膨胀率，即假设将来的通货膨胀率是过去通货膨胀率的加权平均数。如果实际情况并非如此，就应该慎用链梯法。在根据链梯法评估未决赔款准备金时，既可以使用已付赔款数据，也可以使用已报案赔款数据；相应地，这两种链梯法被称为已付赔款链梯法和已报案赔款链梯法。下面仅介绍已付赔款链梯法，已报案赔款链梯法的基本原理与此相同。

已付赔款链梯法根据累积已付赔款的流量三角形对未决赔款准备金进行估计。流量三角形是一种将赔款数据按照事故发生年和赔款支出年交叉分组而形成的数据表格。在应用链梯法之前，首先需要将已付赔款数据用流量三角形表示。假设按照事故年整理的某保险公司累积已付赔款的流量三角形数据如表 14－2 所示。在该表中，事故年表示保险事故发生的年度，进展年表示赔款支出延迟的年数。事故年与进展年相加就是日历年。例如，2010 事故年和进展年 1 交叉对应的累积已付赔款 300.4 万元，事实上就是 2010 年发生的保险事故延迟一年以后（即截至 2011 日历年末）的累积已付赔款。

表 14-2 累积已付赔款 单位：千元

事故年	进展年						
	0	1	2	3	4	5	6
2010	2 131	3 004	3 716	4 206	4 565	4 789	4 967
2011	2 104	3 120	3 947	4 592	4 978	5 065	
2012	2 009	3 155	3 675	4 021	4 321		
2013	1 980	3 203	3 678	4 323			
2014	1 923	3 321	4 123				
2015	2 013	2 989					
2016	1 998						

根据表 14-2 的累积已付赔款数据就可以计算出各个进展年的进展因子，即相邻两个进展年的累积已付赔款之比，计算结果如表 14-3 所示。

表 14-3 累积已付赔款的进展因子

事故年	进展年						
	0—1	1—2	2—3	3—4	4—5	5—6	6—最终
2010	1.409 7	1.237 0	1.131 9	1.085 4	1.049 1	1.037 2	
2011	1.482 9	1.265 1	1.163 4	1.084 1	1.017 5		
2012	1.570 4	1.164 8	1.094 1	1.074 6			
2013	1.617 7	1.148 3	1.175 4				
2014	1.727 0	1.241 5					
2015	1.484 8						
加权平均值	1.545 4	1.211 1	1.141 6	1.081 5	1.032 6	1.037 2	—
选定值	1.540 0	1.210 0	1.140 0	1.080 0	1.030 0	1.040 0	1.050 0

表 14-3 中的进展因子揭示了每个事故年的累积已付赔款在各个进展年的变化情况。进展因子是进展年的累积已付赔款与前一个进展年的累积已付赔款之比。例如，2015 事故年的 0—1 进展因子是第 1 个进展年的累积已付赔款除以第 0 个进展年的累积已付赔款，即 1.484 8（=2 989/2 013），其他进展因子的计算类似。

从表 14-3 中的进展因子可以看出，对于同一个进展年，进展因子的变动范围较大，因此较难对进展因子的选择做出判断。在这种情况下，通常需要计算进展因子的平均值，并辅以精算师和理赔人员的经验判断来选定进展因子。

在计算进展因子的平均值时，可以采用简单平均、加权平均和几何平均等计算平均数的方法。此外，还可以根据需要，在计算平均数时剔除最大值和最小值的影响，或者仅使用最近几年的进展因子计算平均值。例如，根据表 14-3 中累积已付赔款的进展因子计算的加权平均值如表 14-3 所示。以 0—1 进展年为例，其加权平均值的计算过程如下：

$$\frac{2\,131\times1.409\,7+2\,104\times1.482\,9+\cdots+2\,013\times1.484\,8}{2\,131+2\,104+\cdots+2\,013}=1.545\,4$$

在实际应用时，加权平均进展因子可以采用下述更加简单的方式进行计算（以 0—1 进展年为例）：

$$\frac{3\ 004+3\ 120+3\ 155+3\ 203+3\ 321+2\ 989}{2\ 131+2\ 104+2\ 009+1\ 980+1\ 923+2\ 013}=1.545\ 4$$

需要注意的是，在上式中，分子和分母具有相等的项数，都是 2010—2015 事故年的累积已付赔款。分母中不包含 2016 事故年的已付赔款数据。

在根据平均值确定进展因子的选定值时，应当重点关注最近几个日历年的进展状况，这主要是因为最近日历年的数据与未来的相关性最强，但由于时间较短，仅仅根据最近几个日历年的数据选定进展因子，其结果的稳定性较差，这就需要在结果的稳定性和数据的相关性之间进行权衡。下面，假设精算师根据各种平均值及其经验判断选定的进展因子如表 14－3 的最后一行所示。

在很多情况下，进展因子的选定值并不等于平均值，计算平均值的目的主要是为选定进展因子提供参考依据。在选定进展因子时，不能只看平均值，还需要注意各个事故年的进展因子是否比较接近。从表 14－3 可以看出，2014 事故年的 0—1 进展因子为 1.727 0，明显大于以前事故年的 0—1 进展因子。这就要求精算师通过搜集更多的信息分析其原因，并根据分析结果选定进展因子。

不妨假设 2014 事故年的 0—1 进展因子之所以高于以前事故年，主要是因为 2014 年在安装一种新型的信息系统时没有按时完成，影响了当年的理赔进程，造成 2014 年的某些结案延迟。如果是这种原因造成了 2014 事故年的 0—1 进展因子比以前年度高，那么在选择 0—1 进展因子时就不能受 2014 事故年的影响过多，因为这种现象在未来预期不会重现。一般来说，如果数据中存在明显的趋势变化，或者某个事故年的数据扭曲了平均值，就不宜根据所有事故年的平均值选定进展因子。

反之，如果 2014 事故年的 0—1 进展因子较高，并不是由安装信息系统造成的，而是由于几次异常高额的索赔事故导致了理赔延迟，那么在选定 0—1 进展因子时就应该考虑到 2014 事故年的现象在未来仍然可能出现，因此在选择进展因子时就不能忽略 2014 事故年的影响。当然，如果在后来安排了再保险或设置了赔偿限额，那么这种异常赔款也不会重现。

表 14－4 是累积进展因子，它是根据进展因子的选定值计算的。以 2012 事故年为例，累积进展因子的计算过程如下：

$$1.030\ 0\times1.040\ 0\times1.050\ 0=1.124\ 8$$

表 14－4　已付赔款的累积进展因子

事故年	进展年							累积进展因子
	0—1	1—2	2—3	3—4	4—5	5—6	6—最终	
2010							1.050 0	1.050 0
2011						1.040 0	1.050 0	1.092 0
2012					1.030 0	1.040 0	1.050 0	1.124 8
2013				1.080 0	1.030 0	1.040 0	1.050 0	1.214 7
2014			1.140 0	1.080 0	1.030 0	1.040 0	1.050 0	1.384 8
2015		1.210 0	1.140 0	1.080 0	1.030 0	1.040 0	1.050 0	1.675 6
2016	1.540 0	1.210 0	1.140 0	1.080 0	1.030 0	1.040 0	1.050 0	2.580 4

从前面的讨论可以看出，在确定进展因子的过程中，精算师必须考虑到三个方面的影响因素，即随机波动、异常波动和趋势变化。此外，为了估计最终赔款，还必须确定尾部进展因子，即表 14－4 中从第 6 个进展年到最终完全结案时的进展因子。由于尾部数据很

少，所以尾部进展因子的选择比较困难。在本例中，精算师根据自己的经验判断和某些行业数据选择的尾部进展因子为 1.050 0。

用表 14－3 中的进展因子，分别乘以每个事故年在最近日历年的累积已付赔款，就可以得到每个事故年在各个进展年的累积已付赔款和最终赔款的估计值。以 2012 事故年为例，它在第 5 个进展年末的累积已付赔款估计值为：

4 321×1.030 0＝4 451(千元)

在第 6 个进展年末的累积已付赔款估计值为：

4 321×1.030 0×1.040 0＝4 629(千元)

最终赔款的估计值为：

4 321×1.030 0×1.040 0×1.050 0＝4 860(千元)

最终赔款的估计值也可以直接用当前日历年的累积已付赔款（如 2012 事故年的 4 321）乘以事故年的累积进展因子（如 2012 事故年的 1.124 8，见表 14－4）求得，计算结果如表 14－5 所示。

表 14－5　最终赔款的估计值　　单位：千元

事故年	进展年							最终赔款
	0	1	2	3	4	5	6	
2010	2 131	3 004	3 716	4 206	4 565	4 789	4 967	5 215
2011	2 104	3 120	3 947	4 592	4 978	5 065	5 268	5 531
2012	2 009	3 155	3 675	4 021	4 321	4 451	4 629	4 860
2013	1 980	3 203	3 678	4 323	4 669	4 809	5 001	5 251
2014	1 923	3 321	4 123	4 700	5 076	5 229	5 438	5 710
2015	2 013	2 989	3 617	4 123	4 453	4 586	4 770	5 008
2016	1 998	3 077	3 723	4 244	4 584	4 721	4 910	5 156

计算出最终赔款以后，从最终赔款中减去已付赔款，即可得到未决赔款准备金的估计值，计算结果如表 14－6 所示。

表 14－6　未决赔款准备金的估计值　　单位：千元

事故年	最终赔款	已付赔款	未决赔款准备金
2010	5 215	4 967	248
2011	5 531	5 065	466
2012	4 860	4 321	539
2013	5 251	4 323	928
2014	5 710	4 123	1 587
2015	5 008	2 989	2 019
2016	5 156	1 998	3 158
合计	—	—	8 945

已付赔款数据可以通过理赔部门直接获得，这些数据一般都比较客观。因此，根据这种数据进行未决赔款准备金的评估是很自然的事情。但是，建立在已付赔款数据基础之上的准备金评估方法往往忽略了其他的一些重要信息，特别是已发生已报案未决赔款准备金的信息。已发生已报案未决赔款准备金数据的客观性尽管不是很好，但对于估计未决赔款

准备金仍然具有较高的参考价值。因此，如果在已付赔款的流量三角形中，增加已发生已报案未决赔款准备金数据，即可得到已报案赔款流量三角形。从此流量三角形出发，也可以应用链梯法估计最终赔款和未决赔款准备金。由于已报案赔款链梯法的基本原理与已付赔款链梯法完全相同，故此处不再赘述。

利用链梯法对准备金的评估过程可总结如下：

（1）构造赔款（已付赔款或已报案赔款）的流量三角形。

（2）计算赔款的进展因子和累积进展因子。

（3）用各个事故年的累积赔款乘以相应的累积进展因子，预测各个事故年的最终赔款。

（4）从最终赔款中减去累积已付赔款，即可求得准备金的预测值。

二、案均赔款法

案均赔款法首先分别对案件数和案均赔款应用链梯法，估计出各事故年的最终案件数与案均赔款，再在此基础上计算各事故年的最终赔款和未决赔款准备金。其基本假设是，不同事故年的案均赔款是相对稳定的。

在案均赔款法中，由于在链梯法的基础上增加了案件数信息，因此相对而言，案均赔款法的评估信息更加充分，从而评估结果的准确性可以得到相应改善。但是，当数据量较小时，应特别注意重大赔案对案均赔款可能造成的扭曲。

在案均赔款法中，对案件数的估计既可以采用已付案件数的流量三角形，也可以采用已报案案件数的流量三角形。对案均赔款的估计，既可以采用已付案均赔款流量三角形，也可以采用已报案案均赔款流量三角形；相应地，案均赔款法也就分为已付案均赔款法和已报案案均赔款法两种。下面首先介绍案件数的估计方法，然后再介绍已付案均赔款法的具体应用。已报案案均赔款法与已付案均赔款法的基本原理完全一致，此处不再赘述。

（一）案件数的估计

案件数也可以采用链梯法进行估计。对于前述的保险公司，下面介绍已付案件数的估计过程。

假设保险公司在每个事故年的累积已付案件数如表 14－7 所示。

表 14－7　累积已付案件数

事故年	进展年						
	0	1	2	3	4	5	6
2010	15 053	17 419	17 520	17 403	17 302	17 267	17 260
2011	15 297	16 483	16 437	16 363	16 370	16 340	
2012	12 167	10 990	13 622	13 567	13 506		
2013	12 277	12 412	12 471	12 297			
2014	12 492	12 315	13 444				
2015	11 286	11 791					
2016	12 095						

根据表 14－7 的数据，可以计算出累积已付案件数的进展因子，如表 14－8 所示。应用与前面相同的方法，可以计算出进展因子的加权平均值，如表 14－8 的最后一行所示。

表 14-8 累积已付案件数的进展因子

事故年	进展年					
	0—1	1—2	2—3	3—4	4—5	5—6
2010	1.157 2	1.005 8	0.993 3	0.994 2	0.998 0	0.999 6
2011	1.077 5	0.997 2	0.995 5	1.000 4	0.998 2	
2012	0.903 3	1.239 5	0.996 0	0.995 5		
2013	1.011 0	1.004 8	0.986 0			
2014	0.985 8	1.091 7				
2015	1.044 7					
加权平均	1.036 1	1.055 7	0.993 0	0.996 7	0.998 1	0.999 6

假设精算师根据表 14-8 的平均值，结合自己的经验判断和行业数据，选择的进展因子如表 14-9 所示。其中，累积进展因子的计算与表 14-4 相同。

表 14-9 累积已付案件数进展因子的选定值和累积进展因子

事故年	进展年							累积进展因子
	0—1	1—2	2—3	3—4	4—5	5—6	6—最终	
2010	1.157 2	1.005 8	0.993 3	0.994 2	0.998 0	0.999 6	0.999 0	0.999 0
2011	1.077 5	0.997 2	0.995 5	1.000 4	0.998 2	0.999 0	0.999 0	0.998 0
2012	0.903 3	1.239 5	0.996 0	0.995 5	0.998 0	0.999 0	0.999 0	0.996 0
2013	1.011 0	1.004 8	0.986 0	0.996 0	0.998 0	0.999 0	0.999 0	0.992 0
2014	0.985 8	1.091 7	0.994 0	0.996 0	0.998 0	0.999 0	0.999 0	0.986 1
2015	1.044 7	0.996 0	0.994 0	0.996 0	0.998 0	0.999 0	0.999 0	0.982 1
2016	1.120 0	0.996 0	0.994 0	0.996 0	0.998 0	0.999 0	0.999 0	1.100 0

根据表 14-9 选定的进展因子，应用链梯法，可以求出最终已付案件数的估计值，如表 14-10 所示。

表 14-10 已付案件数的估计值

事故年	进展年							最终已付案件数
	0	1	2	3	4	5	6	
2010	15 053	17 419	17 520	17 403	17 302	17 267	17 260	17 243
2011	15 297	16 483	16 437	16 363	16 370	16 340	16 324	16 307
2012	12 167	10 990	13 622	13 567	13 506	13 479	13 466	13 452
2013	12 277	12 412	12 471	12 297	12 248	12 223	12 211	12 199
2014	12 492	12 315	13 444	13 363	13 310	13 283	13 270	13 257
2015	11 286	11 791	11 744	11 673	11 627	11 603	11 592	11 580
2016	12 095	13 546	13 492	13 411	13 358	13 331	13 318	13 304

(二) 已付案均赔款法

用累积已付赔款（参见表 14-2）除以累积已付案件数（参见表 14-7），可以计算出已付案均赔款，计算结果如表 14-11 所示。需要注意的是，累积已付赔款中可能包含尚未完全结案但已经支付的一部分赔款，这会影响已付案均赔款计算结果的准确性。这种现象在劳工补偿等一些分次支付赔款的业务中比较常见。对于这些业务，应用已付案均赔款法会出现较大偏差。

表 14-11 已付案均赔款

单位：元

事故年	进展年						
	0	1	2	3	4	5	6
2010	142	172	212	242	264	277	288
2011	138	189	240	281	304	310	
2012	165	287	270	296	320		
2013	161	258	295	352			
2014	154	270	307				
2015	178	253					
2016	165						

根据表 14-11 计算的已付案均赔款的进展因子及其平均值如表 14-12 所示。

表 14-12 已付案均赔款的进展因子

事故年	进展年					
	0—1	1—2	2—3	3—4	4—5	5—6
2010	1.218	1.230	1.139	1.092	1.051	1.038
2011	1.376	1.269	1.169	1.084	1.019	
2012	1.739	0.940	1.099	1.079		
2013	1.600	1.143	1.192			
2014	1.752	1.137				
2015	1.421					
加权平均	1.525	1.125	1.151	1.084	1.034	1.038

假设精算师根据表 14-12 的加权平均值，结合自己的经验判断和行业数据，确定的已付案均赔款进展因子的选定值如表 14-13 所示。

表 14-13 已付案均赔款进展因子的选定值

事故年	进展年							累积进展因子
	0—1	1—2	2—3	3—4	4—5	5—6	6—最终	
2010							1.010	1.010
2011						1.020	1.010	1.030
2012					1.045	1.020	1.010	1.077
2013				1.090	1.045	1.020	1.010	1.173
2014			1.200	1.090	1.045	1.020	1.010	1.408
2015		1.400	1.200	1.090	1.045	1.020	1.010	1.971
2016	1.600	1.400	1.200	1.090	1.045	1.020	1.010	3.154

应用链梯法，对已付案均赔款的估计值如表 14-14 所示。

表 14-14　已付案均赔款的估计值　　单位：元

事故年	进展年							最终已付案均赔款
	0	1	2	3	4	5	6	
2010	142	172	212	242	264	277	288	291
2011	138	189	240	281	304	310	316	319
2012	165	287	270	296	320	334	341	344
2013	161	258	295	352	383	400	408	413
2014	154	270	307	368	401	419	428	432
2015	178	253	355	426	464	485	495	500
2016	165	264	370	444	484	506	516	521

根据最终已付案件数和最终已付案均赔款对最终赔款和未决赔款准备金的估计值如表 14-15 所示。在表 14-15 中，最终已付案均赔款来自表 14-14 的最后一列，最终已付案件数来自表 14-10 的最后一列，累积已付赔款来自表 14-2 的对角线。

表 14-15　未决赔款准备金的估计值　　单位：千元

事故年	最终已付案均赔款 (1)	最终已付案件数 (2)	最终赔款 (3)=(1)×(2)÷1 000	累积已付赔款 (4)	未决赔款准备金 (5) =(3)-(4)
2010	291	17 243	5 018	4 967	51
2011	319	16 307	5 202	5 065	137
2012	344	13 452	4 627	4 321	306
2013	413	12 199	5 038	4 323	715
2014	432	13 257	5 727	4 123	1 604
2015	500	11 580	5 790	2 989	2 801
2016	521	13 304	6 931	1 998	4 933
合计	—	—	—	—	10 547

利用案均赔款法对准备金的评估过程可总结如下：

（1）构造已付案件数（或已报案案件数）的流量三角形。

（2）应用链梯法预测最终已付案件数（或已报案案件数）。

（3）构造已付案均赔款（或已报案案均赔款）的流量三角形。

（4）应用链梯法，预测最终的已付案均赔款（或已报案案均赔款）。

（5）用最终已付案件数（或已报案案件数）乘以最终已付案均赔款（或已报案案均赔款），求得最终赔款。

（6）从最终赔款中减去累积已付赔款，即可得到未决赔款准备金的预测值。

三、准备金进展法

链梯法在评估未决赔款准备金时，要么使用已付赔款数据，要么使用已报案赔款数据，但对于历史数据中所包含的已付赔款和已发生已报案未决赔款准备金之间的关系并未有效利用。准备金进展法试图基于已付赔款和已发生已报案未决赔款准备金之间的关系对未决赔款准备金进行估计。

假设事故年的已发生已报案未决赔款准备金数据如表 14－16 所示。

表 14－16　已发生已报案未决赔款准备金　　单位：千元

事故年	进展年						
	0	1	2	3	4	5	6
2010	1 807	1 742	1 157	697	479	322	212
2011	2 089	1 782	1 253	681	509	311	
2012	1 586	1 456	927	465	187		
2013	1 047	1 536	1 245	786			
2014	1 761	1 875	1 261				
2015	1 325	1 204					
2016	878						

应用事故年的已付赔款数据和已发生已报案未决赔款准备金，可以计算每个事故年的已发生已报案未决赔款准备金的支付率，如表 14－17 所示。该表中的支付率等于某个事故年和进展年的增量已付赔款除以表 14－16 中同一个事故年在前一个进展年的已发生已报案未决赔款准备金。其中，增量已付赔款可以根据表 14－2 的累积已付赔款计算。例如，从表 14－2 可知，2010 事故年在第 1 个进展年的累积已付赔款为 3 004，在第 0 个进展年的累积已付赔款为 2 131，故在第 1 个进展年的增量已付赔款为 873（＝3 004－2 131）。又由于 2010 事故年在第 0 个进展年末的已发生已报案未决赔款准备金为 1 807，所以 2010 事故年在第 1 个进展年的已发生已报案未决赔款准备金的支付率为 0.483（＝873÷1 807），即对于 2010 事故年而言，第 0 个进展年的已发生已报案未决赔款准备金在第 1 个进展年有 48.3%转化成了已付赔款。其他事故年和进展年的支付率如表 14－17 所示。该表还给出了已发生已报案未决赔款准备金支付率的平均值。

表 14－17　已发生已报案未决赔款准备金的支付率

事故年	进展年					
	1	2	3	4	5	6
2010	0.483	0.409	0.424	0.515	0.468	0.553
2011	0.486	0.464	0.515	0.567	0.171	
2012	0.723	0.357	0.373	0.645		
2013	1.168	0.309	0.518			
2014	0.794	0.428				
2015	0.737					
简单平均	0.732	0.393	0.457	0.576	0.319	0.553

表 14－18 给出了已发生已报案未决赔款准备金的结转率，它等于表 14－16 中每个事故年和进展年的已发生已报案未决赔款准备金除以同一个事故年在前一个进展年的已发生已报案未决赔款准备金。例如，对于 2010 事故年，在第 0 个进展年的已发生已报案未决赔款准备金为 1 807，而在第 1 个进展年的已发生已报案未决赔款准备金为 1 742，故准备金结转率为 0.964（＝1 742÷1 807），即第 0 个进展年的已发生已报案未决赔款准备金有 96.4%被结转为第 1 个进展年的已发生已报案未决赔款准备金。表 14－18 还计算出了各个进展年的平均结转率。

表 14-18　已发生已报案未决赔款准备金的结转率

事故年	进展年					
	1	2	3	4	5	6
2010	0.964	0.664	0.602	0.687	0.672	0.658
2011	0.853	0.703	0.543	0.747	0.611	
2012	0.918	0.637	0.502	0.402		
2013	1.467	0.811	0.631			
2014	1.065	0.673				
2015	0.909					
简单平均	1.029	0.697	0.570	0.612	0.642	0.658

假设精算师根据表 14-17 和表 14-18 的平均值，结合自己的经验判断和行业数据，选择的支付率和结转率分别如表 14-19 和表 14-20 所示。

表 14-19　已发生已报案未决赔款准备金支付率的选定值

事故年	进展年						
	1	2	3	4	5	6	最终
2010							1.010
2011						0.430	1.010
2012					0.510	0.430	1.010
2013				0.500	0.510	0.430	1.010
2014				0.500	0.510	0.430	1.010
2015			0.495	0.500	0.510	0.430	1.010
2016	0.600	0.460	0.495	0.500	0.510	0.430	1.010

表 14-20　已发生已报案未决赔款准备金结转率的选定值

事故年	进展年						
	1	2	3	4	5	6	最终
2010							0.000
2011						0.655	0.000
2012					0.650	0.655	0.000
2013				0.600	0.650	0.655	0.000
2014			0.600	0.600	0.650	0.655	0.000
2015		0.750	0.600	0.600	0.650	0.655	0.000
2016	1.000	0.750	0.600	0.600	0.650	0.655	0.000

应用表 14-16 中的已发生已报案未决赔款准备金和表 14-20 中的已发生已报案未决赔款准备金结转率的选定值，可以求得已发生已报案未决赔款准备金的估计值，如表 14-21 所示。以 2012 事故年为例，它在第 4 个进展年的已发生已报案未决赔款准备金为 187，而它在第 5 个进展年的结转率为 0.650，因此在第 5 个进展年的已发生已报案未决赔款准备金为 122（=187×0.65），其他计算过程与此相同。

表 14-21 已发生已报案未决赔款准备金的估计值 单位：千元

事故年	进展年							
	0	1	2	3	4	5	6	最终
2010	1 807	1 742	1 157	697	479	322	212	0
2011	2 089	1 782	1 253	681	509	311	204	0
2012	1 586	1 456	927	465	187	122	80	0
2013	1 047	1 536	1 245	786	472	307	201	0
2014	1 761	1 875	1 261	757	454	295	193	0
2015	1 325	1 204	903	542	325	211	138	0
2016	878	878	659	395	237	154	101	0

根据表 14-21 的已发生已报案未决赔款准备金的估计值及其支付率的选定值，即可求得已付赔款的估计值，如表 14-22 所示。以 2012 事故年为例，它在第 4 个进展年的已发生已报案未决赔款准备金为 187，而在第 5 个进展年的支付率为 0.510（见表 14-19），因此在第 5 个进展年的增量已付赔款为 95（$=187\times0.510$），其他计算过程与此相同。

表 14-22 已付赔款的估计值 单位：千元

事故年	进展年							
	0	1	2	3	4	5	6	最终
2010	2 131	873	712	490	359	224	178	214
2011	2 104	1 016	827	645	386	87	134	206
2012	2 009	1 146	520	346	300	95	52	80
2013	1 980	1 223	475	645	393	241	132	203
2014	1 923	1 398	802	624	378	232	127	195
2015	2 013	976	554	447	271	166	91	140
2016	1 998	527	404	326	198	121	66	102

根据表 14-22 的数据，很容易计算求得最终累积已付赔款，如表 14-23 所示。

表 14-23 最终累积已付赔款 单位：千元

事故年	进展年							
	0	1	2	3	4	5	6	最终
2010	2 131	3 004	3 716	4 206	4 565	4 789	4 967	5 181
2011	2 104	3 120	3 947	4 592	4 978	5 065	5 199	5 404
2012	2 009	3 155	3 675	4 021	4 321	4 416	4 469	4 549
2013	1 980	3 203	3 678	4 323	4 716	4 957	5 088	5 291
2014	1 923	3 321	4 123	4 747	5 125	5 357	5 484	5 679
2015	2 013	2 989	3 543	3 990	4 261	4 427	4 517	4 657
2016	1 998	2 525	2 929	3 255	3 452	3 573	3 639	3 741

从最终累积已付赔款中减去当前累积已付赔款，即可得到未决赔款准备金的估计值，如表 14-24 所示。在表 14-24 中，最终累积已付赔款来自表 14-23 的最后一列，当前累积已付赔款来自表 14-23 的对角线。

表 14-24 未决赔款准备金

单位：千元

事故年	最终累积已付赔款 (1)	当前累积已付赔款 (2)	未决赔款准备金 (3)=(1)-(2)
2010	5 181	4 967	214
2011	5 404	5 065	339
2012	4 549	4 321	228
2013	5 291	4 323	968
2014	5 679	4 123	1 556
2015	4 657	2 989	1 668
2016	3 741	1 998	1 743
合计	—	—	6 717

从上例中可以归纳出准备金进展法的主要过程如下：

（1）构造已付赔款和已发生已报案未决赔款准备金的流量三角形。

（2）用各个事故年和进展年的增量已付赔款观察值除以同一个事故年在前一个进展年的已发生已报案未决赔款准备金，求得已发生已报案未决赔款准备金的支付率，并计算和选定各个进展年的平均支付率。

（3）用各个事故年和进展年的已发生已报案未决赔款准备金除以同一个事故年在前一个进展年的已发生已报案未决赔款准备金，求得已发生已报案未决赔款准备金的结转率，并计算和选定各个进展年的平均结转率。

（4）用选定的结转率乘以相应的已发生已报案未决赔款准备金，即可求得已发生已报案未决赔款准备金的估计值。

（5）用选定的支付率乘以相应的已发生已报案未决赔款准备金，即可求得已付赔款的估计值。

（6）从最终累积已付赔款的估计值中减去当前的累积已付赔款，即可求得未决赔款准备金的估计值。

四、B-F 法

在许多情况下，仅仅依靠已付赔款（或已报案赔款）链梯法进行准备金评估是不恰当的，而对于那些历史数据不足的新业务或易受异常赔款影响的业务，准备金进展法的结果也不可靠。此外，如果保险事故发生以后的报案过程很长（如 10 年以上），在最初的几年很少报案，那么前述的几种方法也难以胜任在这种情况下的准备金评估。因此，在这些情况下，就需要一种全新的准备金评估方法。B-F（Bornhuetter-Ferguson）法就是为解决上述这些情况下的准备金评估而提出的一种方法。应用 B-F 法估计未决赔款准备金的基本步骤如下：

（1）计算期望最终赔款。在计算期望最终赔款前，首先要估计期望最终赔付率。期望最终赔付率可以根据行业平均水平、相关保险公司的赔付率进展趋势等因素进行估计。在估计期望最终赔付率时，如果该保险公司的数据比较有限，应根据其可信度进行调整。用期望最终赔付率的估计值乘以事故年的已赚保费，即可求得期望最终赔款。

（2）对期望最终赔款进行修正。根据已付赔款（或已报案赔款）流量三角形，对上述期望最终赔款的估计值进行修正，修正方法如下：

修正后的最终赔款＝已付赔款（或已报案赔款）＋期望最终赔款×(1−1/f)

式中，f 为已付赔款（或已报案赔款）的累积进展因子；1/f 为已付赔款（或已报案赔款）在最终赔款中所占的比例。

（3）从修正后的最终赔款中减去累积已付赔款，即可求得未决赔款准备金。下面仍通过一个例子来说明 B-F 法的应用。假设各个事故年的累积已报案赔款及其进展因子的选定值分别如表 14－25 和表 14－26 所示。

表 14－25　累积已报案赔款　　单位：千元

事故年	进展年						
	0	1	2	3	4	5	6
2010	3 937	4 745	4 876	4 901	5 045	5 119	5 124
2011	4 192	4 981	5 189	4 275	5 413	5 375	
2012	3 594	4 418	4 496	4 491	4 517		
2013	3 012	4 405	4 762	4 903			
2014	3 795	5 021	5 403				
2015	3 178	3 885					
2016	2 445						

表 14－26　累积已报案赔款进展因子及其选定值

事故年	进展年							累积进展因子
	0—1	1—2	2—3	3—4	4—5	5—6	6—最终	
2010	1.205	1.028	1.005	1.029	1.015	1.001	1.010	1.010
2011	1.188	1.042	0.824	1.266	0.993	1.000	1.010	1.010
2012	1.229	1.018	0.999	1.006	1.000	1.000	1.010	1.010
2013	1.462	1.081	1.030	1.020	1.000	1.000	1.010	1.030
2014	1.323	1.076	1.020	1.020	1.000	1.000	1.010	1.051
2015	1.222	1.095	1.020	1.020	1.000	1.000	1.010	1.151
2016	1.350	1.095	1.020	1.020	1.000	1.000	1.010	1.553

表 14－27 给出了应用 B-F 法对未决赔款准备金的估计过程。在表 14－27 中，已赚保费和期望赔付率是假设值，已报案赔款的累积进展因子来自表 14－26 的最后一列，累积已报案赔款来自表 14－25 的对角线，累积已付赔款来自表 14－2 的对角线。

表 14－27　B-F 法对未决赔款准备金的估计值

事故年	已赚保费（千元）(1)	期望赔付率（%）(2)	期望最终赔款（千元）(3)＝(1)×(2)	已报案赔款的累积进展因子 (4)	未报案赔款在最终赔款中所占的比例（%）(5)＝1−1/(4)
2010	6 106	80	4 885	1.010	1.0
2011	6 589	80	5 271	1.010	1.0
2012	5 983	80	4 786	1.010	1.0
2013	6 134	78	4 785	1.030	2.9
2014	6 336	78	4 942	1.051	4.8
2015	5 235	78	4 083	1.151	13.1
2016	3 876	78	3 023	1.553	35.6

续表

事故年	期望未报案赔款（千元）(6)=(5)×(3)	累积已报案赔款（千元）(7)	修正最终赔款（千元）(8)=(6)+(7)	累积已付赔款（千元）(9)	未决赔款准备金（千元）(10)=(8)−(9)
2010	48	5 124	5 172	4 967	205
2011	52	5 375	5 427	5 065	362
2012	47	4 517	4 564	4 321	243
2013	140	4 903	5 043	4 323	720
2014	239	5 403	5 642	4 123	1 519
2015	535	3 885	4 420	2 989	1 431
2016	1 077	2 445	3 522	1 998	1 524
合计	—	—	—	—	6 005

表 14－27 中已报案赔款的累积进展因子的倒数就是已报案赔款在最终赔款中所占的比例，即

$$已报案赔款\times累积进展因子=最终赔款$$

上式经变形可得：

$$\frac{已报案赔款}{最终赔款}=\frac{1}{累积进展因子}$$

由此可见，累积进展因子的倒数就是已报案赔款在最终赔款中所占的比例，1 减去累积进展因子的倒数就是未报案赔款在最终赔款中所占的比例。

B-F 法的一个主要优点是不易受到异常损失的影响。譬如 2016 事故年的累积已报案赔款不是 2 445，而是 3 000，那么已报案赔款链梯法对最终赔款的估计值将是4 659（＝3 000×1.553）。这个值远超期望最终赔款 3 023。由此可见，已报案赔款链梯法容易受到异常损失的影响。但是，如果 2016 事故年的已报案赔款变为 3 000，用 B-F 法对最终赔款的估计值受异常值的影响相对较小。事实上，B-F 法对最终赔款的估计值是链梯法的估计值和期望最终赔款的一种加权平均数，其权数就是累积进展因子的倒数。仍以 2016 事故年为例，B-F 法对最终赔款的估计值为：

$$4\ 659\times(1/1.553)+3\ 023\times(1-1/1.553)=4\ 076$$

在上式中，4 659 是链梯法的估计值，3 023 是期望最终赔款。从上式可以看出，B-F 法对期望最终赔款的权数随着累积进展因子的增大而增大，而事故年越靠近当前时期，累积进展因子就越大。这就意味着事故年越靠近当前时期，B-F 法对期望最终赔款赋予的权数越大，而对链梯法的估计值赋予的权数越小。

第四节 理赔费用准备金

理赔费用准备金是指为尚未结案的赔案可能发生的费用提取的准备金。对于保险事故来说，保险公司除应支付给被保险人按照合同约定的赔偿外，还应支付结案过程中将要发

生的理赔费用。所以，保险公司在提取赔款准备金的同时，也要提取理赔费用准备金。其中，直接发生于具体赔案的专家费、律师费、损失检验费等为直接理赔费用，应提取直接理赔费用准备金；不是直接发生于具体赔案的理赔费用为间接理赔费用，应提取间接理赔费用准备金。

一、直接理赔费用准备金

评估直接理赔费用准备金的常用方法是比例法。该方法假设直接理赔费用与相应的赔款之间存在着一种相对稳定的比例关系，而且此比例关系的进展规律在过去和未来是一致的，由此可以得到直接理赔费用与赔款之间的最终比例关系，再将此比例应用于最终赔款的估计值，即可求得直接理赔费用准备金的估计值。

下面通过一个例子来说明直接理赔费用准备金的估计方法。仍然沿用前述保险公司的数据，其按事故年统计的累积已付赔款和累积已付直接理赔费用如表 14－28 和表 14－29 所示。

表 14－28　累积已付赔款　　单位：千元

事故年	进展年						
	0	1	2	3	4	5	6
2010	2 131	3 004	3 716	4 206	4 565	4 789	4 967
2011	2 104	3 120	3 947	4 592	4 978	5 065	
2012	2 009	3 155	3 675	4 021	4 321		
2013	1 980	3 203	3 678	4 323			
2014	1 923	3 321	4 123				
2015	2 013	2 989					
2016	1 998						

表 14－29　累积已付直接理赔费用　　单位：千元

事故年	进展年						
	0	1	2	3	4	5	6
2010	31	59	109	165	214	212	274
2011	27	65	118	182	231	263	
2012	25	58	102	152	192		
2013	23	51	93	148			
2014	21	54	111				
2015	21	45					
2016	14						

用表 14－29 的累积已付直接理赔费用除以表 14－28 中对应的累积已付赔款，即可求得它们之间的比例关系，如表 14－30 所示。

表 14-30 累积已付直接理赔费用与累积已付赔款之比（%）

事故年	进展年						
	0	1	2	3	4	5	6
2010	1.45	1.96	2.93	3.92	4.69	4.43	5.52
2011	1.28	2.08	2.99	3.96	4.64	5.19	
2012	1.24	1.84	2.78	3.78	4.44		
2013	1.16	1.59	2.53	3.42			
2014	1.09	1.63	2.69				
2015	1.04	1.51					
2016	0.70						

根据表 14-30 的比例关系可以计算出该比例的进展因子及其加权平均值，如表 14-31 所示。需要注意的是，在计算加权平均值时，权数是表 14-28 对应的累积已付赔款。

表 14-31 累积已付直接理赔费用与累积已付赔款之比的进展因子

事故年	进展年						
	0—1	1—2	2—3	3—4	4—5	5—6	6—最终
2010	1.350	1.493	1.337	1.195	0.944	1.246	
2011	1.623	1.435	1.326	1.171	1.119		
2012	1.477	1.510	1.362	1.175			
2013	1.371	1.588	1.354				
2014	1.489	1.656					
2015	1.443						
加权平均	1.457	1.529	1.344	1.180	1.031	1.246	

假设精算师根据表 14-31 的加权平均值，结合自己的经验判断和行业数据，选择的进展因子如表 14-32 所示。

表 14-32 累积已付直接理赔费用与累积已付赔款之比的进展因子及其选定值

事故年	进展年							累积进展因子
	0—1	1—2	2—3	3—4	4—5	5—6	6—最终	
2010	1.350	1.493	1.337	1.195	0.944	1.246	1.010	1.010
2011	1.623	1.435	1.326	1.171	1.119	1.030	1.010	1.040
2012	1.477	1.510	1.362	1.175	1.050	1.030	1.010	1.092
2013	1.371	1.588	1.354	1.200	1.050	1.030	1.010	1.311
2014	1.489	1.656	1.350	1.200	1.050	1.030	1.010	1.770
2015	1.443	1.530	1.350	1.200	1.050	1.030	1.010	2.707
2016	1.500	1.530	1.350	1.200	1.050	1.030	1.010	4.061

将表 14-32 选定的进展因子应用于表 14-30，即可求得如表 14-33 所示的每 100 元最终已付赔款所导致的最终直接理赔费用。例如，2010 事故年在第 6 个进展年的累积已付直接理赔费用与累积已付赔款之比为 5.52%，而这一比率的“6—最终”进展因子为 1.010，故最终直接理赔费用与最终累积已付赔款之比为 5.58%(=5.52%×1.010)。换言之，每 100 元最终已付赔款需要支付 5.58 元的最终直接理赔费用。

表 14－33　每 100 元最终已付赔款所导致的最终直接理赔费用　　单位：元

事故年	进展年							
	0	1	2	3	4	5	6	最终
2010	1.45	1.96	2.93	3.92	4.69	4.43	5.52	5.58
2011	1.28	2.08	2.99	3.96	4.64	5.19	5.35	5.40
2012	1.24	1.84	2.78	3.78	4.44	4.67	4.81	4.85
2013	1.16	1.59	2.53	3.42	4.11	4.31	4.44	4.49
2014	1.09	1.63	2.69	3.63	4.36	4.58	4.72	4.76
2015	1.04	1.51	2.30	3.11	3.73	3.92	4.04	4.08
2016	0.70	1.05	1.61	2.17	2.61	2.74	2.82	2.85

表 14－34 给出了直接理赔费用准备金的估计过程。其中，每 100 元最终已付赔款的最终直接理赔费用来自表 14－33 的最后一列；最终已付赔款根据已付赔款链梯法估计，来自表 14－5 的最后一列；累积已付直接理赔费用来自表 14－29 的对角线。

表 14－34　直接理赔费用准备金的估计值

事故年	每 100 元最终已付赔款的最终直接理赔费用（元）(1)	最终已付赔款（千元）(2)	最终直接理赔费用（千元）(3)＝(1)×(2)÷100	累积已付直接理赔费用（千元）(4)	直接理赔费用准备金（千元）(5)＝(3)－(4)
2010	5.58	5 215	291	274	17
2011	5.40	5 531	299	263	36
2012	4.85	4 860	236	192	44
2013	4.49	5 251	236	148	88
2014	4.76	5 710	272	111	161
2015	4.08	5 008	204	45	159
2016	2.85	5 156	147	14	133
合计	—	—	—	—	638

上述方法的优点是体现了直接理赔费用与已付赔款之间的比例关系，是一种直观易用的方法，而且它为监控直接理赔费用与已付赔款之间的比例关系提供了一种工具。但其缺点是过分依赖对已付赔款的估计值，任何对已付赔款过低或过高的估计都会对直接理赔费用准备金产生影响。此外，这种方法的一个假设前提是，直接理赔费用与赔款之间存在着相对稳定的比例关系。但是，在某些情况下，这种假设会遭到破坏。例如，保险公司理赔策略的重大变化可能会导致诉讼费用等直接理赔费用大幅提高。因此，在对直接理赔费用准备金进行评估时，精算师应该与管理层保持经常联系和沟通。

二、间接理赔费用准备金

间接理赔费用准备金与业务流程密切相关，所以在对间接理赔费用准备金进行评估时，精算师必须熟悉保险公司的业务流程。在特定情况下，需要分业务类型来评估间接理赔费用准备金，比如根据各险种的业务规模加权评估间接理赔费用准备金。

一般来说，保险公司对间接理赔费用的记录不如对直接理赔费用的记录详细，因此需要通过一定的方法将其分配给各个险种。当然，在间接理赔费用的分配过程中，应该考虑导致费用发生的各种因素，如各个险种在当年发生的案件数、已付案件数、未决案件数、赔款支付次数等。精算师应该熟悉间接理赔费用在各个险种之间的分配方式及其变化情况。将间接理赔费用分配到各个险种以后，就可以进行准备金的评估工作。

假设以前几个日历年度的累积已付赔款和累积已付间接理赔费用数据如表 14－35 所示。

表 14－35　累积已付赔款和累积已付间接理赔费用　　单位：千元

日历年度	累积已付间接理赔费用 (1)	累积已付赔款 (2)	每 100 元累积已付赔款所导致的累积已付间接理赔费用 (3)＝(1)/(2)
2010	617	4 598	13.42
2011	691	5 029	13.74
2012	774	5 577	13.88
2013	867	6 535	13.27
2014	971	7 294	13.31
2015	1 088	8 203	13.26
2016	1 218	8 570	14.21
合计或平均	6 226	45 806	13.60

从表 14－35 可以看出，每发生 100 元的已付赔款，平均对应着 13.6 元的间接理赔费用支出，即间接理赔费用占已付赔款的经验比率为 0.136。

不难理解，间接理赔费用在赔案的整个理赔期间都会发生。但是，在间接理赔费用准备金的评估过程中，一种常用的简单假设是，间接理赔费用在立案时发生 50%，其余 50%在剩余的理赔过程中发生。按照上述假设，就可以根据下述公式估计间接理赔费用准备金：

$$\begin{matrix}\text{间接理赔}\\\text{费用准备金}\end{matrix}=\left(\begin{matrix}\text{已发生已报案未决}\\\text{赔款准备金}\end{matrix}\times 50\%+\begin{matrix}\text{IBNR}^{①}\\\text{准备金}\end{matrix}\right)\times\begin{matrix}\text{间接理赔费用占}\\\text{已付赔款的百分比}\end{matrix}$$

但是，在实际评估间接理赔费用准备金时，应该对上述假设的合理性在理赔部门进行验证。不妨假设验证的结果表明，40%的间接理赔费用发生在立案时，而其余的 60%在后面的理赔过程中发生，则可以根据下述公式估计间接理赔费用准备金：

$$\begin{matrix}\text{间接理赔}\\\text{费用准备金}\end{matrix}=\left(\begin{matrix}\text{已发生已报案未决}\\\text{赔款准备金}\end{matrix}\times 60\%+\begin{matrix}\text{IBNR}\\\text{准备金}\end{matrix}\right)\times\begin{matrix}\text{间接理赔费用占}\\\text{已付赔款的百分比}\end{matrix}$$

上述方法假设赔案发生的时间不影响间接理赔费用与已付赔款的比例关系，同时假设间接理赔费用与赔款支付的时间和速度基本相同。如果保险公司的大多数业务已经稳定经营了多年，并且通货膨胀较小，则该方法的适用性还是比较好的。

为了提高上述评估方法的准确性，可以考虑将上述公式中的“IBNR 准备金”改为“纯 IBNR 准备金”。“纯 IBNR 准备金”是指已经发生但尚未报案的准备金，而不包括诸如重立案件或对已发生已报案未决赔款准备金的调整等。对于“纯 IBNR 准备金”，因为

① IBNR (incurred but not reported) 是指已发生未报案未决赔款。

未曾立案，没有进行任何理赔工作，所以在提取准备金时无须乘以任何系数（如同前述公式中对 IBNR 准备金的处理）；而对于其他的 IBNR 准备金，因为事实上已经进行了一部分理赔工作，所以应该与已发生已报案未决赔款准备金做同样的处理，即通过一个系数进行调整，在上例中是乘以 60%。此时，间接理赔费用准备金的评估公式将变为：

$$\begin{aligned}&\text{间接理赔费用准备金}\\&=\left(\left(\begin{matrix}\text{已发生已报案}\\\text{未决赔款准备金}\end{matrix}+\begin{matrix}\text{其他 IBNR}\\\text{准备金}\end{matrix}\right)\times 50\%+\begin{matrix}\text{纯 IBNR}\\\text{准备金}\end{matrix}\right)\times\begin{matrix}\text{间接理赔费用占}\\\text{已付赔款的百分比}\end{matrix}\end{aligned}$$

本章小结

非寿险准备金主要包括未到期责任准备金和未决赔款准备金。未到期责任准备金是指在准备金评估日为尚未终止的保险责任提取的准备金。未决赔款准备金是指保险公司为尚未结案的赔案提取的准备金，包括已发生已报案未决赔款准备金、已发生未报案未决赔款准备金。

未到期责任准备金的主要评估方法是二十四分之一法和三百六十五分之一法。采用二十四分之一法评估未到期责任准备金时，假设在统计月份内保险业务量服从均匀分布。对于一年期的保单，当月已赚保费是年保费的二十四分之一。三百六十五分之一法是对保险责任尚未终止的保单，逐单按照保单的保险期间进行未到期责任准备金的评估。

未决赔款准备金的主要评估方法有链梯法、案均赔款法、准备金进展法和 B-F 法。链梯法通过对历史数据的进展趋势进行分析，选定赔款的进展因子，进而预测赔款的进展趋势和最终赔款，是评估未决赔款准备金的最基本方法。链梯法的基本假设是每个事故年的赔款支出具有相同的进展模式。案均赔款法需要分别对案件数和案均赔款应用链梯法，估计出各事故年的最终案件数与案均赔款，在此基础上再计算出各事故年的最终赔款和未决赔款准备金。案均赔款法的基本假设是不同事故年的案均赔款是相对稳定的。准备金进展法根据已付赔款和已发生已报案未决赔款准备金之间的关系对未决赔款准备金进行估计。B-F 法通过已付赔款或已报案赔款及其在未来的期望进展估计最终赔款，并在此基础上估计未决赔款准备金。

理赔费用准备金是指为尚未结案的赔案可能发生的费用提取的准备金，通常是对直接理赔费用准备金和间接理赔费用准备金分别进行评估。

练习题

14.1　应用链梯法的基本假设前提是什么？

14.2　案均赔款法、准备金进展法与链梯法有何异同？

14.3　B-F 法比较适合在什么情况下应用？

14.4　为什么对直接理赔费用准备金和间接理赔费用准备金要分别进行评估？

14.5 假设各个事故年的累积赔款流量三角形数据如下表所示，且第一个事故年的最终赔款估计值为 160。请计算下列各项：

（1）用加权平均法计算进展因子。

（2）计算各个事故年的未决赔款准备金。

事故年	进展年			
	1	2	3	4
2021	30	80	120	150
2022	44	110	170	
2023	65	160		
2024	70			

14.6 某险种的已报案未决赔款准备金为 200 万元，IBNR 准备金为 520 万元。假设间接理赔费用在立案时发生 40%，且每 100 元已付赔款平均需要 6 元的间接理赔费用。请估计该险种的间接理赔费用准备金。

14.7 根据下表的数据，应用 B-F 法估计各个事故年的未决赔款准备金（结果保留两位小数）。

事故年	已赚保费	期望赔付率	已报案赔款的累积进展因子	累积已报案赔款	累积已付赔款
2021	5 000	80%	1.01	4 120	3 900
2022	5 600	80%	1.01	4 370	4 050
2023	4 850	80%	1.02	3 500	3 320
2024	5 100	80%	1.05	3 900	3 100

第十五章

再保险

2023 年中央金融工作会议指出："加强优质金融服务，扩大金融高水平开放。"① 再保险是金融业扩大对外开放的重要渠道。再保险是对保险人的保险。由于再保险的特殊性，其费率厘定和准备金评估都有独特之处。本章主要介绍了再保险的基本概念、再保险定价的基本方法和再保险准备金评估的基本方法。

学习目标

- 掌握再保险的类型及其风险转移特征
- 在给定损失的理论分布或经验分布的条件下，计算再保险的期望赔款
- 熟悉再保费的构成要素以及各个部分的计算方法
- 概括出再保险准备金评估的特点
- 应用 S-B 方法进行再保险准备金评估

第一节 再保险概述

再保险是保险人在原保险合同的基础上，通过签订分保合同，将其承担的部分风险和责任向其他保险人进行转移的行为。通俗地讲，也就是对保险人的保险。

在再保险交易中，分出业务的保险公司称为分保人、分出公司或原保险人，接受再保险业务的公司称为分保接受人、分入公司、接受公司或再保险人。如果再保险人又将接受的业务分保给另一家保险公司，这种做法称为转分保。对于每一个风险，分出公司根据自己承担责任的能力而确定的承担限额称为自留额或自负额，转出的责任称为分保额或分出额。

按照责任限制方式，再保险可以分为比例再保险和非比例再保险。

① 中央金融工作会议在北京举行．人民日报，2023－11－01.

比例再保险以保险金额为基础确定每一风险的自留额和分保额，分出公司的自留额和分入公司的分保额均是按照保险金额的一定比例确定的。比例再保险又可细分为成数再保险和溢额再保险。成数再保险把保险金额的一定比例作为自留额和分保额；溢额再保险先把保险金额的一定金额作为自留额，余下的部分作为分保额。

在成数再保险中，原保险人将每一风险的保险金额均按约定比例向再保险人投保。在成数再保险中，不论分出公司承保的每一风险的保额大小，只要是在合同规定的限额之内，都按双方约定的比例来分担责任，每一风险的保费和赔款也按双方约定的比例进行分摊。

在溢额再保险中，分出公司按照自身财力确定自留额，以自留额的一定线数（即倍数）作为分保额，并分别按照自留额和分保额占保险金额的比例来分配保费和分摊赔款。溢额再保险也以保险金额为基础确定分保关系，但它与成数再保险不同的是，分出公司并非必须分出它所接受的每一风险，只有当保险金额超出它的自留额时，才将溢额分给分保公司。也就是说，溢额再保险的自留额是确定的，不随保险金额的大小而变动，而成数再保险的自留额表现为保险金额的固定百分比，随保险金额的大小而变动。譬如某保险人的自留额为 40 万元，现有三笔保险业务，保险金额分别为 40 万元、50 万元和 100 万元。由于第一笔业务的保险金额在自留额之内，因此无须分保；第二笔业务自留 40 万元，分出 10 万元；第三笔业务自留 40 万元，分出 60 万元。溢额（分保额）与保险金额的比例就是分保比例。例如，第二笔业务的分保比例为 20%，第三笔业务的分保比例为 60%。

非比例再保险以总赔款金额确定原保险人的自负额和再保险人的分保额。非比例再保险主要有险位超赔再保险、事故超赔再保险和赔付率超赔再保险。

险位超赔再保险以每一风险实际发生的赔款来计算原保险人和再保险人分别应该承担的赔款。在险位超赔再保险中，如果损失金额不超过原保险人应该承担的自负额，全部损失由原保险人赔付；如果总赔款金额超过了自负额，则超过部分由再保险人赔付。譬如原保险人的自负额为 500 万元，再保险人承担超过 500 万元以后的 400 万元。如果实际损失为 900 万元，则原保险人承担 500 万元的赔款，再保险人承担 400 万元的赔款；如果实际损失为 350 万元，则全部赔款由原保险人承担。险位超赔再保险可以显著削减原保险人承担赔款的变异性。

事故超赔再保险以一次巨灾事故造成的许多保单所发生的赔款总和来计算原保险人和再保险人分别应该承担的赔款。在事故超赔再保险中，一次事故的划分至关重要。例如，可以规定台风、飓风、暴风连续 48 小时作为一次事故，地震、洪水连续 72 小时作为一次事故，其他巨灾事故连续 168 小时作为一次事故。

事故超赔再保险的有关计算公式与险位超赔再保险没有本质区别。巨灾事故将导致大量保单的同时索赔，因此事故超赔再保险要求再保险人具有应付高额赔款的能力。以每次保险事故为基础计算的赔款往往具有极度偏斜的分布函数，因此在事故超赔再保险中，原保险人支出的每一单位的再保险费，对其自负赔款变异性的削减比险位超赔再保险更为显著。

赔付率超赔再保险是以赔付率确定原保险人和再保险人赔款的一种非比例再保险。赔付率是指保险公司当年的已付赔款与已赚保费的比率。在某一特定时期（通常为一年），当原保险人的赔付率超过事先约定的标准时，所有超过部分的赔款均由再保险人负责。在赔付率超赔再保险中，再保险人的责任通常有一个以赔付率表示的最高限额，同时还有一个以金额表示的最高限额。例如，再保险人负责赔付率超过 80%～120%的赔款，但最高不得超过 500 万元，两者以先达到者为准。因此，赔付率在 120%以上的部分以及赔付率虽在 80%～120%，但金额超过 500 万元的部分，仍归原保险人负责。赔付率超赔再保险可以将原保险人在某一年度的赔付率控制在一定的限度之内，故因此而得名。

第二节 再保险定价

与原保险相比，再保险的定价面临更大的不确定性，这首先是因为再保险保单大多数是个性化保单，而非标准化保单；其次，再保险公司的损失数据来自原保险人，因此有可能存在扭曲，不能反映损失的实际情况；再次，再保险公司承保的风险大多数是低频高额损失，即损失发生的可能性较小，而损失一旦发生，损失金额都会比较高；最后，再保险的 IBNR 准备金和个案准备金的进展时间很长，需要经过很多年才能得到最终的损失数据。

与原保险一样，再保险的保费也由纯保费和附加保费构成，只不过在再保险的保费构成中，附加保费所占比重更高。下面首先介绍再保险期望赔款的计算方法，然后再讨论如何在此基础上计算再保险的总保费。

一、再保险期望赔款

如前所述，再保险的类型较多，本节仅以非比例再保险中的事故超赔再保险为例说明再保险期望赔款的计算过程。在已知损失分布的情况下，再保险期望赔款的计算比较容易，只需应用风险模型中的有关结论即可。

假设在某个事故的超赔再保险合同中，损失金额 X 的分布函数为 $F(x)$，密度函数为 $f(x)$，原保险人的自留额为 r。假设 X_N 是原保险人承担的赔款，X_R 是再保险人承担的赔款，则原保险人承担的期望赔款为：

$$E(X_N)=\int_0^r xf(x)\mathrm{d}x+r\,(1-F(r))$$

再保险人对每次事故承担的期望赔款（包含零赔款在内）为：

$$E(X_R)=\int_r^{\infty}(x-r)f(x)\mathrm{d}x=\int_r^{\infty}xf(x)\mathrm{d}x-r\,(1-F(r))$$

【例 15－1】假设某项保险业务的索赔频率为 0.05。赔款金额服从均值为1 000万元、标准差为 1 500 万元的帕累托分布 Pareto（α，λ），试计算其密度函数和分布函数。

【解】其密度函数和分布函数分别为：

$$f(x)=\frac{\alpha\lambda^{\alpha}}{(\lambda+x)^{\alpha+1}}$$

$$F(x)=1-\left(\frac{\lambda}{\lambda+x}\right)^{\alpha}\qquad x>0,\ \alpha>0,\ \lambda>0$$

帕累托分布的期望和方差分别为：

$$E(X)=\frac{\lambda}{\alpha-1}=1\ 000$$

$$\mathrm{var}(X)=\frac{\alpha\lambda^2}{(\alpha-1)^2(\alpha-2)}=1\ 500^2=2\ 250\ 000$$

由上述两个方程可以解得：

$\alpha=3.6$

$\lambda=2\ 600$

如果事故超赔再保险合同规定，再保险公司承担损失超过 2 000 万元的赔付责任，则再保险人对每次事故承担的期望赔款为：

$$E(X_R)=\int_r^{\infty}xf(x)\mathrm{d}x-r\ (1-F(r))$$

$$=\int_{2\ 000}^{\infty}x\times\frac{3.6\times 2\ 600^{3.6}}{(2\ 600+x)^{3.6+1}}\mathrm{d}x-2\ 000\times\left(\frac{2\ 600}{2\ 600+2\ 000}\right)^{3.6}$$

$$=226.86$$

由于索赔频率为 0.05，所以再保险公司的期望赔款为：

226.86×0.05=11.34(万元)

在上例中，我们假设损失分布是已知的。在某些情况下，我们可能无法得到合理的理论分布模型，此时就需要根据经验数据估计再保险的期望赔款。根据经验数据估计再保险的期望赔款，可以采用所谓的劳合社比例法，这种方法比较适合短尾的财产保险业务。

在劳合社比例法中，事故超赔再保险的期望赔款被表示为原保险人保费的 k 倍，其中 k 是再保险期望赔款在原保险人保费中所占的百分比，可以通过下述公式计算：

$$k=\text{超额赔款因子}\times\text{原保险人的平均赔付率}\times\text{修正因子}$$

在上式中，超额赔款因子是再保险公司的超额赔款在总损失金额中所占的百分比。修正因子是再保险人为弥补原保险人的费率不足而设定的附加因子。如果再保险人认为原保险人的保费偏低，可以将修正因子确定为 1.05，即把原保费提高 5%，并在此基础上计算再保险费。

从上式不难看出，应用劳合社比例法计算再保险期望赔款的关键是计算超额赔款因子。

【例 15-2】假设某保险公司火灾保险的损失数据如表 15-1 所示。请计算不同起赔点条件下的超额赔款因子。假定原保险人的平均赔付率为 60%，修正因子为 1.05，请计算再保险期望赔款占原保险费的百分比。

表 15-1　火灾保险的损失数据

赔款金额（元）	赔款金额总计（元）	赔案件数	平均赔款金额（元）
0～5 000	640 900	754	850
5 000～10 000	876 000	120	7 300
10 000～15 000	810 000	60	13 500
15 000～25 000	440 000	20	22 000
25 000～35 000	155 000	5	31 000
35 000～50 000	40 000	1	40 000
总计	2 961 900	960	3 085

【解】表 15-1 表明，可以先设定超额赔款因子的起赔点，如表 15-2 的第 1 列所示。根据不同的起赔点，可以计算出不同起赔点条件下的超额赔款，如表 15-2 的第 5 列所示。譬如起赔点为 5 000 元，则原保险人的自负赔款被分为两部分：5 000 元以内的部分为 640 900 元，超过 5 000 元以后的部分为 1 030 000 元(=5 000×206)，其中 206(=120+60+20+5+1) 是赔款超过 5 000 元的赔案件数。因此，原保险人的自负赔款为1 670 900 元。从总赔款中减去原保险人的自负赔款，即可得到再保险人的超额赔款为1 291 000 元

（=2 961 900−1 670 900）。表 15 - 2的最后一列是超额赔款占总赔款的百分比，等于超额赔款除以总赔款 2 961 900 元。

表 15 - 2　超额赔款

起赔点（元）	超过起赔点的赔款总额（元）	赔案件数	自负赔款（元）	超额赔款（元）	超额赔款占总赔款的百分比（%）
0	2 961 900	960	0	2 961 900	100
5 000	2 321 000	206	1 670 900	1 291 000	43.59
10 000	1 445 000	86	2 376 900	585 000	19.75
15 000	635 000	26	2 716 900	245 000	8.27
25 000	195 000	6	2 916 900	45 000	1.52
35 000	40 000	1	2 956 900	5 000	0.17

根据表 15 - 2 最后一列的数据，可以很容易计算出超额赔款因子，如表 15 - 3 所示。在表 15 - 3 中，M=5 000。譬如再保险人的起赔点为 3M，再保险赔款最多不超过 2M（即再保险赔偿限额为 2M)，则当损失超过起赔点与赔偿限额之和 5M 时，再保险人只负责赔偿 2M。因此，超额赔款因子为 6.75%（=8.27%−1.52%)。其中，8.27%是超过 3M 的赔款在总赔款中所占的比例，1.52%是超过 5M 的赔款在总赔款中所占的比例，故它们的差就是（3M，5M）之间的赔款在总赔款中所占的比例。

表 15 - 3　超额赔款因子

起赔点	起赔点+再保险赔偿限额					
	无限制	1M	2M	3M	5M	7M
0M	56.41	80.25	91.73	98.48	99.83	100.00
1M		23.84	35.32	42.07	43.42	43.59
2M			11.48	18.23	19.58	19.75
3M				6.75	8.10	8.27
5M					1.35	1.52
7M						0.17

如果假定原保险人的平均赔付率为 60%，为弥补原保险费率的不足而设定的修正因子为 1.05，则再保险期望赔款占原保险费的百分比为：

$$k=\text{超额赔款因子}\times\text{原保险人的平均赔付率}\times\text{修正因子}$$

例如，当起赔点为 3M、再保险赔偿限额为 2M 时，再保险人承担的赔款在区间（3M，5M）之间，是总赔款金额的 6.75%。因此，有

$$k=\begin{matrix}\text{超额}\\\text{赔款因子}\end{matrix}\times\begin{matrix}\text{原保险人的}\\\text{平均赔付率}\end{matrix}\times\begin{matrix}\text{修正}\\\text{因子}\end{matrix}=6.75\%\times60\%\times1.05=4.25\%$$

即再保险期望赔款应为原保险费的 4.25%，其他所有计算结果如表 15 - 4 所示。

表 15 - 4　再保险期望赔款在原保险人保费中所占的百分比（k）

起赔点	起赔点+再保险赔偿限额					
	1M	2M	3M	5M	7M	无限制
0M	35.54	50.56	57.79	62.04	62.89	63.00
1M		15.02	22.25	26.50	27.35	27.46
2M			7.23	11.48	12.34	12.44

续表

起赔点	起赔点+再保险赔偿限额					
	$1M$	$2M$	$3M$	$5M$	$7M$	无限制
$3M$				4.25	5.10	5.21
$5M$					0.85	0.96
$7M$						0.11

二、再保费

在求得再保险期望赔款的基础上，可以应用下述公式计算再保险的总保费：

$$再保费=\frac{再保险期望赔款的现值}{\left(1-\begin{matrix}分保\\佣金率\end{matrix}-\begin{matrix}经纪人\\佣金率\end{matrix}\right)\times\left(1-\begin{matrix}内部\\费用率\end{matrix}\right)\times\left(1-\begin{matrix}利润\\附加率\end{matrix}\right)}$$

上式包含许多概念，下面逐一进行说明。

再保险期望赔款的现值是再保险人未来赔款的期望现值，对于短尾业务，可以不必计算现值。

分保佣金是再保险公司支付给原保险人的费用，属于外部费用，根据再保费的一定比例计算。分保佣金并不是必需的，譬如在事故超赔再保险中，就没有分保佣金。

经纪人佣金也属于再保险的外部费用，根据再保费的一定比例计算，支付给再保险的中介机构。

由于分保佣金和经纪人佣金根据再保费计算，故

$$再保险人的实际现金保费收入=再保费\times(1-分保佣金率-经纪人佣金率)$$

内部费用根据再保费扣除外部费用的余额（即再保险公司实际收到的现金保费）的一定比例计算，随着再保险业务而变化。其计算公式为：

$$内部费用=再保费\times(1-分保佣金率-经纪人佣金率)\times内部费用率$$

利润附加率表示为纯再保费的一定比例，其大小取决于再保险公司的资本收益率和再保险业务的相对风险。

纯再保费是再保险人用于支付赔款、获取利润的保费。需要注意的是，这里关于纯再保费的定义与原保险的纯保费略有不同，其中包含了利润附加。纯再保费可以通过下述两个公式进行计算：

$$纯再保费=再保费\times(1-分保佣金率-经纪人佣金率)\times(1-内部费用率)$$

$$纯再保费=期望再保险赔款的现值/(1-利润附加率)$$

不难证明，上述两个公式是等价的。

【例 15-3】假设再保险公司的期望赔款为 100 000 元，再保险公司的利润附加率为 20%，内部费用率为 10%，分保佣金率为 25%，经纪人佣金率为 5%，请计算再保险费。

【解】应用前述再保费的计算公式：

$$再保费=\frac{再保险期望赔款}{\left(1-\begin{matrix}分保\\佣金率\end{matrix}-\begin{matrix}经纪人\\佣金率\end{matrix}\right)\times\left(1-\begin{matrix}内部\\费用率\end{matrix}\right)\times\left(1-\begin{matrix}利润\\附加率\end{matrix}\right)}$$

$$=\frac{100\ 000}{(1-25\%-5\%)\times(1-10\%)\times(1-20\%)}$$
$$=198\ 413(元)$$

在实际应用中，再保费通常表现为原保费的一定比例。如果假设本例的原保费为 5 000 000 元，则再保费可以近似表示为原保费的 4%（即相应的再保费为 200 000 元，略大于前面的计算结果 198 413 元）。如果实际收取的再保费为 200 000 元，则再保费扣除外部费用后的余额（实际现金保费）为 140 000 元(=200 000×(1−25%−5%))，因此再保险公司的利润附加为：

$$实际现金保费-内部费用-赔款=140\ 000-13\ 889-100\ 000$$
$$=26\ 111(元)$$

【例 15－4】假设某财产比例再保险合同的有关信息如下：原保险人的保费收入为 100 000 元；原保险人的期望赔付率为 65%；费率修正因子为 1.05，即再保险人认为原保费提高 5%才是充足的；分保佣金率为 30%；没有经纪人参与，故经纪人佣金率为零；再保险人的内部费用率为 15%；被保险财产的最大可能损失为 10 000 000 元；原保险人的自留额（即再保险的起赔点）为 1 000 000 元；再保险合同的赔偿限额为 4 000 000 元，这是再保险人对每次事故的最大赔偿金额；再保险人的目标利润附加率为 10%。

根据上述信息，请计算再保费。

【解】根据前述信息可知，在再保险人看来，上述财产保险的年度期望赔款应为：

$$年度期望赔款=\begin{matrix}原保险人\\的保费\end{matrix}\times\begin{matrix}原保险人\\的赔付率\end{matrix}\times\begin{matrix}费率\\修正因子\end{matrix}$$
$$=100\ 000\times0.65\times1.05$$
$$=68\ 250(元)$$

假设每次事故的赔款 X 服从帕累托分布，则分布函数为：

$$F(x\mid b,\ q)=1-\left(\frac{b}{b+x}\right)^{q}$$

式中，x 为最大可能损失的百分比。

如果把再保险的赔偿限额规定为最大可能损失的 $100c\%$，则再保险的期望赔款为：

$$E(X\wedge c)=\left\{\frac{b}{q-1}\right\}\times\left\{1-\left(\frac{b}{b+c}\right)^{q-1}\right\}$$

如果进一步假设帕累托分布的参数 $b=0.1$，$q=2$，则每次事故的期望赔款为：

$$E(X\wedge 1)=\left\{\frac{b}{q-1}\right\}\times\left\{1-\left(\frac{b}{b+1}\right)^{q+1}\right\}$$
$$=\left\{\frac{0.1}{2-1}\right\}\times\left\{1-\left(\frac{0.1}{1.1}\right)^{1}\right\}$$
$$=0.1\times(1-0.91)$$
$$=0.090\ 9$$

将上述比例赔款转化为绝对数的形式，则平均每次事故的期望赔款为：

$$0.090\ 9\times10\ 000\ 000=909\ 000(元)$$

类似地，当起赔点为 0 元、再保险的最大赔偿限额为 1 000 000 元时（相当于最大可能损失的 10%），百分比形式的再保险期望赔款为 0.05，绝对数形式的再保险期望赔款为：

$$0.05\times 10\,000\,000=500\,000(\text{元})$$

当起赔点为 0 元、再保险赔偿限额为 5 000 000 元（相当于最大可能损失的 50%）时，百分比形式的再保险期望赔款为 0.083 3，绝对数形式的再保险期望赔款为 833 000 元。

在本例中，起赔点是最大可能损失的 0.1 倍，再保险赔偿限额是最大可能损失的 0.4 倍，因此有

$$\begin{aligned}\text{超额赔款因子}&=\frac{E(X\wedge 0.5)-E(X\wedge 0.1)}{E(X\wedge 1)}\\&=\frac{0.083\,3-0.05}{0.090\,9}\\&=0.366\end{aligned}$$

$$\begin{aligned}\text{再保险期望赔款}&=\text{超额赔款因子}\times\text{期望损失}\\&=0.366\times 68\,250\\&=24\,980(\text{元})\end{aligned}$$

$$\begin{aligned}\text{再保费}&=\frac{\text{再保险期望赔款}}{\left(1-\begin{matrix}\text{分保}\\\text{佣金率}\end{matrix}-\begin{matrix}\text{经纪人}\\\text{佣金率}\end{matrix}\right)\times\left(1-\begin{matrix}\text{内部}\\\text{费用率}\end{matrix}\right)\times\left(1-\begin{matrix}\text{利润}\\\text{附加率}\end{matrix}\right)}\\&=\frac{24\,980}{(1-30\%)\times(1-15\%)\times(1-10\%)}\\&=46\,648(\text{元})\end{aligned}$$

前面只是给出了再保险定价的一个基本理论公式，下面从实务的角度简要介绍再保险定价的完整过程。再保险定价的完整过程由下述 13 个基本步骤构成：

（1）搜集原保险人在不同风险类别下的风险、费用和价格信息。

（2）计算每个风险单位的期望赔款（或赔付率）。

（3）搜集原保险人在不同风险类别下的赔款数据。

（4）从赔款数据中过滤掉巨灾损失。

（5）将赔款数据调整到定价日期的水平（如进行通货膨胀调整）。

（6）预测最终赔款。

（7）估计潜在的巨灾损失。

（8）将历史风险基础（风险单位数）调整到定价日期的水平。

（9）根据经验数据估计再保险人的期望赔款（或赔付率）。

（10）估计信度加权的期望赔款（或赔付率）。

（11）估计再保险累积赔款（或赔付率）的分布。

（12）确定分保佣金率、再保险内部费用率、利润附加率。

（13）与原保险人进行谈判和交流，最后定价。

在前述 13 个定价步骤中，事实上包含两种定价过程：一种是基于风险基础的定价过程（exposure rating），由第（1）步、第（2）步和第（12）步构成；另一种是基于损失经验的定价过程（experience rating），由第（3）～（9）步和第（12）步构成。第（10）～（13）步才是最后的定价过程，即在综合前述两种定价过程的基础上，确定最后的再保险

价格。

下面通过一个例子说明再保险定价的 13 个步骤是如何进行的。

【例 15-5】 假设需要对某个成数再保险合同定价，定价期为 2017 年，所有财产保险业务的分保比例为 25%，原保险人承保保费的估计值为 10 000 000 元，再保险人对每次事故的赔偿限额为 7 500 000 元，再保险人预付的分保佣金率为 35%，没有再保险经纪人佣金。如何应用前述的 13 个步骤对再保险合同进行定价？

【解】步骤 1： 搜集原保险人在不同风险类别下的风险、费用和价格信息。

关于风险类别，可以是原保险人年度报表中的业务类别，也可以进一步细化。风险基础可以用原保险人的承保保费表示。在本例中，需要搜集 2011 年至 2016 年 6 月 30 日的承保保费以及 2016 年和 2017 年承保保费的估计值。

步骤 2： 计算每个风险单位的期望赔款（或赔付率）。

对于比例再保险而言，计算每个风险单位的期望赔款，事实上是对原保险费率的充足性进行评估，从而得到期望赔付率的估计值。在承保时，可以把原保险人的费率与其他保险人的费率进行比较，或者应用再保险人的数据进行评估。在上述基础上，分析分保佣金对双方是否合适。

假设经过分析，我们得到的期望赔付率为 65%。显然，在这种情况下，再保险人不会接受 35%的分保佣金率。

步骤 3： 搜集原保险人在不同风险类别下的赔款数据。

赔款数据应该包括过去 5～10 个保单年度的累积赔款数据、每次巨灾损失的明细数据以及直接理赔费用数据。在本例中，应该搜集不同业务类别 2011—2016 保单年度的累积赔款数据以及每次巨灾的明细损失数据。

步骤 4： 从赔款数据中过滤掉巨灾损失。这可以保证在分析赔款数据时免受巨灾损失的影响。

步骤 5： 将赔款数据调整到定价日期的水平。这主要是为了进行通货膨胀调整，因为在通货膨胀较为严重的情况下，相同保险事故在不同年度的赔款可能差别很大。

步骤 6： 应用损失进展法，预测最终赔款。由于报告延迟或理赔延迟的影响，已知的赔款数据是不完全的，因此需要应用损失进展法，根据已知赔款预测出最终的赔款金额。

步骤 7： 估计潜在的巨灾损失。巨灾损失数据十分有限，因此估计潜在损失的难度就很大。例如，原保险公司在过去可能没有遭受到安德鲁飓风、“9·11”事件等造成的损失，但这并不意味着该公司在今后仍然不会遇到类似的损失。

假设在本例中，再保险人的期望巨灾赔付率是 12%，即再保险人的期望巨灾赔款是原保险人保费的 12%，其中考虑了每次事故 7 500 000 元的再保险赔偿限额。

步骤 8： 将历史风险基础（风险单位数）调整到定价日期的水平。在本例中，用承保保费表示风险基础。由于各年的费率水平可能存在差异，因此需要将各年的承保保费调整到统一的费率水平上，即计算等水平已赚保费。通常采用的方法是用平行四边形方法。

步骤 9： 根据经验数据估计再保险人的期望赔款（或赔付率）。该估计过程如表 15-5 所示。从此表可以看出，过滤掉巨灾损失后的赔付率为 48%（≈19 277/40 000）。由于前面假设的巨灾赔付率为 12%，故再保险的经验赔付率为 60%（=48%+12%）。

表 15－5　经验赔付率的估计

保单年 (1)	原保险人 等水平已赚保费 (2)	已付 赔款 (3)	巨灾 赔款 (4)	过滤掉巨灾 损失后的赔款 (5)	赔款进展 因子 (6)	最终赔款 (7)＝(5)×(6)	赔付率 (8)＝(7)/(2)
2011	7 000	3 472	512	2 960	1	2 960	42%
2012	7 500	4 116	403	3 713	1	3 713	50%
2013	8 000	4 772	188	4 584	1.01	4 630	58%
2014	8 500	4 855	1 286	3 569	1.05	3 747	44%
2015	9 000	4 144	622	3 522	1.2	4 227	47%
2016	4 750	1 000	75	925	n. a.	n. a.	n. a.
合计	40 000	21 359	3 011	18 348	n. a.	19 277	n. a.

注：第（3）～（5）列是在 2016 年 6 月 30 日的评估值。

步骤 10：估计信度加权的期望赔款（或赔付率）。

假设 2017 年再保险的经验赔付率为 60%，根据风险基础计算的赔付率为 65%，把这两个赔付率加权平均（权数取决于经验数据的可信度），即可得到最终的期望赔付率。不妨假设计算结果为 62%。

步骤 11：估计再保险累积赔款（或赔付率）的分布。这一步是否必要，取决于下一步的分析结果。

步骤 12：确定分保佣金率、再保险内部费用率、利润附加率。

上述两个步骤可以交替进行。假设经过分析，原保险人提出了 33%的分保佣金率，再保险人是否可以接受？这要看再保险的利润是否满足再保险人的要求。如前所述，再保险人实际收到的现金保费收入为：

$$(1-\text{分保佣金率})\times\text{再保费}=0.67\times 2\ 500\ 000=1\ 675\ 000(\text{元})$$

如果再保险人的内部费用为 50 000 元，则再保险人的期望利润为：

$$\begin{aligned}\text{再保险期望利润}&=\text{再保费}\times(1-\text{分保佣金率}-\text{赔付率})-\text{内部费用}\\&=2\ 500\ 000\times(1-33\%-62\%)-50\ 000\\&=75\ 000(\text{元})\end{aligned}$$

如果上述再保险安排不能满足再保险人的目标利润要求，则可以考虑浮动佣金率是否可行，即再保险人可以要求分保佣金率与再保险人的赔付率挂钩。浮动佣金就是再保险人首先向原保险人预付佣金，当再保险人获取的利润达到一定程度时，再保险人将支付追加佣金，而当再保险人亏损时，原保险人将归还部分预付佣金。浮动佣金的计算公式为：

$$\begin{matrix}\text{分保}\\\text{佣金率}\end{matrix}=\begin{matrix}\text{预付}\\\text{佣金率}\end{matrix}-\begin{matrix}\text{浮动}\\\text{比例}\end{matrix}\times\left(\frac{\text{再保险赔款}}{\text{再保险保费}}-\left(1-\begin{matrix}\text{预付}\\\text{佣金率}\end{matrix}-\begin{matrix}\text{再保险}\\\text{附加}\end{matrix}\right)\right)$$

其中，再保险附加是指在再保险期望赔款、分保佣金和经纪人佣金基础上的附加，通常表示为再保险费的一定比例。

在实施浮动佣金的条件下，通常还会规定佣金的浮动范围，即最终的分保佣金不能超过事先规定的最高佣金，也不能低于事先规定的最低佣金。

在应用浮动佣金率的条件下，需要估计再保险人赔付率的分布。在本例中，过滤掉巨灾损失以后，赔付率的标准差为 6%。假设巨灾损失赔付率的标准差为 14%，且两种损失

相互独立，再保险费是常数，则有

$$\begin{aligned}\text{var}(\text{再保险赔付率})&=\text{var}\begin{pmatrix}\text{过滤掉巨灾损失后的}\\\text{再保险赔付率}\end{pmatrix}+\text{var}\begin{pmatrix}\text{巨灾再保险}\\\text{赔付率}\end{pmatrix}\\&=(6\%)^2+(14\%)^2\\&=2.32\%\end{aligned}$$

如果进一步假设再保险赔付率服从伽马分布，均值为 62%，方差为 2.32%，则由此可以求得再保险赔付率的完整分布，即参数为（16.569 0，0.037 42）的伽马分布。表 15－6 给出了经离散化处理之后的赔付率分布。由于赔付率超过 152.5%和小于 17.5%的概率都非常小，一共不足 0.002 1%，故略去不予考虑。

如果假设预付佣金率为 33%，浮动比例为 50%，再保险人的利润附加率为 5%，最低佣金率为 25%，最高佣金率为 35%，则再保险人的期望利润如表 15－6 最后一列所示。

在计算分保佣金率、内部费用率以及再保险利润时，使用了赔付率的中位数。以第一个赔付率区间（17.5，22.5）为例，赔付率落在此区间的概率为 0.027 1%（$=G(17.5\%, 16.569\,0, 0.037\,42)-G(22.5\%, 16.569\,0, 0.037\,42)$），其中 G 表示参数为（16.569 0，0.037 42）的伽马分布的累积分布函数。

分保佣金率为 54%（=33%－50%×(20%－(1－33%－5%)))。由于最高佣金率为 35%，故实际佣金率为 35%。

$$\begin{aligned}\text{再保险利润}&=\text{再保费}\times(1-\text{分保佣金率})-\text{内部费用}-\text{再保费}\times\text{再保险赔付率}\\&=2\,500\,000\times(1-0.35)-50\,000-2\,500\,000\times20\%\\&=1\,075\,000(\text{元})\end{aligned}$$

因此，再保险期望利润为：

$$\sum\text{概率}\times\text{再保险利润}=109\,056(\text{元})$$

步骤 13：根据前述计算结果，与原保险人进行谈判和交流，最后定价。

需要注意的是，由于再保险公司所承保的损失异常复杂，因此对于特定的情况，很难说存在唯一正确的定价方法。在实际定价过程中，如果客观条件允许，应该尽可能尝试所有合理的定价方法，并在此基础上得出尽可能合理的定价结果。

表 15－6　再保险赔付率的分布以及与其相对应的利润

赔付率区间（%）	赔付率中位数（%）	概率（%）	分保佣金率（%）	再保险利润（元）
17.5～22.5	20	0.027 1	35.00	1 075 000
22.5～27.5	25	0.205 0	35.00	950 000
27.5～32.5	30	0.872 5	35.00	825 000
32.5～37.5	35	2.459 5	35.00	700 000
37.5～42.5	40	5.097 3	35.00	575 000
42.5～47.5	45	8.326 2	35.00	450 000
47.5～52.5	50	11.253 3	35.00	325 000
52.5～57.5	55	13.035 7	35.00	200 000
57.5～62.5	60	13.287 4	34.00	100 000

续表

赔付率区间（%）	赔付率中位数（%）	概率（%）	分保佣金率（%）	再保险利润（元）
62.5～67.5	65	12.160 4	31.50	37 500
67.5～72.5	70	10.151 1	29.00	−25 000
72.5～77.5	75	7.826 8	26.50	−87 500
77.5～82.5	80	5.630 9	25.00	−175 000
82.5～87.5	85	3.811 7	25.00	−300 000
87.5～92.5	90	2.444 6	25.00	−425 000
92.5～97.5	95	1.494 1	25.00	−550 000
97.5～102.5	100	0.874 5	25.00	−675 000
102.5～107.5	105	0.492 3	25.00	−800 000
107.5～112.5	110	0.267 4	25.00	−925 000
112.5～117.5	115	0.140 7	25.00	−1 050 000
117.5～122.5	120	0.071 8	25.00	−1 175 000
122.5～127.5	125	0.035 7	25.00	−1 300 000
127.5～132.5	130	0.017 3	25.00	−1 425 000
132.5～137.5	135	0.008 2	25.00	−1 550 000
137.5～142.5	140	0.003 8	25.00	−1 675 000
142.5～147.5	145	0.001 7	25.00	−1 800 000
147.5～152.5	150	0.000 8	25.00	−1 925 000
期望利润	—	—	—	109 056

第三节 再保险准备金评估

一般来说，保险监管部门要求再保险公司提存的准备金种类与非寿险公司的种类一致，即包括未决赔款准备金和未到期责任准备金。未决赔款准备金主要包括下述5个方面的内容：①分出公司已报案的未决赔款准备金；②对某些个案提存的额外准备金；③上述两种准备金的未来进展；④纯IBNR准备金；⑤不利偏差准备金。在实务中，由于数据系统的限制，许多再保险公司会把③和④合并处理，形成所谓的广义IBNR准备金。本节主要介绍再保险IBNR准备金的评估方法。

一、再保险准备金评估的特点

再保险IBNR准备金的评估过程较一般准备金评估更加复杂，这是由再保险业务本身的特点决定的。它主要体现在下述几个方面：

1. 报案延迟时间较长

报案延迟是指从事故发生之日起到向再保险公司报告之日止的时间间隔。与原保险相比，再保险的报案延迟更为普遍。例如，对于一起由车祸引起的人身伤亡事故，如果当事人受伤十分严重，可能需要经过很长的一段时间才向保险公司提出索赔，而在保险公司接到索赔请求后，如果在责任认定过程中出现分歧，可能还会导致较长时期的法律诉讼。只有当原保险公司最终认定了损失之后，才可以确定损失是否达到了再保险合同的起赔点。

从上例可以看出，造成再保险报案延迟的原因是多方面的，主要有：①原保险公司的报案延迟；②再保险报案渠道的影响；③分出公司对损失的低估；④再保险合约的类型；⑤特殊索赔的影响。

2. 缺乏充足而有效的数据

再保险准备金评估的另一个困难是缺乏充足而有效的数据，这是由再保险业务本身的特点决定的。例如：

(1) 大多数比例再保险合同只要求分出公司提供总的赔款信息，且数据是按日历年度或保单年度统计的，而没有按照事故年统计的数据。

(2) 再保险公司无法获得所有的损失信息，分出公司一般只报告超过临界点的索赔信息。

(3) 再保险合同承保的风险千差万别，很难获得大量同质的数据。这也使得再保险公司很难使用行业统计数据。

(4) 再保险公司与分出公司在 IT 系统上的兼容问题以及数据处理系统落后于实际业务的发展，也会使再保险公司难以获得所需要的数据。

3. 受赔付膨胀的影响十分显著

赔付膨胀主要是由报告延迟造成的，或是由通货膨胀、公众索赔态度的变化引起的。

对于财产保险，可能因物价上涨、工资上涨而引起赔付膨胀。对于人身伤害索赔，可能由于法律环境的变化、公众认知的变化以及医疗技术的进步等而导致赔付膨胀。

由于杠杆效应的存在，赔付膨胀对超额赔款再保险的影响更加明显。

4. 具有更大的不确定性

原保险公司分出的风险主要是高风险的业务，因此相对于原保险公司而言，再保险公司承保的业务具有更大的波动性。不同类型的再保险合同所带来的波动性也是不同的，譬如对于事故超赔再保险合同，尽管其发生索赔的可能性很小，但若发生，就是一次巨灾索赔，有可能导致再保险公司的业绩出现大幅波动。

二、再保险准备金评估方法

再保险准备金评估方法的选择要考虑再保险业务的具体性质。一般来说，再保险业务根据其尾部特征可以划分为短尾业务、中尾业务和长尾业务。

短尾业务是指事故发生以后可以很快理赔结案的业务，绝大多数的财产再保险业务就属于短尾业务。对于短尾业务，可以根据已赚保费的某个百分比或应用赔付率方法估计准备金，没有必要采用复杂的评估方法。当然，对于短尾业务中的一些特殊情况，如最近发生的巨灾，应该给予特别的关注，因为巨灾损失很难在短期内理赔完毕。

中尾业务是指那些平均索赔延迟在两年以内，且全部索赔可以在五年内处理完毕的再保险业务。典型的中尾业务有赔偿限额很高的财产再保险、建筑安装工程再保险、忠诚保证再保险、海洋运输再保险等。对于中尾业务，可以采用链梯模型评估准备金。

长尾业务的索赔延迟通常在两年以上，而且需要很长时间才能全部理赔结案。长尾再保险业务主要是一些责任保险业务，如石棉、污染等风险的再保险。这些类型的风险事故一旦发生，很有可能涉及法律诉讼等程序，因此往往需要很多年才能完全处理完毕。对于长尾业务的准备金评估，由于最近几年的索赔数据有限，所以链梯模型往往是不适用的。这里介绍一种比较适用于评估长尾再保险业务准备金的方法，即 Stanard-Bühlmann 方法（以下简称 S-B 方法），又称 Cape-Cod 方法。

在 S-B 方法中，保险公司在第 k 个事故年的 IBNR 准备金可以表示为：

$$\begin{matrix}\text{第}\,k\,\text{年的}\\ \text{IBNR 准备金}\end{matrix}=\begin{matrix}\text{期望}\\ \text{赔付率}\end{matrix}\times\begin{matrix}\text{第}\,k\,\text{年经调整的}\\ \text{风险纯保费}\end{matrix}\times\left(1-\begin{matrix}\text{第}\,k\,\text{年累积}\\ \text{已报案赔款比例}\end{matrix}\right)$$

在上式中，累积已报案赔款比例是链梯模型中累积进展因子的倒数。因为已报案赔款×累积进展因子＝最终赔款，故累积进展因子的倒数就是已报案赔款在最终赔款中所占的比例。风险纯保费是从再保费中扣除了分保佣金、经纪人佣金和再保险人的内部费用后的余额。在上式中，之所以对各个事故年的风险纯保费进行调整，是为了消除不同年度在费率方面的差异，即对于相同的风险基础，要求各年的费率应该是相同的，这将使得各个事故年具有相同的期望赔付率。这种调整类似于计算等水平已赚保费。当然，进行这种调整比较困难，而且结果不稳定，但这种调整又是必不可少的。

在上式中，由于对各个事故年的风险纯保费进行了调整，所以各个事故年的期望赔付率是相等的，但又是未知的，需要进行估计。

根据各个事故年的 IBNR 准备金，可以把保险公司总的 IBNR 准备金表示为：

$$\begin{aligned}\text{IBNR 准备金}&=\sum\text{第}\,k\,\text{年的 IBNR 准备金}\\ &=\begin{matrix}\text{期望}\\ \text{赔付率}\end{matrix}\times\sum\begin{matrix}\text{第}\,k\,\text{年经调整的}\\ \text{风险纯保费}\end{matrix}\times\left(1-\begin{matrix}\text{第}\,k\,\text{年累积}\\ \text{已报案赔款比例}\end{matrix}\right)\end{aligned}$$

显然，应用上式计算 IBNR 准备金，关键在于计算期望赔付率。由于期望赔付率可以表示为：

$$\begin{aligned}\begin{matrix}\text{期望}\\ \text{赔付率}\end{matrix}&=\frac{\text{累积已报案再保险赔款}+\text{IBNR 准备金}}{\text{经调整的风险纯保费}}\\ &=\frac{\begin{matrix}\text{累积已报案}\\ \text{再保险赔款}\end{matrix}+\begin{matrix}\text{期望}\\ \text{赔付率}\end{matrix}\times\sum\begin{matrix}\text{第}\,k\,\text{年经调整}\\ \text{的风险纯保费}\end{matrix}\times\left(1-\begin{matrix}\text{第}\,k\,\text{年累积已}\\ \text{报案赔款比例}\end{matrix}\right)}{\text{经调整的风险纯保费}}\end{aligned}$$

上式经变形，可以从中求出期望赔付率的计算公式为：

$$\begin{matrix}\text{期望}\\ \text{赔付率}\end{matrix}=\frac{\text{累积已报案再保险赔款}}{\sum\left(\begin{matrix}\text{第}\,k\,\text{年经调整}\\ \text{的风险纯保费}\end{matrix}\times\begin{matrix}\text{第}\,k\,\text{年累积已}\\ \text{报案赔款比例}\end{matrix}\right)}$$

【例 15－6】假设特定风险的有关数据如表 15－7 所示，且在第 6 年末，累积已报案赔款比例可以达到 100%。如何应用 S-B 方法估计该风险的 IBNR 准备金？

【解】首先计算期望赔付率：

$$\text{期望赔付率}=\frac{\sum\text{第}\,k\,\text{年累积已报案再保险赔款}}{\sum\left(\begin{matrix}\text{第}\,k\,\text{年经调整}\\ \text{的风险纯保费}\end{matrix}\times\begin{matrix}\text{第}\,k\,\text{年累积已}\\ \text{报案赔款比例}\end{matrix}\right)}$$

$$=\frac{12\ 100}{13\ 900}$$

$$=87\%$$

然后应用S-B方法，即可求得各个事故年的IBNR准备金估计值，如表15－7的第（7）列所示。

表15－7 S-B方法的准备金评估及其与链梯法的比较

事故年 (1)	已赚风险纯保费 (2)	经调整的已赚风险纯保费 (3)	累积已报案赔款 (4)	累积已报案赔款比例 (5)	已报案赔款对应的保费 (6)＝(3)×(5)
2010	2 000	2 500	1 500	100%	2 500
2011	2 500	2 500	1 600	95%	2 375
2012	3 000	2 500	1 700	85%	2 125
2013	3 500	3 000	2 000	75%	2 250
2014	4 000	4 000	2 500	60%	2 400
2015	4 500	4 500	2 800	50%	2 250
合计	19 500	19 000	12 100	—	13 900

事故年	S-B方法的IBNR准备金 (7)＝(4)的合计项/(6)的合计项×(3)×(1－(5))	S-B方法的赔付率 (8)＝((4)＋(7))/(3)	链梯法的IBNR准备金 (9)＝(4)/(5)－(4)	链梯法的赔付率 (10)＝((4)＋(9))/(3)
2010	0	60%	0	60%
2011	109	68%	84	67%
2012	326	81%	300	80%
2013	653	88%	667	89%
2014	1 393	97%	1 667	104%
2015	1 959	106%	2 800	124%
合计	4 440	87%	5 518	93%

上表也应用链梯法对各个事故年的IBNR准备金进行了估计，并对S-B方法和链梯法估计的最终赔付率进行了比较。可以看出，链梯法对最近两个事故年的赔付率估计偏高，而S-B方法的估计结果更加合理。事实上，对于尾部越长的保险业务，S-B方法的估计结果越合理。

在某些情况下，如果我们对S-B方法中的费率调整没有十足的把握，就可以应用加权平均的方法把链梯法和S-B方法的估计结果综合起来使用。由于越是早期的事故年，累积已报案赔款的比例就越高，链梯法估计的结果就越准确，因此在确定权重时，对于早期的事故年，应该给链梯法的评估结果赋予相对较大的权重，而对于近期的事故年，应该给S-B方法的评估结果赋予相对较大的权重。譬如在上例中，赋予链梯法的权重可以确定为Z＝累积已报案赔款的比例乘以一个系数（如0.5）。此时，信度IBNR准备金估计值可以表示为：

信度IBNR准备金＝Z×链梯法的IBNR准备金＋(1－Z)×S-B方法的IBNR准备金

譬如对于2011年，累积已报案赔款比例为95%，而链梯法的IBNR准备金估计值为

84，S-B方法的 IBNR 准备金估计值为 109，故信度 IBNR 准备金的估计值为：

$$信度\ IBNR\ 准备金=0.5\times0.95\times84+(1-0.5\times0.95)\times109=97$$

其他各个事故年的信度 IBNR 估计值如表 15-8 所示。

表 15-8 信度 IBNR 的估计

事故年	累积已报案赔款比例	S-B 方法的 IBNR 准备金	链梯法的 IBNR 准备金	信度 IBNR 准备金
2010	100%	0	0	0
2011	95%	109	84	97
2012	85%	326	300	315
2013	75%	653	667	658
2014	60%	1 393	1 667	1 475
2015	50%	1 959	2 800	2 169
合计		4 440	5 518	4 714

本章小结

再保险可以分为比例再保险和非比例再保险。比例再保险以保险金额为基础确定每一风险的自留额和分保额，分出公司的自留额和分入公司的分保额均是按照保险金额的一定比例确定的。比例再保险包括成数再保险和溢额再保险。成数再保险把保险金额的一定比例作为自留额和分保额；溢额再保险先把保险金额的一定金额作为自留额，余下的部分作为分保额。

非比例再保险以总赔款金额确定原保险人的自负额和再保险人的分保额。非比例再保险主要有险位超赔再保险、事故超赔再保险和赔付率超赔再保险。险位超赔再保险是对每一个风险确定一个自负赔款限额，分入公司仅承担超过该限额的全部或部分赔款。事故超赔再保险是以一次巨灾事故造成的许多保单所发生的赔款总和来计算原保险人的自负额和再保险人的分保额。赔付率超赔再保险是在一定条件下确定一个年度的自负赔付率，分入公司只承担超过该赔付率的全部或部分赔款。

与原保险相比，再保险的定价面临着更大的不确定性。再保险的保费也是由纯保费和附加保费两部分构成，只不过在再保险的保费构成中，附加保费所占比重更高一些而已。为了计算再保费，首先需要计算再保险的期望赔款。在已知再保险期望赔款的基础上，附加上分保佣金、经纪人佣金、再保险公司的内部费用以及再保险利润附加等，即可得到再保险的总保费。

在再保险定价的实际过程中，通常需要进行两个不同的定价过程，即基于风险基础的定价过程和基于损失经验的定价过程，最终的精算定价应该是这两个定价过程的某种加权平均。需要注意的是，最终的定价结果还需要考虑再保险市场的供求状况以及再保险双方的博弈结果。

再保险的准备金评估面临更大的不确定性，这主要是因为再保险的损失进展过程很长。在再保险的准备金评估过程中，应该根据损失分布的尾部状况选择不同的评估方法。

对于短尾业务，可以根据保费的一定比例计提准备金；对于中尾业务，可以应用链梯法；对于长尾业务，最常用的方法之一是 S-B 方法。

练习题

15.1　在浮动佣金条件下，分保佣金与哪些因素有关？

15.2　为何需要计算再保险期望赔款的现值？

15.3　再保费由哪些部分构成？再保费的构成与原保费有何异同？

15.4　再保险准备金评估方法的选择应该考虑哪些因素？

15.5　S-B 方法与标准链梯模型相比有何优点？

15.6　假设再保险公司的期望赔款成本为 100 000 美元，再保险利润附加率为 20%，内部费用率为 10%，分保佣金率为 25%，经纪人佣金率为 5%。请计算下述指标：

（1）纯再保费。

（2）外部费用。

（3）内部费用。

（4）利润附加。

15.7　根据下表的数据，分别应用链梯法和 S-B 方法估计再保险公司的 IBNR 准备金。

事故年 (1)	已赚风险纯保费 (2)	经调整的已赚风险纯保费 (3)	累积已报案赔款 (4)	累积已报案赔款比例 (5)
2010	3 000	3 500	2 500	100%
2011	3 500	4 500	2 700	95%
2012	4 000	4 600	2 500	85%
2013	4 500	5 500	3 000	75%
2014	5 000	6 400	3 400	60%
2015	5 500	6 200	3 600	50%
合计	25 500	30 700	17 700	

附　录

中国人身保险业经验生命表

参考文献

[1] [荷] R. 卡尔斯，[荷] M. 胡法兹，[比] J. 达呐，等．现代精算风险理论：基于 R. 2 版．北京：科学出版社，2016.

[2] [瑞士] 汉斯·U. 盖伯．人寿保险数学．北京：世界图书出版公司，1996.

[3] 雷宇．寿险精算学．北京：北京大学出版社，1998.

[4] 李秀芳，曾庆五．保险精算．北京：中国金融出版社，1999.

[5] 李秀芳．寿险精算实务．天津：南开大学出版社，2000.

[6] 孟生旺，袁卫．实用非寿险精算学．北京：经济科学出版社，2000.

[7] 孟生旺．利息理论及其应用．4 版．北京：中国人民大学出版社，2021.

[8] 孟生旺．保险定价：经验估费系统研究．北京：中国金融出版社，2004.

[9] 粟芳．非寿险精算．北京：清华大学出版社，2006.

[10] 王晓军，等．保险精算学．北京：中国人民大学出版社，1995.

[11] 王晓军，孟生旺．保险精算学．北京：中国人民大学出版社，2006.

[12] 吴小平．保险公司非寿险业务准备金评估实务指南．北京：中国财政经济出版社，2005.

[13] 肖争艳，高洪忠．非寿险精算．北京：中国人民大学出版社，2006.

[14] 谢志刚，周晶晗．非寿险责任准备金评估．北京：中国财政经济出版社，2006.

[15] Aitken W H. A problem-solving approach to pension funding and valuation. Greenland：ACTEX Publications，1994.

[16] Anderson D，et al. A practitioner's guide to generalized linear models. CAS

Discussion Papers, 2004: 1-116.

[17] Atkinson D B, Dallas J W. Life insurance products and finance. New York: Society of Actuaries, 2000.

[18] Bellies C, Shepherd J, Lyon R. Understanding actuarial management: the actuarial control cycle. Sydney: Institute of Actuaries of Australia, 2000.

[19] Booth P, Chadburn R, Cooper D, et al. Modern actuarial theory and practice. New York: CHAPMAN and HALL/CRC, 1999.

[20] Bowers N L, et al. Actuarial mathematics. New York: Society of Actuaries, 1986.

[21] Farmer J. Roadmap to life insurance products. Sydney: CCH Australia Limited, 1998.

[22] Finger R J. Risk classification. Arlington: The Casualty Actuarial Society, 2004.

[23] Hart D G, Buchanan R A, Howe B A. The actuarial practice of general insurance. Sydney: Institute of Actuaries of Australia, 1996.

[24] Hewitt C C, Patrik G. Loss distribution. New York: John Wiley & Sons, 1984.

[25] Kenneth B, Harild D. Life insurance. New Jersey: Prentice Hall, 1996.

[26] Klugman S A, Panjer H H, Willmot G E. Loss models: from data to decisions. New York: John Willey & Sons, 2004.

[27] Mahler H C, Dean C G. Credibility. Arlington: The Casualty Actuarial Society, 2004.

[28] Mcclenahan C L. Ratemaking. Arlington: The Casualty Actuarial Society, 2004.

[29] Parmenter M M. Theory of interest and life contingencies with pension applications: a problem-solving approach. Greenland: ACTEX Publications, 1990.

[30] Schirmacher D, Schirmacher E, Thandi N. Stochastic excess of loss pricing within financial framework. Casualty Actuarial Society Forum, 2005 (Spring): 297-351.

[31] Sherwood M T. Individual risk rating. Arlington: The Casualty Actuarial Society, 2004.

[32] Winklevoss H E. Pension mathematics with numerical illustrations. 2th ed. Philadelphia: University of Pennsylvania Press, 1993.

[33] Wiser R F. Loss reserving. Arlington: The Casualty Actuarial Society, 2004.

图书在版编目（CIP）数据

保险精算原理与实务 / 王晓军，孟生旺主编．
6版．-- 北京：中国人民大学出版社，2025.2.
（普通高等学校应用型教材）. -- ISBN 978-7-300-33606-
0

Ⅰ．F840.48

中国国家版本馆CIP数据核字第2025M5G981号

普通高等学校应用型教材 · 金融
保险精算原理与实务（第六版）
主编　王晓军　孟生旺
Baoxian Jingsuan Yuanli yu Shiwu

出版发行	中国人民大学出版社		
社　　址	北京中关村大街31号	**邮政编码**	100080
电　　话	010－62511242（总编室）		010－62511770（质管部）
	010－82501766（邮购部）		010－62514148（门市部）
	010－62515195（发行公司）		010－62515275（盗版举报）
网　　址	http://www.crup.com.cn		
经　　销	新华书店		
印　　刷	北京昌联印刷有限公司	**版　　次**	2007年7月第1版
开　　本	787 mm×1092 mm　1/16		2025年2月第6版
印　　张	19.25	**印　　次**	2025年2月第1次印刷
字　　数	449 000	**定　　价**	52.00元

教学支持说明

1. 教辅资源获取方式

为秉承中国人民大学出版社对教材类产品一贯的教学支持，我们将向采纳本书作为教材的教师免费提供丰富的教辅资源。您可直接到中国人民大学出版社官网的教师服务中心注册下载——http://www.crup.com.cn/Teacher。

如遇到注册、搜索等技术问题，可咨询网页右下角在线 QQ 客服，周一到周五工作时间有专人负责处理。

注册成为我社教师会员后，您可长期根据您所属的课程类别申请纸质样书、电子样书和教辅资源，自行完成免费下载。您也可登录我社官网的“教师服务中心”，我们经常举办赠送纸质样书、赠送电子样书、线上直播、资源下载、全国各专业培训及会议信息共享等网上教材进校园活动，期待您的积极参与！

2. 高校教师可加入下述学科教师 QQ 交流群，获取更多教学服务

经济类教师交流群：809471792

财政金融教师交流群：766895628

国际贸易教师交流群：162921240

税收教师交流群：119667851

3. 购书联系方式

网上书店咨询电话：010－82501766

邮购咨询电话：010－62515351

团购咨询电话：010－62513136

中国人民大学出版社经济分社

地址：北京市海淀区中关村大街甲 59 号文化大厦 1506 室　100872

电话：010－62513572　010－62515803

传真：010－62514775

E-mail：jjfs@crup.com.cn